„Ganz entre nous“

Thomas Mann im Briefwechsel
mit dem Juristen und Lyriker
Maximilian Brantl

Aus dem Archiv des Buddenbrookhauses

Herausgegeben im Auftrag der Kulturstiftung Hansestadt Lübeck
von Britta Dittmann und Birte Lipinski
Band 2

„Ganz entre nous“

Thomas Mann im Briefwechsel mit dem Juristen und Lyriker Maximilian Brantl

Herausgegeben von Holger Pils, Britta Dittmann
und Manfred Eickhölter

SCHMIDT RÖMHILD

Buddenbrookhaus
Heinrich-und-Thomas-Mann-Zentrum

Das Heinrich-und-Thomas-Mann-Zentrum dankt folgenden Institutionen und Personen für die Bereitstellung von Materialien und die Förderung bei der Publikation der Briefe:

Gesellschaft zur Beförderung Gemeinnütziger Tätigkeit
Susanne Heid, Deggendorf
Gemeinnützige Sparkassenstiftung zu Lübeck
Förderverein Buddenbrookhaus e. V.

1. Auflage 2015

Redaktion: Britta Dittmann
Layout: Jutta Strauß (Studio Andreas Heller, Hamburg)
Umsetzung: Grafikstudio Schmidt-Römhild, Marc Schulz
Gesamtherstellung: Max Schmidt-Römhild KG, Lübeck
ISBN: 978-3-7950-5229-4

Bibliografische Informationen der Deutschen Nationalbibliothek
Die Deutsche Nationalbibliothek verzeichnet diese Publikation in der Deutschen Nationalbibliografie; detaillierte Daten sind im Internet über http://dnb.ddb.de abrufbar.

Inhalt /

Anhang /

Vorwort

Wir freuen uns mit diesem Buch nun endlich den zweiten Band in der Reihe *Aus dem Archiv des Buddenbrookhauses* vorlegen zu können.[1] Er publiziert und kommentiert alle in Lübeck befindlichen Briefe, die zwischen Thomas Mann und dem Juristen und Lyriker Maximilian Brantl gewechselt wurden und die sich – nebst einigen Beilagen – im Archiv des Buddenbrookhauses befinden. Allein der Weg, den die Briefe bis hierher genommen haben, ist als Geschichte bemerkenswert. Die Überlieferungsgeschichte wirft nicht nur ein Schlaglicht auf die Lübecker Thomas Mann-Rezeption nach dem Zweiten Weltkrieg, sondern auch auf die Überlieferung von Thomas Mann-Autografen allgemein.

Die Briefe sind zu einem guten Teil zwar nicht unbekannt, aber bis auf einige Ausnahmen ungedruckt. Für eine Publikation spricht aus unserer Sicht, dass es sich bei den vorliegenden Briefen von Thomas Mann an Maximilian Brantl um eine näherungsweise geschlossene Brieffolge handelt, und dass sich diese Reihe über einen sehr langen Zeitraum erstreckt, von 1909 bis 1951. Viele für das Werk und mehr noch für die Biografie Thomas Manns interessante Aspekte werden berührt.

Aber noch etwas hat uns zur Publikation der Briefe bewogen: nicht nur die Prominenz des einen Briefpartners, Thomas Mann, sondern auch die Neugier auf den zweiten, den weniger bekannten: Maximilian Brantl. Wer war dieser Mensch? Der Name des bayerischen Anwalts begegnet in der Literaturgeschichte häufiger. Vor allem als Korrespondenzpartner verschiedener Autoren in der ersten Hälfte des 20. Jahrhunderts taucht er in Darstellungen, häufig am Rande, nicht selten nur in Fußnoten, auf. Seine Briefe finden sich in zahlreichen verstreuten Nachlässen, einige haben den Weg in Literaturarchive gefunden. Herausragend ist der umfangreiche Briefwechsel mit Heinrich Mann.[2] Trotz dieser Spuren blieb das bisherige Porträt Brantls schemenhaft, die biografischen Informationen über ihn waren unvollständig, häufig unsicher – von einer möglichen intellektuellen

1 Bereits erschienen: „Ihr sehr ergebener Thomas Mann". Autographen aus dem Archiv des Buddenbrookhauses, hrsg. von Britta Dittmann, Thomas Rütten, Hans Wisskirchen und Jan Zimmermann, Lübeck: Schmidt-Römhild 2006 (Aus dem Archiv des Buddenbrookhauses 1). Der Band enthält Briefe Thomas Manns an Carl Enders, Adolf von Grolman und Georg Rosenthal.

2 Diese Briefe liegen im Heinrich-Mann-Archiv in der Akademie der Künste in Berlin. In Auszügen publiziert in: Ulrich Dietzel: Heinrich Manns Briefe an Maximilian Brantl, in: Weimarer Beiträge 14 (1968), H.2, 399-422.

Physiognomie ganz zu schweigen. Man interessierte sich immer für die anderen.

Wir haben die Veröffentlichung des Briefwechsels mit Thomas Mann – die erste selbständig erscheinende Publikation, die sich Brantls als Briefpartner annimmt – zum Anlass genommen, genauer nachzufragen. Manfred Eickhölter hat Kontakt zur Tochter von Maximilian Brantl aufgenommen. Veronika Brantl lebte 2010, fast 90-jährig, im elterlichen Haus in Prien und wurde von ihrer Enkelin Susanne Heid und deren Geschwistern betreut. Dank der Großzügigkeit der Familie durfte Manfred Eickhölter den privaten Nachlass Brantls einsehen und auswerten. Dafür möchten wir uns insbesondere bei Susanne Heid herzlich bedanken. Sie hatte selbst aus familienbiografischem Interesse schon vor langer Zeit die Tagebücher Brantls aus der Zeit 1897 bis 1915 entziffert und transkribiert. Der Nachlass ist um Verkäufe von Korrespondenzen mit prominenten Autoren geschmälert. Aber es gibt ausreichend bisher unbeachtetes persönliches Material, um darüber eine erste Annäherung vorzunehmen, die Manfred Eickhölter in diesem Band in Gestalt eines biografischen Porträts unternimmt.

Aus den angesprochenen Blickwinkeln ergeben sich die Kapitel dieses Buches. Wir berichten zunächst über die Überlieferungsgeschichte des Briefwechsels, die ein helles Licht auf die Erwerbspraxis von Thomas Mann-Briefen in den 1950er Jahren wirft. Zugleich erläutern wir den Sammlungskontext, in dem diese Briefsammlung steht.

Es folgt der Abdruck sämtlicher Briefe und Postkarten von Thomas Mann an Maximilian Brantl, sowie der Gegenstücke, die teilweise als Durchschläge erhalten sind. Hinzu kommen Briefe von Katia Mann an Maximilian Brantl, die zeigen, wie Katia Mann die Geschäfte im Hause Mann führte. Der Briefwechsel erstreckt sich nicht nur über einen ungewöhnlich langen Zeitraum, auch das thematische Spektrum ist weit, mit sehr unterschiedlich verteilten Gewichten und Akzenten. Er umfasst sehr heterogene Schriftstücke, von gedruckten Danksagungen bis hin zu ausführlichen Schilderungen; von der Korrespondenz im Zuge einer Rechtsberatung, während derer kurze Noten gewechselt wurden, bis hin zu philosophischen Erörterungen von Seiten Brantls. Auf diesem langen Wege des sehr unterschiedlichen Austauschs entstanden immerhin ein gewisses Vertrauen, eine Vertrautheit und Verbundenheit zwischen Thomas Mann und Maximilian Brantl, die in den Zwanzigerjahren auch zu einem locker-vertrauten gesellschaftlichen Umgang in München führte: Im Hause Thomas Manns lernte Brantl Ernst Bertram kennen; und Brantl war dabei, als Katia Mann Heinrich Manns zukünftige Frau Maria Kanová zum ersten Mal traf.

Die besondere Beziehung, die Brantl zu Heinrich Mann besaß, scheint an verschiedenen Stellen durch, gipfelnd in den großen Briefen beider Briefpartner nach Heinrich Manns Tod, die als Doppelwürdigung gelesen werden können: durch den Bruder, durch den Freund. Die Briefe Brantls nach 1945 spiegeln die schwierige Rezeption Thomas Manns im Nachkriegsdeutschland wider; sie geben ein Bild der – auch geistigen – Nöte im Land. Thomas Manns Nietzsche-Bild und der *Doktor Faustus* provozierten ausladende Briefe Brantls, die tiefe Einblicke in seinen religiös-ethischen und philosophischen Seelenhaushalt unter dem Eindruck von Krieg und Zerstörung geben. So komisch-devot Brantls Briefe manchmal sein konnten, so selbstbewusst argumentierte er gegenüber Thomas Mann, wenn es um Nietzsche als ‚Vortänzer des Faschismus' ging. Gegenüber Dritten verteidigte Brantl Thomas Mann – ungewöhnlich genug – von seinem katholischen Standpunkt aus. So geht es, salopp gesagt, in diesem Briefwechsel von minderwertigen Teppichen bis zu den letzten Dingen.

Alle Briefe werden durch Kommentare erläutert, um die Sinnzusammenhänge sichtbar zu machen. Wir haben uns außerdem entschieden, auch einige Briefe Dritter mit aufzunehmen – Briefe zu juristischen Problemen um den Tölzer Hausverkauf zum Beispiel –, um eine tatsächliche Lesbarkeit der Korrespondenz zu ermöglichen.

Im Anschluss wird die Person Maximilian Brantls vorgestellt. Ein biografischer Essay berichtet über den Juristen, Lyriker und Literaturkenner; über seine Werke und über das Bild, das andere sich von ihm machten. Im Anhang stellen wir den im Briefwechsel erwähnten, so genannten ‚Teppich-Prozess' vor, ein Fall, in welchem Brantl Thomas Mann juristisch vertreten hat und welcher durch zahlreiche Akten ausführlich dokumentiert ist. Wir fassen den Prozess zusammen und stellen auszugsweise Dokumente vor. Die Prozessdokumente kamen beim Erwerb 1958 ebenfalls nach Lübeck und werden im Archiv der Hansestadt aufbewahrt.

Ohne vielfältige Hilfe und Unterstützung wäre dieses Projekt nicht möglich gewesen. Ein großer Dank gilt an erster Stelle der Gesellschaft zur Beförderung Gemeinnütziger Tätigkeit, die dem Buddenbrookhaus die Briefe als Dauerleihgabe zur Verfügung gestellt hat. Hier ist vor allem das entschlossene Handeln von Antje Peters-Hirt hervorzuheben. Wir danken dem S. Fischer Verlag und Frido Mann für die Genehmigung, die Briefe von Thomas und Katia Mann abzudrucken. Manfred Eickhölter danken wir dafür, dass er sich in den Süden der Republik begeben und uns Maximilian Brantl durch seine ausführliche Recherche näher gebracht hat. Elisabeth Galvan gab wertvolle Hinweise zu einzelnen Briefen; Tanja Krämer, Tilman Venzl und Sedef Karakan unterstützten uns bei der Kommentierung und der Erstellung der Verzeichnisse im Anhang. Für verschiedentliche Unterstützung danken wir Manfred Flügge, Volker Treffenstädt, Michaela Ullmann und Claudia Bahnsen. Danken möchten wir auch dem Archiv der Hansestadt Lübeck, dem Deutschen Literaturarchiv Marbach, dem Stadtarchiv München und der Monacensia, Literaturarchiv und Bibliothek, München. Dem Förderverein Buddenbrookhaus danken wir für finanzielle Unterstützung und dem Verlag Schmidt-Römhild für die wie immer kompetente Betreuung des Drucks.

München und Lübeck, im Januar 2015

Holger Pils und Britta Dittmann

Thomas Mann, 1926

Maximilian Brantl, 1925

Holger Pils

Das Briefkonvolut Thomas Mann – Maximilian Brantl. Sammlungskontext, Umfang und ein Erwerbungskrimi

Für das Archiv des Buddenbrookhauses war das Jahr 2009 ein besonderes Jahr. Es konnte die umfangreiche „Thomas Mann-Sammlung" der Lübecker Stadtbibliothek übernehmen. Zu ihr gehören die Briefe Thomas Manns an Paul Amann ebenso wie die Briefe an Käte Hamburger, außerdem Teilnachlässe der Literaturwissenschaftler Hans Bürgin und Walter A. Berendsohn. Letzterer enthält nicht nur 17 Briefe Thomas Manns und 28 Briefe Katia Manns, sondern auch etwa 400 Briefe anderer Autoren an Berendsohn.[1] Dazu umfasst die Sammlung hunderte von Zeitschriftennummern und Zeitungsausschnitten mit Texten von und über Thomas und Heinrich Mann.

Ebenfalls im Jahr 2009 wurden dem Buddenbrookhaus die Briefe Thomas Manns an Maximilian Brantl als Dauerleihgabe übergeben. Sie sind Eigentum der Gesellschaft zur Beförderung Gemeinnütziger Tätigkeit. Die Sammlung umfasst 48 handschriftliche Briefe und Karten von Thomas Mann an Maximilian Brantl aus den Jahren 1909 bis 1951, zehn Briefe von Katia Mann an Maximilian Brantl aus den Jahren 1913 bis 1917 und 1946, nebst Unterlagen zu einem Prozess um minderwertige Teppiche aus den Jahren 1913 und 1914; sechs Briefe von Thomas Manns Mutter Julia an Maximilian Brantl aus dem Jahr 1915 sowie schließlich zwölf Durchschläge von Schreiben Maximilian Brantls an Thomas Mann von 1947 bis 1951.

Grundlage für die Übergabe an das Buddenbrookhaus war ein Beschluss der Vorsteherschaft der Gemeinnützigen vom 11. März 1993: Die Sammlung solle dem Heinrich-und-Thomas-Mann-Zentrum für „Ausstellungs- und Forschungszwecke"[2] zur Verfügung gestellt werden.[3] Ein kleinerer Teil dieses Konvoluts

1 Unter anderem von Heinrich Böll, Max Brod, Alfred Döblin, Kasimir Edschmid, Hans Magnus Enzensberger, Carl Alexander Freiherr von Gleichen-Russwurm, Oskar Maria Graf, Friedrich Sally Grosshut, Hermann Hesse, Ricarda Huch, Erich Kästner, Hermann Kasack, Rudolf Kayser, Alfred Kerr, Hermann Kesten, Otto Klepetar, Börries Freiherr von Münchhausen, Alfred Neumann, Robert Neumann, Walther Victor, Berthold Viertel, Carl Zuckmayer und Arnold Zweig. Zweig ist allein mit 28 Briefen vertreten. Daneben ist ein umfangreiches Konvolut mit Material – Briefe, Manuskripte – zu Berendsohns Feuchtwanger-Monografie vorhanden; außerdem 28 Briefe und Postkarten von Katia Mann. Vgl. zu den Briefen Thomas Manns an Berendsohn auch: Herbert Lehnert: Thomas-Mann-Forschung. Ein Bericht. Erster Teil, in: Deutsche Vierteljahresschrift für Literaturwissenschaft und Geistesgeschichte 40 (1966), 257-297, hier 264f.

2 Anon.: Geschenk von der „Gemeinnützigen": Briefe Thomas Mann – Maximilian Brantl, in: Lübeckische Blätter 158 (1993), H. 13, 202.

3 Vgl. Bernd Dohrendorf: „Im übrigen bin ich nicht der Mann, dem so etwas wie Stockholm in die Krone fährt". Über die Veräußerung des Briefwechsels zwischen Thomas Mann und Maximilian Brantl durch

(25 Briefe) lag seitdem im Archiv des Buddenbrookhauses, während das Meiste in der Gemeinnützigen verblieb. Erst 2009 wurde der Beschluss vollständig umgesetzt.

Insgesamt sind damit die Lübecker Bestände zu Heinrich und Thomas Mann weitestgehend im Buddenbrookhaus zusammengeführt.[4] Die Neuzugänge fügen sich zu dem, was hier seit 1993 zusammengetragen wurde. Der bisherige Bestand kann und soll hier nicht im Einzelnen dargestellt werden, aber die Sammlung lässt sich beispielhaft charakterisieren: Genannt seien Briefe Thomas Manns an Gustav Radbruch, Magdalena Müller, Hermann Lange und viele andere; Widmungsexemplare an Ida Boy-Ed, Hans von Rohrscheid und Robert Klopstock; das Gästebuch der Pension in Palestrina, in das sich die Brüder Heinrich und Thomas Mann 1895 eingetragen haben, ebenso das der „Buddenbrook-Buchhandlung“, in dem Thomas Mann als erster Gast 1922 gezeichnet hat; etwa 600 Briefe aus dem Nachlass Johann Siegmund Manns IV.; eine Sammlung aus dem Nachlass von Ilse Martens mit Briefen von Heinrich und Julia Mann, einem Poesie-Album aus der Familie Mann, Originalnotizen und Fotos; Nachlassgegenstände Golo Manns, ein Konvolut mit Briefen von ihm genauso wie von Katia, Klaus und Michael Mann; umfangreiches Material aus dem Besitz der Lübecker Vorfahren, historische Fotos; das amtliche Belegexemplar der Bonner Ehrendoktorurkunde Thomas Manns; zahlreiche Einzelbriefe Heinrich Manns, einzelne Manuskriptteile, aber auch ein Manuskript Hans Blumenbergs zum Beispiel. Die Aufzählung ließe sich fortsetzen; sie sollte zeigen: Das Spektrum des Gesammelten ist weit.[5] Sie zeigt zugleich: Die 2009 hinzugekommenen, großen Briefkonvolute fallen gegen die vielen Einzelautografen durchaus ins Gewicht. Das gilt auch für die im ersten Band der Reihe *Aus dem Archiv des Buddenbrookhauses* veröffentlichten Briefe an Adolf von Grolmann, eine Erwerbung des Jahres 2003. Es gilt viel mehr noch für den Zuwachs des Jahres 2012, mit dem 81 bisher unbekannte

die „Gemeinnützige“ an die Hansestadt Lübeck, in: Lübeckische Blätter 158 (1993), H. 10, 153-154.

4 Weiterhin verfügt das Archiv der Hansestadt Lübeck über Bestände zur Familie Mann, die sich dort allerdings in eigenen Kontexten befinden, aus denen sie nicht herauszulösen sind. Beispiele sind der Bestand zu Ludwig Ewers oder Unterlagen, die das öffentliche Wirken des Vaters der Brüder Mann in Lübeck betreffen.

5 Zu dem bisherigen Bestand vgl. Klaus W. Jonas / Holger R. Stunz: Thomas Mann auf vier Kontinenten: Gedenkstätten, Institutionen und private Sammlungen, in: Im Geiste der Genauigkeit. Das Thomas-Mann-Archiv der ETH Zürich 1956-2006, hrsg. von Thomas Sprecher, Frankfurt/Main: Vittorio Klostermann 2006 (= TMS XXXV), 43-87, hier 58-60; Fünf Jahre Heinrich-und-Thomas-Mann-Zentrum im Buddenbrookhaus: 1993-1998. Stationen – Ereignisse – Dokumente. Katalog zur Sonderausstellung vom 6. Mai bis 28. Juni 1998 „Bücher – Bilder – Briefe – Kuriosa. Das Buddenbrookhaus öffnet seine Sammlungen“, bearb. von Manfred Eickhölter, Lübeck 1998, 39-128: „Teil II: Aus den Sammlungen“. Zu den Sammlungsschwerpunkten vgl. Holger Pils: Über die wissenschaftliche Arbeit des Buddenbrookhauses, in: Lübeckische Blätter 175 (2010), H. 5, 73-75; Holger Pils: Geleitwort, in: Die Internationalität der Brüder Heinrich und Thomas Mann. Hundert Jahre Rezeption auf fünf Kontinenten, hrsg. von Klaus W. Jonas und Holger R. Stunz, Frankfurt/Main: Vittorio Klostermann 2011 (= TMS XLIII), 15-17.

Postkarten von Thomas Mann an Heinrich Manns ins Buddenbrookhaus gelangten.[6] Für das Archiv des Buddenbrookhauses sind diese Briefwechsel zentral.

Die Erwerbungszeit der drei umfangreichen Thomas Mann-Briefwechsel – Amann, Hamburger, Brantl –, die 2009 ins Haus kamen, lag weit vor der Gründung des Heinrich-und-Thomas-Mann-Zentrums, nämlich in den Fünfzigerjahren, als sich in Lübeck vor allem die Stadtbibliothek mit Unterstützung von Lübecker Stiftungen um den Erwerb von Thomas Mann-Autografen bemühte.[7] Die Briefe Thomas Manns an Paul Amann aus den Jahren 1915 bis 1952 wurden 1955 von der Stadtbibliothek erworben, bereits 1959 wurden sie veröffentlicht.[8] Der von Herbert Wegener herausgegebene Band gehört damit zu den frühesten selbstständig erschienenen Editionen von Briefen Thomas Manns,[9] die bereits 1960 ins Englische und 1967 ins Italienische übersetzt wurde.[10] Der Briefwechsel mit Käte Hamburger wurde 1959 ebenfalls von der Stadtbibliothek erworben. Er erschien 1999 in den *Thomas-Mann-Studien*.[11] Die Briefe an Maximilian Brantl wurden 1958 für die Gemeinnützige erworben, sie sind bis auf wenige Ausnahmen unpubliziert. Nach der Überführung dieser Konvolute ins Buddenbrookhaus im Jahr 2009 wurden sie hier Anfang 2010 in der Ausstellung *Fundstücke. Lübecker Bestände zu Thomas Mann, Heinrich Mann und Erich Mühsam* präsentiert.[12] Mit jener Ausstellung und der vorliegenden Publikation des Brantl-Briefwechsels kommt somit nun auch eine Thomas Mann-Sammlungsgeschichte zu einem vorläufigen Ende, die vor mehr als 50 Jahren in der Hansestadt Lübeck begann.

Ersteigert wurden die hier edierten Briefe Thomas Manns an Maximilian Brantl in der Aufsehen erregenden Auktion Nr. 85 des Auktionshauses Dr. Ernst Hauswedell, die am 29. November 1958 in Hamburg begann. Unter dem Eintrag

6 Vgl. Sebastian Bernhardt: Von Mann zu Mann. Das Lübecker Buddenbrookhaus erhält 81 Postkarten von Thomas Mann an seinen Bruder Heinrich aus den Jahren 1901 bis 1928, in: Arsprototo 1/2013, 20-25.

7 Zu noch früheren Bemühungen von Seiten der Stadtbibliothek und Lübecker Bürgern in den Vierzigerjahren vgl. Manfred Eickhölter / Britta Dittmann: Allen zu gefallen – ist unmöglich. Thomas Mann und Lübeck, 1875 bis 2000. Eine Chronik. Lübeck: Schmidt-Römhild 2001, 82.

8 Thomas Mann: Briefe an Paul Amann 1915-1952, hrsg. von Herbert Wegener, Lübeck: Schmidt-Römhild 1959 (Veröffentlichungen der Stadtbibliothek Lübeck, NR 3).

9 Vgl. Lehnert, 277. Allerdings wurden „auf Wunsch Frau Katja Manns" (S. 21) Auslassungen vorgenommen, die einen Brief vollständig und acht weitere Briefstellen betreffen.

10 Thomas Mann: Letters to Paul Amann (1915-1952). Ed. by Herbert Wegener. Transl. from the German by Richard and Clara Winston, London: Secker & Warburg 1961, Thomas Mann: Lettere a Paul Amann (1915-1952). A cura di Herbert Wegener. Trad. di Roberto Margotta, [Mailand]: Mondadori 1967.

11 Thomas Mann – Käte Hamburger: Briefwechsel 1932-1955, hrsg. von Hubert Brunträger, Frankfurt/Main: Vittorio Klostermann 2006 (= TMS XX).

12 Vgl. Jürgen Feldhoff: Buddenbrookhaus zeigt Schätze aus dem Archiv, in: Lübecker Nachrichten. 23. Januar 2010.

„Thomas Mann" waren im Katalog zwölf aufzurufende Nummern subsumiert, sieben umfassten Autografen von der Hand Thomas Manns, andere etwa solche seines jüngeren Bruders Viktor oder seiner Mutter Julia. Das gesamte Material stammte aus dem Nachlass von Maximilian Brantl. Auch Briefe Heinrich Manns samt zahlreicher Beilagen wurden aufgeboten, allerdings nicht allein aus dem Nachlass Brantls.[13]

Bereits im Vorfeld war es zu heftigen Diskussionen um die Versteigerung der Briefe beider Brüder gekommen. Es ging um nichts weniger als die Frage, ob hier unersetzliches Kulturgut „verramscht" würde; um die Sorge, dass die Briefe in private Hand kämen (das heißt: in privater Hand blieben) und somit der Forschung nicht zur Verfügung stehen würden. Aber nicht nur die Entscheidung, ob ein privater oder ein institutioneller Käufer den Zuschlag bekommen würde, wurde mit Spannung erwartet, sondern auch die Positionierung der sammelnden Archive: Das Thomas-Mann-Archiv in Zürich war bei der Auktion ebenso vertreten wie die in Ost-Berlin ansässige Deutsche Akademie der Künste und das Deutsche Literaturarchiv in Marbach am Neckar. Und schließlich ging es einmal mehr um das Verhältnis der Brüder Heinrich und Thomas Mann – das heißt um ihren postumen Ruhm, den man nun anhand von Auktionspreisen für Briefe von ihrer Hand würde messen können. Die aufgeregte Diskussion in der Tagespresse widmete sich dieser Gemengelage und kolportierte auch einiges an Gerüchten, was die Stimmung nur weiter anheizen konnte.

Bei der *Bild*-Zeitung überrascht dies nicht. Sie überschrieb ihren Artikel vom 16. November 1958 mit der reißerischen Zeile „Genies werden verramscht" und versprach im Untertitel, die „wahren Hintergründe der Versteigerung von Briefen der Brüder Mann" preiszugeben: „Es ist schlimmer, als man bisher angenommen hat."[14] Aus der bevorstehenden Versteigerung wird eine nationale Angelegenheit, denn „nur in Deutschland [...] ist es möglich, dass so wertvolles literarisches Gut ‚verramscht' und in alle Winde verstreut" werde. Es könne nur hier geschehen, „weil die Zeit noch nicht so lange vorüber ist, als die vielleicht bedeutendsten deutschen Romanciers unseres Jahrhunderts in die Verbannung gehen mussten, während man ihre Frauen und Kinder in Konzentrationslager sperrte." Das bezog sich auf Heinrich Manns erste Frau Maria Kanová und die gemeinsame Tochter Leonie Aškenazy-Mann. Zu

13 Dr. Ernst Hauswedell Buch- und Kunstantiquariat: Wertvolle Bücher aus fünf Jahrhunderten. Autographen, Auktion 85 (= Antiquariatskatalog 138), Hamburg 1958. „Thomas Mann": Nr. 1268-1279. „Heinrich Mann": Nr. 1236-1267.

14 Anon.: Genies werden verramscht, Bild am Sonntag, 16. November 1958.

guten Teilen geht es nämlich in dem Artikel um sie, die in Prag lebende Tochter Heinrich Manns, die freilich mit der bevorstehenden Auktion gar nichts zu tun hatte – wohl aber, mindestens indirekt, mit der früheren Auktion Nr. 76, ein Jahr zuvor, im Dezember 1957.[15] Dort waren 50 Briefe und Karten von Thomas Mann an Heinrich Mann aus dem Prager Familienbesitz versteigert worden,[16] die, so Hans Wysling, „auf uns unbekanntem Wege" zur Auktion gelangt waren.[17] Die Darstellung der *Bild*-Zeitung suggerierte, dass das nun, im Dezember 1958 „zu versteigernde Gut" ebenfalls aus diesem Besitz stammt. Von Maximilian Brantl war keine Rede.

Die heftigen Invektiven sollten Leonie Aškenazy-Mann treffen. Sie bot sich für die *Bild*-Zeitung insbesondere als Zielscheibe der Kritik an, da sie als vermeintlich „leidenschaftliche Kommunistin" in der „Sowjetzone die Rolle der hochgefeierten offiziellen ‚Erbin'" Heinrich Manns spiele. Sie habe den Großteil des Nachlasses ihres Vaters gegen Bezahlung in die Akademie der Künste der DDR gegeben und sich „seit Jahr und Tag" darum bemüht, weitere Teile zu verkaufen. Die Meinung, dass sie nun abermals versuche, „den geistigen Besitz ihres Vaters [...] in bare Münze zu verwandeln"[18] geht offensichtlich auf eine im Eifer des Kalten Nachlass-Kriegs fehlerhafte Lektüre des vorliegenden Auktionskatalogs Nr. 85 zurück. Der zitiert nämlich aus einem zur Versteigerung stehenden Brief Thomas Manns an Maximilian Brantl (Brief Nr. 86 in diesem Band), in dem er über Leonie schrieb:

> Heinrichs Tochter ist, da er kein Testament hinterlassen hat, Universal-Erbin und schefffe[l]t Geld in Ost-Deutschland. Die Bibliothek, nach der er sich sehnte, hat sie ihm immer vorenthalten und sie nun dem Archiv übergeben. Meine Briefe hatte sie vorher verkauft. (Es handelte sich um die Briefe von Thomas Mann an, die in unserer Auktion 76 verkauft wurden. Anm.) Sie ist eine recht anstössige Person. Was Ihre Sammlung betrifft (das ist die in dieser Auktion angebotene Sammlung. Anm), so ist es natürlich recht schmählich, dass in „West"-Deutschland dafür nirgends ein Unterkommen sein wird.[19]

Bei der *Bild*-Zeitung las man *„Ihre* Sammlung" nicht als die tatsächlich nun zur Versteigerung stehende Sammlung Brantls, sondern *„ihre* Sammlung" – als die nur vermeintlich zur Veräußerung stehende Sammlung Leonie Aškenazy-Manns und stimmte in die Empörung Thomas Manns über seine habgierige Nichte mit ein.

15 Dr. Ernst Hauswedell Buch- und Kunstantiquariat: Wertvolle Bücher. Autographen, Auktion 76 (= Antiquariatskatalog 129), Hamburg 1957.

16 Vgl. ebenda. Nr. 546. Ausrufpreis: 5.000 DM. Zuschlag bei 12.500 DM.

17 Sie wurden von einem Schweizer Privatsammler ersteigert, der sie 1967 an das Schiller-Nationalmuseum in Marbach verkaufte. Vgl. Wysling, 568.

18 Anon.: Genies werden verramscht, Bild am Sonntag, 16. November 1958.

19 Dr. Ernst Hauswedell: Antiquariatskatalog 138, Nr. 1269. Anmerkungen des Auktionshauses in Klammern im Original.

Aber auch das Zürcher Thomas-Mann-Archiv wird nicht geschont. Großzügig und „mit einer beispiellosen Rücksichtnahme auf den Willen des Dichters [Thomas Mann] wurden auch die wertvollsten Stücke dem Schweizer Archiv übergeben. Und zwar kostenlos." Dafür habe die Familie darauf rechnen können, dass man sich bemühen würde, den Nachlass durch Ankäufe zu vervollständigen. Aber: „Sehr bald zeigte es sich jedoch, daß die Eidgenossenschaft des Geschenk zwar gern annahm, jedoch keine erheblichen finanziellen Opfer plante".[20] Das war unfreundlich, unfair und falsch. Was der Artikel indes anspricht: Heinrich Manns Nachlass ging in die DDR, Thomas Manns Nachlass in die Schweiz. Westdeutschland ging leer aus. Offizielle Stellen bemühten sich in der Tat wenig um das Andenken Heinrich und Thomas Manns. Zugute halten könnte man dieser aufgeregten Berichterstattung also immerhin, dass sie öffentliche Archive in Westdeutschland anspornen wollte, sich am Wettbewerb um das Kulturgut zu beteiligen. Zugleich aber trieb sie die Preise in die Höhe. Was wiederum von anderen kritisiert wurde: Die Briefe Heinrich und Thomas Manns würden so zu Spekulationsobjekten. Der Spirale war so schlecht Einhalt zu gebieten.

Die *Bild*-Zeitung berief sich als ‚Sachverständigen' auf Willy Haas, den legendären Herausgeber der *Literarischen Welt* der Vorkriegszeit und nunmehrigen Redakteur der Tageszeitung *Die Welt*. Haas publizierte selbst an mehreren Stellen über die Auktion, außer in *Die Welt*[21] auch im New Yorker *Aufbau*.[22] Für die Forschung zu Heinrich und Thomas Mann seien verheerende Folgen zu befürchten: „Nach der Auktion Hauswedell wird es nicht mehr möglich sein, gewisse entscheidend wichtige Linien ihres Denkens weiter zu verfolgen." Die Versteigerung der Brüder-Briefe des Vorjahres habe „ein ganz tolles Wettrennen hervorgerufen. Jeder will nun seine Briefe von Thomas und Heinrich Mann zu den gegenwärtigen sehr hohen Preisen abstossen, so gut er kann."[23]

Auch der Zürcher *Tages-Anzeiger* beobachtete, dass der „deutsche Auktionsmarkt" sich der „nachgelassenen Handschriften" von Heinrich und Thomas Mann „zu bemächtigen versuch[e], um sie wie die Börsenpapiere zu Objekten wilder Spekulationsgier zu machen.[24] Aktuell gehe es aber nicht um das Verhalten von

20 Anon.: Genies werden verramscht, Bild am Sonntag, 16. November 1958.

21 Willy Haas: Wir stehen vor einem Skandal. Soll der Briefwechsel der Gebrüder Mann in alle Winde zerstreut werden?, in: Die Welt, 31. Oktober 1958, 5.

22 Willy Haas: Skandal um die Briefe der Brüder Mann, in: Aufbau 24 (1958), Nr. 49, 5. Dezember 1958, 36.

23 Ebenda.

24 C.S.: Die Handschriften der Familie Mann als Spekulationsobjekte, in: Tages-Anzeiger, Zürich, 2. Dezember 1958.

Leonie Aškenazy-Mann, sondern um das der Erben des „Münchner Rechtsberaters" der Brüder, wird hier zunächst klargestellt. Auch sie „werfen bei Hauswedell alles auf den Autographenmarkt, was ihnen unter die Finger gekommen ist." Der Verfasser des Artikels rechnete für die Auktion mit einem Interesse Ost-Berlins für die Briefe Heinrich Manns und mit dem Interesse Zürichs für die Briefe Thomas Manns.

> Da Heinrich Mann ein Anhänger der Sowjet-Ideologie war und bis zu seinem Ende blieb, macht die „Deutsche Akademie der Kunst" in Ostberlin begreiflicherweise Anstrengungen, den Hauptbestandteil seiner Handschriften an sich zu bringen. Sie wird also direkt oder durch einen Strohmann in Hamburg als Bieter auftreten und sich wohl vor allem für die 328 Briefe und Karten interessieren, die Heinrich geschrieben hat. [...] Es wird sich in den nächsten Tagen zeigen, ob sie [die Briefe Thomas Manns] en bloc veräußert oder verzettelt werden. Dies wäre mit Blick auf die wissenschaftliche Forschung und biographische Ergänzungsarbeit bedauernswert. Für den wirklich gehaltvollen Bestand hat Zürich selbstverständlich sein Interesse angemeldet und auch Frau Katja Mann hält es für wünschenswert, daß das Thomas-Mann-Archiv als *Forschungszentrum* für die Person und das vielschichtige Werk des Dichters seinen Bestand komplettieren kann. Der Vorwurf, daß in der Schweiz diese Auktion gewissermaßen nicht zur Kenntnis genommen wird, ist also ganz unberechtigt. Wenn es der als seriös geltenden Firma Hauswedell auch im Interesse des deutschen Autographenmarktes daran liegt, auf die Wünsche der Familie Thomas Mann pietätvoll Rücksicht zu nehmen, so steht dem Ankauf wenigstens des literarisch gewichtigen Teils der Briefkollektion nichts im Weg. Aber man kann von den Verehrern und den Angehörigen des Dichters nicht erwarten, dass sie das organisierte, bereits amerikanische Ausmaße annehmende Preistreiben mitmachen.[25]

Man durfte also gespannt sein, ob sich private ‚Preistreiber' an dem Bieterwettkampf um die Briefe Thomas Manns beteiligen würden. An die Hartnäckigkeit einer Lübecker Stiftung hatte dabei offenbar niemand gedacht.

Die „als seriös geltende Firma Hauswedell" sah sich nach den umfangreichen öffentlichen Vorwürfen, die auch das Auktionshaus berührten und seine grundsätzliche Praxis des Autografenhandels in Frage stellten, zu einer Stellungnahme genötigt. In der Zeitung *Die Welt* reagierte sie auf den Artikel von Willy Haas, dessen Argumentation von so vielen Kommentatoren aufgegriffen worden war. Es schrieb Ernst Hauswedell persönlich:

> Zunächst einmal handelt es sich bei unserem Angebot nicht um den Nachlass der Brüder selbst, und auch nicht um Objekte, die aus dem Besitz der Familie kommen, sondern überwiegend um Schriftstücke, die ihrem Rechtsberater und Freund, dem Rechtsanwalt Maximilian Brantl, München, gehörten. Diese Briefe wären zunächst nicht einmal aufbewahrt worden, wenn es sich bei der Beziehung zwischen Heinrich Mann und seinem Anwalt um eine rein kommerzielle Verbindung gehandelt hätte; sie wären dann in den Akten der Anwaltsregistratur abgeheftet und nach Ablauf der gesetzlichen Frist vernich-

25 Ebenda. Hervorhebung im Original.

tet worden. Doktor Brantl und späterhin seine Familie hat also eine echte Funktion des Sammelns ausgeübt, ohne die das für die Biografie des Dichters interessante Material nicht erhalten geblieben wäre.

Durch meine Mitwirkung ist es dann gelungen, die Sammlung der Öffentlichkeit überhaupt bekanntzugeben. Die Besitzer hätten die Sammlung auch privat verkaufen können, vielleicht an eine Bibliothek in USA, ohne dass irgend jemand etwas erfahren hätte, und ohne dass für irgendwelche deutschen Stellen die Möglichkeit des Eingreifens gegeben wäre.

Offensichtlich sind Sie der Meinung, dass es nicht angebracht sei, den Nachlass durch eine Auktion zum Verkauf zu bringen. Ich darf hierzu bemerken, dass die öffentliche Versteigerung seit vielen Jahrhunderten nicht nur hier, sondern in allen Ländern ein üblicher Weg der Verwertung literarischer und künstlerischer Nachlässe ist. Sie gibt wie kein anderer Verkaufsvorgang die Möglichkeit, die wirklichen Interessenten ausfindig zu machen.

Unsere – wie Sie mir vielleicht zugeben werden – recht sorgfältig gearbeiteten Kataloge werden an mehr als 3000 Interessenten im In- und Ausland verschickt, darunter an alle wichtigen Bibliotheken und Archive, und selbstverständlich werden die besonderen Interessenten, die für den Erwerb dieser Briefe in Frage kommen, gesondert darauf hingewiesen. Auch beschränken sich unsere Bemühungen nicht darauf, den Nachlass wissenschaftlich zu bearbeiten und zum Verkauf zu stellen, sondern wir sind bemüht, das geschlossen zusammenzuhalten, was zusammengehört.

Ich kann nicht recht sehen, gegen wen sich nun eigentlich Ihre Vorwürfe richten. Zunächst wohl gegen die jetzigen Besitzer. Was hätten diese aber sonst tun sollen? Sie kannten nicht einmal die Interessenten, die für den Ankauf in Frage kommen. Leben wir nicht in einer freien Wirtschaft, die ihnen das Recht gibt, ihren Besitz zum bestmöglichen Preis zu verwerten?

Um eine „Verramschung“, wie Sie wiederholt in Ihrem Aufsatz schreiben, kann es sich bei der Höhe des Objekts schon gar nicht handeln. Die Ergebnisse der Auktionen von Schriftstücken und Briefen in den vergangenen Jahren haben deutlich gezeigt, dass nichts „verramscht“ wurde, vielmehr haben sich Stimmen erhoben, die der Ansicht waren, dass die Preise in der letzten Zeit zu sehr gestiegen sind.

Weiterhin richten sich Ihre Vorwürfe wohl, wenn ich Sie recht verstehe, gegen die öffentliche Hand, d.h. gegen Archive und Bibliotheken, die in erster Linie solche Nachlässe kaufen sollten. Ich darf darauf hinweisen, dass durch die Einsicht des Staates in den letzten Jahren vielen Nachlässe von Dichtern und Künstlern in staatlichen Besitz übergegangen sind. Ich darf aber auch erwähnen, dass der Übergang eines solchen Nachlasses an einen Privatsammler keineswegs in jedem Falle die Benutzung für Forschung und Wissenschaft ausschließt.[26]

Die große mediale Aufmerksamkeit im Vorfeld der Auktion setzte sich beim Aufruf der Mann-Nummern am 2. Dezember 1958 fort. „Hauptgrund für das Interesse von Fernsehen und Presse an der Auktion dieser Autographen und Dokumente war die heftige und vielleicht sachlich nicht ganz berechtigte Diskussion um die Briefe, die schon lange vor der Versteigerung in Gang gekommen war“, schrieb das *Handelsblatt*

26 Ernst Hauswedell: Skandal oder nicht Skandal? Mann-Briefe unter dem Hammer – Dr. Hauswedell nimmt Stellung, in: Die Welt, 18. November 1958.

selbstkritisch.[27] Dank der vielfältigen Berichterstattung lassen sich der Verlauf und seine Hintergründe recht gut rekonstruieren. Auch für den Ablauf der Versteigerung war die Aufmerksamkeit gleich zu Beginn von Bedeutung: „Die heftige Pressekampagne", so der *Tages-Anzeiger*, habe „gefordert, daß, wenn schon versteigert würde, wenigstens die beiden Komplexe zusammen und der Forschung erhalten blieben. Die Einlieferer gaben nach und ließen Dr. Hauswedell die einzelnen Nummern zu einem Lot Heinrich Mann und einem Lot Thomas Mann vereinigen."[28] Und dann geschah etwas Merkwürdiges: „Ein Sammler bat die Briefe Thomas Manns vorwegzunehmen, um, wenn er sie nicht bekäme, auf die des Bruders bieten zu können."[29] Thomas Mann stellte den großen Bruder in Schatten, bekam den Vortritt. In den Augen der sammelnden Nachwelt wurde Heinrich eine ‚Ersatzposition' zugewiesen.

Das geschlossene Thomas Mann-Konvolut umfasste nun sieben Nummern des Katalogs, den Kern bildeten die 48 Briefe und Karten an Maximilian Brantl. Der Ausrufpreis lag bei insgesamt 4.500 DM. Im Auftrag von Katia Mann bot ein Antiquar 5.800 DM und ging bis 7.000 DM mit;[30] ungewöhnlicherweise gab er seine Auftraggeberin bekannt. „Hier bedauerte Dr. Hauswedell, dass man ihn von diesen Plänen Frau Manns nicht vor der Auktion unterrichtet habe."[31] Das Thomas Mann-Archiv war durch seinen Direktor Paul Scherrer vertreten, der die Briefe vor der Auktion Stück für Stück gesichtet hatte und bereits den Eingangspreis für „sehr hoch" gehalten hatte.[32] Er stieg rasch aus. Das Bieterduell wurde nun zwischen zwei Parteien ausgetragen.

Auf der einen Seite: Ein Privatsammler, der Thomas Mann am Zeug flicken wollte und dafür einen ungewöhnlichen Weg beschritt. Paul Scherrer charakterisierte ihn so:

> Er soll über nahezu unbeschränkte Mittel verfügen und diese mit der Freude des Protzens an der Demonstration seiner Geldmacht einsetzen. Wie Antiquare berichten, sammle er Thomas Mann im besondern aus dem merkwürdigen Beweggrund, sich das

27 Anon.: Mann-Briefe blieben der Wissenschaft erhalten. Lebhaftes Interesse für ein reiches Angebot bei Dr. Hauswedell in Hamburg, in: Handelsblatt, 5./6. Dezember 1958, 13 (Der Kunsthandel). Auch im *Handelsblatt* hatte es im Vorfeld Kritik an der Versteigerung gegeben.

28 E.G.: 64 000 Mark für Korrespondenzen von Thomas und Heinrich Mann. Ergebnisse einer Hamburger Versteigerung, in: Tages-Anzeiger, Zürich, 6. Dezember 1958.

29 Ebenda.

30 E.G.: 64 000 Mark für Korrespondenzen von Thomas und Heinrich Mann; P. Sch. [Paul Scherrer]: Der Auktionsrummel um nachgelassene Handschriften der Brüder Mann. Nachträgliche Richtigstellungen von Zürich aus, in: Tages-Anzeiger, Zürich, 21. Dezember 1958.

31 Anon.: Mann-Briefe blieben der Wissenschaft erhalten.

32 P. Sch. [Scherrer, Paul]: Der Auktionsrummel um nachgelassene Handschriften der Brüder Mann.

Material zu verschaffen, um ihn als literarischen Hochstapler zu entlarven. Aus diesem Grunde pfusche er auch bewusst öffentlichen Bibliotheken und Archiven ins Handwerk, weil er sich einbilde, diese seien bestrebt, die Objektivität der Wissenschaft zu unterdrücken! Auf die Thomas-Mann-Materialien der Hamburger Auktion hatte dieser Bieter einer deutschen Großfirma „unlimitierten Auftrag" gegeben. Damit waren von vornherein die Grenzen des Aufwandes, welche Institute, die aus öffentlichen Geldern unterhalten werden, verantworten können, überschritten.[33]

Auf der anderen Seite: Lübeck. Die Anregung, sich zu beteiligen, ging offenbar von Bibliotheksdirektor Dr. Peter Karstedt aus, der den Lübecker Industriellen Heinrich Dräger auf das Angebot aufmerksam machte. Dieser hatte 1956 zum Andenken an seinen Vater Bernhard Dräger eine unselbständige Stiftung der Gemeinnützigen errichtet.[34] Heinrich Dräger entschied, dass aus den Mitteln dieser Stiftung die Briefe angekauft werden sollte und zwar für bis zu 15.000 DM.[35] Er hatte vor, persönlich nach Hamburg zu fahren. Da er am Tag der Auktion jedoch verhindert war, fuhr seine Frau Lisa Dräger an seiner Stelle.[36] „Frau Dräger meinte", so gab der Direktor der Gemeinnützigen Rolf Sander zu Protokoll, „ohne den Erwerb der Briefe nicht nach Lübeck zurückkehren zu sollen".[37] Angesichts des „unlimitierten Auftrags" des konkurrierenden Bieters eine unglückliche Konstellation. Bibliotheksdirektor Karstedt hatte für Frau Dräger die Hand zu heben. Solange, bis der Vertreter des unbekannten Privatsammlers ausstieg. Bei 34.000 DM erfolgte der Zuschlag. Ein horrender Preis. Mit Aufgeld waren 39.100 DM zu zahlen. Der Schriftsteller Bodo Uhse erinnerte sich: „[D]er Lübecker Museumsmann [Karstedt], dem die Augen aus dem Gesicht hervorgequollen sind, wischt sich als Sieger die Schweißtropfen von der Stirn."[38] Um sogleich wieder geistesgegenwärtig zu agieren: Karstedt verwahrte sich sofort durch Zuruf dagegen, dass die Summe dem Konto der Lübecker Stadtbibliothek belastet wurde.[39] Der Ausschuss der Dr.-Ing.h.c.-Bernhard-Dräger-Stiftung entschied im Januar nachträglich, die volle Summe zu bewilligen. Die Briefe kamen nach Lübeck und sollten dort zunächst zwischen der Gemeinnützigen und der Stadtbibliothek aufgeteilt, die Hälfte also der Hansestadt

33 Paul Scherrer an Rolf Sander, 2. Februar 1959, abgedruckt in: Lübeckische Blätter N.F. 95 (1959), H. 8, 82f.

34 Vgl. Welf Böttcher /Martin Thoemmes: Heinrich Dräger. Eine Biographie, Neumünster: Wachholtz 2011, 217.

35 Vermerk zur Ausschuss-Sitzung Dr.-Ing.h.c.-Bernhard-Dräger-Stiftung, 16. Januar 1959. Archiv der Hansestadt Lübeck. „Gemeinnützige", Findbuch-Nummer 1444: Dr.-Ing.h.c.-Bernhard-Dräger-Stiftung.

36 Rolf Sander an Paul Scherrer, 28. Januar 1959. Archiv der Hansestadt Lübeck. „Gemeinnützige", Findbuch-Nummer 1444: Dr.-Ing.h.c.-Bernhard-Dräger-Stiftung.

37 Ebenda.

38 Zit. nach: Dietzel, 394.

39 P. Sch. [Scherrer, Paul]: Der Auktionsrummel um nachgelassene Handschriften der Brüder Mann.

Lübeck zum Geschenk gemacht werden. Bibliotheksdirektor Karstedt lehnte dankend ab,[40] das gesamte Konvolut verblieb in der Gemeinnützigen.

Der Direktor des Thomas-Mann-Archivs war verstimmt über den Verlauf. Im Zürcher *Tages-Anzeiger* kritisierte er die ‚Preistreiberei':

> Der erzielte Zuschlag wurde von den zahlreichen ernsthaften Fachleuten aus Buchhandel, Bibliotheken und Literaturwissenschaft als unerfreuliche Sensation und krasser Auswuchs des „Börsenfiebers" beurteilt. Das führende Hamburger Blatt „Die Welt" schreibt dazu, man habe „den Eindruck nicht einer Auktion, sondern der Spielbank von Monte Carlo" gehabt. Gerade der reelle Buch- und Antiquariatshandel liebt solche Phantasiepreise nicht, weil sie das gesunde Preisgefüge erschüttern und die Kalkulationsgrundlagen für Lagerhaltung, Verzinsung usw. untergraben. [...] Wie ungerechtfertigt solche panikartigen Erregungen des Marktes sind, ergibt sich schon aus der einfachen Tatsache, daß nach der Schätzung Sachverständiger zwischen 10.000 und 15.000 Thomas-Mann-Briefe existieren, von denen sich der größte Teil noch in privatem Besitz befindet. Die gegenwärtigen Ueberpreise werden selbstverständlich vieles davon herauslocken, und die Sturzwelle von Angeboten dürfte den Markt – wie seinerzeit bei Rilke – binnen kurzem durch Preiszusammenbrüche sehr nachdrücklich regulieren.[41]

Scherrer trieb den Aufbau des Thomas-Mann-Archivs energisch, „immer im Bewusstsein scharfer Konkurrenz"[42] voran, und vertrat dementsprechend eine offensive Erwerbungspolitik, die er auch gegenüber den Gremien streitbar durchzusetzen versuchte. Insofern war er besonders unglücklich. Nach Zürich kehrte er unter anderem mit sieben Briefen von Thomas Mann an Rudolf Wahl zurück, für die 2.000 DM bezahlt werden mussten. Der Jahresbericht 1958 des Thomas-Mann-Archivs resümierte:

> An der sensationellen Auktion von Thomas-Mann-Autographen und -Ausgaben, welche die Firma E. Hauswedell am 1. und 2. Dezember in Hamburg veranstaltete, war das Archiv durch Direktor P. Scherrer vertreten. Die unsinnigen Preise, welche auf dieser Versteigerung vermöge einer zufälligen Konstellation und der alle Mittel einschliesslich Pressekampagne und Fernsehen einsetzenden Propaganda erzielt wurden, gestatteten nur Erwerbungen in beschränktem Ausmasse. Immerhin konnten wir uns einige wichtige Stücke sichern. Die auch für sie hohen Preise wurden dadurch auf ein verantwortetes Mass reduziert, dass ein grosser deutscher Verlag (Bertelsmann) einen Drittel an die Preise beisteuerte, um aus dem Archiv Käufe zu ermöglichen, welche aus öffentlichen Mitteln vernünftigerweise nicht hätten finanziert werden dürfen.[43]

40 Vermerk von Rolf Sander über die Sitzung der Vorsteherschaft der „Gemeinnützigen" am 11. März 1993. Archiv der Hansestadt Lübeck. „Gemeinnützige", Findbuch-Nummer 1444: Dr.-Ing.h.c.-Bernhard-Dräger-Stiftung.

41 P. Sch. [Scherrer, Paul]: Der Auktionsrummel um nachgelassene Handschriften der Brüder Mann.

42 Thomas Sprecher: Das Thomas-Mann-Archiv 1956-2006, in: Im Geiste der Genauigkeit, 91-301, hier 124.

43 Jahresbericht des Thomas Mann-Archivs der ETH Zürich 1958, zit. nach Thomas Sprecher: Das Thomas-Mann-Archiv 1956-2006, 137.

Gegenüber den Lübeckern beeilte sich Scherrer zu versichern, dass seine im *Tages-Anzeiger* publizierte Entrüstung auf den preistreibenden Sammler ziele, sich aber keineswegs gegen die Lübecker Bieter richtete. Das Archiv beanspruche „durchaus kein Monopol für Thomas Mann", wenngleich es „eine wünschenswerte Vereinfachung bedeute[], wenn in einem Orte möglichst viel von Thomas Manns Hinterlassenschaft vereinigt werden könnte."[44] Scherrer setze auf den „weltoffenen und unabhängigen hanseatischen Geist", der sicher Verständnis für den Archiv-Standort in der Schweiz aufbringe und so eine „fruchtbare Zusammenarbeit" ermöglichen werde, „die, frei von aller Enge, Thomas Mann zur Ehre gereicht und damit unbedingt auch seiner Vaterstadt, deren Wesensart doch sein Werk so bestimmend mitgestaltet hat."[45] Im Grunde war Scherrer für dieses Mal dankbar, dass durch den beherzten Einsatz Lisa Drägers die Briefe für die Öffentlichkeit gesichert werden konnten. Die Lübecker ihrerseits wollten ihr Verhalten nicht als Piraterie verstanden wissen, mit der die Bestimmung des Nachlasses in Zweifel gezogen werden könnte. Man übermittelte sogleich Abschriften der Übersichten, die zu den Briefen erstellt wurden, nach Zürich, später auch Kopien und begründete damit eine dauerhafte, gute Praxis. Die *Lübeckischen Blätter* konnten im April 1959 das Schlusswort sprechen, das in der Tat einen Anfang markierte:

> So ist denn trotz des schlimmen Auktionsrummels dank der Initiative eines Lübecker Bürgers wertvolles Material gesichert worden, und der Warnruf Dr. Scherrers im „Tagesanzeiger" hat Gelegenheit geboten, mit dem Thomas-Mann-Archiv in Zürich freundschaftliche Beziehungen herzustellen.[46]

Und Heinrich Mann? Seine rund 330 Briefe und Postkarten an Maximilian Brantl wurden nach denen Thomas Manns aufgerufen. Auch hier ist eine besondere Kooperation zu vermerken. Während der *Tages-Anzeiger* ein „heftiges Duell zwischen dem Heinrich-Mann-Archiv [Akademie der Künste] in Ostberlin und dem Schiller-Archiv in Marbach" beobachtete,[47] kam es auch hier zu einer bemerkenswerten Zusammenarbeit: Das *Handelsblatt* berichtete – und sah Anlass für Lob:

> Zu einem „Fall Mann" ist es – zunächst jedenfalls – nicht gekommen: Die beiden Hauptteile der Autographen Heinrich und Thomas Manns, um deren Versteigerung bei Dr. Hauswedell in Hamburg bekanntlich eine heftige Diskussion entbrannt war, sind geschlossen an Institutionen gegangen, die der Wissenschaft zugänglich sind: Besonders

44 Paul Scherrer an Rolf Sander, 2. Februar 1959, Lübeckische Blätter, 83.

45 Ebenda.

46 Ebenda.

47 E.G.: 64 000 Mark für Korrespondenzen von Thomas und Heinrich Mann.

> interessant ist in diesem Zusammenhang der Erwerb der Heinrich-Mann-Briefe, weil er eine originelle Eigeninitiative deutscher Museumsdirektoren erkennen läßt. Zugeschlagen wurden diese Briefe bekanntlich dem Schiller-Nationalmuseum in Marbach. Hauptinteressent war aber das Heinrich-Mann-Archiv in Ostberlin als Nachlaßverwalter des Schriftstellers. Mit diesem Archiv arbeitet das Nationalmuseum seit langem eng zusammen. Der Erwerb zugunsten beider Institute ist denn auch in der vergangenen Woche von ihren Leitern verabredet worden. Als das Archiv nicht mehr mitzubieten vermochte, trat das Marbacher Museum in die Bresche und ersteigerte den Schatz gegen die heftige Konkurrenz eines Schweizer Privatsammlers, für den ein deutscher Händler bot. Jetzt werden sowohl die Beute – nach Sachgebieten – als auch die Kosten geteilt werden. Die Wissenschaftler aber können durch Vermittlung des Archivs oder des Nationalmuseums die begehrten Autographen erschließen. Dieses erfreuliche Ergebnis der Versteigerung hat zwei Aspekte aufgezeigt: Einmal war die Diskussion im Prinzip wenigstens von Nutzen; denn sie hat das Verantwortungsbewußtsein der Öffentlichkeit aufgestachelt. Es sollte erhalten bleiben und sich – in einer größeren finanziellen Unterstützung der deutschen wissenschaftlichen Institute – positiv auswirken. Die phantasievolle Initiative verantwortungsbewusster Wissenschaftler aber läßt hoffen, daß man das Problem, einen Großteil des Nachlasses bekannter Künstler vor dem Verschwinden zu bewahren, lösen kann, ohne gleich den Denkmalschutz-Gesetzgeber bemühen zu müssen.[48]

30.000 DM zahlten beide Archive zusammen (Ausrufpreis 20.300 DM). Berlin erhielt den Großteil der Briefe und persönlichen Dokumente, Marbach vor allem die Unterlagen zu Verlags- und Rechtsangelegenheiten. Eine Übereinkunft allem Getrommel im Kalten Krieg, das die Vorab-Berichterstattung begleitet hatte, zum Trotz. Eine erste Auswahl der Briefe Heinrich Manns an Maximilian Brantl publizierte Ulrich Dietzel 1968 in den *Weimarer Beiträgen*.[49] Der größte Teil allerdings ist bislang unpubliziert.

48 hfn: Kein „Fall Mann", in: Handelsblatt, 5./6. Dezember 1958, 13 (Der Kunsthandel).

49 Dietzel, 399-422.

Thomas und Katia Mann – Maximilian Brantl: Briefe 1909-1951 und zugehörige Korrespondenzen

1 Thomas Mann an Maximilian Brantl München, 17.12.1909

Herrn Dr. Maximilian Brantl
Otto Str. 1e
München

München den 17.XII.09

Sehr geehrter Herr Doktor:
Nehmen Sie für Ihre schöne Gabe, die heute Morgen bei mir eintraf, den herzlichsten Dank.

Ihr ergebener
Thomas Mann

Handschriftliche Briefkarte, Reg. 09/74, BBH a227/1

schöne Gabe: Möglicherweise handelt es sich hier um das Gedicht *Erwachen*, das Brantl 1909 in *Die Schaubühne*, Jg. 5, Heft 1 (1909), 117, veröffentlichte:
ERWACHEN / Ein neuer Tag. / Wer ruft mich denn? / Der alte Weg. / Ich gehe schon. / Der alte Gang. / Ich komme schon. / Vom Vaterhaus / und weiß nicht wie / zum Vaterhaus / und weiß nicht wie.

2 Thomas Mann an Maximilian Brantl München, 5.3.1910

Herrn Dr. Maximilian Brantl
Otto Str. 1e
München

München den 5.III.1910.

Sehr geehrter Herr Doktor:
Nehmen Sie besten Dank für Ihre freundliche Zustimmung. Die Anti-Lärm-Papiere kannte ich schon. Es gibt nichts Alberneres. – Übrigens hat man es vielleicht mit einem Kranken zu thun. Seine weiteren Schritte werden darüber Aufklärung geben.

Ihr sehr ergebener
Thomas Mann

Handschriftliche Briefkarte (mit Umschlag), Reg. 10/18, BBH a227/2

Zustimmung: Wahrscheinlich reagierte Thomas Mann hier auf Brantls Zustimmung zu seinem Essay *Der Doktor Lessing.* Mit diesem am 1. März 1910 im *Literarischen Echo* veröffentlichten Text ergriff Thomas Mann für den von Lessing verunglimpften Samuel Lublinski, einen frühen und begeisterten Rezensenten des Romans *Buddenbrooks*, Partei. Vgl. GKFA 14.2, 313-327.
Anti-Lärm-Papiere: Theodor Lessing: Der Lärm. Kampfschrift gegen die Geräusche unseres Lebens, Wiesbaden 1908. Thomas Mann nimmt in *Der Doktor Lessing* in ironischer Weise Bezug auf die Schrift.

3 Thomas Mann an Maximilian Brantl
München, 4.5.1910

Herrn Dr. Maximilian Brantl
Otto Str. 1e
München

4. Mai 1910

Lieber Herr Doktor:
Besten Dank für Ihre Liebenswürdigkeit! Das hier Zurückfolgende besitze ich schon.
Das Andere kommt aber sehr erwünscht, und für alles Weitere, sei es Sendung oder Fingerzeig, werde ich aufrichtig erkenntlich sein.

Ihr ergebener
Thomas Mann

Handschriftliche Briefkarte (mit Umschlag), Reg. 10/41, BBH a227/3

Zurückfolgende: Möglicherweise handelt es sich um ein Pitaval-Heft, das Brantl Thomas Mann zugesandt hatte. Vgl. Brief Nr. 4.
Andere: Vgl. Brief Nr. 4.

4 Thomas Mann an Maximilian Brantl München, 27.6.1910

Herrn Dr. Maximilian Brantl
Otto Str. 1e
München

München, den 27. Juni 1910.
Franz-Joseph-Strasse 2

Sehr geehrter Herr Doktor:

ich wäre Ihnen sehr dankbar, wenn ich das Pitaval-Heft über den Sommer behalten könnte, gesetzt 1.) daß Sie es nicht selber unmittelbar brauchen und 2.) daß die Hefte nicht einzeln käuflich sind. Sollte dies Letztere doch der Fall sein, so würde ich mir das Heft und noch mehrere andere bestellen.
Ich wollte längst einmal nachmittags bei Ihnen vorsprechen, bin aber durch das Wochenbett meiner Frau davon abgehalten worden. Aber noch bevor wir aufs Land gehen, komme ich einmal. Sagten Sie nicht, zwischen 4 und 6 Uhr seien Sie zu Hause?

Ihr sehr ergebener
Thomas Mann.

Handschriftliche Briefkarte (mit Umschlag), Reg. 10/48, BBH a227/4

Pitaval-Heft: Sammlungen von historischen Strafrechtsfällen, die sich sowohl an ein Fach- als auch ein Laienpublikum richten. Wahrscheinlich lieh der Jurist Brantl Thomas Mann Pitaval-Hefte, die dieser für die Arbeit am *Felix Krull* nutzte, mit der er im Januar 1910 begann.
Wochenbett meiner Frau: Am 7. Juni 1910 wurde Monika Mann geboren.
aufs Land gehen: Von 1908 bis 1917 verbrachte die Familie Mann die Sommer in Bad Tölz, wo sich Thomas Mann 1908 in der Heißstraße 11 ein Landhaus bauen ließ. 1910 verspätete sich der Land-Aufenthalt um einen Monat aufgrund der Geburt von Tochter Monika und begann erst am 15. Juli. Vgl. Lang, 29; Heißerer, 154.
zu Hause: Brantl wohnte zu dieser Zeit im Haus seiner Eltern am Frauenplatz 10, heute genannt das „Buchner-Haus“.

5 Thomas Mann an Maximilian Brantl
Bad Tölz, 30.7.1910

Herrn Dr. Maximilian Brantl
Otto Str. 1e
München

Tölz den 30. Juli 1910

Werter Herr Doktor:
Ich bin Ihnen sehr, sehr verbunden! Hoffentlich war es Ihnen nicht unangenehm, sich der Sachen auf einige Zeit zu entäußern. Mir werden sie zweifellos von Nutzen sein.

Mit herzlichem Gruß

Ihr ergebener
Thomas Mann

Handschriftliche Briefkarte (mit Umschlag), Reg. 10/65, BBH a227/5

der Sachen: Dies bezieht sich aller Wahrscheinlichkeit nach auf Pitaval-Hefte, die Brantl Thomas Mann geliehen hatte. Vgl. Brief Nr. 4.

6 Thomas Mann an Maximilian Brantl
Bad Tölz, 3.8.1910

Herrn Dr. Maximilian Brantl
Otto Str. 1e
München

Tölz den 3. August 1910

Werter Herr Doktor:
Ich danke herzlich für Ihre freundlichen Zeilen.

Ihr Thomas Mann

Handschriftliche Briefkarte (mit Umschlag), Reg. 10/67, BBH a227/6

freundlichen Zeilen: Möglicherweise hatte Brantl anlässlich des Freitods von Thomas Manns Schwester Carla am 30. Juli 1910 kondoliert. Brantl war zusammen mit Heinrich Mann bei der Beerdigung am 2. August anwesend gewesen.

7 Thomas Mann an Maximilian Brantl
München, 20.2.1911

München den 20.II.1911
Mauerkircherstr, 12 II.

Sehr geehrter Herr Doktor:
Meine Frau und ich haben neulich sehr bedauert, Ihren Besuch verfehlt zu haben. Wollen Sie uns das Vergnügen machen, übermorgen, Mittwoch, ½ 2 Uhr ganz en famille bei uns zu Mittag zu essen – oder, wie man feiner Weise sagt, zu „frühstücken"? Wir würden uns sehr freuen.

Bestens Ihr
Thomas Mann.

Handschriftliche Briefkarte, Reg. 11/10, BBH a227/7

8 Thomas Mann an Maximilian Brantl München, 17.3.1911

München den 17.III.1911

Werter Herr Doktor:
Anbei mit herzlichem Dank die „Dissertation“ zurück. Ich wollte sie Ihnen selber bringen, wurde aber krank (Blinddarmreizung), gehe jetzt auf ein paar Tage zur Erholung aufs Land und will das kleine Buch nicht länger bei mir liegen lassen. Nochmals besten Dank für die amüsante Lektion!

Ihr ergebener
Thomas Mann.

Handschriftliche Briefkarte, Reg. 11/14, BBH a227/8

Dissertation: Möglicherweise Brantls Doktorarbeit aus dem Jahre 1908, die Thomas Mann an Brantl zurückschickte. Das Werk hat einen Umfang von 50 Druckseiten im Oktavformat. Der vollständige Titel lautet: *Die materiellen Voraussetzungen gesetzlicher Sanierungsbeschlüsse. Inaugural-Dissertation, verfasst und der Rechts- und Staatswissenschaftlichen Fakultät der Universität zu Würzburg zur Erlangung der Rechts- und Staatswissenschaftlichen Doktorwürde vorgelegt von Maximilian Brantl, Rechtspraktikant in München, München 1908.*
zur Erholung aufs Land: Thomas Mann fuhr am 17. März 1911 nach Bad Tölz, um seine Blinddarmreizung auszukurieren. Vgl. Chronik, 58.

9 Thomas Mann an Maximilian Brantl
München, 3.1.1912

München den 3. Jan. 1912.

Lieber Herr Doctor:
herzlichen Dank! Das Gedicht ist wohl das Schönste, was ich von Ihnen kenne. Es hat mich sehr ergriffen, und ich erinnerte mich dabei manches Wortes über Ihr Leben und Streben, das ich bei unserem letzten abendlichen Zusammensein von Ihnen hörte. Mit dem Ausdruck aufrichtiger Sympathie und Wertschätzung begrüße ich Sie, lieber Herr Doctor, als

Ihr ergebener
Thomas Mann.

Handschriftliche Briefkarte, Reg. 12/1, BBH a227/9

Gedicht: Es ist nicht sicher, um welches Gedicht es sich handelt. 1913 erschien in *Maiandros. Das Beiblatt der Bücherei*, Heft 4-5, 7, ein Gedicht von Brantl, das vom weihnachtlichen Anlass her passen könnte. Nach Brantls eigenhändiger Liste datierter Gedichte im Nachlass entstand es Weihnachten 1906.

An Weihnachten zu singen
Ich bin hier und du bist dort.
Überall ist Schnee.
Schleicht nun auch die Sonne fort.
Alle Wege sind verschneit,
vorwärts und zurück.
Einst gabst Du mir Geleit.
Mußten, und wir gingen fort.
Trennt uns tiefer Schnee.
Ich bin hier und Du bist dort.
Schleicht nun auch die Sonne fort.

Nimmt man Thomas Mann beim Wort und sucht nach dem „Schönste[n], das ich von Ihnen kenne“, so könnte es sich auch um das Gedicht *Damals* handeln, welches ebenfalls 1906/07 entstanden ist und das von Armin Knab vertont wurde:

Damals

Als du bei mir standest,
War das Leben gut.
Bergwind flog ins Blaue,
Wellen hüpften, blaue,
Weiße Vögel brachten hellen Mut.

Als du bei mir standest,
Läutete die Welt.
Flutgesang entströmte,
Sonnenliebe strömte,
Erd und Himmel hast du mir erhellt.

10 Thomas Mann an Maximilian Brantl
Bad Tölz, 17.2.1913

Tölz den 17.II.13.

Lieber Dr. Brantl:
Bitte, schreiben Sie mir gleich die Adresse der Münchener Zweigstelle. Ich werde dann alles thun. Aber ob ich dort wirklich so „maßgebend" bin?

Herzlich Ihr
T. M.

Handschriftliche Briefkarte, Reg. 13/15, BBH a227/10

Münchener Zweigstelle: Es handelt sich um den Schutzverband deutscher Autoren (vgl. Reg. 13/15). Zwischen 1913 und 1918 war Brantl Mitglied des Schutzverbandes, Ortsgruppe München. Brantl hatte die Funktion eines Syndikus inne.

11 Maximilian Brantl an Thomas Mann
München, 12.4.1913

München, den 12. April 13

Hochverehrter Herr Mann!

Im Anschluß an unsere gesterige Unterredung habe ich die einschlägige Literatur und Judikatur ziemlich genau durchgesehen. Ich muß im wesentlichen an meinem gestrigen Standpunkt festhalten.

Die geltenden Grundsätze des Bürgerlichen Gesetzbuches gehen von den [sic] anerkannten Prinzip der allgemeinen Vertragsfreiheit aus. Darum unterliegt prinzipiell auch die Höhe des Kaufpreises der freien Vereinbarung beider Teile, und, entgegen den früheren Rechten, ist ein Recht, den Kaufpreis nachträglich wegen übermäßiger Höhe (laesio enormis) zu beanstanden, nicht mehr anerkannt.

Daneben greifen allerdings die allgemeinen Rechtsgrundsätze des Bügerlichen Gesetzbuches über sittenwidrige Rechtsgeschäfte entsprechend Platz.

§ 138 Abs. II des BGB besagt, daß ein Rechtsgeschäft nichtig ist, welches sich jemand u n t e r A u s b e u t u n g d e r U n e r f a h r e n h e i t e i n e s a n d e r e n Vorteile gewähren läßt, welche den Wert der Leistung (Teppiche) derart übersteigen, daß den Umständen nach die Vermögensvorteil (Kaufpreis) in auffälligem Mißverhältnis zu der Leistung stehen.

In Ihrem Falle würde der Begriff „Ausbeutung der Unerfahrenheit" wohl zusammenfallen mit dem strafrechtlichen Tatbestand eines Betrugs.

Es würde sicher nicht genügen, daß der Käufer sich darauf beschränkt hat, allgemein übliche, anpreisende Reklamephrasen zu machen, es müßte nachgewiesen werden, daß der Verkäufer Ihren Irrtum über den Wert der Teppiche – die Ihnen ja von Anfang an schön, kostbar und preiswert erschienen – durch seine speziellen Behauptungen besonders bestärkt hat, so daß Sie wesentlich unter den Einfluß der folgenden Vorspiegelung (z.B. „es handle sich in diesem speziellen Fall um einen besonders günstigen Gelegenheitskauf") sich zum Abschluß des Kaufes belegen ließen.

Es käme also mir wesentlich darauf an, erstens den genauen Wortlaut der Kaufverhandlungen schriftlich fixiert zu sehen, zweitens ein genaues Gutachten eines Sachverständigen über den durchschnittlich üblichen Verkaufswert solcher Teppiche zu haben, insbesondere darüber, ob die gekauften Teppiche etwa sich durch besondere Eigenschaften auszeichnen, die die Annahme eines besonderen Liebhaberwertes rechtfertigen können.

Dies erlaub ich mir Ihnen zur Vorbereitung unseres vereinbarten Telefongespräches kurz mitzuteilen.
Auf alle Fälle bitte ich um gefällige Unterzeichnung anliegender Vollmacht.

Ihr sehr ergebener

Maschinengeschriebener Brief (Durchschlag) aus der Handakte zum Prozess, AHL 5.4.-028.1434

In Ihrem Falle: Der sogenannte „Teppich-Prozess", Rechtsstreit der Jahre 1913 und 1914, in dem Brantl Katia und Thomas Mann vertrat. Vgl. dazu die Erläuterung und die Materialien im Anhang.

12 Maximilian Brantl an Thomas Mann München, 22.4.1913

München, den 22. April 13

Hochverehrter Herr Mann!
In Sachen Schönemann habe ich nur bis zum Ablauf dieser Frist entsprechend unserer gestrigen telefonischen Unterredung den Herrn Schönemann gestern noch geschrieben, ihm eine letzte Frist bis heute Abend 6 Uhr gestellt, und ausdrücklich erklärt, daß ich das Vergleichsangebot aufrecht erhalte.
Eine Antwort ist mir nun bis heute Abend 6 Uhr nicht zugegangen.
Da ich heute Abend verreise, haben Sie vielleicht die Güte, in den nächsten Tagen zwischen 5-7 Uhr mit meinem Kanzleikollegen Dr. Tuchmann, der mich in meiner Abwesenheit vertritt, und den ich in die Sache genau eingeweiht habe, die weiteren Schritte zu besprechen.

Ihr sehr ergebener

Maschinengeschriebener Brief (Durchschlag) aus der Handakte zum Prozess

13 Thomas Mann an Maximilian Brantl
Bad Tölz, 22.5.1913

Bad Tölz den 22.V.13.

Lieber Herr Doctor:
Sind Sie wieder in München. Ich habe keine Nachrichten über unseren Teppich-Prozeß. Ist er anhängig gemacht worden? Hat der Händler auf die Klagedrohung nicht reagiert? Sie würden mich durch eine kurze Orientierung sehr verbinden.

Die besten Grüße
Ihr
Thomas Mann

Handschriftliche Briefkarte, Reg. 13/41, BBH a227/11

in München: Brantl hatte Thomas Mann am 22. April mitgeteilt, dass er verreisen würde. Vgl. Brief Nr. 12.

14 Maximilian Brantl an Thomas Mann
München, 26.5.1913

München, den 26. Mai 13

Sehr verehrter Herr Mann!
Unsere letzten Briefe haben sich gekreuzt. In Ergänzung meines nach Mauerkirchnerstraße gerichteten Briefes, den Sie inzwischen wohl erhalten haben, teile ich Ihnen noch mit, daß sich Herr Schönemann durch Klage keineswegs einschüchtern ließ, sondern die Angelegenheiten auch seinerseits einem Anwalt übertragen hat.

Ihr sehr ergebener

Maschinengeschriebener Brief (Durchschlag) aus der Handakte zum Prozess

15 Maximilian Brantl an Thomas Mann München, 2.6.1913

München, den 2. Juni 1913

Sehr verehrter Herr Mann!
In Sachen Schönemann wurde heute verhandelt. Die Gegenpartei bestreitet jedes den Tatsachen nicht entsprechende Vorbringen. Ich bot Beweise an durch Ihre Frau Gemahlin, die Gegenpartei durch den Bruder, Ferdinand Schönemann. Das Gericht wird am 16. Juni eine Entscheidung, wahrscheinlich einen Beweisbeschluß verkünden.
In vorzüglicher Hochachtung

Ihr sehr ergebener

Maschinengeschriebener Briefentwurf (Durchschlag) aus der Handakte zum Prozess

jedes den Tatsachen nicht entsprechende Vorbringen: In dem Briefentwurf von Brantl ist dieser Teilsatz gestrichen. Darüber steht eine handschriftliche Notiz: „schreib ich neu".

16 Thomas Mann an Maximilian Brantl München, 11.6.1913

Tölz 11.VI.13

[von Katia Manns Hand:]
Lieber Herr Doktor:

es ist selbstverständlich, daß ich der Darstellung des gegnerischen Anwalts gegenüber alle Ihnen seinerzeit gemachten Angaben Punkt für Punkt aufrecht erhalte. Ich möchte aber hier noch einmal ausdrücklich die in dieser Darstellung enthaltenen Unwahrheiten feststellen.
1. In der Abschrift meines Briefes vom 15. IV. ist ein Wort geändert, das den ganzen Inhalt abschwächt. Ich habe nicht geschrieben: „Die Teppiche, die ich <u>eigentlich</u> in übereilter Weise", sondern in „<u>so</u> übereilter Weise erwarb."

2. Ich habe nicht die Teppiche von „irgend einem Konkurrenten" taxieren lassen, sondern von der Firma Bernheimer. Und zwar hat sich Herr Bernheimer nur ungern, da er dies prinzipiell nicht thäte, und nur auf Grund seiner langjährigen geschäftlichen Beziehungen zu meinem Schwiegervater hierzu herbeigelassen. Es ist also anzunehmen, daß er mit seiner Schätzung (750 M, den von uns gezahlten Preis kannte er selbstverständlich nicht) sehr vorsichtig war und in der That hat ein anderer Sachverständiger die Teppiche noch niedriger eingeschätzt.

2. Ich habe dem Beklagten nicht die in meiner Wohnung befindlichen Teppiche unter Benennung eines jeden gezeigt und wäre dazu absolut unfähig: Diese sämtlichen Teppiche sind, zum Teil nur leihweise, aus dem Besitz meines Schwiegervaters in den meinen übergegangen, und ich bin über ihren Wert und ihre Benennung vollkommen unorientiert. Ich habe auch von den mir vorgelegten Teppichen nicht nur keinen einzigen benannt (was Herrn Schönemann schon ein genügender Beweis für meine Unerfahrenheit hätte sein können) sondern ausdrücklich zu ihm gesagt: „Sie können mich furchtbar hereinlegen, denn ich verstehe nicht genug davon." Wenn ich trotzdem, wie der Beklagte behauptet, verhältnismäßig gute Stücke ausgesucht habe, so mag das auf angeborenem ästhetischen Sinn und der Gewohnheit gute Sachen um sich zu haben, beruhen. Über den Wert aber war ich völlig ununterrichtet und lediglich auf die Angaben des Herrn Schönemann angewiesen. Daß ich also außerordentlich leichtsinnig gehandelt, mußte mir klar werden, sowie ich den suggestiven Überredungskünsten des Herrn Schönemann entzogen war, und darum ließ ich die Teppiche taxieren, woran sich die folgenden Schritte knüpften.

3. Ich habe Herrn Schönemann nicht aufgefordert, mir noch mehr Teppiche zu bringen, sondern es handelte sich, soviel ich mich erinnere, um eine Stickerei, die er mir zeigen wollte. Daß ich ihn, nach den mit den Teppichen gemachten Erfahrungen nicht mehr empfing, bedarf wohl keiner Erklärung.

4. Es ist leider unwahr daß ich mehrfacher oder überhaupt nur Millionär bin.

5. Ich muß unbedingt aufrecht erhalten, daß Herr Schönemann wiederholt erklärt hat, es handle sich um eine besondere Gelegenheit, insofern er dringend Geld brauche infolge eines Bankrottes (er nannte auch das betreffende Geschäft, dessen Namen mir entfallen ist und die Höhe der Summe) und gezwungen sei die Sachen unter Preis zu verkaufen. Dasselbe hatte mir auch schon Tags zuvor sein Vertreter gesagt. Besonders bezüglich des einen der beiden gewählten Teppiche kannte die Begeisterung des Beklagten keine Grenzen und er sagte wörtlich: „Das ist ein ganz hervorragendes Stück! Ja, wenn ich nicht so nötig Geld bräuchte, dann würde ich

nur an einen Liebhaber verkaufen. 4000 M, 5000 M ist der Teppich wert. Ein Museumsstück ist das!“ Sowohl ich, als meine Frau, die während der gesammten Verhandlung zugegen war, können sich dieser Aussprüche mit absoluter Bestimmtheit entsinnen.
Dieses ist es, was ich im wesentlichen zu dem Schreiben des Herrn Doktor Goldschmid zu bemerken hätte. Erwähnen wollte ich noch, ob es nicht, da sich Herr Schönemann auf seinen Bruder Ferdinand als Gewährsmann beruft, vielleicht in Betracht zu ziehen wäre auch seinen anderen Bruder (Martin Schönemann, der das Teppichgeschäft in der Maximilianstr. hat) zu hören. Mit diesem hatte ich, weil mein Brief an den Beklagten, irrtümlich an seine Adresse gelangt war, ein telefonisches Gespräch, in dem er sich über die geschäftliche Zuverlässigkeit seines Bruders nicht wenig günstig äußerte. Unter anderem sagte er: „Ja, das geschieht den Herrschaften ganz recht, warum lassen Sie sich mit solchem Händler ein!“, und erbot sich auch, die Teppiche zu taxieren, was ich aber, da ich mich inzwischen in genügend zuverlässiger Weise informiert zu haben glaubte, ablehnte. Ende der Woche komme ich in die Stadt und werde mich telefonisch mit Ihnen in Verbindung setzen. Wenn Sie es irgend für wünschenswert halten, will ich gerne der nächsten Verhandlung beiwohnen.

Mit bestem Gruß

[von Thomas Manns Hand:]
Ihr ergebener
Thomas Mann

Handschriftlicher Brief von Katia Mann mit Unterschrift von Thomas Mann, Reg. 13/54, BBH a229/1

Das Schreiben, auf welches sich die Manns beziehen, ist ein Schriftsatz des Anwalts von Moritz Schönemann, abgedruckt im Anhang Teppich-Prozess, S. 240 ff.

17 Maximilian Brantl an Thomas Mann
München, 16.6.1913

München, den 16. Juni

Sehr verehrter Herr Mann!
In Sachen Schönemann hat das Gericht heute Beweiserhebung angeordnet. Näheres kann ich Ihnen erst in den nächsten Tagen mitteilen, wenn mir der Wortlaut des Beweisbeschlusses vorliegt.
In vorzüglicher Hochachtung

Ihr sehr ergebener

Maschinengeschriebener Brief (Durchschlag) aus der Handakte zum Prozess

18 Katia Mann an Maximilian Brantl
Viareggio, 25.6.1913

Viareggio 25.VI.13

Lieber Herr Doktor:
Ich kam in München nicht mehr dazu, Ihnen mitzuteilen, daß die Teppiche bei der Bayerischen Vacuumgesellschaft, Schellingstr. lagern. Doch wäre es mir lieb, falls die Sache auf einige Wochen Zeit hat, wenn ich mich erst, nach meiner Rückkehr, 12. VII., davon überzeugen könnte, daß ganz bestimmt die richtigen Teppiche gezeigt werden und nicht etwa eine Verwechslung mit unseren anderen Teppichen stattfindet.
Mit den besten Grüßen, auch von meinem Mann

Ihre sehr ergebene
Katia Mann

Handschriftlicher Brief, BBH a229/2

19 Thomas Mann an Maximilian Brantl
Bad Tölz, 5.8.1913

Tölz den 5. Aug. 13.

Herrn Dr. Maxim. Brantl
München
z. Z. Bad Kreuth

Herzlichen Dank, lieber Herr Doctor. Sie meinen es gut, aber dieser Isemann meinte es auch gut, wenn auch nicht mit mir, so doch mit der Kunst und „dem Künstler", den er gegen mich in Schutz nehmen zu müssen glaubte. Ich tröste mich mit Goethe, der im „Tasso" sich selbst und „den Künstler" auch recht schlecht gemacht hat.

Ihr
T. M.

Handschriftliche Ansichtskarte, Reg. 13/67, BBH a227/12

Bad Kreuth: Die Ortsangabe ist in der Adresse durchgestrichen, daneben steht schräg von anderer Hand die Bemerkung: „zurück". Diese Bemerkung wurde mit Bleistift durchgestrichen. Daneben gibt es einige weitere nicht entzifferte Angaben zur Adresse.
Isemann: Brantl hatte Thomas Mann die Polemik *Thomas Mann und der „Tod in Venedig". Eine kritische Abwehr. München 1913,* zugesandt, mit der sich der Verfasser Bernd Isemann gegen das von Thomas Mann entworfene Künstlerbild wehrt. Zu Isemann vgl. Vaget, 191f. und Shookman, 16-19 u.ö.

20 Katia Mann an Maximilian Brantl
Bad Tölz, 3.9.1913

Bad Tölz. 3. IX. 13

Lieber Herr Doktor,
bleibt es dabei, dass unsere Verhandlung in Sachen Schönemann am 18. September stattfindet und erhalten wir noch eine Vorladung mit Angabe des genauen Zeitpunktes und des Lokales? Von Hahn und Bach habe ich noch nichts gehört und ich wollte Sie fragen, ob es sich vielleicht so einrichten ließe, daß die Besichtigung erst den Tag vor der Verhandlung vorgenommen würde, damit ich nicht dazu noch einmal extra in die Stadt müsste.

Bestens grüßend
Ihre sehr ergebene Katia Mann.

Handschriftlicher Brief, BBH a 229/3

Lokales: Der 2. Verhandlungstag fand tatsächlich am 18. September 1913 um 8.30 Uhr in Raum 214 beim Königlichen Landgericht München I, 3. Zivilkammer statt, bei dem Thomas Mann als Kläger und Katia Mann als (unbeeidigte) Zeugin anwesend waren (siehe Anhang Teppich-Prozess, Gerichtsprotokoll vom 18.9.1913).
Hahn und Bach: Von Hugo und Siegfried Railing 1913 gegründetes exportorientiertes Spezialgeschäft für Möbelstoffe und Teppiche, ansässig in der Kaufingerstraße 14 in München. Mitinhaber Josef Hahn war der gerichtlich bestellte Sachverständige in dem Prozess.

21 Thomas Mann an Maximilian Brantl
Bad Tölz, 18.10.1913

Tölz den 18.X.1913

Lieber Herr Doctor:
Anbei der Ausschnitt aus den „M. N. N.“, der, wie mir scheint, großen forensischen Effekt machen kann. Es handelt sich ganz unzweideutig um Schönemanns. – Zum Termin werden meine Frau und ich uns einstellen. Vielleicht flunkert Bruder Ferdinand in unserer Gegenwart nicht ganz so arg.

Die besten Grüße
Ihres
Thomas Manns

Handschriftliche Briefkarte, Reg. 13/87, BBH a227/13

M.N.N.: Münchener Neueste Nachrichten, 16.10.1913. Der Text des Beitrages ist im Anhang Teppich-Prozess, S. 270, abgedruckt.
Schönemanns: Brantl schrieb den Schutzverein für Handel und Gewerbe an, der für die Zeitungsanzeige verantwortlich war und bat um eine schriftliche Bestätigung, dass es sich bei den genannten Teppichhändlern um die Schönemann-Brüder handelte.
Termin: Am 28.Oktober 1913 um 8.30 Uhr war ein dritter Verhandlungstag angesetzt, bei dem Thomas und Katia Mann anwesend waren.
Bruder Ferdinand: Bruder von Moritz Schönemann, auf dessen Aussagen vor Gericht sich der Beklagte berief (siehe Anhang Teppich-Prozess, Protokoll vom 28.10.1913). Es gab noch einen Bruder Martin Schönemann, der ebenfalls einen Teppichladen führte und der Thomas Manns Position im mündlichen Austausch unterstützte (vgl. Brief Nr. 16), sowie einen Bruder Josef.

22 Maximilian Brantl an Thomas Mann
München, 8.11.1913

München, 8. November 1913

Sehr verehrter Herr Mann!
In Sachen Schönemann hat das Gericht neuen Verhandlungstermin auf 15. Dezember 1913 anberaumt. Von dem Ausgang dieses Termines, zu dem Sie nicht erscheinen brauchen, werde ich Sie verständigen.

In vorzüglicher Hochachtung
ergebener

Maschinengeschriebener Brief (Durchschlag) aus der Handakte zum Prozess

23 Thomas Mann an Maximilian Brantl
Bad Tölz, 16.12.1913

Bad Tölz den 16.XII.13.
Landhaus Thomas Mann

Werter Herr Doctor:
Dank für die erfreuliche Nachricht! Dem Schönemann hiernach nochmals einen Vergleich anzubieten, würde wohl den Anschein der Schwäche erwecken? Und doch hätte ich nicht übel Lust dazu, zumal es mit der Vereidigung meiner Frau seine Schwierigkeiten geben wird. Es geht ihr nicht gut. Sie ist zur Zeit in Meran, darf hoffentlich zu Weihnacht nach München kommen, wird aber voraussichtlich den Rest des Winters wieder im Hochgebirge verbringen müssen. Was macht man denn nur in solchem Fall?! Es ist so gut wie ausgeschlossen daß sie am 9. Februar wird zur Stelle sein können. Ich bin da ratlos und bitte um Ihre Meinung.
Der gegnerische Schriftsatz folgt anbei zurück.

Mit den besten Grüßen
Ihr
Thomas Mann.

Handschriftlicher Brief, Reg. 13/205, BBH a227/14

Nachricht: Brantl stellt nach dem vierten Gerichtstag am 15. Dezember in Aussicht, dass der Prozeß zu Thomas Manns Gunsten entschieden werden würde.
Vereidigung: Brantl hatte vor Gericht die Beeidigung Katia Manns beantragt. Diesem Antrag wurde stattgegeben, obwohl sich der gegnerische Anwalt dagegen gewehrt hatte. Als Termin für die Beeidigung wurde der 9. Februar 1914 festgelegt.
Es geht ihr nicht gut: Kuraufenthalt Katia Manns vom 15. November bis zum 21. Dezember 1913 in Meran. Weihnachten verbrachte sie zuhause. Vgl. Jens, 96f.
Schriftsatz: Brantl hatte Thomas Mann zur „Erheiterung" den Schriftsatz der Gegenpartei zukommen lassen.

24 Maximilian Brantl an Thomas Mann München, 23.12.1913

München, den 23. Dezember 1913

Sehr verehrter Herr Mann!
Da ich einige Tage verreist war, kann ich erst heute Ihren letzten Brief beantworten.
Wenn Ihre Frau Gemahlin Anfang Februar nicht in München sein sollte, so könnte sie kommissarisch vernommen bzw. beeidigt werden, das heißt, ich könnte veranlassen, daß die Akten an das Amtsgericht des Aufenthaltsortes in Bayern oder Österreich gesandt würden. Ich bitte daher im Laufe des Monats Januar um entsprechende Mitteilung, wo sich voraussichtlich Ihre Frau Gemahlin aufhalten wird. Eventuell könnte der Februartermin entsprechend vertagt werden.
Da man nicht wissen kann, ob von Schönemann im Wege der Zwangsvollstreckung etwas zu holen ist, rate ich von einem neuen Vergleichsvorschlag unsererseits nicht ab. Bevor ich mich nochmals an den Anwalt des Herrn Schönemann wende, bitte ich um Ihren definitiven Bescheid.

In vorzüglicher Hochachtung
Ihr ergebener

Maschinengeschriebener Brief (Durchschlag) aus der Handakte zum Prozess

25 Thomas Mann an Maximilian Brantl
München, 28.12.1913

München den 28.XII.13
Arcisstraße 12.

Lieber Herr Doctor:
Meine Frau geht am 3. Januar nach Arosa (Schweiz): Das ist weder Deutschland noch Österreich, und also wird die kommissarische Vereidigung wohl unmöglich sein.
Ich wäre sehr für einen Vergleich. Wenn Schönemann 1000 M zurückzahlt und die Hälfte der Kosten übernimmt, bin ich zufrieden. Vielleicht schlagen Sie zunächst 1200 M zur Rückzahlung vor.

Ihr ergebener
Thomas Mann.

Handschriftlicher Brief, Reg. 13/115, BBH a227/15

Arcisstraße 12: Palais der Schwiegereltern Thomas Manns, Alfred und Hedwig Pringsheim.
nach Arosa: Kuraufenthalt Katia Manns vom 3. Januar bis zum 12. Mai 1914 in Arosa, Schweiz. Vgl. Jens, 97.
Vergleich: Der von Thomas Mann angebotene Vergleich wurde von Schönemann nicht akzeptiert. Vgl. Brief Nr. 26.
Kosten: Gerichtskosten des Teppich-Prozesses.

26 Maximilian Brantl an Thomas Mann
München, 28.1.1914

München, den 28. Januar 14

Sehr geehrter Herr Mann!
In Sachen Schönemann teile ich Ihnen mit, daß Herr Schönemann bisher auf einen Vergleich sich nicht eingelassen hat. Es muß damit gerechnet werden, daß der Prozeß, den wir ja in erster Instanz gewinnen werden, von dem sehr betriebseifrigen Herrn Gegner auch in die zweite Instanz getrieben wird.
Was nun die Beeidigung Ihrer Frau Gemahlin betrifft, so bitte ich um Mitteilung, wann sich voraussichtlich Ihre Frau Gemahlin wieder in München befinden wird, oder wie lange sie sich noch in der Schweiz aufhalten wird. Falls der Aufenthalt in der Schweiz voraussichtlich noch lange dauern wird, würde ich versuchen, daß die Beeidigung doch in Arosa, oder, falls dort eine zuständige Behörde nicht in Betracht käme, in Chur erfolgt. Sollten Sie aber gegen eine derartige Belästigung Ihrer Frau Gemahlin sein, so würde ich den Termin vom 9. Februar auf einen Zeitpunkt verlegen lassen, in welchem sich Ihre Frau Gemahlin voraussichtlich wieder in München befinden würde. Selbstverständlich würde ich auch darauf dringen, daß der Termin nicht vor 11 Uhr vormittag stattfindet.
Ich bitte um Ihre gefällige Rückäusserung.
Ferner bitte ich Ihnen mitteilen zu dürfen, daß bei mir Gerichtskosten in Höhe von 45 M 80 erhoben worden sind.

In vorzüglicher Hochachtung
Ihr sehr ergebener

Maschinengeschriebener Brief (Durchschlag) aus der Handakte zum Prozess

27 Thomas Mann an Maximilian Brantl
München, 29.1.1914

München den 29.I.14.

Herrn Dr. Maximilian Brantl
Rechtsanwalt
München
Otto Str. 1

Lieber Herr Doctor:
Auch in Hinsicht auf unseren Monster-Prozeß macht mir also die Unpäßlichkeit meiner Frau einen fatalen Strich durch die Rechnung. Wenn die Vereidigung in Arosa stattfinden könnte, so wäre das gut. In Chur – das ist ausgeschlossen, denn bis dorthin sind 6 Stunden Weg. Geht es nicht in Arosa, so muß verschoben sein und zwar bis Mitte Mai oder gleich bis Anfang Juni. Es müsste mit dem Teufel zugehen, wenn bis dahin meine Frau nicht zurück wäre. Dagegen bitte ich, nicht darauf zu dringen, daß der Termin nicht vor 11 Uhr vormittags stattfindet. So viele Ansprüche könnten verstimmen.
Für Ihre freundliche Teilnahme herzlichen Dank! Es geht langsam besser. Ihre Grüße werde ich ausrichten.
Die ausgelegten Gerichtskosten gehen Ihnen anbei zur Anweisung zu.

Ihr
Thomas Mann.

Handschriftlicher Brief, Reg. 14/11, BBH a227/16

Monster-Prozeß: Der Teppich-Prozess.
Unpäßlichkeit meiner Frau: Vgl. die Anm. zu Brief Nr. 25.
Termin: Verhandlungstermin für die Beeidigung von Katia Mann.

28 Thomas Mann an Maximilian Brantl
München, 18.3.1914

München 18.III.14.
Poschinger Str. 1

Herrn Dr. Maximilian Brantl
Otto Str. 1
Hier

Thomas Mann gibt sich die Ehre, Herrn Rechtsanwalt Dr. Maximilian Brantl für Donnerstag den 2. April um 8 Uhr zum Abendessen ergebenst einzuladen.

U. A. w. g.
Tel. 41920

Handschriftlicher Brief, Reg. 14/23, BBH a227/17

zum Abendessen: Einweihung des neuen Hauses in der Poschingerstraße mit einem ‚Herrenessen', zum dem unter anderem Kurt Martens, Ernst Bertram, Hugo Bruckmann und Emil Ulmann eingeladen waren. Vgl. Chronik, 70, und die Erinnerung Brantls an den Abend in Brief Nr. 62.

29 Thomas Mann an Maximilian Brantl
München, 26.5.1914

München 26. Mai. 14.
Poschinger Str. 1

Herrn Dr. Maximilian Brantl
Otto Str. 1
Hier

Lieber Herr Doctor:
Wollen Sie uns das Vergnügen machen, nächsten Freitag 8 Uhr bei uns zu Abend zu essen? Auch mein Bruder Heinrich kommt mit seiner Frau, ferner der Bruder meiner Frau, sonst niemand. Telefonieren Sie doch, ob Sie können! Es würde uns sehr freuen.
Herzlich Ihr
Thomas Mann.

Handschriftlicher Brief, Reg. 14/38, BBH a227/18

nächsten Freitag: 29. Mai 1914. Vgl. zu dem Abend auch Flügge, 151 und Chronik, 71.
mein Bruder Heinrich: An seinen Bruder Heinrich hatte Thomas Mann am 25. Mai 1914 geschrieben:
„Lieber Heinrich,
Katja läßt fragen, ob ihr nächsten Freitag bei uns zu abend essen mögt. Sie ist in recht guter Verfassung zurückgekehrt und möchte nun doch auch die Bekanntschaft Deiner Frau machen. Vielleicht kommt auch Brantl.
Die besten Grüße Dir und Mimi!
Dein T."
Unveröffentlichte Postkarte im Archiv des Buddenbrookhauses (a243/62).
mit seiner Frau: Maria Kanová (1886-1947). Heinrich Mann und Maria Kanová heirateten am 27. August 1914.
Der Bruder meiner Frau: Klaus Pringsheim senior (1883–1972), Komponist und Dirigent, war der Zwillingsbruder von Katia Mann.

30 Katia Mann an Maximilian Brantl
[Bad Tölz, 28.7.1914]

Lieber Herr Doktor:
Ich wollte einmal anfragen, wie es mit der Vollstreckung gegangen ist. Falls Sie die Teppiche benötigen (die Schönemann doch nach der Vollstreckung beansprucht?), so befinden sich dieselben noch immer in Aufbewahrung bei der bayerischen Vacuumgesellschaft.

Mit bestem Gruße, auch von meinem Mann
Ihre ergebene
Katia Mann

Handschriftlicher Brief, BBH a229/4

Vollstreckung: Brantl hatte eine Zwangsvollstreckung bei Schönemann, der mittlerweile in Leipzig lebte, einleiten lassen. Vgl. Brief Nr. 31.
bayerische Vacuumgesellschaft: Vgl. Brief Nr. 18.

31 Maximilian Brantl an Katia Mann München, 29.7.1914

München, den 29. Juli 1914

Sehr verehrte gnädige Frau!

In Sachen Schönemann habe ich am 20. Juli in Leipzig pfänden lassen. Termin zur Versteigerung der gepfändeten Waren (Teppiche) ist in Leipzig auf 11. August 1914 anberaumt worden. Gepfändet wurden neun Teppiche. Wenn Herr Schönemann im letzten Moment nicht noch einwändet, daß die gepfändeten Teppiche nicht sein Eigentum seien, sondern Kommissionsware, wird die Zwangsvollstreckung erfolgreich sein, und werden Sie für die vollen 1500 M Deckung erhalten.
Nähere Mitteilung werde ich Ihnen noch zukommen lassen.
Mit besten Empfehlungen an Ihren Herrn Gemahl begrüße ich Sie als

Ihr sehr ergebener

Maschinengeschriebener Brief (Durchschlag) aus der Handakte zum Prozess

32 Katia Mann an Maximilian Brantl
Bad Tölz, 31.7.1914

Bad Tölz, 31.VII.14
Landhaus Thomas Mann

Herrn Rechtsanwalt
Doctor Maximilian Brantl
München
Sophienstr.

K.M.

Lieber Herr Doktor:
Vielen Dank für Ihr Schreiben: wir haben nun gestern schon aus Leipzig 1578 vom Gerichtvollzieher überwiesen erhalten, sodaß sich ja die Angelegenheit über Erwarten schnell und glatt abgewickelt zu haben scheint.

Mit bestem Gruße, auch von meinem Mann
Ihre sehr ergebene
Katia Mann

Handschriftlicher Brief, BBH a229/5

vom Gerichtsvollzieher: Vgl. Brief Nr. 31.

33 Thomas Mann an Maximilian Brantl
München, 24.11.1914

München den 24.XI.14.

Lieber Herr Doctor:
Anbei die Vollmacht.
Es sind 3 ½ prozentige bayerische Staatspapiere um die es sich handelt.

Die besten Grüße:
Ihr
T. M.

Handschriftlicher Brief, Reg. 14/77, BBH a227/19

Vollmacht: Vollmacht für Brantl, um im Vollstreckungsverfahren gegen den Teppichhändler Schönemann tätig werden zu können.
Staatspapiere: Die Anleihen stammten von Alfred Pringsheim. Sie wurden Katia und Thomas Mann leihweise zur Verfügung gestellt als Sicherheit im Verfahren gegen den Händler.

34 Katia Mann an Maximilian Brantl
München, 5.3.1915

München, Poschingerstr. 1
5. III. 15.

Lieber Herr Doktor:
Anbei schick ich Ihnen verabredungsgemäß die Gerichtskostenrechnung in Sachen Schönemann nebst der Quittung zwecks Eintreibung zurück.

Mit den besten Grüßen
Ihre ergebene
Katia Mann

Handschriftlicher Brief, BBH a229/6

35 Katia Mann an Maximilian Brantl
München, 10.5.1915

K.M. 10.V.15
Poschingerstr. 1

Lieber Herr Doktor:
Würden Sie die Freundlichkeit haben zu veranlassen, daß die Zinsen, die am ersten Mai bei unseren in Sache Schönemann hinterlegten Papieren fällig wurden, auf das Conto meines Vaters bei der bayerischen Handelsbank, München, überwiesen werden.

Mit bestem Gruße
Ihre ergebene
Katia Mann.

Handschriftlicher Brief, BBH a229/7

Zinsen: Aus einer handschriftlichen Notiz in der Handakte geht hervor, dass Brantl am 11. Mai Katia Mann antwortete, dass er an diesem Tag die Herausgabe der angefallenen Zinsen veranlasste.
Papieren: Vgl. die Anm. zu Brief 11 und 33.

36 Thomas Mann an Maximilian Brantl
München, 17.7.1915

München den 17.VII.15.

Dr. Maximilian Brantl
München
Otto Str. 1

Lieber Herr Doctor:
Vielen Dank für die erfreuliche geschäftliche Nachricht und besonderen noch für die teilnehmenden privaten Zeilen. Es geht leidlich bei uns, man muß dankbar sein, daß alles nicht noch schlimmer ging. Meine Frau erholt sich langsam, und wenn auch die Genesung des Jungen immer wieder durch kleine Zwischenfälle aufgehalten wird, die bei seinem Zustande nie ganz unbedenklich sind, so ist er doch über das Gröbste hinaus, nach Versicherung der Aerzte, und wir hoffen, in einigen Wochen doch noch nach Tölz zu kommen, in das wir alle großes Vertrauen setzen.

Auf Wiedersehen!
Ihr
Thomas Mann.

Handschriftlicher Brief (mit Umschlag), Reg. 15/45, BBH a227/20

geschäftliche Nachricht: Aus einem handschriftlichen Briefentwurf in der Handakte geht hervor, dass Brantl am 15. Juli berichtete, dass der Prozess in 1. Instanz definitiv gewonnen und die Herausgabe der Sicherheit veranlasst ist. Sobald dieses erfolgt ist, können die eingelagerten Teppiche per Nachnahme an Schönemann zurückgesendet werden.
privaten Zeilen: Vermutlich anlässlich der schweren Blinddarmentzündungen, von der fast alle Familienmitglieder betroffen waren. Insbesondere Klaus Mann schwebte wochenlang in Lebensgefahr. Vgl. Jens, 101–103; Lang, 49.

37 Thomas Mann an Maximilian Brantl
Bad Tölz, 22.8.1915

Tölz den 22.VIII.15.

Herrn Rechtsanwalt
Dr. Maximilian Brantl
München
Otto Str. 1

Lieber Herr Doctor:
Besten Dank für Ihren Brief, die Abrechnung und die M 1,45 in Freimarken!
Die Ordre wegen der Teppiche wird gegeben.

Ihr
Thomas Mann.

Handschriftliche Postkarte, Reg. 15/53, BBH a227/21

Ordre wegen der Teppiche: Die eingelagerten Teppiche sollen an Moritz Schönemann zurückgeliefert werden.

38 Thomas Mann an Maximilian Brantl München 31.12.1915

München 31.XII.15.

Herrn
Dr. Maximilian Brantl
Rechtsanwalt
München
Otto Str. 1

Lieber Herr Doctor:
Ich vergaß heute, Sie um etwas zu bitten. Sie besitzen doch die Hefte der „Weißen Blätter", die den Zola-Aufsatz meines Bruders enthalten. Wollen Sie sie mir auf eine Weile leihen? Dann schicken Sie sie doch noch, bevor Sie einrücken.

Herzlich Ihr
Thomas Mann.

Handschriftliche Postkarte, Reg. 15/84, BBH a227/22, Br. I, 124

Weißen Blätter: Die Weißen Blätter waren eine Monatsschrift, die von 1913 bis 1920 erschien und ein wichtiges Organ des literarischen Expressionismus war. Die politische Tendenz war pazifistisch. Seit 1915 gab René Schickele die Zeitschrift heraus.
Zola-Aufsatz: Heinrich Mann: *Zola*, in: Die Weißen Blätter, Jg. 2, Heft 11 (November 1915), 1312–1382. Mit ausführlichem Kommentar in HMEP 2, 148-209; 603-673. Dieser Aufsatz war nicht zuletzt eine implizite Erwiderung auf Thomas Manns *Gedanken im Kriege. Reflexionen* und provozierte dessen *Betrachtungen eines Unpolitischen*. Er war auslösend für das zeitweise Zerwürfnis der beiden Brüder.
einrücken: Am 4. Januar 1916 wurde Brantl eingezogen und blieb bis zum 31. Dezember 1918 im militärischen Dienst. Vgl. den Beitrag von Manfred Eickhölter in diesem Band.

39 Katia Mann an Maximilian Brantl
München, 11.2.1916

München. 11.II.16
Poschingerstr.1

Sehr geehrter Herr Doktor:
würden Sie mir gefälligst mitteilen lassen, ob es mit beiliegender Forderung seine Richtigkeit hat.
Mit den besten Empfehlungen

Ihre ergebene
Katia Mann

Handschriftlicher Brief, BBH a229/8

beiliegender Forderung: Gerichtskostenforderung, welche von den Manns bezahlt werden musste, die Brantl jedoch von der Gegenpartei zurückforderte.

40 Thomas Mann an Maximilian Brantl
München, 18.6.1916

München den 18.6.16.

Herrn Dr. Maximilian Brantl
München
Otto Str. 1

Lieber Herr Doctor:
Ich schicke Ihnen endlich die Weißen Blätter zurück und bitte tausend mal um Entschuldigung wegen der Bleistiftstriche. Ich habe angefangen, zu radieren, fürchtete aber, die Sache dadurch zu verschlimmern. Übrigens gehören Bleistiftstriche beinahe zu diesem Artikel; es scheint, daß die trefflichsten Doppelsinnigkeiten von den meisten Lesern nicht bemerkt werden. – Auf Wiedersehn.

Ihr Thomas Mann.

Handschriftliche Postkarte, Reg. 16/54, BBH a227/23, Br. I, 127, GKFA 22, 142

die Weißen Blätter: Vgl. die Anm. zu Brief 38.
Bleistiftstriche: Auch in Thomas Manns eigenem Exemplar, welches im Thomas Mann-Archiv erhalten ist, sind Bleistiftanstriche zu finden.
die trefflichsten Doppelsinnigkeiten: Die gleichzeitige Adressierung von französischem und deutschem Kaiserreich, die Parallelisierung im Dienst eines aktuellen politischen Kommentars, der auch die Haltung Thomas Manns traf. Vgl. dazu Koopmann, 280-286.

41 Wohnungs-Nachweis-Bureau Lion & Cie. an Thomas Mann München, 10.7.1917

München den 10. Juli 17
Poschingerstr. 1

Hochwohlgeboren
Herrn Thomas Mann, Schriftsteller

Wir nehmen höflich Bezug auf die für Euer Hochwohlgeboren erledigte Verbriefung Ihrer Villa in Bad Tölz, welche am 6. ds. erfolgte und gestatten uns die höfliche Anfrage, ob wir die uns hierfür zukommende Provision in der Höhe von
Mark 1300.-
bei Ihnen einheben dürfen oder ob Sie uns den Betrag auf unser Büro anweisen lassen wollen.

Mit vorzüglicher Hochachtung
Wohnungsnachweis-Bureau
Lion & Cie
i.V. Seiling

Maschinengeschriebener Brief, BBH a229/9a, Faksimile in: Lang, 56

erledigte Verbriefung: Verkauf des Landhauses in Bad Tölz über den Makler Lion. Vgl. dazu ausführlich Lang, 54-61.

42 Katia Mann an Maximilian Brantl
München, 12.7.1915

München, Poschingerstr. 1
12. VII. 15

Lieber Herr Doktor:

Ich übersende Ihnen die Forderung von Lion, weil ich glaube, daß es doch besser wäre, wenn Sie ihn, falls Sie irgendeinen Anlaß dazu sehen, für uns ablehnend beantworteten. Der Tatbestand, um ihn noch einmal kurz zusammen zu fassen ist folgender. Der von Lion vermittelte Verkauf der Villa um 55 000 M wurde von uns in letzter Minute abgelehnt, mein Mann schrieb dar. Wiegand ab und machte Lion gleichzeitig Mitteilung, er sei von seiner Absicht, die Villa zu verkaufen (da ein höherer Preis als 55 000 nach Angabe von Lions Agenten durchaus nicht zu erzielen) überhaupt zurückgekommen. Lion quittierte diese Mitteilung mit einem höchst unverschämten Brief, angesichts der sich immer wieder ergebenden Differenzen und der Minderwertigkeit des Objektes sei das Interesse des Käufers nunmehr endgültig abgeflaut. – Ganz unabhängig von Lion wendete sich der Käufer dann neuerdings an uns, das Geschäft kam dann, ohne Lions Zutun und nachdem die Kündigung von Seiten meines Mannes bereits erfolgt war, zu einem um 10 000 M höheren Preis, als der vom Agenten als erreichbar bezeichnete, zustande. – Also, falls Sie die Sache für irgend aussichtsreich halten, möchten wir Sie bitten, sich ihrer anzunehmen. Wir sind jedenfalls die nächsten Tage hier, und telefonisch zu erreichen. Übrigens ist es überhaupt zweifelhaft, ob wir nach Tölz kommen, weil die Verpflegungsverhältnisse unmöglich zu sein scheinen.
Mit bestem Gruße, auch von meinem Mann
Ihre ergebene
Katia Mann.

Handschriftlicher Brief, BBH a229/9, Teilabdruck des Briefes in: Lang, 56f.

die Forderung von Lion: Brief Nr. 41.
Wiegand: Dr. Willy Wiegand, Sohn des Generaldirektors des Bremer Lloyd und technischer Leiter des bibliophilen Verlags *Bremer Presse*. Vgl. Lang, 55.

43 Maximilian Brantl an Wohnungs-Nachweis-Bureau Lion & Cie München, 13.7.1917

Lion & Co
München
Ludwigstraße 5

Im Auftrag des Herrn Thomas Mann, Poschingerstr. 1, versichere ich auf Ihr Letztes vom 10.7.17 höflichst, daß Herr Mann auf dem Standpunkt steht, Ihnen die Provision nicht zu zahlen. Herr Mann hat Ihnen gegenüber seinen Auftrag, ihm einen Käufer zu vermitteln, zurückgezogen u. Ihnen mitgeteilt, er sei von seiner Absicht, die Villa zu verkaufen, überhaupt abgekommen, da ein höherer Wert als 55 000 M nach Angabe Ihres Agenten überhaupt nicht zu erzielen gewesen sei, und Herr Mann keinesfalls die Villa für 55 000 M verkaufen wollte. Diese Mitteilung haben Sie mit der Antwort quittiert, das Interesse des Käufers sei nunmehr endgültig abgeflaut.
Inzwischen hat sich der Käufer ganz unabhängig von Ihnen direkt an meinen Mandanten gewandt u. der Verkauf kam zu einem wesentlich günstigeren Preis als zu dem von Ihrem Agenten erzielten zu stande. Ich darf daher höflichst um Mitteilung bitten, auf welche vertragliche oder gesetzliche Erklärung Sie Ihren Auftrag stützen.

Handschriftlicher Briefentwurf, BBH a229/9d

der Käufer: Dr. Willy Wiegand. Vgl. die Anm. zu Brief Nr. 42.
zu einem wesentlich günstigeren Preis: Vgl. Brief Nr. 42.

44 Adolf Strauss I an Maximilian Brantl München, 16.7.1917

München, den 16. Juli 1917
Sonnenstrasse 26/II (Café Orient)

B.
Herrn
Dr. Maximilian Brantl
München
Ottostr. 1

Sehr geehrter Herr Kollega!

In Sachen Lion & Cie. gegen Mann beehre ich mich Ihnen mitzuteilen, dass ich die Firma Lion & Cie. anwaltlich vertrete.
Namens und im Auftrage derselben habe ich Ihren Brief vom 13. Juli 1917 dahin zu beantworten, dass die Weigerung zur Zahlung der Provision seitens Ihrer Partei vollständig ungerechtfertigt ist. Der Nachweis zur Veräusserung der Villa ist durch meine Partei erfolgt und ist auch durch die Bemühungen meiner Partei zu Stande gekommen. Von einer Zurückziehung des Auftrages, welche angeblich mit dem Briefe Ihrer Partei vom 29. Juni 1917 erfolgt sein soll, kann keine Rede sein, wäre übrigens rechtlich auch vollständig belanglos, da auch nachher noch meine Partei bei Herrn Wiegand für den Abschluss des Kaufvertrages tätig gewesen ist und sogar bei der notariellen Verbriefung anwesend war. Alle tatsächlichen Behauptungen Ihres Briefes vom 13. Juli 1917 werden, soweit sie nicht mit vorstehenden Tatsachen übereinstimmen, ausdrücklich bestritten.
Ich gebe hiermit Ihrer Partei eine Frist von 3 Tagen zur Zahlung des Betrags von 1300 M an meine Kanzlei zuzügl. der für gegenwärtige Mahnung erwachsenen Kosten im Betrage von 27.60 M, welche Ihrer Partei als veranlassendem Teile und als im Verzuge befindlich zur Last fallen. Nach Umfluss dieser Frist bin ich zur sofortigen Klagestellung beauftragt.

Hochachtungsvoll!
ergebener Kollega:
Rechtsanwalt.

Maschinengeschriebener Brief, BBH a229/9b

45 Maximilian Brantl an Thomas Mann
München, 17.7.1917

München, den 17.7.1917

Sehr geehrter Herr Mann!

In Sachen Lion & Co. erhalte ich heute den anliegenden Brief des Vertreters der Firma.
Wenn es natürlich richtig wäre, daß die Firma Lion & Co. mit Herrn Wiegand bis zuletzt noch für den Abschluss des Kaufvertrags tätig war, und auch bei der notariellen Verbriefung anwesend war, so würde ich zur Bezahlung der 1300 M doch immerhin raten, wie ich überhaupt in dieser Sache von allem Anfang an recht skeptisch war.
Die Kosten des Anwalts der Firma Lion & Co. mit 27 M 60 Pf. berechnet, sind zu hoch. Wenn Sie die 1300 M bezahlen, so würden Sie dies besser direkt an die Firma Lion & Co. tun, da sich dann die Kosten deren Anwalts noch weiter verringern würden. Eine genaue Berechnung der tatsächlich geschuldten Kosten werde ich ihnen noch zugehen lassen.
Vorerst handelt es sich nur darum, ob Sie sich ohne den Prozessweg zu beschreiten zur sofortigen Bezahlung der 1300 M an die Firma Lion & Co. entschliessen wollen, oder ob Sie der Klage der Firma Lion entgegensehen wollen.
Ich bin morgen, Mittwoch, um 1/2 2 Uhr unter Rufnummer 24020 telefonisch zu erreichen.

Mit ergebenstem Gruss Ihr

Maschinengeschriebener Brief (Durchschlag), BBH a229/9c

anliegenden Brief: Brief Nr. 44.

46 Thomas Mann an Maximilian Brantl
Bad Tölz, 20.7.1917

Tölz den 20. VII. 17.

Lieber Herr Doctor:
Besten Dank, ich habe die Sache einfach geregelt. Unser Widerwille hatte seinen Grund nur darin, daß Lion wirklich so ganz ohne jedes Verdienst an dem Geschäfte ist: sein Vertreter, offenbar vom Käufer bestochen, hat alles gethan, damit aus dem Verkauf eine Verschleuderung wurde. Aber juristisch war wohl nichts zu wollen.

Liebe Grüße von uns beiden.
Ihr
Thomas Mann

Handschriftlicher Brief, Reg. 17/58, BBH a227/24; Faksimile in: Lang, 58

einfach geregelt: Brantl hatte Thomas Mann empfohlen, die geforderte Maklercourtage von 1.300 Mark zu bezahlen. Thomas Mann ist dem offenbar nachgekommen.

47 Thomas Mann an Maximilian Brantl
Abwinkl am Tegernsee, 17.8.1918

Abwinkl a. Tegernsee
Den 17.VIII.18

Herrn Dr. Maxim. Brantl
München
Otto Straße 1

Lieber Herr Doctor:
Die ganze Familie dankt vielmals für Ihr freundliches Gedenken. Es ist keine Redensart, wenn ich sage, daß wir uns des Öfteren mir Ihnen und Ihrem Kriegsschicksal (jeder hat so sein besonderes) beschäftigt haben. Die „goldenen Tage" sind dünn gesät diesen Sommer. Aber es ist doch sehr freundlich hier, und die Kinder sind selig über das Ruderboot.

Ihr
Thomas Mann.

Handschriftliche Postkarte, Reg. 18/63, BBH a227/25

Abwinkl am Tegernsee: Vom 15. Juli bis zum 9. September verbrachte die Familie Mann ihren Sommer am Tegernsee in der Villa Defregger.
Ihr freundliches Gedenken: Möglicherweise handelt es sich um einen brieflichen Gruß anlässlich der Geburt der Tochter Elisabeth Veronika Mann am 24. April 1918.
Ihrem Kriegsschicksal: Vgl. die Anm. zu Brief 38 und den Beitrag von Manfred Eickhölter in diesem Band.
Ruderboot: In einem Brief an Ida Boy-Ed vom 13. August 1918 schreibt Thomas Mann: „Nun sind wir auf acht Wochen hier am Wasser, – was in Tölz ja fast ganz fehlte, haben eine Badehütte, ein Ruderboot, und die Kinder sind begeistert." BrG, 195. Nach der Rückkehr berichtet er an Philipp Witkopp am 13. Dezember 1918: „Ich genoß das Wasser, […] das Rudern, den Badestrand etc. beinah so sehr wie die Kinder […]." Br I, 14. Brantl hatte das Ruderboot besorgt.

48 Thomas Mann an Maximilian Brantl München, 27.1.1919

M. den 27.I.19.

Herrn Rechtsanwalt
Dr. M. Brantl
Prien a/Ch.

Lieber Dr. Brantl: Vielen Dank für Ihren freundlichen Glückwunsch. Wir haben uns herzlich über die guten Nachrichten von Ihnen gefreut. Möge es so fort und immer besser gehen!

Ihr
Thomas Mann.

Handschriftliche Postkarte, Reg. 19/205, BBH a227/26

Glückwunsch: Wahrscheinlich zu Neujahr.
die guten Nachrichten: Anfang Januar 1919 übersiedelte Brantl von München nach Prien. Er übernahm dort die Kanzlei eines im Kriege gefallenen Kollegen. Zunächst war Brantl zufriedenstellend zur Miete untergekommen. Da er von Kindheit an auch ein leidenschaftlicher Bergwanderer war, wird er entsprechend positiv in seinem Brief an Thomas Mann berichtet haben.

49 Thomas Mann an Maximilian Brantl
München, 15.12.1919

München, den 15.XII.19.
Poschingerstraße 1

Lieber Dr. Brantl!
Nehmen Sie wieder herzlichen Dank für Ihren lieben Brief und das schöne Gedicht, – beides fand ich gestern bei meiner Heimkehr von Wien hier vor.
Einige günstige Voreingenommenheit mußte die Eröffnung, das Gedicht sei von Jugend und Simplicissimus zurückgewiesen, ja wirklich schaffen. Aber es hätte ihrer nicht bedurft, – das Zarte, wahrhaft liebenswerte kleine Werk spricht für sich selbst, ich las es wiederholt mit Rührung und Freude, wobei das erstere Gefühl wohl auch dem Gedanken entstammte, daß es sich hier seelisch-künstlerisch wirklich um etwas wie einen Abschied, um etwas Spätes und Letztes aus einer versinkenden Epoche, etwas Einfältig-Seelenhaftes, Musikalisches, Romantisches handelt, wovon man zweifeln kann, ob es heute noch „erlaubt" ist, – ein Zweifel, den Sie in Ihrem Briefe ja auch andeuten. Aber vielleicht hat man sich gegenwärtig allzu sehr gewöhnt, in Epochen zu denken und an das endgültige Versinken von allem Möglichen zu glauben, während der Laut, die innig-freie Schau- und Sangesart Ihres Liedes wenigstens hierzulande vielleicht etwas Ewiges und Unausrottbares ist, das aller Intellektualisierung zum Trotz bei uns nie aussterben kann? Mir sollt es recht sein!
Die 10 Tage in Wien waren bewegt und bunt anstrengend, aber auch ehrenreich. „Fiorenza" hatte zum ersten Mal einen vollen, warmen Erfolg, allerdings dank ausgezeichneter Darstellung und großem Entgegenkommen des liebenswürdigsten Publikums. Meine Vorlesung im Saal der Staatskanzlei trug sogar einen festlich-offiziellen Charakter. Der Vicekanzler hielt eine Begrüßungsansprache.
Das angekündigte Attentat, lieber Dr. Brantl, mögen Sie nur ausführen. Ich bin gewappnet mit Vertrauen in die menschlichen und künstlerischen Werte, die der poetische Niederschlag Ihres Lebens in sich bergen muß.

Ihr
Thomas Mann.

Handschriftlicher Brief, Reg. 19/118, BBH a227/27, Br. I, 172

Ihren lieben Brief und das schöne Gedicht: Eine beiliegende Karte von Maximilian Brantl gibt Aufschluss über das Gedicht: „Zum Briefe Thomas Manns vom 15. XII. 1919. Es handelt sich um mein Gedicht ‚Ihr glücklichen Augen'. Maximilian Brantl". Das Gedicht entstand am 7. September 1915 in München. Im Folgenden eine aus den teils überschriebenen, teils verworfenen Versen kollationierte „Urfassung":

Tagebuch, 7. Sept. 1915 [...]

Abds, Englischer Garten Abendsommerhimmel
Hab ich meiner Augen heut gedacht,
die so harte Ernte angebracht?
Arme Augen. Seid nun müd und matt.
Meine Hände streicheln euch nicht satt.
Meine Lider decken kaum genug,
dunkle Ruh genügt euch kaum zum Trug.
Feucht noch zittert ihr, erregt und heiß.
Ach, zu Tränen fast wird Euer Schweiß.
Kommt, ich führe euch noch einen Weg
durch das Tor hinaus in grün Geheg.
Weidet freundlich weit und breit im Feld,
heiter seid zu Busch und Baum geschwellt.
Lieblich rankt euch an der Hügel Lauf,
Weitet euch am Himmel hell hinauf.
Wühlt euch in die Rosenlocken ein,
zärtlich lächelt er im Abendschein.
Nun, von Himmelslüften hold geküsst,
kehrt zu mir zurück, versöhnt, versüßt.
Fühlt wie sein Auge auch umhüllt
Euch mit Stille, euch mit Seele füllt.
Und nun kommt, ich führe euch nach Haus
Und nun träumt und schlummert still euch aus.

Im Folgenden die vom Autor autorisierte letzte und gedruckte Fassung, in: *Laute des Eros*, Starnberg 1947, 96:

Ihr glücklichen Augen
Hab' ich meiner Augen heut gedacht,
die so reich mir meinen Tag gemacht?
Arme Augen ! Seid nun müd und matt.
Meine Hände streicheln Euch nicht satt.
Feucht noch zittert Ihr, erregt und heiß.
Sind es Tränen? Ist' s der Mühe Schweiß?
Vor es dunkel wird um Euer Haus,
kommt, ich führ' Euch noch ein wenig aus!
Streifet freundlich weit und breit im Feld!
Heiter seid zu Busch und Baum geschwellt!
An den Hügeln rankt Euch lieblich auf!
Hell zum Himmel flügelt Euren Lauf!
Zärtlich lächelt er im Abendschein.
Wühlt Euch in die Rosenlocken ein!
Fühlet, wie sein Atem Euch umhüllt,
Euch mit Reine, Euch mit Seele füllt!
Weich mit schwarzen Schwalben streicht durchs Blau!
Wiegt Euch froh! Genießt die selige Schau!
Weidet ab die goldne Himmelswies!
Einmal, einmal doch im Paradies!
Dann, vom alten Lichte noch geküßt,
endlich reißt Euch los, versöhnt, versüßt!

Heimkehr von Wien: Thomas Mann hatte sich vom 2. bis 13. Dezember 1919 in Wien aufgehalten.
Jugend: Die 1896 gegründete Zeitschrift, die zentrale Bedeutung für die stilgeschichtlichen Debatten der Jahrhundertwende hatte und nach der der Jugendstil seinen Namen trägt. In der Weimarer Republik schwenkte sie auf eine deutschnationale und seit 1933 auf eine nationalsozialistische Linie ein, bevor sie 1940 eingestellt wurde.
Simplicissimus: Die 1896 gegründete Satirezeitschrift, die zunächst Beamtentum, kirchliche Moral, Militär usw. aufs Korn nahm, später aber auf die Linie der weit

verbreiteten Kriegsbegeisterung anlässlich des Ersten Weltkriegs umschwenkte. Nach einer Neuprofilierung in der Weimarer Republik als demokratische Satirezeitschrift wurde der *Simplicissimus* im Nationalsozialismus gleichgeschaltet.
Fiorenza: Am 6. Dezember 1919 wurde Thomas Manns Theaterstück *Fiorenza* im Akademietheater von der *Gesellschaft für dramatische Kunst* mit einem kombinierten Ensemble des Burgtheaters und des Volkstheaters aufgeführt. An den beiden Folgetagen gab es jeweils eine weitere Aufführung. Vgl. Chronik, 97; GKFA 3.2, 120f.
Vorlesung: Am 11. Dezember 1919 las Thomas Mann im Festsaal der Staatskanzlei für die Wiener Schriftsteller- und Journalistenvereinigung *Concordia* aus *Gesang vom Kindchen, Felix Krull* und *Herr und Hund.* Vgl. Pils, 113.
Vicekanzler: Der österreichische Vizestaatskanzler Jodok Fink (1853-1929).

50 Thomas Mann an Maximilian Brantl München, 30.12.1919

München, den 30.XII.19.
Poschingerstr. 1

Lieber Dr. Brantl:
Morgen ist „Posttag“, d. h. jemand wird die angesammelten Einschreib-etc-Sachen, die man nicht einfach in den Kasten werfen kann, zum Schalter tragen, wo man jetzt immer eine Stunde anstehen muß. Wann der nächste Schub stattfindet, weiß man nicht, und so will ich es denn nicht darauf ankommen lassen, Ihre Ungeduld zu erregen und Ihr Vers-Manuskript hergeben, obgleich ich es zu gern noch etwas bei mir behielte.
Ich danke Ihnen herzlich, daß Sie es mir freundschaftlich anvertrauten. Gerade in dieser Jahreszeit des Gedenkens, der Wiederkehr, der weicheren Stimmung, wo selbst in einem „Civilisationsliteraten“ etwas wie Sinn fürs Ewige und Empfänglichkeit für Laute wie die Ihren erwachen könnte. Mir persönlich wollen Sie glauben, dass ich mit inniger Sympathie und Rührung, oft auch mit aufschreckender Freude über ein glückhaft Gelungenes Ihre Lieder gelesen habe: Denn wirklich, von „Glück“ muß man bei Ihrer Art von Produktion (ach, es ist wohl die wahre!) ein wenig reden, – oft, meine ich, verlassen Sie sich zu treuen Herzens auf die Empfindung, vernachlässigten die Kunst, und das Gedicht ging daneben. Aber das ist freilich auch die Art, zu dichten, die dann und wann etwas bringt, wie „Unter Thränen“ – etwas Bezauberndes und Musikalisches, geisterhaft süß, ganz Klang, ganz

Gefühl, ganz Gelingen und wirklich jenem höchsten Maßstab gewachsen, von dem Hebbel spricht.
Kurz, ich habe große Freude gehabt an Ihren Gaben und danke Ihnen von Herzen. Lassen Sie mich noch ausdrücklich sagen, daß ich einige von der Reise hervorragend schön finde.
Ein gutes neues Jahr wünscht Ihnen mit allen den Meinen.

Ihr Thomas Mann

Handschriftlicher Brief, Reg. 19/125, BBH a227/28

Vers-Manuskript: Manuskript *Vom Wege des Herzens*, dessen Gedichte später in die Sammlung *Laute des Eros* integriert wurden. Dem Brief Thomas Manns ist eine separater maschinengeschriebener Kommentar Brantls beigegeben: „Zum Briefe Thomas Manns vom 30. XII. 1919: Es handelt sich um mein damaliges Gedichtmanuskript ‚Vom Weg des Herzens', das ungefähr die Hälfte meiner späteren, unter dem Titel ‚Laute des Eros' veröffentlichten Gedichte enthielt. Maximilian Brantl". Tagebucheintrag Thomas Manns vom 30. Dezember 1919: „Las nach Tische in dem Gedicht-Manuskript, das der gute Brantl geschickt, und schlief dann." Tb, 30.12.1919.
Civilisationsliteraten: Schlüssel- und Kampfbegriff aus Thomas Manns *Betrachtungen eines Unpolitischen*, den Thomas Mann hier augenzwinkernd auf sich selbst bezieht.
Von dem Hebbel spricht: Brantl hat sich poetologisch auf Friedrich Hebbel berufen und von diesem eine Äußerung aus dem Jahre 1843 wiederholt an das Ende einer seiner Lyrik-Publikationen gestellt, so etwa 1935 im Band *Laute des Eros*. Hebbel spricht darin der überwiegenden Zahl von Gedichten den Rang, Dichtung zu sein, ab. Unter Tausenden gäbe es nur eine Handvoll, die diesen Namen aufgrund ihrer formalen Qualitäten verdienten.
Reise: In der Sammlung *Vom Wege des Herzens* sind auch etliche Reisegedichte enthalten, entstanden auf Wanderungen Brantls in den Alpen.

Aus dem Jahr 1920 existieren zwei Briefkarten von Thomas Mann an Brantl, die nicht Bestandteil des Lübecker Konvoluts sind, sondern sich in Privatbesitz befinden. Eine Karte stammt vom 10. September 1920 mit folgendem Inhalt: „Lieber Dr. Brantl, die Nachricht, die Sie uns freundlich sandten, erfüllt mich mit der herzlichsten Teilnahme, und meine Frau, die seit einigen Tagen in Oberstorf ist, wird ebenso empfinden. Es thut mir immer noch leid, daß ich Sie neulich, als Sie in München waren, nicht sehen konnte. Auch aus dem Besuch der Meinen am Chiemsee ist infolge der Krankheit meiner Frau nichts geworden. Meine eigene sommerliche Erholung beschränkte sich auf 8 Tage, die ich in Garmisch bei Fischer verbrachte. Hoffentlich sieht man sich nun doch bald einmal wieder."
Die zweite Karte stammt vom 31. Dezember 1920: „So ist es recht! Wir sind hocherfreut und senden Ihnen also dieses Jahr ganz außerordentliche herzliche Grüße und Segenswünsche. Ihnen und Ihrer Verlobten unsere besten Grüße"

51 Thomas Mann an Maximilian Brantl München, 11.12.1921

T.M. München, den 11.XII.21.
Poschingerstraße 1

Herrn
Dr. Maximilian Brantl
Prien/Chiemsee

Lieber Dr. Brantl,
tausend Dank für Ihren freundlichen Brief, der beweist, daß Sie uns nicht ganz vergessen haben! Wir denken noch immer gern an die Stunden mit Ihnen am Chiemsee und hoffen, Sie einmal erneuern zu können. Seien Sie froh über Ihre Abgeschiedenheit! Meine Sehnsucht ist es immer, auf dem Lande zu leben, ganz, oder doch sehr vorwiegend, es wäre das einzig Richtige, und einmal erreiche ich es gewiß auch. Zur Zeit haben wir wieder Bau-Pläne, – gar zu sehr vermissen wir ein festes Sommerheim, in das ich mich auch sonst im Jahr zurückziehen könnte. Aber wo? – Ich schicke Ihnen mein Buch nächstens.

Ihr Thomas Mann.

Handschriftliche Postkarte, Reg. 21/132, BBH a227/29

Ihren freundlichen Brief: Nicht erhalten.
Stunden mit Ihnen am Chiemsee: Thomas Mann fuhr vom 3. bis 6. September 1919 an den Chiemsee, wo Katia Mann die Ferien mit den vier ältesten Kindern verbrachte. Am 6. September war er bei Brantl zum Abendessen eingeladen. Tb, 7.9.1919; vgl. Heißerer, 138.
Ihre Abgeschiedenheit: Brantl wohnte in Prien zunächst zur Miete und erwarb 1921 das Wohnhaus Jensenstraße 15 mit großem Garten und freiem Blick vom Schreibtisch im ersten Obergeschoss auf die sogenannte Kampenwand. Ob Katia und Thomas Mann auch im Sommer 1921 in Prien waren, konnte nicht geklärt werden.
Bau-Pläne: Unklar, welche Pläne gemeint sein könnten. Nach dem Verkauf des Tölzer Hauses verbrachten die Manns im Sommer häufiger längere Aufenthalte in Feldafing am Starnberger See, im „Villino" genannten Landhaus des Freundes Georg Martin Richter. Thomas Mann hatte sich beim Kauf 1919 finanziell engagiert. Vgl. Heißerer, 172-189.
mein Buch: Der Essayband *Rede und Antwort* war im November 1921 erschienen.

In Privatbesitz befindet sich eine Postkarte von Thomas Mann an Brantl vom 23. März 1922: „Von einer Reise zurückkehrend (wieder einmal!) finde ich Ihre Anzeige hier vor und eile, Ihnen meine und meiner Frau allerherzlichste Glückwünsche zu sagen. Hoffentlich haben wir bald einmal Gelegenheit, das junge Paar zu begrüßen, sei es an Ihrem Gestade oder hier bei uns. Freude, Glück und Segen."

52 Thomas Mann an Maximilian Brantl
München, 17.3.1923

München, im März 1923

Herrn
Rechtsanwalt Dr. Brantl
Prien am Chiemsee

Wir haben anlässlich des Todes unserer lieben Mutter Frau Senator Julia Mann durch gütige Worte und Kranzspenden zahlreiche Beweise der Teilnahme erhalten. Wir danken dafür aufs herzlichste.

Heinrich Mann
Thomas Mann
Julia Löhr, geb. Mann
Viktor Mann

Gedruckte Karte (mit Umschlag), Reg. 23/26, BBH a227/30

Todes unserer lieben Mutter: Julia Mann, geb. da Silva-Bruhns verstarb am 11. März 1923 in Weßling/Oberbayern.

Eine weitere Ansichtspostkarte von Thomas Mann aus Sestri Levante an Brantl befindet sich in Privatbesitz. Sie stammt vom 10. Oktober 1924 und wurde auch von Ernst Bertram unterschrieben: „Einen sonnigen Gruß, lieber Herr Brantl, von Ihrem Thomas Mann.“ Bertram schrieb: „herzlichen Dank für Ihren lieben Brief! Das reizenden Bildchen von Grigolo (die ich bald im Original zu sehen hoffe) übermittle ich gleich an GC; dem es in Weilenburg z.Z. gesundheitlich ganz gut geht; er arbeitet an prachtvollen Handschriften, was zu seiner mönchischen Existenz gar wohl paßt. Ich sage mich rechtzeitig an [...] Wir haben hier eine Folge harmonischer Tage ohne Gleichen, man traut seinen Augen nicht [...].“

53 Thomas Mann an Maximilian Brantl
München, 7.6.1925

München, den 7. Juni 1925

An Herrn Rechtsanwalt Brantl
Prien am Chiemsee

Gerührten Herzens danke ich für das mir zu meinem 50. Geburtstag erwiesene freundliche Gedenken.

Gedruckte Karte (mit Umschlag) mit Unterschrift, Reg. 25/96, BBH a227/31

54 Thomas Mann an Maximilian Brantl
München, 1.3.1928

München 27, den 1.III.28.
Poschingerstraße 1

Herrn Rechtsanwalt
Dr. Maxim. Brantl
Prien/Chiemsee

Lieber Dr. Brantl,
vielen Dank! Ich war ehrlich wütend und darum scheint er gut geworden zu sein. Übrigens ist (durch Rowohlt) etwas wie eine Boykott-Bewegung unter den Verlegern gegen die kulturfeindliche Presse in Gang gekommen.

Herzliche Grüße!
Ihr
T.M.

Handschriftliche Postkarte, Reg. 28/35, BBH a227/32

er: Artikel *Thomas Mann gegen die ‚Berliner Nachtausgabe'. Ein Schreiben des Dichters an die L[iterarische] W[elt],* in: Die Literarische Welt, 24. Februar 1928, Jg. 4, Nr. 8, 1f. Abgedruckt in: Essays III, 78-84. Eine scharfe Replik auf den polemischen Artikel

von K.: *Thomas Manns Kotau vor Paris,* in: Berliner Nachtausgabe, 6. Februar 1928. Abgedruckt im Kommentar in: Essays III, 395-397.
Rowohlt: Ernst Rowohlt (1887-1960), Verleger.
kulturfeindliche Presse: Gemeint sind etwa der *Völkische Beobachter* oder die *Berliner Nachtausgabe*. Zu nationalistischen Angriffen gegen Thomas Mann in den Jahren 1927/28 vgl. Goll, 200-213.

55 Thomas Mann an Maximilian Brantl München, [30.12.1929]

[14. November 1929]

Herrn
Rechtsanwalt Dr. Brantl
Prien am Chiemsee

Herzlich danke ich für die mir anläßlich der Verleihung des Nobelpreises gewidmeten Glückwünsche.

[handschriftlich:]
Thomas Mann
Mit vielen Grüßen!

Gedruckte Karte (mit Umschlag) mit handschriftlichem Zusatz Thomas Manns, Reg. 29/183, BBH a227/33

Nobelpreisverleihung: Am 10. Dezember 1929 erhielt Thomas Mann den Literatur-Nobelpreis.

56 Thomas Mann an Maximilian Brantl Ettal/Oberbayern, 7.1.1930

Ettal, Obb. den 7.I.30

Herrn Rechtsanwalt
Dr. Maximilian Brantl
Prien/Chiemsee

Lieber Dr. Brantl,
Ihr schöner Glückwunsch auf der beziehungsvollen Bildkarte hat mich sehr gerührt. Von Herzen Dank dafür! Ich denke oft an Sie als an einen guten und reinen Menschen. Ich hoffe, Sie haben auch Heinrichs Radio-Rede über die Ehrung gelesen, eine schlichte, großartige Geste, klug und schön. Im Übrigen bin ich nicht der Mann, dem so etwas wie Stockholm in die Krone fährt! Es ist ja in Wahrheit alles beim Alten geblieben, und die lächerliche Gefahr des Dünkels könnte man höchstens im Ruhestande laufen. Arbeit erhält bescheiden.

Alles Gute zum neuen Jahr!
Ihr
Thomas Mann.

Handschriftliche Postkarte, Reg. 30/10, BBH a227/34, Br. I, 297

Heinrichs Radio-Rede: Rede Heinrich Manns, die am 12. November 1929 im Berliner Rundfunk anlässlich der Nobelpreisverleihung für Thomas Mann gesendet wurde. Heinrich Mann: *Der Nobel-Preis*, in: Das öffentliche Leben, 113-116.
so etwas wie Stockholm: Die Zuerkennung des Nobelpreises.

57 Thomas Mann an Maximilian Brantl
München, 29.4.1930

München den 29.IV.30

Lieber Herr Doktor, herzlichen Dank für Ihren Gruß! Es war eine bedeutende Reise, weit nil-aufwärts ins Nubische, dann langsam über Assuan, Luxor, Kairo über den Kanal ins Vorder-Asiatische. Habe ich acht gegeben!

Ihr T.M.

Handschriftliche Ansichtskarte, Reg. 30/68, BBH a227/35, Br. I, 299

Reise: Thomas Mann verließ gemeinsam mit seiner Frau München am 14. Februar 1930 und bereiste Italien, Ägypten, den Sudan und Palästina. Rückkehr am 16. April 1930. Zu den einzelnen Stationen der Reise vgl. Chronik, 212-214.

58 Thomas Mann an Maximilian Brantl
Nidden, 17.7.1930

Nidden, Kur. Nehrung
17.VII.30

Herrn Rechtsanwalt
Dr. M. Brantl
Prien/Chiemsee
Bayern

Lieber Dr. Brantl,
vielen, herzlichen Dank. Prestigiatore und -digitatore bestehen neben einander. Linguaccia heißt laut Köhlers Wörterbuch wirklich in 1.) Bedeutung „belegte Zunge". Scherzamo aber ist mein Fehler. Von allen Leuten bin ich darauf hingewiesen worden. Soll sicher verbessert werden.

Ihr T. M.

Handschriftliche Postkarte, Reg. 30/119, BBH a227/36, Faksimile in: Pils/Ulrich, 99

Nidden: Die Sommer 1930 bis 1932 verbrachte Thomas Mann mit seiner Familie in dem Sommerhaus, das er sich in Nidden, auf der Kurischen Nehrung, bauen ließ.
herzlichen Dank: Offensichtlich hatte Brantl Thomas Mann auf tatsächliche oder vermeintliche Fehler im Druck der eben erschienenen Novelle *Mario und der Zauberer* hingewiesen.
Prestigiatore und -digitatore: die Synonyme „Prestigiatore" und „Prestidigitatore": Trickkünstler, Taschenspieler, Zauberkünstler, Illusionist, Gaukler.
Linguaccia: pejorativ von „lingua", Zunge: häßliche Zunge, böse Zunge; (medizin.) belegte Zunge.
Köhlers Wörterbuch: Dr. Friedrich Köhlers Italienisch-deutsches und Deutsch-italienisches Taschen-Wörterbuch. Neu bearb. von Rudolf Kleinpaul, Leipzig [1919].
Scherzamo: richtig: „scherziamo", 1. Person Plural von „scherzare", scherzen.

59 Thomas Mann an Maximilian Brantl
[München], 2.1.1931

2.I.31

Herrn Rechtsanwalt
Dr. Maxim. Brantl
Prien/Chiemsee

Dank, lieber Dr. Brantl, für die freundlichen Wünsche und aller herzlichste Erwiderung!

Ihr
Thomas Mann.

Handschriftliche Ansichtskarte, Reg. 31/3, BBH a227/37

freundlichen Wünsche: Vermutlich Weihnachts- und Neujahrsgrüße Brantls.

60 Thomas Mann an Maximilian Brantl Küsnacht, 8.4.1935

Küsnacht, den 8.IV.35

Herrn
Dr. Maximilian Brantl
Rechtsanwalt
Prien am Chiemsee
Oberbayern

Lieber Dr. Brantl,
seien Sie bedankt für Ihre in jedem Sinne freundliche Gabe!
Kürzlich bin ich sehr an Sie erinnert worden, durch Carossas Erinnerungen.
Ich hoffe, es geht Ihnen gut. Sprechen Sie noch einmal hier vor, wenn Sie wieder reisen? Sollten wohl empfangen sein.

Ihr ergebener
Thomas Mann.

Handschriftliche Postkarte, Reg. 35/61, BBH a227/38

freundliche Gabe: Vermutlich der Gedichtband: Maximilian Brantl: *Formen des Eros. Verse aus Italien*, München 1935. 31 Seiten. Darin eine gedruckte Widmung an Hans Carossa: „dankbar für Geleit und Führung".
Carossas Erinnerungen: 1933 erschien im Insel-Verlag von Hans Carossa: *Führung und Geleit. Ein Lebensgedenkbuch*. Im Klappentext heißt es: „Das Lebensgedenkbuch Hans Carossas ist weit mehr als ein Buch der Erinnerung. Indem es uns von den Begegnungen des jungen Arztes und werdenden Dichters mit Gestalten seiner Umwelt und mit manchem berühmten Zeitgenossen erzählt, lehrt es uns auf wundersame Weise, was Gemeinschaft der Mitlebenden bedeutet [...]." Auf den Seiten 40 bis 46 gibt Carossa ein facettenreiches Kurzporträt des Freundes Maximilian Brantl. Vgl. dazu den Beitrag von Manfred Eickhölter in diesem Band.

Der letzte Brief von Thomas Mann an Brantl für die nächsten elf Jahre befindet sich in Privatbesitz. Er ist datiert „Küsnacht, 16. Juli 1935“ und gilt laut Regesten (Reg. IV, 548, bzw. V, 38) als verschollen: „Lieber Dr. Brantl, habe ich Ihnen eine von den Dankeskarten geschickt, die ich drucken ließ? Ich weiß es nicht. Es ist große Unordnung in meinem Leben eingerissen dadurch, daß an den freundliche Trubel, den der Geburtstag mit sich brachte, sich unmittelbar eine Reise nach Amerika schloß, von der ich eben zurück bin. Mein Bankerott als Briefschreiber und Danksagender ist vollständig, und so muß ich Sie, lieber Freund, selbst heute noch bitten, mit diesen kargen Zeilen vorlieb zu nehmen, die Ihnen meine Empfänglichkeit für Ihre schönen, bewegten Worte vom Juni, meine Ergriffenheit davon andeuten sollen. Auch meine Frau grüßt Sie herzlich. Er wäre eine große Freude für uns, wenn Sie einmal in die Schweiz kämen und uns besuchten. Ihr Thomas Mann.“

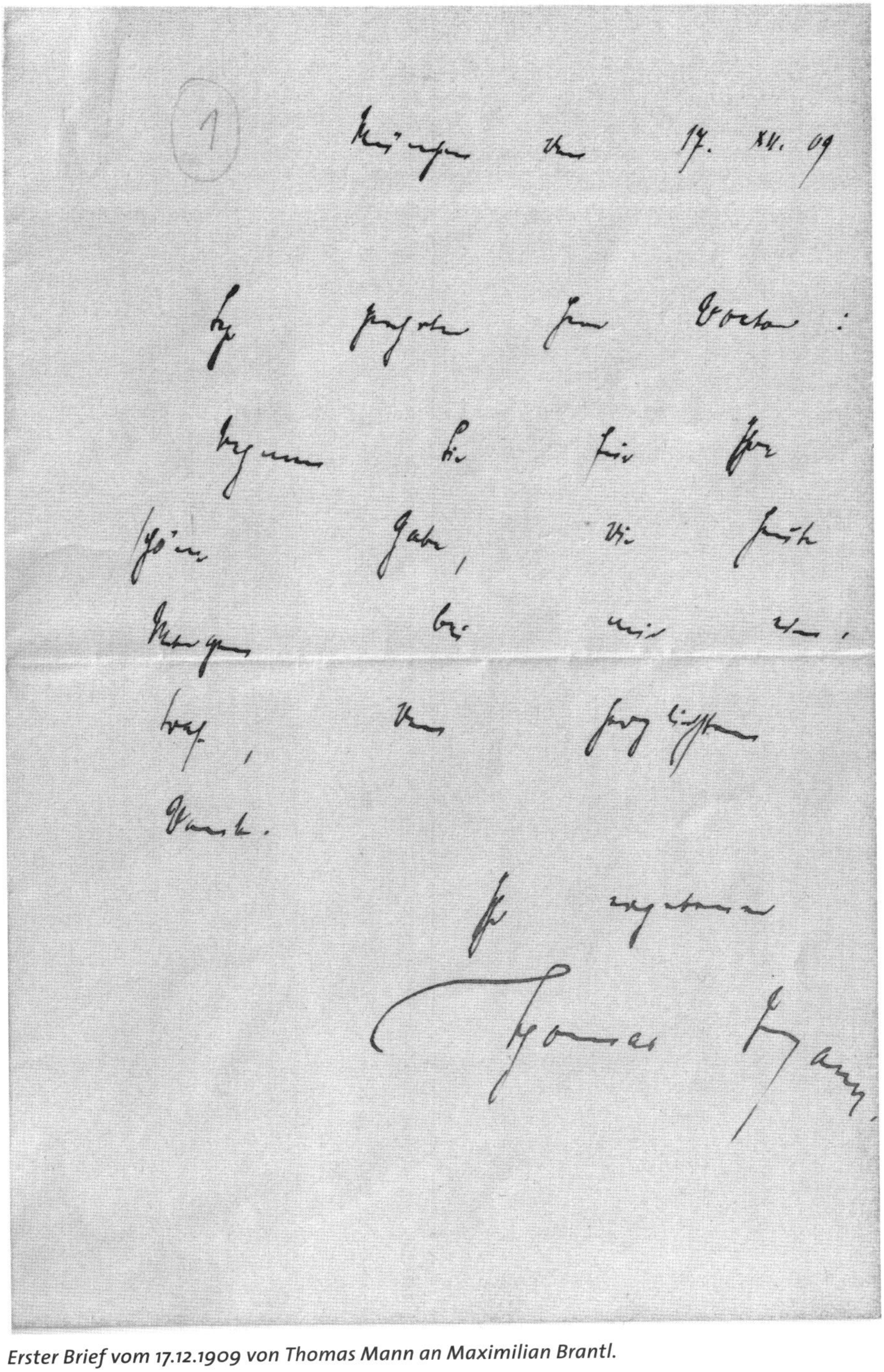
München den 17. XII. 09

Sehr geehrter Herr Doctor:

Nehmen Sie für Ihre schöne Gabe, die heute Morgen bei mir eintraf, den herzlichsten Dank.

Ihr ergebener
Thomas Mann.

Erster Brief vom 17.12.1909 von Thomas Mann an Maximilian Brantl.

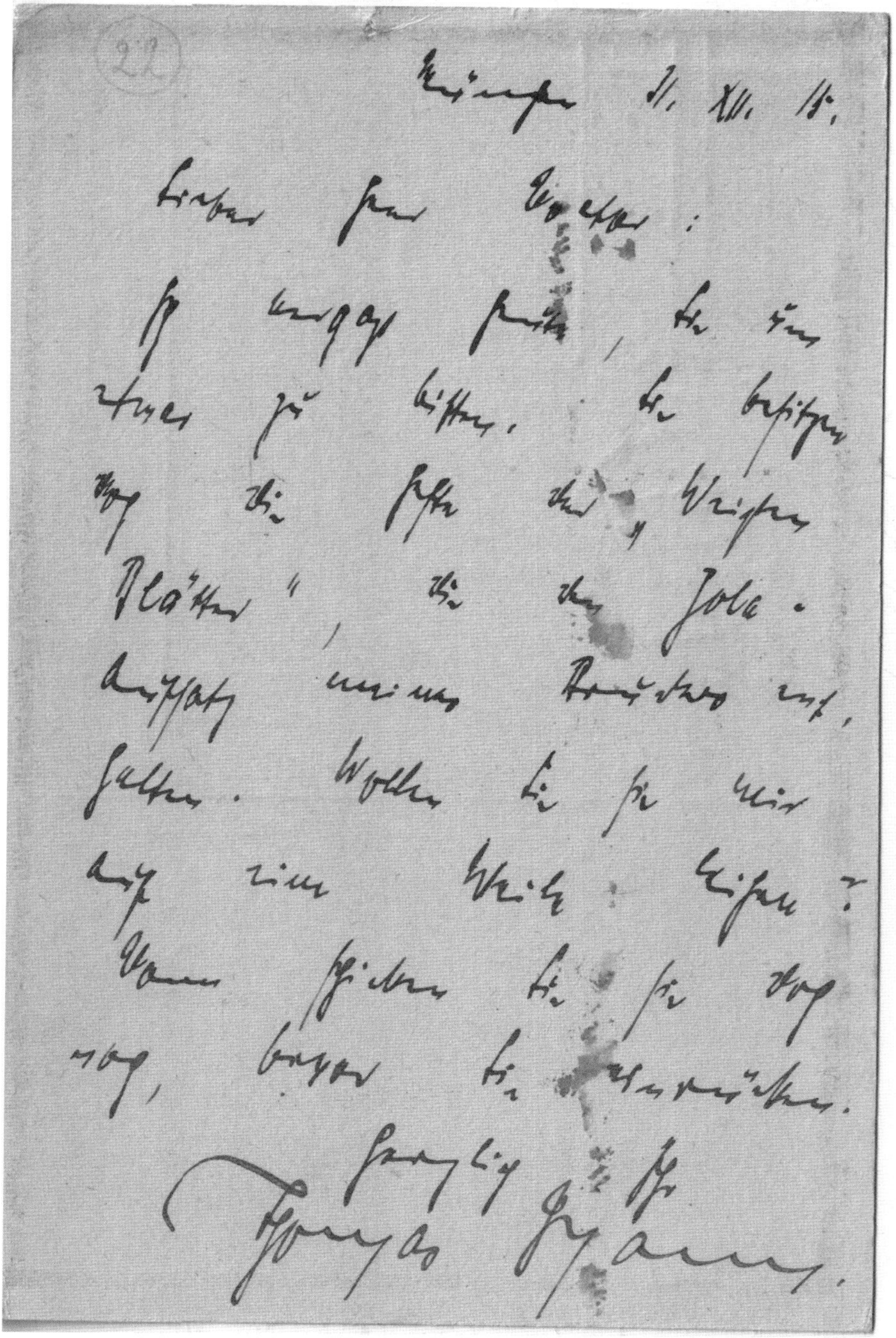

München 31. XII. 15.

Lieber Herr Doctor:

Ich vergaß heute, Sie um etwas zu bitten. Sie besitzen noch die Hefte der „Weißen Blätter", die den Zola-Aufsatz meines Bruders enthalten. Wollen Sie sie mir auf eine Weile leihen? Dann schicken Sie sie doch noch, bevor Sie einrücken.

Herzlich Ihr
Thomas Mann.

Brief Nr. 38 vom 31.12.1915 von Thomas Mann an Maximilian Brantl.

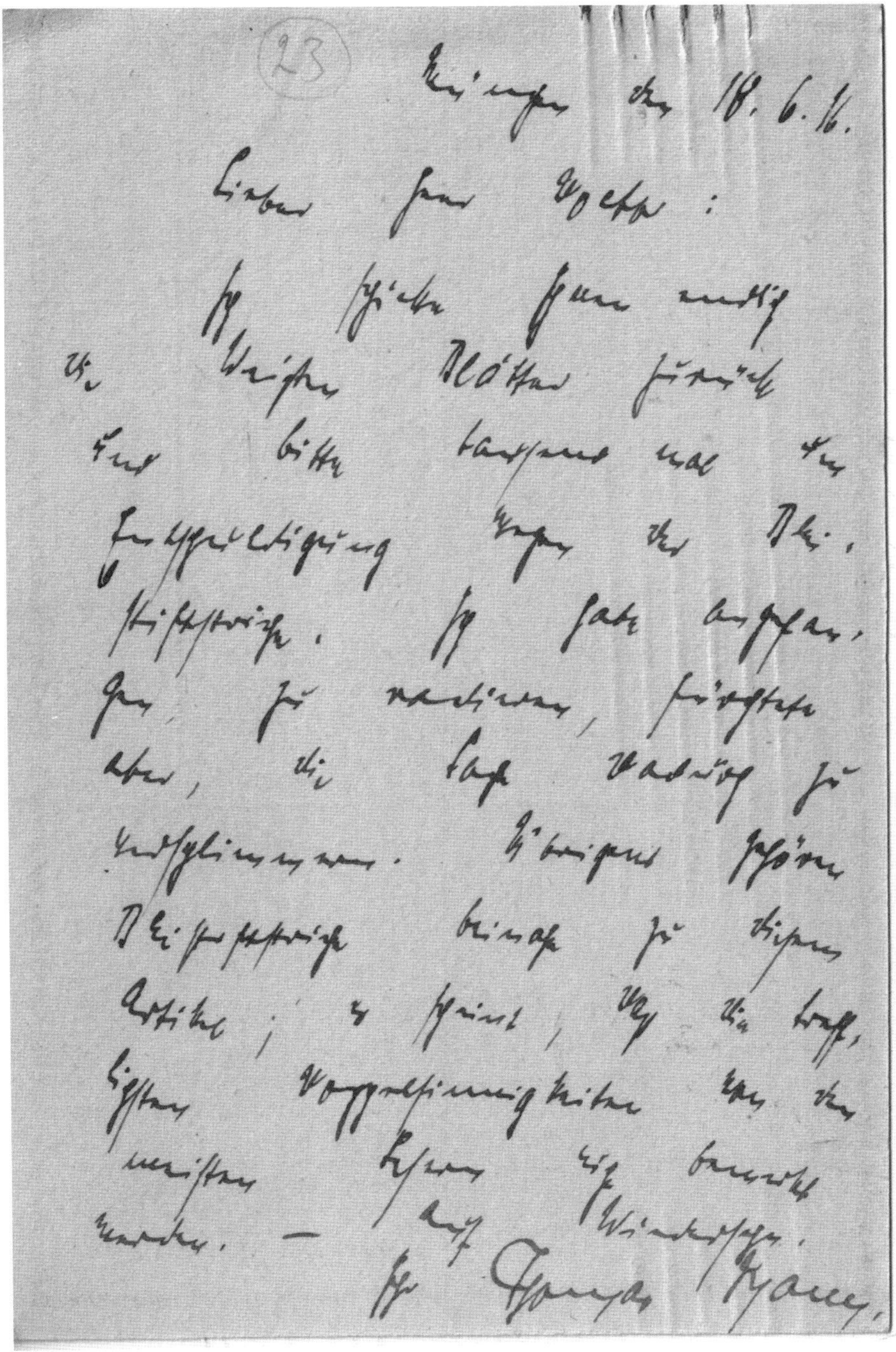

(23)

München, den 18.6.16.

Lieber Herr Doktor:

Ich schicke Ihnen endlich die Weißen Blätter zurück und bitte tausendmal um Entschuldigung wegen der Bleistiftstriche. Ich habe angefangen, sie zu radieren, fürchtete aber, die Sache dadurch zu verschlimmern. Übrigens gehören Bleistiftstriche beinahe zu diesem Artikel; es scheint, daß die [illegible] [illegible] von den meisten Lesern nicht bemerkt werden. — Auf Wiedersehen!

Ihr Thomas Mann.

Brief Nr. 40 vom 18.6.1916 von Thomas Mann an Maximilian Brantl.

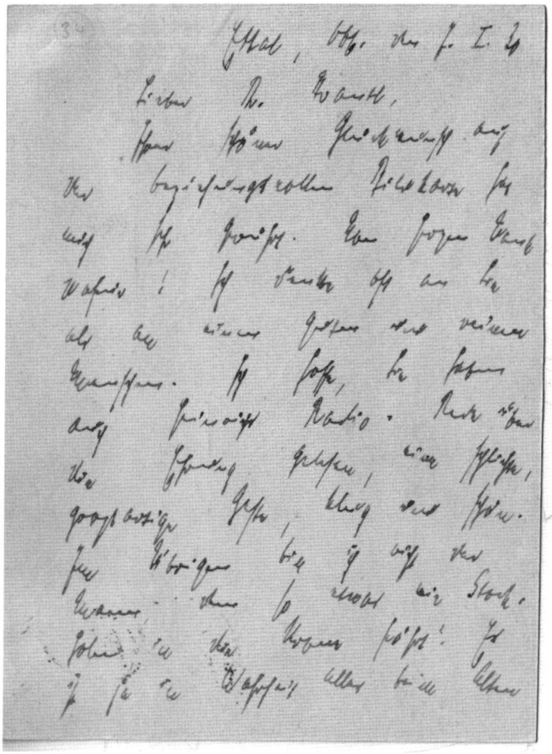

Briefkarte Nr. 56 vom 7.1.1930 von Thomas Mann an Maximilian Brantl, 1. Seite.

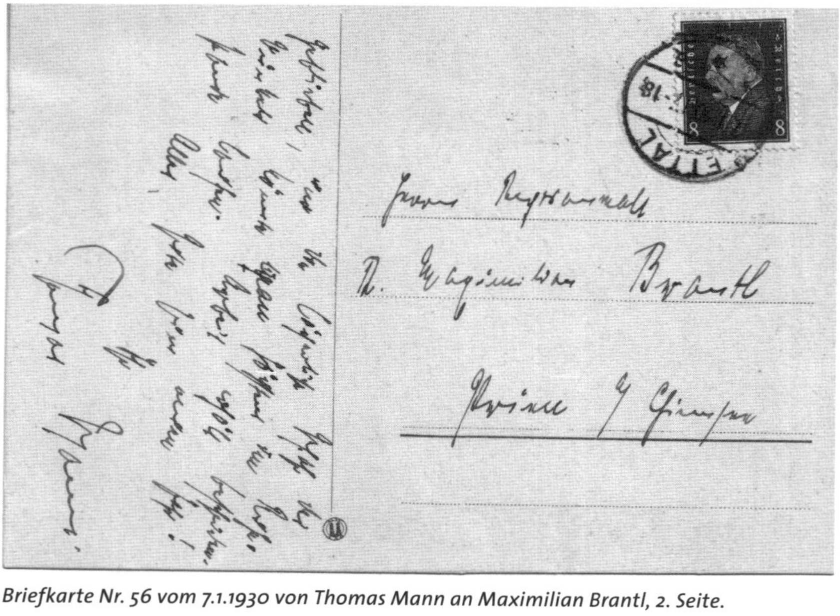

Briefkarte Nr. 56 vom 7.1.1930 von Thomas Mann an Maximilian Brantl, 2. Seite.

Postkarte Nr. 57 vom 29.4.1930 von Thomas Mann an Maximilian Brantl.

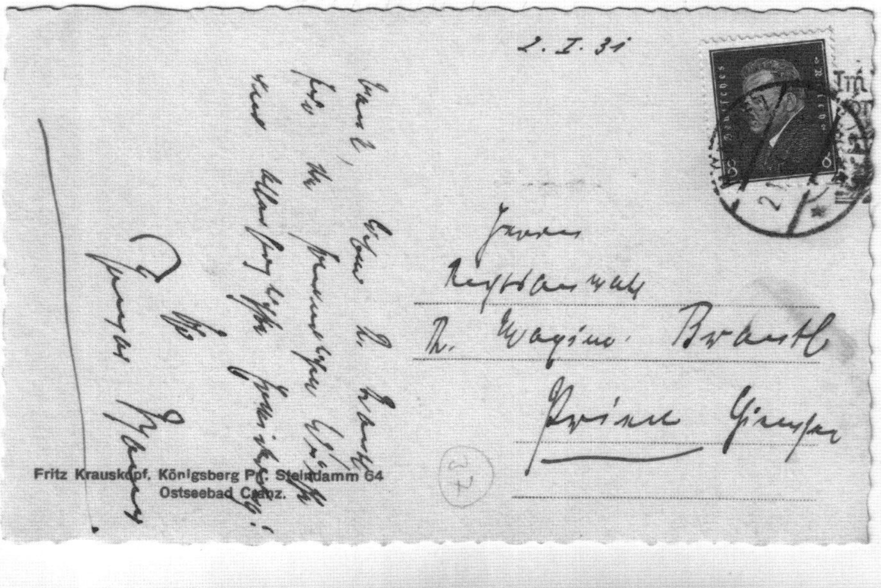

Postkarte Nr. 59 vom 2.1.1931 von Thomas Mann an Maximilian Brantl.

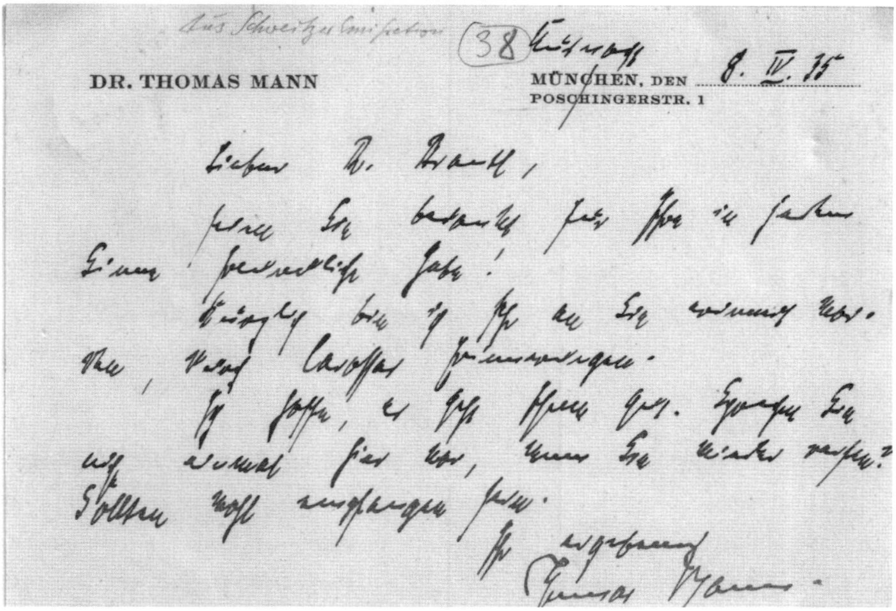

DR. THOMAS MANN

MÜNCHEN, DEN 8. IV. 35
POSCHINGERSTR. 1

Lieber Dr. Brantl,

Thomas Mann.

Brief Nr. 60 vom 8.4.1935 von Thomas Mann an Maximilian Brantl.

61 Katia Mann an Maximilian Brantl Chicago, 18.5.1946

Billings Hospital
Chicago 18. Mai 1946

Mrs Thomas Mann

Lieber Doctor Brantl:
Es war uns eine rechte Freude, nach so langer Zeit endlich wieder von Ihnen hören zu können und zu erfahren, dass Sie und die Ihren die schlimme Zeit leidlich überstanden haben, und dass Sie Ihrer beruflichen Tätigkeit nun wieder nachgehen können und Ihr dichterisches Lebenswerk nie aus den Augen verloren haben. Ihr Brief hat uns unter betrüblichen Verhältnissen angetroffen. Mein Mann musste sich, wie Sie vielleicht durch das Radio oder die Presse erfahren haben werden, einer ernsten Lungen-Operation unterziehen, und eine Zeit schwerer Sorge liegt hinter uns. Sie ist aber wohl Gott lob wirklich abgelaufen. Die Operation liegt nun schon bald vier Wochen zurück, und alles ist so gut wie möglich gegangen, was zum Teil ein Verdienst des hervorragenden Lungenchirurgen ist, den wir hier in Chicago aufgesucht haben, und teilweise der guten Natur des Patienten zu danken ist, die sich über jedes Erwarten widerstandsfähig erwiesen hat. In einigen Tagen schon werden wir wohl beruhigt die Heimreise antreten können. Eine längere Periode der Ruhe und Schonung freilich wird noch nötig sein, und seine Korrespondenz wird mein Mann noch eine ganze Weile vernachlässigen müssen, weshalb ich Ihren Brief vorläufig einmal beantworten wollte.
Wir leben nun schon seit 1941, nachdem mein Mann seine Tätigkeit an der Universität Princeton vollendet, in Pacific Palisades, bei Los Angeles, in einem kurz vor Kriegsausbruch noch glücklich fertig gestellten Landhaus. Heinrich lebt nicht allzu weit von uns, und wir stehen in engem Kontakt. Vor etwa anderthalb Jahren hat er seine zweite Frau verloren, das war zunächst ein sehr schwerer Schlag für ihn; er hat sich aber wieder gefunden, arbeitet wie eh und je, und ist, wenn man seine Jahre bedenkt und dass er schliesslich immer eher zart war, eigentlich recht leistungsfähig und rüstig.
Wir sind inzwischen auch glückliche Grosseltern geworden, unsere beiden jüngsten Kinder „Medi" und „Bibi", haben uns vier Enkelkinder beschert. Klaus und Golo waren in der amerikanischen Armee, und sind beide noch drüben: Erika, die

vielfach als Kriegskorrespondentin tätig war, ist gerade zurückgekehrt, um uns hier zur Seite zu stehen.
Dies wären so die Familien-Nachrichten. Ich gebe Ihnen noch Heinrichs Adresse: 301 South Small Drive, Los Angeles 36, California: Er würde sich gewiss freuen direkt von Ihnen zu hören; seine Rückkehr nach Deutschland wird sich gewiss nicht rasch ins Werk setzen lassen.

Mit den besten Grüssen und Wünschen für Sie und die Ihren

Ihre Katia Mann

Handschriftlicher Brief, BBH a229/10

Ihr dichterisches Lebenswerk: Im Frühjahr 1946 erschien im Verlag von H. F. S. Bachmaier, Starnberg, Brantls Gedichtband *Strophen an Gott*. Das Buch ist kurz vor Kriegsende unter dem Eindruck von Bombardierungen auf Prien am Chiemsee entstanden. In seinem Brief an Thomas Mann wird Brantl vielleicht auch angedeutet haben, dass er in Kürze sein „dichterisches Lebenswerk" für den Druck vorbereite, gemeint ist damit das erst 1947 erschienene Buch *Laute des Eros*. Sein Erscheinen war ursprünglich vor den *Strophen an Gott* geplant, verzögerte sich aber wegen Mangels an Papier.
Lungen-Operation: Nach Diagnose eines Lungenkarzinoms fand die Operation am 24. April 1946 im Billings Hospital in Chicago statt. Thomas Mann gegenüber wurde die Diagnose allerdings als „Abszess" verschleiert. Zum Eingriff vgl. im Detail: Virchow.
des hervorragenden Lungenchirurgen: Dr. William E. Adams (1902-1973).
Tätigkeit an der Universität Princeton: 1938-1941. Gastprofessur („Lecturer in the Humanities"), vier Vorlesungen über den *Faust* von Goethe, Wagner, Freud und über den *Zauberberg*.
seine zweite Frau verloren: Heinrich Manns zweite Frau Nelly Kröger-Mann, geboren 1898 in Ahrensbök, nördlich von Lübeck. Sie starb am 17. Dezember 1944 in Los Angeles nach einer Überdosis Schlaftabletten.
„Medi" und „Bibi": Die Kinder Elisabeth Mann Borgese (1918-2002) und Michael Mann (1919-1977).
Vier Enkelkinder: Fridolin (Frido) Mann (geb. 1940) und Anthony (Toni) Mann (geb. 1942), die Söhne Michael Manns. Angelica Borgese (geb. 1940) und Dominica Borgese (geb. 1944), die Töchter Elisabeth Mann Borgeses.

Er würde sich gewiss freuen direkt von Ihnen zu hören: Brantl nahm daraufhin wieder Briefkontakt zu Heinrich Mann auf, schickte ihm seinen Gedichtband *Strophen an Gott* und erhielt am 20. März 1947 den ersten Brief von Heinrich Mann seit 1933.

62 Maximilian Brantl an Katia Mann
[Prien], 22.6.1946

22. Juni 46

Mrs. Thomas Mann
1550 San Remo Drive
Pacific Palisades
California

Hochverehrte Frau Mann!
Unendlich hab' ich mich gefreut, heute Ihre gütigen Zeilen vom 19. Mai zu erhalten, und ungemein weiss ich es zu würdigen, dass Sie und Ihr Gatte mir noch ein so freundliches Erinnern bewahrt haben. Viel, viel Zeit ist verronnen, seit meinen Münchener Anwaltsjahren (erinnern Sie sich noch unseres Teppichprozesses mit Herrn Schönemann?), seit meinem Besuche in Ihrem Tölzer Villino, seit dem Herrenabend im Hause Poschingerstrasse, bei dem ich Bertram kennen lernte, seit Ihrem Besuche in Prien (Sommer 19) und auf der Herreninsel (damals, als Ihr Sohn im ‚Hotel' Feldhütter in Stock sein Tagebuch liegen liess ...[)]
Sofort erkannte ich wieder Ihre mir noch von früher her wohl vertraute Handschrift. Ihre ehrwürdigen Eltern, mir noch lebendig vor Augen, durften wenigstens in der Schweiz ein beruhigendes Asyl finden, nach so viel Schwerem, das sie auf sich nehmen mussten, und leben wohl heute nicht mehr? Wogegen ich gelegentlich den Namen eines Ihrer Brüder, des Musikers, in einer Münchener Zeitung lese. Wie schwebt mir noch Ihr Elternpaar vor, flankiert von Ihren Brüdern und Ihnen als Mädchen, im Münchener Hoftheater und in den Odeon-Konzerten, die lebendige Mutter, der bedächtige Vater! Und, was ganz früh zurückliegt: Sie selber, noch vor Ihrer Heirat, bei einem jener strahlenden Feste im Münchener Künstlerhaus, in einem dunkelroten Renaissance Samt- u. Brokatkleid, bei dem ich es wagte, Sie um einen Tanz zu bitten! ...
O luitpoldienisches München von 1900 – 1914! Gab es je eine glücklichere Zeit, eine lebendigere, eine anregendere?

Bei einem meiner letzten Besuche in München (ich vermied das hitlerianische, so sehr ich nur konnte, bin jetzt ca 5 Jahre in dieser geschändeten Stadt nicht mehr gewesen, und hab' das Gelübde abgelegt, sie nur im äussersten Notfall noch einmal zu betreten) – es war vor dem 2. Kriege, damals als [der] Mann aus Braunau seine Hand an die Prinzregentenstrasse legte, die Anlagen vor dem Nationalmuseum der fixen Idee einer geraden Linie opferte, das Reiterstandbild des Regenten entfernen und an einem schmählichen Seitenplatz an einer miserablen neuen Loggia anbringen liess – war ich Zeuge, als man im Verlaufe dieser „Systematisierung" auch den herrlichen Hildebrand'schen Dianatempel abtrug. Dies vollzog sich in der Weise, dass man (die herrlichen Bronzestatuen standen, lagen zum Teil, bereits an der Mauer des Museums, das Kupferdach lag in Fetzen auf dem Boden) die Betondecke des Tempels durch zwei Männer mit grossen Eisenhämmern bearbeiten liess, die ein Loch nach dem anderen durchschlugen: die grossen Betonbrocken fielen in das friedliche Marmorbecken, in dem noch der Hubertushirsch mit dem Kreuz zwischen dem Geweih sich erhob, oder auf diesen selber. Blöd, roh, gemein war das, wie diese Barbaren hämmerten und hämmerten, und dieses so ungemein harmonische Werk des grossen Künstlers sinnlos zerstörten –, noch gemeiner aber war, dass keiner der Passanten aber auch nur stehen blieb und eine Ahnung davon hatte, was sich da tat, geschweige denn sich empörte. Mit jedem Hammerschlag aber starb mehr in mir ab an Glück, an Glauben, an Vertrauen zur Menschheit in mir, und ich flüchtete so schnell und so weit ich konnte.

In diesem Begebnis erlebte ich, symbolisch und voraussehend, alles was sich seither in unserem München, in unserem Deutschland in so fantastischer Steigerung bis zum Chaos, begab.

Ihr Herr Sohn Klaus und Ihre Frau Tochter Erika, die beide ja inzwischen, nach reichen Erlebnissen in heutigen deutschen Landen, zu Ihnen zurückgekehrt sind, werden Ihnen ja tausend und aber tausend Einzelheiten geschildert haben.

Ich hatte versucht, jetzt vor einem Jahr, mit Herrn Klaus in Verbindung zu treten, der, wie ich hörte, zeitweise im Press-Camp Rosenheim stationierte, schrieb ihm auch dorthin, aber der Brief hat ihn wohl nicht erreicht.

Und erst vor kurzem gelang es mir, mit Ihrem Schwager Viktor, der mir ganz aus dem Gesichtskreise entschwunden war, Fühlung zu bekommen. Er will mich in den nächsten Tagen besuchen, da werde ich wohl Einiges Eingehendere über Sie, Ihren Gatten und seinen Bruder Heinrich erfahren. Seinerzeit, als die Versteigerung des Mobiliars Poschingerstrasse in den Münchener Neuesten Nachrichten ausgeschrieben war, fuhr ich vorher nach München und besprach mich mit Viktor's

Frau über die Möglichkeit, etwa Einiges einzusteigern oder einsteigern zu lassen; die Atmosphäre war aber damals schon so gefährlich, dass mir erklärt wurde, man müsse die Hand davon lassen, und ich selber war an jenem ominösen Tage leider abgehalten, durch einen dringenden beruflichen Termin, nach München zu fahren. Wie ich dann später hörte – von wem weiss ich nicht mehr – fand sich bei jener Sequestrierung für Bertrams Bild, das hängen blieb, kein Abnehmer. (Meine Beziehungen zu diesem sind seit lange eingefroren. Seine Haltung konnte wohl keine andere als die eines Nachfahrn der deutschen Romantiker sein, wie ja überhaupt, meine ich, der deutschen Romantik ein wesentlicher Anteil an der „Bewegung" zukommt –, dieser inbrünstig-fanatischen Romantik, die sich in christlichen Bezirken tot gelaufen hat, und nach neuen Objekten für ihr Glaubensbedürfnis suchte und gierte, und leider auf eine Chimäre hereinfiel. „Lacha muesst i (lachen müsst' ich), Herr Pfarrer, wenn ma den rechten Glaubn (wenn wir den rechten Glauben) nicht hättn ", sagte der alte Westernacher Franzl, ein Fischer vom Chiemsee, seinerzeit zu seinem Pfarrherrn. Solche Skepsis brachte leider der allergrösste Teil des deutschen Volkes gegenüber den Ereignissen nicht auf.

Mit grösster Bestürzung habe ich vor Wochen von der schweren, Ihrem Gatten bevorgestanden Operation aus der Zeitung erfahren (Das Radio hab' ich schon einige Jahre vor dem Krieg hinausgeworfen, und jetzt ist keines mehr, bis auf weiteres, zu bekommen). Inzwischen hab' ich bereits durch Viktor telefonisch erfahren, dass der Eingriff gut überstanden wurde. Dies bestätigt nun auch Ihr lieber Brief. Begleiteten schon seither meine wärmsten Wünsche Ihren Gatten, Sie und die Ihrigen, so lassen Sie mich heute, bitte, mit meinen herzlichsten Glückwünschen die besorgtesten und treuesten Wünsche für die Rekonvalescenzzeit verbinden! Im übrigen werde ich mir erlauben, in den allernächsten Tagen direkt an Ihren Gatten zu schreiben, der aber wahrscheinlich so viele Zuschriften empfangen wird, – höchst verdiente Beweise der Verehrung und Liebe einer ganzen Welt –, dass es beinahe zudringlich erscheinen könnte, wenn auch unsereins ihm noch ins Haus fällt. Versichern Sie ihn einstweilen meiner alten, ungewandelten Treue und Hingebung, und seien Sie, mit den Ihren und vor allem mit Ihrem Gatten, allerwärmstens und verehrungsvollst gegrüsst – auch meine Frau u. Tochter bitten, sich anschliessen zu dürfen – von Ihrem ganz ergebenen

(Dr. Maximilian Brantl)

Maschinengeschriebener Brief (Durchschlag), BBH a 229/11

Zeilen vom 19. Mai: Brief Nr. 61 vom 18. (!) Mai 1946.
unseres Teppichprozesses: Vgl. die Briefe Nr. 11-18, 20-27, 30-35, 37 und 39.
Besuche in Ihrem Tölzer Villino: Datum nicht ermittelt.
Herrenabend: Am 2. April 1914. Vgl. die Anm. zu Brief Nr. 28.
Ernst Bertram: Schriftsteller und Germanistikprofessor in Köln (1884-1957), Verfasser von *Nietzsche. Versuch einer Mythologie* (1918) und in den Jahren 1910 bis 1923 einer der wichtigsten Gesprächspartner Thomas Manns. Taufpate Elisabeth Manns (1918). Nachdem Brantl Ernst Bertram 1914 bei Thomas Mann kennen gelernt hatte, entwickelte sich ein intensiver brieflicher und wohl auch persönlicher Austausch sowohl mit Bertram als auch mit dessen Lebensgefährten Ernst Glöckner.
Besuche in Prien: 1919. Vgl. die Anm. zu Brief Nr. 51. Die Fahrt im Ruderboot zur Herreninsel fand am 3. September 1919 in Begleitung von Ernst Bertram und Ernst Glöckner statt. Tb, 7.9.1919.
Herreninsel: Insel Herrenchiemsee im Chiemsee.
Ihre ehrwürdigen Eltern ... leben wohl heute nicht mehr: Katia Manns Vater Alfred Pringsheim war am 25. Juni 1941, ihre Mutter Hedwig Pringsheim, geb. Dohm am 27. Juli 1942 in Zürich gestorben, wohin sie am 31. Oktober 1939 ausgereist waren.
des Musikers: Katia Manns Bruder Heinz Pringsheim (1882-1974).
luitpoldienisches München: Nach Luitpold Karl Joseph Wilhelm von Bayern (1821-1912), von 1866 bis zu seinem Tod Prinzregent des Königreich Bayerns.
Prinzregentenstraße: Münchner Prachtstraße, die Adolf Hitler, dessen Privatwohnung sich am Prinzregentenplatz 16 befand, ab 1933 umbauen ließ.
Reiterstandbild des Regenten: Reiterstandbild des Prinzregenten Luitpold (1913) von Adolf von Hildebrandt (1847-1921).
Hildebrand'sche Dianatempel: Gemeint ist der geschlossene, tempelartige Hubertusbrunnen (1895-1919) von Adolf von Hildebrand, der mit dem Reiterstandbild des Prinzregenten vor dem Bayerischen Nationalmuseum ein Ensemble bildete. Eine der vier Nischenfiguren über den Außenbrunnen ist die Diana. Auf Geheiß Hitlers wurde der Brunnen abgetragen. Vgl. die ausführliche Beschreibung mit Abbildungen in: Braunfels, S. 48-79. Brantls eindringliche Schilderung von der Zerstörung des Brunnens kehrt auch in Briefen an andere Personen wieder, ebenso die Formulierung, München sei eine „geschändete Stadt".
Viktor: Thomas Manns Bruder Viktor Mann (1890-1949) besuchte Brantl kurz vor seinem Tod mindestens einmal in Prien. Brantl schrieb in Briefen an andere, er habe Viktor Mann für sein Buchprojekt *Wir waren fünf* (Konstanz 1949) mit Materialien über München versorgt.

Versteigerung des Mobiliars: Im Januar 1934 beschlagnahmte die Bayerische Politische Polizei Thomas Manns Haus in der Poschingerstraße 1. Thomas Mann notierte im Tagebuch: „Die Behörde macht mit meinem niemals offen konfiszierten Eigentum Privatgeschäfte für die eigene Tasche." (Tb, 22.1.1934). Im Oktober 1937 wurde die Versteigerung des noch im Haus verbliebenen Inventars in den *Münchner Neuesten Nachrichten* angezeigt.
Sequestrierung: Beschlagnahmung, Zwangsverwaltung.
Bertrams Bild: Nicht ermittelt.
Beziehungen ... eingefroren: Das Verhältnis war seit 1933 abgekühlt. Bertram zeigte deutliche Sympathien für den Nationalsozialismus und begrüßte die Bücherverbrennungen. Brantl beklagte in seinen Briefen an Hans Carossa, der ebenfalls mit Bertram befreundet war, dass Bertram sich auf „infame" Weise von Thomas Mann distanziert habe. Am 15. April 1936 schrieb er an Carossa: „Der kapitale Angriff auf Thomas Mann erregt mich sehr." Vgl. dazu den Beitrag von Manfred Eickhölter in diesem Band. Als Bertram nach 1945 die Lehrerlaubnis entzogen wurde, äußerte Brantl sich wiederum verständnislos und mit Bedauern.
Westernacher Franzl: Franz Westernacher (1837-1920), Fischer und Fährmann, porträtiert durch den Chiemsee-Maler Hiasl Maier-Erding (1894-1933).
Operation: Vgl. die Anm. zu Brief Nr. 61.

63 Thomas Mann an Maximilian Brantl
Pacific Palisades, 17.9.1947

1550 San Remo Drive
Pacific Palisades, California
17. Sept. 47

Lieber Dr. Brantl,
dank für Ihren schönen Glückwunsch zu meinem Geburtstag, den ich in dem mir so lieben Zürich verlebte. Wir sind erst seit wenigen Tagen von Europa zurück, etwas betäubt noch von dem gewaltigen Ausflug, der viele Anforderungen und Leistungen mit sich brachte: in London und in der Schweiz, zuletzt in Holland. Dort wurde bei meinem Besuch zum ersten Mal wieder seit dem Kriege die deutsche Sprache geduldet.
Sie behandeln diese in den Strophen an Gott mit vieler Innigkeit, und wenn ich Ihnen für das Geschenk noch nicht gedankt habe, so geschieht es hiermit aufs Freundlichste. Unser lieber, verehrter Heinrich, unbedingt russisch orientiert, betrachtet das Religiöse wohl nicht als auf der Party-line liegend. Ich darf mich auch keinen homo religiosus nennen, aber ich glaube doch, dass ein neuer, vertiefter Humanismus, der vielleicht in der Bildung begriffen ist, nicht ohne eine religiöse Färbung wird sein können, einfach weil sein Kern die Ehrfurcht vor dem Mysterium des Menschen ist.
Über Nietzsche und seine Tragödie habe ich letzthin geschrieben und auf der Reise wiederholt gesprochen. Der Aufsatz wird in der „Neuen Rundschau" erscheinen, – die Sie wohl nicht zu sehen bekommen. Ich höre, dass man bei Ihnen sehr schwer etwas zu sehen bekommt, auch wenn es in Deutschland erscheint. – Ich habe versucht, zwischen Kritik und Ehrerweisung das Gleichgewicht zu halten.
„Oh, what a noble mind is here o'erthrown!"
Übrigens werden Sie in meinem „Faustus", wenn er Ihnen vor Augen kommt, einen Nietzsche-Roman erkennen.
Danke auch für Ihr Bild! Ein prächtiger Kopf. Geistlich-bäuerlich-dichterisch-intellektuell. Es ist doch gut, auch nach etwas auszusehen. Das Beste wünschend

Ihr
Thomas Mann

Handschriftlicher Brief, Reg. 47/272, BBH a227/39, erwähnt in Tb, 17.9.1947

von Europa zurück: Europa-Reise von Mitte Mai bis Anfang September 1947.
Strophen an Gott: Vgl. die Anm. zu Brief Nr. 61. Den schmalen Band von 37 Seiten scheint Brantl Thomas Mann zum Geburtstag geschickt zu haben. Es handelt sich um Gedichte aus Brantls letzter Schaffenszeit (Januar bis April 1945) nach einem religiösen Erweckungserlebnis um 1940. Brantl sah sich als kirchentreuer Katholik, was scharfe Kritik in Einzelfragen nicht ausschloss.
Heinrich: Der Band *Strophen an Gott* ist Heinrich Mann gewidmet: „Heinrich Mann zum 75. Geburtstag in unentwegter Treue, in größter Dankbarkeit, in tiefer Verehrung".
Über Nietzsche und seine Tragödie habe ich letzthin geschrieben: Nietzsches Philosophie im Lichte unserer Erfahrung, entstanden im Februar/März 1947. Als Vortrag erstmals in Englisch am 29. April 1947 in Washington gehalten, danach wiederholt in deutscher und englischer Fassung vorgetragen. Erstdruck in: Neue Rundschau 58 (1947), Nr. 8, 359-389. GKFA 19.1, 185-226.
Oh, what a noble mind is here o'erthrown!: William Shakespeare: Hamlet, 3. Akt, 1. Szene. Auf Deutsch zitiert in Brief Nr. 67.
Ihr Bild! Das Bild, das Brantl im Brief mitschickte, ist eine Zeichnung von Willi Geiger aus dem Jahre 1944. (siehe Abb. auf Seite 228 in diesem Band)

64 Maximilian Brantl an Thomas Mann
[Prien], 13.10.1947

13. Oktober 47

Hochzuverehrender, lieber Herr Mann!
Welche Ehre und Freude, heute Ihr manu proprio vom 17. September zu erhalten, in dieser wahrhaft klassischen herrlichen Handschrift, so rund und voll, in die sich Ihre frühere gotische verwandelt hat! Diese Schrift zeugt von Ihrer derzeitigen, überaus begrüssenswerten guten Verfassung, von Frische, Kraft und Klarheit und Fülle. Lassen Sie sich herzlich gratulieren, nicht nur dazu, dass Sie Ihre Operation so gut überstanden haben, – die uns damals so viel Sorgen machte –, auch zu Ihrer guten Rückkehr aus Europa, wo so ungemein viel für Sie zu bewältigen war, nicht zuletzt auch Widriges ...
Sie können nun hoffentlich wieder in Ruhe arbeiten, auf längere Sicht hinaus, an Ihrem neuen Roman vor allem, bezüglich dessen mir Ihr Bruder Viktor kürzlich brieflich einige Andeutungen machte – an jenem Hochstaplerroman, für den ich Ihnen damals in München, vor unvordenklicher Zeit , einiges Material betreffend einen Zuchthausaufenthalt liefern durfte –, das aber wohl kaum noch in Ihren Händen ist. Das Tema ist ja heute unerschöpfbar geworden, und Ihr Herr Krull wird ja schliesslich und endlich als Nazi-Bazi, als weiss Gott welcher „Hoheitsträger", Anschluss an alle Elemente seinesgleichen gefunden haben, die sich ja „zwangsläufig" alle zusammengefunden haben ...
(– Ich hatte, besorgt wegen Heinrich – bei Viktor mich über seine Gesundheits- und Lebensverhältnisse erkundigt –).
Ihre Nietzschearbeit begegnet allergrösstem Interesse bei mir. Ja, leider bekommen wir, zumal in der Provinz, weder die Neue Rundschau, noch die letzten Publikationen der Brüder Mann zu Gesicht. Nicht einmal Ihr Lotte-Roman war mir bisher zugänglich. Sollte es zutreffen, was ich hörte, dass die Russen das ganze Weimarer Nietzsche-Archiv abtransportiert haben? ... Ueber die derzeitige Einstellung Heinrichs zum Osten bin ich orientiert, ich meine, sein Idealismus sieht – auf diesem Gebiete wenigstens – vorläufig die Realitäten zu wenig. Er ist wohl auch etwas befangen, infolge seiner litterarischen Erfolge in Russland.
Ueber Nietzsche sagte mir seinerzeit, anlässlich meines Vortrags, ein biederer bayerischer Anwaltskollege: „Verstanden hab' ich ja nicht viel, aber Eines ist mir klar geworden: Er war halt ein Preiss!" ... Nun war er ja freilich auch ein Slave. Wie weit aber die Bo-Russen von den Russen je entfernt waren, wie näher sie ihnen im Laufe

der Zeiten immer mehr gekommen sind? … Nietzsche's Hang zum Süden aber entsprang wohl der antipolaren Sehnsucht nach dem Gegenteil, wie der Hang des Schwachen, Stützungs-bedürftigen dem Trieb zum robust-Starken. So zog es auch Rilke zu Rodin, zu Michelangelo (dessen kraftvolle Dichtungen er so überpreziös übertragen hat).
Homines religiosi: Die Zeitläufte von heute bringen sie allenthalben, fast naturnotwendig, hervor. Reine, fromme, neue Menschen: von ihnen allein kann das Heil, könnte das Heil noch kommen … Entsühnung tut uns Allen so not! Soll uns das Feuer, durch das wir getrieben worden sind, nicht läutern können, wenn wir nur guten Willens sind? Bestand nicht darin seine Sendung?
Meine gesammelten lyrischen Gedichte hoffe ich Ihnen nun bald senden zu können. Die ständige Stromeinschränkung hat allen maschinellen, auch den Buchbinderbetrieb, lahm gelegt. Das Ende der katastrophalen Trockenheitsperiode bei uns ist noch nicht abzusehen.
Leben Sie recht wohl! Empfehlen Sie mich der verehrtesten Gattin, und empfangen Sie mit ihr meine wärmsten Grüsse und Wünsche!

Ihr ergebenster

Maschinengeschriebener Brief (Durchschlag), BBH a228/1

wahrhaft klassischen herrlichen Handschrift: Thomas Manns Handschrift änderte sich im amerikanischen Exil durch Verwendung vornehmlich lateinischer Schreibweisen.
Operation: Vgl. die Anm. zu Brief Nr. 61.
Rückkehr aus Europa: Am 8. September 1947 Ankunft in New York, am 14. September Ankunft in Los Angeles.
neuen Roman: Bekenntnisse des Hochstaplers Felix Krull.
vor unvordenklicher Zeit: Vor dem Ersten Weltkrieg.
Nietzschearbeit: Nietzsches Philosophie im Lichte unserer Erfahrungen. Vgl. die Anm. zu Brief Nr. 63.
Lotte-Roman: Lotte in Weimar, entstanden von November 1936 bis Oktober 1939. Erstdruck: Stockholm: Bermann-Fischer Verlag 1939 (Stockholmer Ausgabe). Im Frühjahr 1946 erschien das 13. bis 17. Tausend der Stockholmer Ausgabe, im Herbst 1946 eine Lizenzausgabe für die Besatzungszonen bei Suhrkamp.
Weimarer Nietzsche-Archiv: Zwar waren die Bestände des Archivs bereits zum

Abtransport in die Sowjetunion vorbereitet, doch konnte dieser letztendlich verhindert werden.

meines Vortrags: Brantl hatte dreimal zwischen 1934 und 1936 einen nicht öffentlichen Vortrag über „Nietzsche als Prophet des Nationalsozialismus" im Kreis des NS-Rechtswahrerbundes der Ortsgruppen Rosenheim-Prien-Traunstein gehalten (16.11.34: Rosenheim; 29.11.34: Traunstein; 30.3.36: Prien). Der Vortragstext, den Brantl im Frühjahr 1935 an Hans Carossa sandte, hat sich weder in dessen, noch in Brantls Nachlass erhalten. In einer Stellungnahme gegenüber den amerikanischen Behörden erklärte Brantl im August 1945, es habe sich um „einen Vortrag über die Ideenwelt des Philosophen Friedrich Nietzsche, aufgrund besonderer, jahrzehntelanger Beschäftigung mit dessen Philosophie" gehandelt. „Der Vortrag hatte rein wissenschaftlich-unpolitischen Charakter." An Hans Carossa hatte er geschrieben: „Meine Arbeit über Nietzsche (die ich als Vortrag in Rosenheim und Traunstein, in unserem Juristenverband, verlauten liess), hat mir die Augen sehr geöffnet (ich will sie in den nächsten Monaten noch überarbeiten und dann vielleicht in Druck geben). [eine Druckfassung ist nicht bekannt] Bezeichnend ist, dass Nietzsche, am Ende seiner Theorien, in die Leichtigkeit und Farbigkeit des Südens flüchtete, ja in die Seele des Südens, und dass er schließlich doch an seiner fanatischen Geistigkeit vollständig scheiterte. (Das durfte ich freilich nicht sagen). Tiefste Kenner seiner Lehren versichern, er wäre am Ende, wenn er nicht zusammengebrochen wäre, Katholik geworden ... Es wandelt niemand ungestraft in der dünnen Verstandesluft des Engadin, des ‚reinen Geistes' ..." (Maximilian Brantl an Hans Carossa, 2. Mai 1935).

Hans Carossa antwortete: „Über Ihren Nietzsche-Vortrag möchte ich am liebsten einmal mit Ihnen mündlich sprechen; ich habe ihn mit größter Aufmerksamkeit gelesen. Wirklich bewundernswert ist Ihre Nietzsche-Kenntnis; ich war, glaube ich, immer zu sehr Goethe-Lehrling, um N. *ganz* nah kommen zu können; reumütig habe ich nun einige fehlende Bände bestellt; vielleicht lässt sich noch einiges nachholen". (Hans Carossa an Maximilian Brantl, 15. Oktober 1935). Brantl schrieb ihm darauf: „Von einer Beschäftigung mit Nietzsche, im Einzelnen, an der Hand seiner Werke, möchte ich immerhin Sie warnen dürfen. Es ist sein Werk ein Labyrinth, in dem er sich schließlich selber mehr und mehr nicht mehr zurecht fand. [...] in höherem Sinne ist sein ganzes Werk Unruhe, Wirrnis, Irrsinn. (Wie man vielleicht auch, in höherem Sinne, von Hölderlin sagen kann, weshalb ihn Goethe ablehnte, es ahnend, trotzdem zu Goethes Zeit Hölderlins ganzes Werk noch nicht gedruckt vorlag). Mit meinem Vortrag, dem Sie sich so freundlich hingegeben haben, wollte

ich Richtlinien zur Beurteilung Nietzsches aufstellen, vom Standpunkt der heutigen Zeit aus. Es fiel mir schwer genug, diesen Standpunkt einzunehmen. Die Arbeit war, alles in allem, unerfreulich. Einen Anti-Nietzsche zu schreiben, wäre reizvoller gewesen, als einen, wenn auch sehr zurückhaltenden, Pro-Nietzsche. Die heutige Auffassung eines positiven Nietzsche steht und fällt mit der Stellung, die man zur Frage seiner geistigen Gesundheit einnimmt. Möbius, in seinem heute sehr lesenswerten Buche, hat Nietzsche als sehr früh geistig Erkrankten gekennzeichnet, und damit über seine Hauptwerke das Vernichtungsurteil gesprochen. Wann beginnt beim Genie der Irrsinn? Richard Wagner nannte seinen früheren Freund Nietzsche schon bei Erscheinen des Buches ,Menschliches, Allzumenschliches' (2. Band seiner Werke) einen ,im Krampf' Befangenen. Eines ist sicher: unserem Goethe, der schon bei Kleist sich abwendete, würden die Haare zu Berge stehen, bei der ersten Zeile von Nietzsche! Eine größere Antipodenschaft gibt es in der Geistesgeschichte nicht. Vor allem fehlt Nietzsche jedes Körnchen von Transzendentalem. Sein Reich ist mit keinem Quadratmeter von jener Welt. Wie viel Hysterie, wie viel Rausch ist in diesem Werke eines physisch Schwachen! Wie viel Ressentiment! Ja, wie viel Krampf! Wie viel aufgepulverte, künstliche Kraft! Schreiende Kraft! So ist's denn kein Wunder, dass er heute eine ganze Epoche beherrscht! Eine Epoche, die keine natürliche Kraft mehr besitzt, die sich durch Sport, militärisches Training, kommandierte Ertüchtigung vor dem Zusammensinken retten muss. Die nur durch Diktatur stark gemacht und erhalten werden kann, um sich vor der Dekadenz zu retten, nur durch immer wieder angestachelten Willenskrampf. Nun, wir wollen darüber gelegentlich uns weiter unterhalten. Man kann vor Nietzsche heute keinesfalls den Kopf in den Sand mehr stecken. Er hat wirklich die heutige Epoche voraus erlebt, die Dekadenz an sicher selber empfunden und überwunden: aber frage nur nicht, wie." (Maximilian Brantl an Hans Carossa, 18. Oktober 1935).
Im Herbst 1945 hielt Brantl eine Rückschau auf seine Beschäftigung mit Nietzsche. An den Stifterforscher Max Stefl schrieb er: „Wie Sie vielleicht wissen, beschäftige ich mich mit Nietzsche seit jetzt 45 Jahren, wenn auch mit größeren Pausen [...]. Schon als Student habe ich im Münchner Akademischen Juristischen Verein [am 22. November 1908] einen Vortrag über das Thema ,Nietzsche und das Verbrechen' gehalten, und im Jahre 1934 sprach ich in unserem Rechtswahrerbund über Nietzsche als Vorläufer und Prophet des Nationalsozialismus, ein damals sehr kühnes Unternehmen, da ich ja aus meiner zurückhaltend kritischen Einstellung zu N. (die mit den Jahren immer mehr gewachsen war) keinen Hehl machte, bei aller Vorsicht, die man walten lassen musste, damals [...]." (Maximilian Brantl an Max Stefl, 20. November 1945).

Nietzsche's Hang zum Süden: Vgl. den oben erwähnten Brief Brantls an Hans Carossa vom 2. Mai 1935.
Rilke zu Rodin: In den Jahren 1905-1906 war Rilke als Privatsekretär des französischen Bildhauers und Zeichners Auguste Rodin tätig.
zu Michelangelo: Dichtungen des Michelangelo. Übertragen von Rainer Maria Rilke, Leipzig: Insel 1936 (Insel-Bücherei 496). Zur Entstehung der Übertragungen ab 1903 vgl. das Nachwort, 74-76.
Homines religiosi: Anspielung auf Thomas Manns Formulierung in Brief Nr. 63 und Friedrich Nietzsche: Die fröhliche Wissenschaft. Fünftes Buch. Nr. 350: Zu Ehren der homines religiosi.

65 Maximilian Brantl an Thomas Mann
[Prien], 22.11.1947

22. November 47

Hochzuverehrender, lieber Herr Thomas Mann!
Ihr Nietzsche-Essai, den ich, in einer Zeitschrift abgedruckt, nunmehr in extenso aufnehmen konnte, bewegt mich sehr. Darf ich mir erlauben, Ihnen Einiges über meine Eindrücke zu schreiben, die nicht gerade die eines uomo qualunque sein mögen, denn der Nietzschekomplex hat mich seit mehr als 4 Jahrzehnten in Bann gehalten, und auch ich, so wenig ich mich Ihnen an die Seite stellen darf, danke ihm unendlich viel.
Ursprünglich ihm völlig verfallen, bedurfte es langer Zeit, um mehr und mehr Abstand zu ihm zu gewinnen und mich selber dagegen zu behaupten ... Ich war Mitglied der Münchener Nietzschegesellschaft, der Weimarer Gesellschaft der Freunde des Nietzschearchivs, und stand in jahrelanger persönlicher und brieflicher Beziehung zu Nietzsche's Schwester, die ich auch als Anwalt wiederholt zu beraten die Ehre hatte. Und wer wäre nicht dem Charme, der Energie, dem Fanatismus von „Frau Liesl" – wie Bertram und ich sie entre nous nannten – erlegen, Bertram, dessen Nietzschebuch uns damals so lange beschäftigte ... (Ueber die „Entwicklung des Nietzsche-Bildes in Deutschland erschien 1933, Verlag Triltsch, Würzburg, eine bemerkenswerte Schrift von Dr. Giesela Deesz, die Sie ja wohl kennen).
Ihr ungemein kompakter, intensiver und geistvoller Essai vom Jahre 1947 ist nun bis auf Weiteres das Letzte, was über N. gesagt wurde. Aber allenthalben, soweit ich's von hier aus verfolgen kann, spriesst jetzt Litteratur über diesen Philosophen,

Psychologen und Rhetor auf, und vor allem kritische, an der es in Deutschland, schon vor der Nazi-Epoche!, bislang durchaus gefehlt hat, Minderwertiges ausgenommen; und in letzterer war ja jede negative Haltung zu N. verpönt bei uns ...
Wir Deutsche von heute – vom Ausland abgesehen – sehen mindestens seit dem Zusammenbruch der Hitler-Menschenherrlichkeit den Mann von Sils Maria als den Propheten und wesentlichsten intellektuellen Urheber der Nazi-Ideologie an, der ihr das Evangelium und die Apologie geschrieben hat, bevor sie sich praktisch betätigte; und wenn sich die Nazi-Männer kaum je offen mit seinem Namen schmückten so geschah es in Hinblick auf die nicht mehr wegleugbare (seit Entdeckung des Jenaer Krankenjournals feststehende) progressive Paralyse Nietzsches, deren Vergleich mit den doch immerhin ein wenig in die Oeffentlichkeit gelangten körperlichen und geistigen Zuständen Hitlers immer schon ein wenig, für in Nietzsche Eingeweihte, nahe gelegen war ...
Wie denn heute das psychiatrische Problem Hitler sehr aufschlussreich sein müsste, wenn einwandfrei festgestellt werden könnte, dass auch H. sich früher syphilitisch infiziert habe, was mir vor Jahren irgendwie aufs Bestimmteste versichert wurde von jemand (ich weiss leider nicht mehr wem?), dessen Gewährsmann das betreffende Frauenzimmer gekannt haben wollte. Nicht zu übersehen die – mit N. parallele – Diät Hitlers, die Enthaltung von Alkohol u. Tabak, die vegetarische Kost. Beiden wohl von Aerzten angeraten?
Um 1902 erschien das Nietzschebuch des Nervenarztes P. J. Möbius. Möbius kannte die Eintragung im Jenaer Krankenjournal (wohl über Bernoulli, der sie von Overbeck übermittelt erhielt) und vertrat seither die These von der progressiven, auch auf den Inhalt seiner Schriften sich auswirkenden Paralyse Nietzsches. Dieses Buch (ich besitze es in 3. vollständigster Ausgabe, Leipzig, Barth 1909) erscheint mir heute aktueller als irgend eines und wohl wert, auf Grund seitheriger psychiatrischer Fortschritte ergänzt zu werden, berichtigt braucht es wohl kaum zu werden.
Nun waren ja schon von jeher die Produkte von Geisteskranken, oder solcher, die es in fortschreitendem Grade wurden, höchst interessant, rein ästhetisch und impassibel betrachtet, ... vielfach weniger langweilig als allzu wohl temperierte Produkte, (wo steht das bei Goethe: dass ihm das Kranke immer interessanter als das Gesunde erschienen sei?), oft fascinierender. Und welche Gestalt, welches Werk wäre, wie Sie ja selber sagen, fascinierender als die Erscheinung Nietzsche's? Wer kann von sich sagen, er sei ihm nicht mehr oder minder, wenn nicht mit Haut und Haaren – in den verflossenen Epochen zumal – erlegen? Aber wir Deutschen von heute – können wir uns heute für länger als ein paar Augenblicke – wenn auch

immer wieder für ein paar Augenblicke – entschliessen, Nietzsche als Aestheten, sein Werk, das so viel Unheil angerichtet hat, als rein aesthetisches Phänomen zu betrachten? Die Moral ist seither, nicht nur, wie Ihr Bruder Heinrich schrieb, interessant geworden, sondern heute alleinige und unabweisbare Pflicht, und Nietzsche kann und darf heute – und auf lange Sicht hinaus – ja vielleicht auf immer – nur moralisch gewertet werden, dazu entsprechend medizinisch ....
Ahnte Nietzsche das Unheil, das von ihm ausgehen würde, als er (wo steht es?) vor sich selber warnte „Wer mich liebt, der folge mir nicht nach", als er, Juli 1888, wenige Monate vor seinem Zusammenbruch, seinen Freund Fuchs in dem von Ihnen zitierten Briefe bat „Wenn Sie je daran kommen sollten, etwas über mich zu schreiben, so haben Sie die Klugheit, die leider noch niemand gehabt hat, mich zu charakterisieren, zu ‚beschreiben', nicht aber ‚abzuwerten'".
Nietzsche, der grosse Bewerter und Umwerter aller Werte, der sich davor scheut, der sich dagegen wehrt, selber gewertet, etwa gar abgewertet zu werden ... Nietzsche, der an die Dinge und Ideen, mit denen er sich beschäftigte, durchaus nicht nur beschreibend und als Aesthet, sondern sehr wertend, umwertend, abwertend, kritisch-moralisierend (auf grund seiner Moral) heranging ...
Hat er sich vielleicht doch Sorge gemacht darum, gelegentlich, wie sich seine Lehre auswirken könnte? ... Oder war dieser gewissenlose Experimentator, dieser fantastische Abenteurer des Geistes, wirklich ein so ahnungsloser Engel, er, der von sich prophezeite, er sei Dynamit, er werde die Welt in Stücke sprengen, an seinen Namen werde sich die Erinnerung an etwas Furchtbares knüpfen usw.
Und war er wirklich nicht auf Wirkung, auf Einfluss, auf praktische Verwirklichung seiner Ideen bedacht – zum mindesten in der letzten Wille-zur-Macht-Epoche –, der von sich schrieb: „Es ist nicht genug, eine Lehre zu bringen, man muss auch noch die Menschen gewaltsam verändern, dass sie dieselbe annehmen. Das begreift endlich Zarathustra" (Grossoktavausgabe Bd, XII S. 400). Seine Angriffe auf das Christentum, auf die christliche Moral etc, zuletzt so wütend im „Antichrist", sollen nur als aesthetisches Feuerwerk gemeint gewesen sein?? Plante er nicht Massenauflagen seiner Bücher?
Darf man etwa Machiavelli noch rein aesthetisch würdigen, angesichts des grossen Unheils, das er angerichtet hat, auch er? ... Wir, die Betroffenen, sollten unsere Schädiger nicht verurteilen dürfen – und wären diese optima fide gewesen? Durch Erfahrung endlich ein wenig klug geworden, – zu spät freilich –, können wir sie heute ungeschoren lassen, sie als „zarte und ehrwürdige Gestalten" rein tragisch empfinden, jene Dämonen, denen wir unser Unheil verdanken? Und gälte es noch

so viel umzulernen, und gälte es, grausam zu sein und irgendwie sogar gegen sein Herz sich entscheiden zu müssen (denn dieser Dämon hat doch so viel Liebenswertes an sich! wie alle Dämonen so viel Verführerisches!): wir Heutigen müssen Nietzsche verdammen, wir müssen über ihn zu Gericht sitzen, wir müssen seinen Einfluss für alle Zeiten abriegeln. Wir dürfen nicht dulden, dass die Mentalität und Ideenwelt eines notorisch Geisteskranken –, noch dazu wenn wir sein Gesamtwerk als „vollkommen einheitlich und geschlossen" ansehen (man muss es, wie Möbius, meine ich, als teilweise irr ansehen) –, wir müssen verlangen, dass es das Totenkopfetikett „Vorsicht!! Gift!!" erhält.

Natürlich kann man ihn nicht in Bausch und Bogen verurteilen. Aber man sollte ihn in seiner Entwicklung sehen! Wann freilich seine Ideen vom noch Acceptablen und gefährlich Pathologische und von dort ins absolut fantastisch-Irre abzugrenzen sind, darüber mag man sich streiten wie von je –; aber, wenn man auch nicht die Moral des Dekalogs, die rein christliche Moral mit ihrem präcisen Nächstenliebegebot dazu, anerkennen will, die allgemeinen Gesetze der Humanität und Ethik genügen, von dort ab zu verurteilen, wo die Vernunft mit Füssen getreten und entfesseltste Barbarei proklamiert wird, im Namen des Dionysos – wenn schon! ...

Es wäre wirklich, verehrtester Herr Mann, „letzte Inhumanität", herausforderndster Inhumanität mit moralischer Entrüstung zu begegnen? Die Ironie in allen Ehren, aber hat sie denn keine Grenzen?

Er habe sich jedenfalls nichts Schlechtes, wenn auch eine Menge Böses bei dem Allen gedacht, sagen Sie. Sed libera nos a malo! Meinte der Mann aus Nazareth damit nun das Schlechte oder das Böse? Nicht vielleicht Beides, vorausgesetzt, dass es sich nicht um Synonymes handelt und die Unterscheidung nicht allzuspitzfindig, wenigsten für mich bajuwarischen Rustikus ist ... Das Gute jedenfalls will die Humanität – ihr ist doch jedenfalls das Schlechte und Böse antipodisch. Aber lassen Sie mich irren!

Entweder Gott oder niemand, als oberster Richter. Sie bleiben beim Geiste stehen. Was aber wäre der Geist, wenn nicht lumen de lumine, Strahlenbündel des Urgeistes, Gottes. Der Menschengeist, von ihm stammend, zu ihm zurückkehrend. Oberste Instanz mus[s] für jeden, der den Geist gegenüber der Materie anerkennt, der grand méchanicien sein, mit dem der Geist ständig in Verbindung steht, der ihn schuf und in seinem Wirken speist, und zu dem er zurückkehrt, und dem er Rechenschaft abzuliefern haben dürfte ...

Wenn Nietzsche Gott leugnet, leugnet er den Geist. Nun ja, er ist ja zur Materie „kondescendiert", zum Menschen ohne Geist, zu den „Menschen der robusten Ideale", denn die „Herrschaft der Geistigen" führe schliesslich zum Nihilismus, man erhole sich in seiner wilden Natur am besten von der Unnatur, den seinem Geiste (Bd. VIII S. 61), nicht der Geist adle, sondern das Geblüt (Bd. XVI, S. 329).

War Nietzsche wirklich fern von allem Rassenantisemitismus? Bernoulli, Nietzsche und Overbeck, Bd. I S. 362 schreibt: „Wo er ehrlich spricht, lassen seine Urteile allen Antisemitismus an Schärfe weit hinter sich. Sein Antichristentum ist vornehmlich antisemitisch begründet ". Nannte er die Juden nicht das schlechteste Volk der Erde (Bd. X S. 491; Bd. XI S. 64), das an der Spitze aller Dekadenzbewegung stehe (Bd. VIII, S. 244), trat er nicht für den numerus clausus der Juden in Deutschland als erster ein? (Bd. VII, S. 219[)] (Auch Bd. XIII, S. 353 ff), und schrieb er nicht 1887 an Overbeck, er habe an zuständiger Stelle den Vorschlag gemacht, ein sorgfältiges Verzeichnis der deutschen Gelehrten, Künstler, Schriftsteller, Schauspieler, Virtuosen von ganz- oder halbjüdischer Herkunft herzustellen. War Nietzsche nicht Schrittmacher des zu seiner Zeit in Schwung gekommenen Antisemitismusses? Auch wenn ihm brutale Methoden des Kampfes, wie Bernoulli a. a. O. betont, widerstrebten?

Raoul Richter, Nietzsche II. Aufl. 1909 S. 264 ff führt aus: „Gobineau's Werk über die Ungleichheit der Rassen lernte er bereits Mitte der 70'er Jahre kennen, und war davon begeistert." Von Gobineau übernahm N., nach Richter, die höhere Bewertung des Ariers gegenüber dem Nichtarier und die Beklagung der Vergiftung arischen Bluts durch das Blut der niederen Rassen.

Hat Nietzsche die Person des Jesus von Nazareth wirklich unberührt gelassen von seinem Hass auf das historische Christentum? Nun ja, er nennt ihn einen „heiligen Anarchisten", einen „politischen Verbrecher" (Bd. VIII S. 250 Antichrist Nr. 27), den „interesanteste(n) décadent" (ib. S. 255). Aber auch zuletzt einen „Idioten", wie Hofmille[r] in Südd. Monatsheften 29. Jahrgang 29 Nov. 1931 Heft 2 S. 83 nachweist anscheinend auf Grund Kenntnis der Handschrift, bezüglich der Stelle im „Antichrist" Nr. 29 (Bd. VIII S.252): „mit der Strenge des Physiologen gesprochen, wäre hier ein ganz anderes Wort eher am Platz ... („das Wort Idiot". Diese letzten 3 Worte sind in den laufenden Ausgaben vom N-Archiv bisher unterdrückt worden). Auch diese Stelle ein neuer Beweis des allmählich entwickelten Irrsinns.

Die Symptome des Irrsinns? Darüber gab's ja immer schon Diskussionen. Nach Möbius setzt er schon frühzeitig ein, wenigstens im Sinne eines Spaltungsirreseins, entwickelt er sich in progressiver Steigerung. Nach Anderen sei Nietzsche bis zuletzt normal, wenn auch geistig ins Extrem gesteigert, geblieben. Ich frage, hat man heutzutage, oder wenigstens bis vor kurzem, nicht jeglichen Maasstab für

Norm und Entartung, für gesund und krank, verloren? (So musste natürlich auch das Gutachten von Psychiatern, die seinerzeit unseren – denn er war unser – Hitler für geistig gestört bezeichneten, auf Verständnislosigkeit stossen. So erinnere ich mich, aus meiner Schwurgerichtsverteidigungszeit, eines Falls, in dem der Angeklagte vom Psychiater als Geisteskrank-Unzurechnungsfähiger bezeichnet wurde; dem gegen den Angeklagten eingestellten Vorsitzenden, der diesen verurteilen wollte, ging dies nicht ein, daher wider den Strich; er fragte schliesslich den Delinquenten, ob dieser sich selbst als irrsinnig empfinde; was letzterer natürlich mit Emphase zurückwies. Auch Hitler verwahrte sich natürlich gegen jenes Gutachten. Einsichtige hatten vergebens, als es noch Zeit war, vor ihm gewarnt. Die nachsichtige deutsche Oeffentlichkeit fiel in ihrer Unbildung auf ihn herein ... Wie hatte noch Goethe – instinktiv oder bewusst – die Unterschiede von gesund und krank, heilsam und gefährlich, erfühlt, erkannt!
Gäbe es keine Symptome, keinen Maasstab für den irren Sinn, für verrückt-zerstörten, daher für die Mitlebenden gefährlichen Sinn Intellektueller? (Dass sich bei diesen die Zerstörung anders äussert als bei primitiven Menschen, versteht sich.) Wenn zweifellos nicht jede Geisteskrankheit als Irrsinn anzusehen ist, sollte man nicht doch irgend eine Grenze zwischen noch Erlaubtem und nicht mehr Erlaubtem (was die Wirkung auf die Oeffentlichkeit betrifft) ziehen können, und wenn, dann ziehen müssen, so wie man ja auch den Begriff des Unsittlichen irgendwie festlegen konnte u. auch [d]as Unsittliche irgendwie eindämmen, der Oeffentlichkeit vorenthalten konnte. Wäre Irrsinniges, auf die Oeffentlichkeit projiziert, nicht ebenso gefährlich wie Unsittliches? Ihr uomo appena qualunque ist natürlich kein vir obscurus, kein Dunkelmann. Aber darf man Rasende, auch wenn sie nur schreiben, auf die Oeffentlichkeit loslassen? Warum hat man Hitler, den rasenden Rhetor, den auch am Tage Traumwandelnden, reden lassen, warum liess man ihn sein Irrsinnswerk „Mein Kampf" verbreiten?
Gäbe es keine Symptome der gemeingefährlichen Geistesverwirrung? Wenn alle Hemmungen ausgeschaltet sind, wenn Ekstatiker sich in Inspirationsräuschen verlieren, wenn ihre Konzentration und zusammenfassende Kraft zerfällt, wenn die „Anarchie der Atome" (Worte Nietzsches) herrscht, die geistige Balance völlig abhanden kommt, die Maasslosigkeit ins Grenzenlose sich vertaumelt, kein Standpunkt, keine Fiktion auf längere Zeit mehr gehalten werden kann, und schliesslich Wut- u. Hassausbrüche mit Verfolgungs- und Grössenwahn sich immer mehr steigern –, sollte das, was solche Subjekte dann noch zusammenschreiben oder zusammenreden, und wäre es noch so genial, nicht vor einer breiteren Masse zu clandes-

tieren sein? Sollte genial-Irrsinniges weniger gefährlich sein als banal-Irrsinniges? Wir stehen heute in Deutschland vor den Resultaten unseres laisser faire, laisser aller. Wir haben Hitler reden und schreiben, zuletzt handeln lassen. Auch seine Ziele waren angeblich humanitäre ... Wir haben Nietzsche, seinen Propheten und Schrittmacher nur als aesthetisches Phänomen begriffen, moralisch nicht gewertet, nachdem wir uns zunächst von ihm die bisherigen Moralbegriffe rauben liessen ... Da war Feuer. Wir Kinder spielten mit dem Feuer, ergötzten uns an seinen Herrlichkeiten. Erkannten seine Gefahr nicht. Bis es ausbrach und uns verbrannte ... Und Er, der Herr des Feuers, Nietzsche selber, spielte mit sich selber, bis er selber in Flammen stand und seinen orgiastischen Brand einer ganzen Welt vorführte, Dionysos, den das Feuer zerriss ... Der Welt aber war auch sein Ende ein aesthetisches Phänomen, kein Mene Tekel ... Nicht einmal seine Hybris erschütterte und bewog zur Umkehr –, im Gegenteil: eine neue Promethidenmenschheit Deutschlands erzog sich an ihm ...

Als Aestheten bezeichnete ihn bereits Max Nordau (in seinem Werk „Entartung" Berlin 1892/93) oder „stellte ihn doch mit der Gruppe der Parnassiens und Diaboliker, der Dekadenten und Aestheten zusammen". (Möbius a. a. O. S. 63). Auch zog Nordau, wie dort ausgeführt, erstmals die Parallele zwischen Nietzsche und Oscar Wilde, die Gemeinsamkeit ihres „aristokratischen Anarchismus" aufzeigend. Im Gegensatz zu Wilde, der sich nie ernst nahm, nahm sich aber der spätere Nietzsche – er müsste kein Deutscher gewesen sein – vielleicht aber auch schon der Nietzsche des Zarathustra sehr ernst, was durch gelegentliche ironische Bemerkungen Nietzsches über den Ernst nicht entkräftet wird. Wilde wollte nicht viel mehr als épater le bourgeois and get a laugh in the St. James Theatre: Nietzsche aber wollte „umwerten", sich selber, und die ganze Welt, und beides aufpeitschen und in Aktion bringen. Seine Philosophie hat letzten Endes doch pragmatische Ziele: „Ich bin meiner Art nach kriegerisch. Angreifen gehört zu meinen Instinkten." (Bd. XV S.20 Ecce Home Nr. 7). Der Aesthet wurde schliesslich Aktivist, aktiver Moralist mit dem Ziele, seine Unmoraltheorien virulent zu machen ...

„Hütet Euch vor den falschen Propheten. An ihren Früchten werdet ihr sie erkennen," warnte Christus. Dieser aber war ein falscher Prophet, Nietzsche-Luzifer, gleissend wie nur je ein gefallener Engel. Nicht nur ein paar Tölpel, nein, den ganzen Faschismus hat er auf dem Gewissen. Nein, man hat ihn nicht missverstanden. Seine Hauptidee: die der antichristlichen Moral, die des Uebermenschentums, die der Verherrlichung der Gewalt, die der mitleidslosen Grausamkeit haben Schule gemacht, mussten Schule machen, wenn sie so intensiv, in so blendender Form formuliert wurden. Man hat auch Macchiavell als einen aesthetischen Theoretiker, dem es niemals auf Wirkung angekommen sei, verteidigen, retten wollen. Ist nun einmal ein Werk geschaffen, so wirkt es sich aus, naturnotwendig. Sein Schöpfer hat es zu verantworten, und wenn er nachher hundertmal beteuern sollte, er habe seine Wirkung nicht vorausgesehen, nicht gewollt. Nietzsche aber wollte wirken. Sein ganzer Ehrgeiz ging auf Wirkung aus. Sagte er nicht von sich: „Aber es gibt Tollkühne, welche jedermann rasend machen wollen, um sich so der Wirkung ihrer Kraft zu freuen"? (Bd. XI, S. 300). Ein Lionardo hat sein Flugzeugmodell zerstört, weil er die Folgen für die Menschheit fürchtete. Die Erfinder der Atombombe sind nicht restlos glücklich darüber... Für Nietzsche gäbe es nur eine Entschuldigung: seinen Irrsinn.

„Es tut den Richtern wehe wohl um den wackern Mann", klingt mir aus der Jugendzeit nach, aus der Wilhelm Müller'schen Ballade vom Glockengiesser in Breslau, die mir meine Mutter selig immer wieder vordeklamierte ... Sprechen wir den Irrsinnigen frei, aber verurteilen wir, nicht in Bausch und Bogen, aber doch im wesentlichsten sein Werk! Nicht durch Kastration, nicht durch Einziehung, aber durch Widerlegung.

Wer garantiert uns, dass Nietzsche's Romantisierung des Bösen, dass Nietzsches Moralkritik nur mehr historisch zu würdigen seien, dass seine Ideen nie wieder virulent werden könnten? Mag das Gute in christlichem Sinne, mag die christliche Moral zur Zeit up to date sein, mag zur Zeit – infolge wie vieler furchtbarer Ereignisse – der Weg zu einem christlich getönten und fundierten Humanismus endlich wieder frei geworden sein –, die Konzeption einer gegenteiligen, antipolaren Ideenwelt besteht, und wenn Einer sie definitiv formuliert hat, so war es Nietzsche. Seine Ideenwelt gehört zu den grössten Gefahren der Menschheit. Allen Freunden der Menschheit obliegt die Pflicht, sie zu entkräften, ad absurdum zu führen, immer wieder, obschon man meinen möchte, dass die Katastrophe, in die der von Nietzsche so wesentlich genährte Faschismus die Welt gestürzt hat, nicht so schnell vergessen werden könnte. Der Einfluss Nietzsches auf diese Katastrophe ist noch viel zu wenig dargelegt worden. Heute verbietet man in Deutschland alle faschistische Litteratur, sie wird auch aus allen Bibliotheken entfernt – aber im Werke Nietzsche's, das jedermann zugänglich bleibt, sind, in verführerischester Form, alle Grundsätze der faschistischen Doktrin enthalten und verherrlicht.

Besass Nietzsche im Verhältnis zu Allem was er angriff, wirklich die Ehrfurcht, die ihm von einem so überzeugten Gegner seiner Ideologie, wie Sie, Herr Mann, es sind, entgegengebracht wird? Nietzsche, der sich rühmte „mit allem zu spielen, was bisher

heilig, gut, unberührbar, göttlich hiess“ (Bd. V. S. 344), der von sich, dem Immoralisten, gesteht, ‚dass nicht der Trieb zur Wahrheit, sondern die Auflösung, die frevelhafte Skepsis, die Lust am Abenteuer der Trieb war, aus dem die Immoralisten negieren‘, oder ‚persönliche Rancunen‘ „Rache solcher, die durch die herrschende Wahrheit bei Seite gedrängt und selbst unterdrückt wurden“ . (Bd. XV, S. 480, Wille zur Macht, Nr. 457). Und bekannte N. (a. a. O.) nicht ganz offen, dass „Alles, was auf Ehrfurcht sich gründet, um bekämpft zu werden, seitens der Angreifenden eine gewisse verwegene, rücksichtslose, selbst schamlose Gesinnung bedarf“? Im Ecce Homo (Bd. XV., S. 54) proklamiert schliesslich N. den „Cynismus, als das Höchste, was auf Erden erreicht werden kann“! Und in der „Fröhl.wissenschaft“ Nr. 76 gesteht er seine „Lust am Irrsinn, weil der Irrsinn ein so fröhliches Tempo hat“ ...
Darf man Nietzsche wirklich einen „Heiligen“ nennen? Das Wort entstammt dem christlichen Bezirk und sollte ihm allein zu eigen bleiben. (Der Duce erfand erstmals „I Santi della Patria“) Genügt es nicht, ihn einen wahrhaft tragischen Menschen, einen Martyrer zu nennen ... Nicht alle Leidenden verdienen Namen von Heiligen ... Muss nicht der Nietzsche-Mythos zerschlagen werden, wie der Fridericus-Mythos, und jeglicher anderer, auch der Goethe's, ... um der Wahrheit Willen?
Ich glaube nicht, dass der, dessen Parole „Werde hart!“ zu den furchtbarsten der Menschheit gehört – und wie hat sie sich ausgewirkt und wie gefährlich ist sie für immerdar! – heute noch zu retten ist, und spräche noch so viel zu seinen Gunsten. Rauschning, Gespräche mit Hitler, nennt den Faschismus den Veitstanz des 20. Jahrhunderts. Diesem Veitstanz aber war Nietzsche Vortänzer. (Vergl. sein Ende in Turin, von Overbeck berichtet). Wer aber nach Ihnen darf sich so hoher geistiger Ebene rühmen, dass er Nietzsche's – nur durch Rausch und Wahnsinn erklärbare – „fürchterlichste Beleidigungen“ gegenüber dem Christentum, gegenüber Christus, als „eine Form der Huldigung“ empfände?
Verzeihen Sie das Alles, hochverehrter Herr Mann, aber ich musste es Ihnen schreiben, leider nur improvisiert hintippen, da meine Zeit so sehr beschränkt ist. (Denn ich bin nebenbei noch Hausvater, d. h. Hausknecht, der hat heute viel zu tun, ohne häusliche Hilfskraft; und dann, eben fällt es mir noch ein, Advokat auch noch dazu ... Der Dichter ist schon begraben, verschüttet, wie es scheint. Aber mein Gedichtbuch steht Ihnen doch noch bevor, es ist noch beim Buchbinder)
Ein recht gutes, gesegnetes neues Jahr lassen Sie mich zum Schlusse Ihnen u. all den Ihren wünschen, in treuester Ergebenheit und Verehrung!

Maschinengeschriebener Brief (Durchschlag), BBH a228/2, erwähnt in Tb, 24.12.1947

Nietzsche-Essai: Nietzsches Philosophie im Lichte unserer Erfahrungen. Vgl. die Anm. zu Brief Nr. 63.
uomo qualunque: Italienisch „irgendein", „jemand gewöhnliches", „Mann von der Straße".
Münchener Nietzschegesellschaft: Eine Organisation, die hauptsächlich mit der Sammlung von Spenden für das Archiv in Weimar beschäftigt war.
Weimarer Gesellschaft der Freunde des Nietzschearchivs: Erhalten ist eine Mitgliedskarte des Jahres 1944. Eingetreten war Brantl wahrscheinlich 1909/10.
Nietzsche's Schwester: Elisabeth Förster-Nietzsche (1846-1935).
Als Anwalt: Hinweis von Brantl auf seine mehrjährige anwaltliche und beratende Tätigkeit für Elisabeth Förster-Nietzsche in den Jahren 1914/15. Elisabeth Förster-Nietzsche beabsichtigte, unter anderem Briefentwürfe Richard Wagners an Cosima zu veröffentlichen. Die Originale hatte Cosima Wagner anscheinend vernichtet. Brantl hatte den Auftrag, Urheberrechtsfragen zu klären. Die Originalkorrespondenz sowie die erstellten Gutachten und anderes mehr erwarb das Nietzsche-Archiv in Weimar 1998 auf einer Auktion von Hartung & Hartung in München. In Brantls Nachlass befinden sich noch handschriftliche Entwürfe.
Bertram, dessen Nietzschebuch: Ernst Bertram: Nietzsche. Versuch einer Mythologie, Berlin 1918. Vgl. auch die Anm. zu Brief Nr. 62.
Schrift von Dr. Giesela Deesz: Die Entwicklung des Nietzsche-Bildes in Deutschland, Diss. Bonn 1933. Brantl muss von dieser Schrift sehr bald nach ihrem Erscheinen erfahren haben. 1933 kontaktierte er das Nietzsche-Archiv in Weimar, weil er in Gesprächen mit dem Nietzsche-Forscher Josef Hofmiller und Herausgeber der *Süddeutschen Monatshefte* (1872-1933) im Anschluss an eine gemeinsame Veranstaltung in Prien der Frage nachging, welchen Einfluss der französische Autor Ernest Renan (1823–1892) auf Nietzsche ausgeübt haben könnte. Brantl besorgte sich die Publikation von Gisela Deesz und berichtet darüber in einem Brief an Hofmiller vom 9. September 1933 (im privaten Nachlass Brantls vorhanden). Mit dem Brief versandte er leihweise die „Broschüre" mit der Bitte um gelegentliche Rückgabe.
Sils Maria: Ein Ortsteil des Schweizer Ortes Sils im Engadin/Segl, in dem Nietzsche ein Sommerhaus besaß, heute das Nietzsche-Haus mit einer ständigen Ausstellung, die im Kern auf die Sammlung Rosenthal-Levy aufbaut.
das Nietzschebuch des Nervenarztes P. J. Möbius: Paul Julius Möbius: Über das Pathologische bei Nietzsche, Wiesbaden: J.F. Bergmann 1902 (= Loewenfeld, Leopold / Kurella, Hans (Hrsg.): Grenzfragen des Nerven- und Seelenlebens. Einzeldarstellungem für Gebildetete aller Stände. Wiesbaden 1902).

Jenaer Krankenjournals: Aufzeichnungen über die Krankengeschichte Nietzsches. Unter anderem und wohl auch zum ersten Male argumentativ benutzt in *Möbius, Über das Pathologische bei Nietzsche.*
körperlichen und geistigen Zuständen Hitlers: Anspielung auf Passagen in *Mein Kampf,* in denen Hitler eine schwere Verwundung durch Nervengas für eine Reihe körperlicher Störungen (vorübergehende Blindheit), aber auch als Anlass und Ursache für seine „Erweckung" zum Politiker beschreibt. Schon in der Weimarer Republik haben Hitlers politische Gegner diese Beschreibungen benutzt, um sie gegen Hitler zu verwenden. In der jüngeren medizinischen Forschung wird der Frage nachgegangen, ob Hitler durch das Nervengift „Lost" geschädigt war. Vgl. dazu zum Beispiel Ernst Günther Schenck: Patient Hitler. Eine medizinische Biographie, Düsseldorf: Droste Verlag 1989, und Günter Hesse: Hitlers neuropsychiatrische Störungen. Folgen einer Lost-Vergiftung?, in: Psychologie und Geschichte, Jg. 9, Heft 1, Juni 2001, 91-106 (online: http://journals.zpid.de/index.php/PuG/article/download/271/307).
dass auch H. sich früher syphilitisch infiziert habe: Erst in jüngeren Studien, nicht aber schon zu Brantls Lebzeiten, wird die These vertreten, Hitler sei an Syphilis erkrankt gewesen. Vgl. Ellen Gibbels: Hitlers Nervenkrankheit. Eine neurologisch-psychiatrische Studie, in: Vierteljahreshefte für Zeitgeschichte 42/1994, 155-220.
Diät Hitlers: Vgl. dazu die Ausführungen im oben genannten Beitrag von Günter Hesse.
Bernoulli: Carl Albrecht Bernoulli, Schweizer Theologe und Schriftsteller. Als Schüler Overbecks verteidigte er denselben nach dessen Tod gegenüber den Vertretern des Weimarer Nietzsche-Archivs. Seine Schrift *Friedrich Nietzsche und Franz Overbeck. Eine Freundschaft* (1908) wurde ein Standardwerk der „Basler Tradition" der Nietzsche-Forschung – jener Gruppe von Forschern, die sich gegen die Praktiken des Nietzsche-Archivs in Weimar im Bereich der Herausgabe und Kommentierung wandten. Zu dieser Gruppe zählte auch der oben erwähnte Josef Hofmiller, mit dem Brantl in Kontakt stand.
Overbeck: Franz Overbeck, Kirchenhistoriker und Professor für evangelische Theologie. Der Freund und Briefpartner Nietzsches war nach dessen Tod um eine objektive Auseinandersetzung mit dem Werk und der Person Nietzsches bemüht, was ihn in Konflikt mit dem Weimarer Nietzsche-Archiv brachte.
wo steht das bei Goethe: dass ihm das Kranke immer interessanter als das Gesunde erschienen sei?: Ein explizites Zitat können wir nicht nachweisen. Es handelt

sich vermutlich *nicht* um eine Variation des Satzes, den er – laut Eckermann – am 2. April 1829 bei einem Tischgespräch äußerte „Das Klassische nenne ich das Gesunde und das Romantische das Kranke." Dieses verkürzte Zitat ist auch in der Goetheschen Publikation *Maximen und Reflexionen* unter der Nr. 1031 abgedruckt. In dem Gespräch mit Eckermann ging es, weit weniger grundsätzlich, sondern mehr begrifflich experimentierend, um die Benennung literarischer Qualitäten.
„Wenn Sie je daran kommen sollten, etwas über mich zu schreiben, so haben Sie die Klugheit, die leider noch niemand gehabt hat, mich zu charakterisieren, zu „beschreiben", nicht aber „abzuwerten". Brief Nietzsches an Carl Fuchs, 29.7.1888. KSB 8, 375.
Dynamit: Anspielung auf ein Zitat aus *Ecce Homo. Warum ich ein Schicksal bin:* „Ich kenne mein Loos. Es wird sich einmal an meinen Namen die Erinnerung an etwas Ungeheures anknüpfen — an eine Krisis, wie es keine auf Erden gab, an die tiefste Gewissens-Collision, an eine Entscheidung, heraufbeschworen gegen Alles, was bis dahin geglaubt, gefordert, geheiligt worden war. Ich bin kein Mensch, ich bin Dynamit. — Und mit Alledem ist Nichts in mir von einem Religionsstifter — Religionen sind Pöbel-Affairen, ich habe nöthig, mir die Hände nach der Berührung mit religiösen Menschen zu waschen... Ich will keine ‚Gläubigen', ich denke, ich bin zu boshaft dazu, um an mich selbst zu glauben, ich rede niemals zu Massen... Ich habe eine erschreckliche Angst davor, daß man mich eines Tags heilig spricht: man wird errathen, weshalb ich dies Buch vorher herausgebe, es soll verhüten, dass man Unfug mit mir treibt... Ich will kein Heiliger sein, lieber noch ein Hanswurst ... Vielleicht bin ich ein Hanswurst ... Und trotzdem oder vielmehr nicht trotzdem — denn es gab nichts Verlogneres bisher als Heilige — redet aus mir die Wahrheit. — Aber meine Wahrheit ist furchtbar: denn man hieß bisher die Lüge Wahrheit. — Umwerthung aller Werthe: das ist meine Formel für einen Akt höchster Selbstbesinnung der Menschheit, der in mir Fleisch und Genie geworden ist." Nietzsche: Ecce Homo, Warum ich ein Schicksal bin. KSA 6, 365.
Grossoktavausgabe, Bd, XII S. 400: Die sogenannte Großoktavausgabe (heute übliche Sigle: GA), die von 1894 bis 1913 zunächst in Leipzig bei C.G. Naumann, später im Alfred Kröner Verlag erschien und 19 Bände umfasste; ein Registerband wurde 1926 hinzugefügt. Alle Nachweise im Brief beziehen sich auf diese Ausgabe.
Antichrist: Friedrich Nietzsche: Der Antichrist. Fluch auf das Christenthum (zuerst 1894).
Machiavelli: Brantl bezieht sich auf das Werk *Il Principe* (Der Fürst) von Niccolo Machiavelli, in welchem er 1531 Grundsätze der Staatsräson beschreibt. Später wurde sein Name jedoch mit rücksichtsloser Machtpolitik in Verbindung gebracht.

optima fide: im besten Glauben
Sed libera nos a malo!: Vgl. Vaterunser: „Sondern befreie uns von dem Bösen!".
lumen de lumine: „Licht vom Lichte", Formulierung im christlichen Glaubensbekenntnis. Vgl. „Nicäno-Konstantinopolitanum".
kondescendiert: kondescendieren: sich selbst erniedrigen, herabsteigen, herablassen.
Raoul Richter: Raoul Richter: Friedrich Nietzsche. Sein Leben u[nd] sein Werk. 16 Vorlesungen geh[alten] an d[er] Universität zu Leipzig. 2. Aufl., Leipzig: Meiner 1909.
Gobineau's Werk: Arthur de Gobineau (1816–1882) schrieb rassentheoretische Werke, besonders zur ‚arischen' Rasse.
uomo appena qualunque: Italienisch „eben jener gewöhnliche Mann".
kein vir obscurus: „obscurus": „dunkel, wirr, finster, unverständlich"; „vir obcsurus": „verwirrter oder unverständlicher Mann"; ebenso bildungsbürgerliche Anspielung auf die frühneuzeitlichen Dunkelmännerbriefe aus dem Jahre 1515.
„Anarchie der Atome": Nietzsche: Der Fall Wagner. KSA 6, 27.
Promethidenmenschheit: „Promethiden": An Prometheus sich anschließendes Geschlecht von Helden, die die Menschheit zu beglücken wünschen resp. versprechen.
Max Nordau: Arzt, Schriftsteller und Politiker. Nordau (1843–1923) übertrug in seiner Schrift *Entartung und Genie* (1894) den Begriff der Degeneration auf Werke herausstehender Künstler wie Nietzsche und auf künstlerische Erscheinungen wie den Symbolismus. Nordau, befreundet mit Theodor Herzl, gehört zu den Mitbegründern des Zionismus und ist in Tel Aviv beigesetzt. Er gehört auch zu den bedeutenden jüdischen Vermittlern von Nietzsches Denken.
Parnassiens: Französische Dichtergruppierung, die sich in der zweiten Hälfte des 19. Jahrhunderts, besonders dem Grundsatz des „l'art pour l'art" verpflichteten. Ihr Name leitet sich von dem griechischen Berg Parnassos her, der der mythische Berg der Musen ist.
Oscar Wilde: Irischer Schriftsteller (1854–1900).
gelegentliche ironische Bemerkungen Nietzsches über den Ernst: Nietzsche: Die Fröhliche Wissenschaft, zweites Buch, Nr. 88. KSA 3,446.
Hütet Euch vor den falschen Propheten …: Matthäus 7.15
Lionardo: Leonardo da Vinci
Wilhelm Müller'schen Ballade vom Glockengiesser in Breslau: Der Glockenguß zu Breslau von Wilhelm Müller.

Lust am Irrsinn, weil der Irrsinn ein so fröhliches Tempo hat: Eigentlich: „diese ungeduldigen Geister sind es, in denen eine förmliche Lust am Irrsinn ausbricht, weil der Irrsinn ein so fröhliches Tempo hat!" Nietzsche: Die Fröhliche Wissenschaft, zweites Buch, Nr. 76. KSA 3, 432.
„I Santi della Patria": die Heiligen des Vaterlands.
Werde hart!: Nietzsche zugesprochener Appell.
Rauschning: Hermann Rauschning (1887–1982) verfasste das 1939 zuerst in Paris auf Französisch, dann 1940 auf Deutsch in Zürich erschienene Buch *Gespräche mit Hitler.* In dem populären Werk dokumentiert der Autor Gespräche mit Hitler von 1932 bis 1934, die er während seiner Tätigkeit als Politiker in Danzig geführt hatte. Mittlerweile ist jedoch bekannt, dass diese Gespräche zum größten Teil erfunden worden sind. Brantl spielt auf Rauschnings Faschismustheorie an.
Vergl. sein Ende in Turin, von Overbeck berichtet: Franz Overbeck: *Erinnerungen an Friedrich Nietzsche,* in: Die neue Rundschau 1 (1906), 209-31 und 320-30.

66 Maximilian Brantl an Thomas Mann
[Prien], 21.12.1947

21. Dezember 47

Lieber, hochverehrter Herr Mann!
Soeben kam, in Ihrem gütigen Auftrag, über die Schweiz aus Baden ein Päckchen für mich an, köstliche Zigaretten etwas ganz Rares, enthaltend. Wie soll ich Ihnen danken für Ihre Generosität, für diese ganz unverdiente, höchst willkommene Weihnachtsspende! Lassen Sie sich vielmals die Hand drücken! (Ich schreibe mit aufgesprungenen Fingern, infolge des Schneeräumens u. sonstiger Hausarbeit – mein Händedruck wäre daher ein sehr weicher, täte Ihnen nicht weh ...)
Tabak! Ich versuchte es heuer zwar mit einem kleinen Eigenbau in unserem Garten. Soweit meine Pflanzen nicht bestohlen wurden – Loos aller Tabakpflanzeramateure weit und breit – „fermentiere" ich zur Zeit meine kleine Ernte in Blechbüchsen in der Kachelofendurchsicht – auch eine Beschäftigung für homines rustici –, aber freilich ist mein Produkt, bisherigen Proben zufolge, doch wohl mehr zum Abgewöhnen als zum Begeistern ... Nachdem andererseits alle Narkotika zumeist fehlen, raucht man, in Gottes Namen, was einem eben unterkommt, um den meist faden Magen ein wenig anzuregen und den meist halbleeren ein wenig zu füllen ...

In meiner Erinnerung begegne ich Ihnen wiederholt in München, Ecke Residenzplatz – Perusastrasse, als Sie eben zu Zechbauer (seligen Angedenkens) gingen oder von ihm kamen ...
Das liegt nun Alles schon in recht weiter Ferne, aber es war doch einmal, in jenen glücklich-sorglosen Zeiten. Schön, dass es war!
Damals waren die Münchener Tabakläden, zumal zur Weihnachtszeit, strotzend voll mit verlockendsten „Geschenkpackungen", und wir Fumatori ergötzten uns schon am Anblick der wundervollen Zusammenstellungen, Formen- und Farbennuancen und Banderolen all der„Glimmstengel" und „Spezialitäten" ... Heute sind nur noch, in Haushalten, ein paar leere Zedernholzkistchen von ehedem, ein paar „Queen"- oder „King"- Blechdöschen – zu weiss Gott welchen Zwecken verwendet – Zeugen auch von dieser Herrlichkeit von ehedem ...
Im Zusammenhang damit erinnert sich unsereiner heute mit einer Art fataler Wehmut jener nahe gelegenen Delikatessengeschäfte (Baader, Theatinerstrasse u. Dallmayer, Dienerstrasse) wo alle Herrlichkeiten der gastronomischen Welt auflagen, oder etwa des nahe gelegenen „Platzl" beim Hofbräuhaus wo's so penetrant nach Geräuchertem und nach Käse, aus ungezählten, Speck- und Fetttriefenden Lädchen roch. Ach, alle zerbombt, ach, alle zerstreut! ... Am farbigen Abglanz, am duftenden Nachgeruch haben wir – heute – das Leben, mehr denn je ...
Damit aber geriet ich, schon erschrecke ich, schon wieder in die Sphäre der Materie, und die will ich mir doch, immer wieder auf neu, vom mageren Leibe halten.
Also, nochmals, tiefgefühlten Dank dem edelsten aller Spender!
Ihr ganz ergebenster

Maschinengeschriebener Brief (Durchschlag), BBH a228/3

Zechbauer: Tabakwarenladen Max Zechbauer in der Residenzstraße 10 in München.
Fumatori: Italienisch „Raucher" (pl.).
Baader: Heute nicht mehr existierendes Delikatessengeschäft E. M. Bader in der Theatinerstraße 50-51 in München.
Dallmayer: Stammhaus des traditionsreichen Delikatessengeschäftes Dallmayr in der Dienerstaße 14 in München.
Hofbräuhaus: Das Hofbräuhaus in München steht am Platz 9.

67 Thomas Mann an Maximilian Brantl
Pacific Palisades, 26.12.1947

1550 San Remo Drive
Pacific Palisades, California
26. Dez. 1947

Lieber Dr. Brantl,
etwas verblüfft sage ich Dank für Ihren grossen Brief, der jedenfalls die lebhafteste Reaktion auf meinen – ach, so unzulänglichen, so übers Knie gebrochenen – Nietzsche-Versuch ist, die ich erfahren habe: eine ganze Kaskade von inständigen Vorhaltungen, mit denen Sie aber doch, entschuldigen Sie, meistenteils offene Türen einrennen. Anfangs glaubte ich tatsächlich, Sie wollten Nietzsche gegen mich in Schutz nehmen. Dann wurde mir klar, dass meine Kritik Ihnen bei Weitem nicht radikal genug ist. Und doch kann man kaum radikaler vorgehen, als indem man sein Leben als die Geschichte einer inspiratorisch wirksamen Paralyse und die Entwicklung seiner Philosophie als die Verfallsgeschichte eines ursprünglich zeitkritisch berechtigten Gedankens darstellt. Ich schreibe ja immer „Verfalls"geschichten; mein erster Roman gleich war eine solche – herkommend vom Nietzsche-Erlebnis, und der „Dr. Faustus", den Sie bald lesen werden, ist erst der richtige Nietzsche-Roman, gegen den jener Aufsatz nur small talk, ein kleines Geplauder ist. Die Schweiz ist schon seit einigen Wochen in Tränen darüber.
Absolut entwertend ist Krankheit mir nicht – das mag der Unterschied zwischen uns sein. Zu leicht ist Ihr Christkatholizismus chockiert durch das Wort „Idiot", angewandt aufs Heiligste. Es ist ja der Titel einer Heiligengeschichte, des vielleicht tiefsten Romans eines byzantinischen Psychologen, den Nietzsche höchlich bewunderte. Wollen Sie leugnen, dass Fürst Myschkin Christus-Züge trägt? Und wenn man unter einem Heiligen nicht einfach einen frommen Mann versteht; sondern den Typ etwas unheimlicher sieht, so hatte Nietzsche sehr viel, ergreifend viel vom Heiligen, – die einfachen Leute in Turin haben das deutlich gefühlt. „Un santo!"
„O, welch ein edler Geist ist hier zerstört!" Das Motto ist am Platze, und Sie können sich nicht beklagen, dass ich es im Aufzeigen der Zerstörung und des Zerstörerischen habe fehlen lassen. Die nebenher ausharrende Verehrung für eine Sprachsteigerung sondergleichen, für den fast beispiellosen Reichtum an Geist und penetranter Einsicht, der in seinen früheren Büchern ausgeschüttet ist, und für ein Lebensschauspiel von mythisch-schaudervoller Grösse – sollten Sie mit nicht verübeln.

„Der grosse Mann ist ein oeffentliches Unglück", sagen die Chinesen. Besonders der deutsche grosse Mann ist das. War Luther kein oeffentliches Unglück? War Goethe keines? Sehen Sie sich ihn genau an, wieviel von Nietzsche's Immoralismus schon in seinem naturfrommen Anti-Moralismus steckt! Damals konnte alles noch schön, heiter und klassisch sein. Dann wurde es grotesk, trunken, kreuzleidvoll und verbrecherisch. Das ist der Gang der Zeit, der Gang des Geistes, der Gang des Schicksals. Nur die Flakes schreiben, wenn der Augenblick günstig scheint, simple Broschüren dagegen.
Ich kann Nietzschen nicht böse sein, weil er „mir meine Deutschen verdorben hat". Wenn sie so dumm waren, auf seinen Diabolism hineinzufallen, so ist das ihre Sache, und wenn sie ihre großen Männer nicht vertragen können, so sollen sie keine mehr hervorbringen.
Herzlich
Ihr Thomas Mann

Handschriftlicher Brief, Reg. 47/451, BBH a227/40, Br. II, 580f., erwähnt in Tb, 26.12.47. Die Vorlage bricht nach „wenn der Augenblick günstig" ab. Der Schluss wird zitiert nach Br. II.

Ihren grossen Brief: Brief Nr. 66.
Nietzsche-Versuch: Nietzsches Philosophie im Lichte unserer Erfahrungen. Vgl. die Anm. zu Brief Nr. 63.
mein erster Roman: Thomas Mann: *Buddenbrooks* (1901).
der Titel einer Heiligengeschichte: Fjodor Dostojewski: *Der Idiot* (1869).
Fürst Myschkin: Hauptfigur des Romans *Der Idiot.*
Leute in Turin: Frühjahr 1888 sowie September 1888 bis Januar 1889 verbrachte Nietzsche in Turin, wo er gegen Ende des Jahres 1889 einen geistigen Zusammenbruch erlitt und dem Wahnsinn verfiel.
O, welch ein edler Geist ist hier zerstört!: William Shakespeare: *Hamlet,* 3. Akt, 1. Szene. Auf Englisch zitiert in Brief Nr. 63.
Der grosse Mann ist ein oeffentliches Unglück: Thomas Mann zitiert sich hier selbst. In *Lotte in Weimar* zitiert Goethe diesen Satz als chinesisches Sprichwort. GKFA 9.1, 411. Er entstammt einem Paralipomenon zu Nietzsches *Fröhlicher Wissenschaft,* im Kontext zitiert in: GKFA 9.2, 737.
Flakes: Otto Flake: Nietzsche. Rückblick auf eine Philosophie, Baden-Baden: Keppler 1946.

68 Maximilian Brantl an Thomas Mann
[Prien], 6.1.1948

6. Januar 48

Hochverehrter und sehr geliebter Herr Thomas Mann !

Ihr Brief in Sachen Nietzsche vom 26.XII. kam mir als erlauchter Geistesgruss am 1. Januar zu. Wie verklärte er mir den ersten Tag des neuen Jahres, wie sehr muss ich Ihnen dafür danken, und wie sehr gab er mir seither zu denken! Wie grossmütig und gütig haben Sie meine Äusserungen über Ihr Nietzschebild aufgenommen, wie energisch aber auch Ihren Standpunkt gegenüber dem meinigen verteidigt!

Aber lassen Sie mein heutiges Verhältnis zu Nietzsche nach wie vor das der Leidenschaft sein, wie Sie es Nietzsche gegenüber den Vorzugsgegenständen seiner Kritik zubilligten! Begreifen Sie, ich bitte Sie, meinen Standort: ich habe, als Antifaschist, die Auswirkungen des Nietzsche-Diabolism fast 15 Jahre hindurch auf meine guten Deutschen, auf meine Volksgenossen, auf die ganze Athmosphäre um mich, Tag für Tag, differenziert bis ins Einzelnste, erlebt, miterleben müssen, so sehr ich bemüht war, mich zu distanzieren, mich rein zu bewahren; die Auswirkungen auf mich selber in meiner Berufstätigkeit, in meinem Verkehr mit Menschen, in ihrem Ansturm auf meine eigene Mentalität ... wäre ich nicht gefeit gewesen nicht zuletzt durch die geistige Erziehung, die ich Ihrem Bruder Heinrich verdanke, aber auch durch eigene, jahrzehntelange Bemühungen, zu diesem „Nietzsche in mir", dem ich ursprünglich, gleich meiner Generation, verfallen war, Abstand und Selbstbehauptung zu gewinnen. Welcher Schulung, welcher Kenntnisse bedurfte es hiezu! Zumal doch Nietzsche selber gesteigertster Exponent der Ideen seiner Zeit war, wenn er schliesslich die schon längst brüchig gewordene Moral zertrümmerte, aufs radikalste den Willen zur Macht proklamierte, und den nihilistischen Bankerott aller schon längst fragwürdigen geistigen Werte erklärte.

Verargen Sie es Ihren guten Deutschen nicht allzusehr, dass diese von Nietzsche verdorben worden sind, auf ihn hereingefallen sind! Warum fielen die Franzosen nicht herein, warum nur die D'Annunzioitaliener? Weil die Gesamtbildung des französischen Volkes, auf geistig-ethisch-philosophischem Gebiete eine wesentlich höhere war, weil auch die Geistigen in Frankreich – gegenüber denen von Deutschland – kritischer, selbstherrlicher waren. Ein Problem, das ich nur andeute, das von Ihnen einmal umfassender beleuchtet werden sollte! Wie viele Intellektuelle Deutschlands blieben immun gegenüber den faschistischen Ideen, – von den

Presseburschen nicht zu reden –, und wie wenig Einfluss hatten die Geistigen in Deutschland von je her auf den öffentlichen Geist!

Freilich – das hoben Sie ja besonders hervor – gab es ja kaum je eine fascinierendere Persönlichkeit als Nietzsche. Seine Fascination kam vor allem vom Sprachlichen her, das er, verbunden mit einem in Deutschland bisher beispiellosen Esprit, mit einer Künstlerschaft ohne gleichen beherrschte und hoch züchtete. Wie musste ein solcher Künstler des Wortes und Geistes auf alle künstlerisch veranlagten, auf alle nach Geist durstigen Menschen wirken! Mochte er sagen was er wollte – wie er es sagte, das beglückte und musste verführen. Nur ein paar nüchterne Philosophieprofessoren rückten ihm kritisch zu Leibe: diese wurden nur innerhalb ihrer Zunft gehört. Dann noch – aber ich renne ja wieder offene Türen ein – seine Persönlichkeit, aus den Briefen, aus seinem ganzen Ethos und Pathos, aus dem schon früh um seine Gestalt verströmten Mythus heraustretend – so viel Respekt, so viel Sympathie, so viel tragisches Mitleid fordernd und erhaltend.

Ob er selber um die Quelle seiner Leiden gewusst hat? Ich glaube, ja. Lesen Sie, bitte, den letzten seiner Briefe an Rohde, am Ende, „Hat irgend wer auch nur einen Schimmer von dem eigentlichen Grunde meines langen Siechtums erraten, über das ich vielleicht doch noch Herr geworden bin?“, schreibt er da ... Kurierte er nicht, in aller Heimlichkeit, mit dem „Javanischen Mittel“ an sich herum, von dem mir einmal wer sagte, dass es in Java derartige Essenzen gegen die Syphilis gebe, die aber in ganz bestimmten, dem Einzelfall angepassten Dosierungen eingenommen werden müssten, um nicht schädlich zu wirken.

Könnte wirklich die These gehalten werden, Nietzsche's Kampf gegen den Idealismus sei aus Idealismus zu erklären? Wäre das nicht ein höchst gefährlicher und fragwürdiger Idealismus, oder Moralismus, der sich auswütet in der Zerstörung aller idealen und moralischen bisherigen Werte der Menschheit – mögen diese seither noch so locker geworden sein, ihre Absolutheit eingebüsst haben, als „relative Werte“ degradiert worden sein –? Und wäre dieser selbstzerfleischerische Asketenfanatismus, der sich ins Leiden geradezu verwühlt, diese Algolagnie, dieses sich Umbiegen des Schmerzes in Lust, wirklich „Moralismus“?

Wäre vielmehr die ganze Philosophie Nietzsche's nicht aus dem Ressentiment des Kranken gegenüber allem Gesunden, aus jenem Trauma des Gezeichneten, des Infizierten zu erklären? Des zu Inaktivität Verdammten „fugitivus errans“, wie er sich selbst nannte? (Hier wieder eine Parallele zu Hitler!) ...

„Goethe – ein öffentliches Unglück"? Weil auch er an der Zersetzung des christlichen Moralbegriffs irgendwie mitbeteiligt war, was ja nicht zu bestreiten. Seit wann aber begann dieser Begriff zu wanken? Schon vom Einbruch der Renaissance an begann, in diesem Sinne, die „décadence" ... Der Ausspruch im übrigen eines Ihrer reizendsten Paradoxe, aber gewiss nicht an die grosse Glocke zu hängen, – wie ich ja unserer ganze Korrespondenz durchaus diskret, als ganz entre nous, wenn Sie mir erlauben, betrachten und bewahren möchte.

Zu Nietzsche's Instinktverherrlichung: „Verachte nur Vernunft und Wissenschaft, des Menschen allergrösste Kraft", oder so ähnlich, wie sagt doch obiger Unglücksmann?

Luther – als öffentliches Unglück, darüber sagten Sie ja Definitives in Ihrer so eindringlich grossen Rede an die Deutschen, die mir vor wenigen Tagen in die Hände kam und mir ungemeinen Eindruck machte.

Hoffentlich gelingt es mir, baldmöglichst Ihren „Dr. Faustus" zu ergattern. Das ist nicht leicht. Buchhändler halten jetzt vielfach die ihnen rationiert zukommenden Bücher als „Sachwerte" zurück, oder geben sie nur gegen Naturaltauschobjekte ab. Grotesk im übrigen, das[s] jetzt oft Bücher, namentlich dickleibige, einfach um des Papiers wegen gekauft werden, weil man eine Reihe von Gegenständen, z. B. Briefpapier, Kuverten, Papierkrägen, Pappartikel etc, nur gegen wesentlich grössere Mengen von „Altpapier" bekommt. Vor einigen Tagen aber kam unsere Nachbarin herüber zu meiner Frau u. plapperte u.a. „Heut hab ich mir ein Romanbuchl gekauft; wir haben nämlich kein Abortpapier mehr im Haus, da die Zeitungen so rar sind...". (Denn unsere Zeitungen erscheinen nur, 4-6 seitig, zweimal in der Woche, in nicht grossem Format zum Teil).

Leben Sie mit Ihrer verehrten Gattin und den Ihrigen recht wohl, und seien Sie noch mal herzlichst bedankt für Ihren herrlichen Brief, mit dem Sie mich so geehrt haben!

Ihr getreu ergebener

Maschinengeschriebener Brief (Durchschlag), BBH a228/3

D'Annunzioitaliener: Gabriele D'Annunzio (1863-1938) war ein italienischer Autor des Fin de Siècle und des späten Symbolismus. Er war ein Förderer Mussolinis und stand der faschistischen Ideologie persönlich nahe, ohne jemals explizit bekennender Faschist oder Mitglied der faschistischen Partei gewesen zu sein. Maximilian Brantl war bis in seine letzten Lebensjahre hinein ein Verehrer des Dichters. Zum Verhältnis D'Annunzios zu Mussolini, und zu seinen eigenen politischen Aktionen äußerte er sich, so weit bislang bekannt, nicht. Brantl besaß eine umfangreiche Sammlung fast aller Dichtwerke und aktueller Forschungsliteratur. In den Jahren ab 1943 wurden D'Annunzios Sonette zu einer stillen, abgeschiedenen Lieblingsbeschäftigung Brantls. In seinem Nachlass befinden sich mehrfach überarbeitete Übersetzungen von insgesamt 18 Sonetten.

ein paar nüchterne Philosophieprofessoren: So beispielsweise Julius Duboc, der 1897 in seinem Werk *Nietzsches Übermenschlichkeit* dem Philosophen die Propagierung einer Herrschaft des jeweils Stärkeren, unter Abkehr von allen moralischen Schranken, vorwarf.

Hat irgend wer auch nur einen Schimmer [...] noch Herr geworden bin?: Friedrich Nietzsche an Erwin Rohde, 11. November 1887. KSB 8, 195.

Javanische Mittel: Elisabeth Förster-Nietzsche kolportierte, ihr Bruder hätte sich mit javanischen Beruhigungsmitteln vergiftet, um von der Syphilis abzulenken.

Algolagnie: Algolagnie (griech. algos „Schmerz" und lagneia „Wollust") ist eine klinische Wortschöpfung des ausgehenden 19. Jahrhunderts, um die Lust am Zufügen und Empfangen von Schmerzreizen zu beschreiben. Der Begriff wurde durch die synonyme Bezeichnung Sadomasochismus weitgehend abgelöst, die passive Algolagnie wird durch Masochismus, die aktive Algolagnie durch Sadismus ersetzt. Der passive Aspekt kann auch als Algophilie (griechisch Philie „Liebe"), Lustschmerz oder Schmerzgeilheit bezeichnet werden, ein selten verwendeter Begriff für Masochismus. Über diesen Begriff hinaus geht die Algomanie (griech. Manie „Wahnsinn"), die das krankhafte Verlangen nach Schmerz beschreibt.

fugitivus errans: Latein: ein umherirrender Flüchtiger.

Goethe – ein öffentliches Unglück: Vgl. die Anm. zu Brief Nr. 67.

Verachte nur Vernunft und Wissenschaft, des Menschen allergrösste Kraft: Eigentlich: „Verachte nur Vernunft und Wissenschaft, / Des Menschen allerhöchste Kraft, / Laß nur in Blend- und Zauberwerken / Dich von dem Lügengeist bestärken, / So hab' ich dich schon unbedingt –". Goethe: Faust, Vers 1851ff.

in Ihrer so eindringlich grossen Rede an die Deutschen: Rede *Deutschland und die Deutschen,* gehalten am 29. Mai 1945 in der Library of Congress. Erstdruck der deutschen Fassung im Oktober 1945 in: Die neue Rundschau. GW XI, 1126-1147.

69 Maximilian Brantl an Katia Mann
[Prien], 6.3.1948

6. März 48

Hochverehrte, liebe Mrs. Thomas Mann!

Sie hatten die überaus grosse Güte, auf Veranlassung Ihres Schwagers Heinrich für mich ein Paket zusammenzustellen und es mir unterm 23. Januar ab Sta. Monika zu senden. Es kam vorgestern gut und auch zollamtlich ungeöffnet an. So sind wir jetzt im Besitz der köstlichen Dinge. Eine entsprechende Vertikale meiner Hosen kann nunmehr durch den lang entbehrten Hosenträger wieder hergestellt werden (wenn auch die Horizontale, mangels des früheren embonpoint, als irreparabel angesehen werden muss) – denn Hosenträger liegen bei uns noch im Reiche der Träume, nicht auftreibbar. Nun haben wir auch wieder Wasch- und Toilettenseife, meine Frau ist überglücklich, und Haushaltskerzen – denn alle Augenblicke gibt es, namentlich bei Schneesturm im Winter oder bei Gewittern im Sommer, Lichtstörungen –, die Masten sind oft durchgefault und halten nicht mehr stand. Wie willkommen waren auch die 2 Kämme, meiner Frau und Tochter! Thee und Pfeffer reimt sich zwar nicht zusammen, aber Anregung und Würze gehen von beiden aus, und wie sehr bedarf unser noch immer so stumpfes Leben etwas Aufpulverung! Und alles Sonstige: kurz, es war ein Freudentag, der im Kalender verzeichnet wird! Lassen Sie sich, auch namens der meinen, allerherzlich bedanken für Ihre Mühewaltung, die ich um so mehr zu würdigen weiss als mir bekannt ist, welche Umstände jedes Paket macht, und ich zu wissen glaube, dass Sie ohnehin mit vordringlicheren Versandstätigkeit an Ihnen besonders nahe stehende Personen belastet sind. Und dann hat man ja für sich selber von früh bis spät zu tun …
Das anliegende Bildchen möchte Ihnen meinen Dank, auch für Früheres, ein klein wenig zum Ausdruck bringen dürfen. Es dürfte aus der Zeit um Rembrandt stammen, wenn nicht, wie ein angeblicher Kenner meinte, von diesem selber.
Gleichzeitig sende ich auch an Ihren Herrn Gemahl, dem ich so Vieles, in jeder Beziehung, schulde, als eingeschriebene Drucksache in einer Rolle, eine Reproduktion des Hans Olde'schen Gemäldes vom letzten Nietzsche, das er vielleicht nicht, oder nicht mehr, besitzt. Später möchte ich ihm auch die Radierung seines Portraits von Max Oppenheimer, von ihm signiert, und seinerzeit in wenigen Exemplaren auf den Markt gekommen, senden –, bitte aber vorher um Nachricht, ob er letztere etwa noch besitzt, indem er sie seinerzeit hinüber retten konnte.

Ich sandte Ihrem Gatten unterm 16. XII. 47 auch mein Gedichtbuch „Laute des Eros“. Ist es angekommen, oder verloren gegangen? Letzterenfalls würde ich ein weiteres Exemplar senden.
Inzwischen bin ich in der Erwartung des „Doktor Faustus“, den ich mir hoffentlich werde verschaffen können. Bisher gelang mir nicht einmal der Erwerb der „Lotte in Weimar“.
Wie oft schweifen meine Gedanken nach Kalifornien, zu Heinrich, zu Ihnen Beiden! Am 27. März, Heinrichs 77. Geburtstag werde ich Feiertag halten.
Seien Sie, verehrteste gnädige Frau, mit Ihrem erlauchten Gatten, und Ihren Kindern, soweit diese sich noch an mich erinnern, auch bei dieser Gelegenheit aufs herzlichste und treueste gegrüsst, mit allen wärmsten Wünschen für Ihr Wohl!
Ihr ganz ergebener

Maschinengeschriebener Brief (Durchschlag), BBH a 229/12, erwähnt in Tb, 7.4.1948

wenn auch die Horizontale, mangels des früheren embonpoint ...: Brantl litt in den letzten Lebensjahren unter chronischem Ernährungsmangel, was er in diesem Brief nur humorvoll andeutet.
Das anliegende Bildchen: Nicht ermittelt.
Hans Olde'schen Gemäldes vom letzten Nietzsche: Hans Olde (1855-1917) war Maler, Radierer und Porträtist Nietzsches. Nach einem Auftrag der Zeitschrift *Pan* zu einem Nietzsche-Porträt, arbeitete er 1899 mehrere Monate in Weimar und fertigte zahlreiche Photographien und Skizzen von Nietzsche an. Das hier gemeinte Gemälde ist nicht identisch mit der weithin bekannten Zeichnung Oldes, sondern farbig und in Öl, es zeigt Nietzsche, bekleidet auf dem Bett liegend.
Radierung seines Portraits von Max Oppenheimer: Radierung von Max Oppenheimer (1884-1954) aus dem Jahr 1913 mit einer Auflage von nur 25 Exemplaren.

70 Thomas Mann an Maximilian Brantl
Pacific Palisades, 8.4.1948

1550 San Remo Drive
Pacific Palisades, California
8. April 48

Lieber Dr. Brantl,
viel habe ich zu danken, für Gaben allerlei, Poesie und Bildnis, aber es muss in wenigen Worten geschehen, da ich an den Mühseligkeiten einer Schulterknochenfraktur laboriere, die ich mir kürzlich beim Stolpern und Fallen über eine unerwartete Schwelle in fremdem Hause zugezogen. Der Schaden heilt gut; aber Heilen ist eine Anstrengung, die ich spüre.
Jetzt erwarten wir Heinrich „for dinner", wie allwöchentlich. Zusammen werden wir Ihrer freundschaftlich gedenken.

Ihr
Thomas Mann

Handschriftlicher Brief, Reg. 48/181, BBH a227/41

Gaben allerlei, Poesie und Bildnis: Das Nietzsche-Porträt von Olde; der Gedichtband *Laute des Eros.* Vgl. Brief Nr. 69.
Schulterknochenfraktur: Die Verletzung an der linken Schulter hatte sich Thomas Mann während einer Abendgesellschaft beim Ehepaar Horkheimer am 26. Februar 1948 zugezogen, als er zwischen Wohnzimmer und Vorplatz über eine Stufe fiel. Vgl. Tb, 26.2.1948.

71 Maximilian Brantl an Thomas Mann
[Prien], 14.4.1948

14. April 48

Sehr lieber, hochverehrter Herr Thomas Mann!
Ihre heute erhaltene Nachricht vom 8.IV. bestürzt mich nicht wenig. So wurde denn zum zweitenmal Ihre so kostbare Gesundheit – diesmal durch die Tücke des Objekts – beeinträchtigt. Das bedeutete, auch wenn, wie Sie mir schreiben, die Heilung gut fortschreitet, für Sie doch wieder einen recht schweren und wohl auch schmerzlichen Chock. Und dies wahrscheinlich mitten im unermüdet gewesenen Schaffen!
So beeile ich mich denn, Sie meiner aufrichtigsten Teilnahme und meiner allerbesten Wünsche für Ihre baldige völlige Genesung zu versichern.
Solchen Hemmungen durch den oft grausamen „hasard" sind wir Menschlichen ja immer wieder ausgesetzt, und das Glück im Unglück besteht zumeist darin, dass alles nicht schlimmer ausfiel. Und wenn ich – der ich allerdings immer ein miserabler Mathematiker war (sagen Sie, bitte, Ihrer Gattin nichts davon!) von der Wahrscheinlichkeitsrechnung doch vielleicht eine kleine Ahnung habe, bleibt Ihnen nun vielleicht doch auf längere Sicht hinaus eine neue Störung erspart.
Wäre es ein Trost für Sie, wenn ich Ihnen berichte, was meine eigene Wenigkeit betrifft, dass ich (infolge der starken Abmagerung) selber mir einen kleinen Gewebebruch in der Leistenzone zugezogen habe, der hoffentlich früher oder später keinen operativen Eingriff notwendig macht, mich aber am Gehen schon recht unliebsam behindert.
Von Ihrem Bruder Heinrich hörte ich seit längerer Zeit nichts mehr. Bei seinem hohen Alter bin ich immer ein wenig oder mehr in Sorge um ihn. Hoffentlich konnte er seinen 77. Geburtstag in guter Verfassung begehen. Dass der jetzt so einsame Freund von Ihnen und den Ihrigen ständig so liebevoll betreut wird, freut mich ungemein.
Ihren Bruder Victor, der ja jetzt auch unter die Schreibenden gegangen ist, erwarte ich demnächst, er will mich für sein Buch „interviewen" ... Dem Zweigestirn hat sich also ein drittes beigesellt wenn auch im letzten Stadium. Dazu muss man ja wohl auch gratulieren.
Ihr „Dr. Faustus" scheint immer noch nicht erschienen zu sein, bei uns in Deutschland. Hoffentlich gelingt es mir bald, mich damit beschäftigen zu können, wenigstens leihweise ein Exemplar auftreibend. Aber es war mir noch nicht einmal Ihre

„Lotte in Weimar" zugänglich.
Zur Zeit beschäftigt mich Pascal stark – ich kam jetzt wohl in das für ihn reife Alter.

Leben Sie, mit den Ihrigen, recht wohl, und seien Sie meiner treuesten Verehrung und Dankbarkeit nach wie vor versichert! Herzlichst grüsst Sie und empfiehlt sich Ihrer Gattin
Ihr ergebenster

Maschinengeschriebener Brief (Durchschlag), BBH a228/4

So wurde denn zum zweitenmal Ihre so kostbare Gesundheit: Bei der ersten Beeinträchtigung handelt es sich um die Lungen-Operation 1946. Vgl. Brief Nr. 61.
Bruder Victor ... sein Buch: Viktor Mann: Wir waren fünf. Bildnis der Familie Mann, Konstanz 1949.
Ihr „Dr. Faustus" scheint immer noch nicht erschienen zu sein: Doktor Faustus war bereits 1947 in Stockholm (Bermann-Fischer Verlag) und Berlin/Frankfurt am Main (Suhrkamp Verlag). Brantl als Bibliophiler hoffte vermutlich auf ein Widmungsexemplar. Thomas Mann beauftragte den Suhrkamp-Verlag, ein Exemplar direkt an Brantl zu schicken. Vgl. Brief Nr. 77.
es war mir noch nicht einmal Ihre „Lotte in Weimar" zugänglich: Brantl äußerte sich auch in Briefen gegenüber Freunden darüber, dass er den Roman nicht zur Hand habe. Aber auch hier war es nicht der fehlende Zugang zu Büchern – Brantl hatte weiterhin gute Beziehungen zu Münchner Buchhändlern –, sondern er spekulierte auf ein Widmungsexemplar – das er dann tatsächlich auch erhielt (Brief an Lina Staab vom 17. August 1948. Nachlass Brantl).
Pascal: Die Erwähnung Blaise Pascals (1623-1663) durch Brantl ist keineswegs zufällig. Sie ist zentrales Element seiner Nietzsche-Rezeption. Brantl war der Auffassung, dass Nietzsche um Pascal einen großen Bogen gemacht habe und in seiner Haltung zum Christentum in Pascal den womöglich einzigen ernsten Gegner vermutet, wenn nicht sogar erkannt und ihn deswegen gemieden habe. Dass Brantl Pascal gegenüber Thomas Mann erwähnt, kann deshalb nur bedeuten, dass er eine Äußerung hervorlocken wollte. Dafür spricht, dass er auf Pascal rhetorisch wie nebenbei zu sprechen kommt.

72 Maximilian Brantl an Thomas Mann
Prien, 2.5.1948

Prien 2. Mai 1948

Lieber, hochverehrter Herr Thomas Mann!
Ihrer zum kommenden 73. Geburtstag zu gedenken, ist mir aufrichtiges Bedürfnis. Nicht nur, dass ich Ihrem Werke – Ihrem jetzt schon, zu Ihren Lebzeiten, ins Monumentale gewachsenen Werke unendlich viel an Förderung und geistiger Beglückung und Anregung verdanke, – auch Ihr immer mir bewiesenes, freundlich geneigtes, gütiges Wohlwollen verpflichtet mich Ihnen ungemein.
So wünsche ich Ihnen denn, auch bei diesem Anlass wieder, alles erdenkliche Gute für Ihr persönliches Wohl, für Ihr gegenwärtiges und künftiges Schaffen, für Ihr inneres Glück. Möchte Ihnen vom Himmel die Gnade zu teil werden, den so tief fundierten, so breit angelegten Bau Ihres Werkes bis zur äussersten Höhe planmässig vollenden zu können in noch vielen geistgesegneten guten Jahren!
Als Geburtstagsangebinde sende ich Ihnen anliegend Max Oppenheimer's Originalzeichnungen zu einer seiner Radierungen Ihres Bruders, zur Einverleibung ins Familienarchiv Ihres Hauses, womit ich Ihnen und den Ihrigen vielleicht eine kleine Freude machen kann.
Herzlichst grüsst Sie und die Gattin
Ihr dankbar ergebenster

Maschinengeschriebener Brief (Durchschlag), BBH a228/5

73. Geburtstag: Am 6. Juni 1948.
Max Oppenheimer's Originalzeichnungen zu einer seiner Radierungen Ihres Bruders: Die Zeichnungen ließen sich nicht nachweisen.

73 Thomas Mann an Maximilian Brantl
Pacific Palisades, 3.6.1948

Pacific Palisades
3. Juni 1948

An Maximilian Brantl

Danke, lieber Freund, für alle Ihre guten Worte und schönen Gaben!

Thomas Mann.

Handschriftliche Briefkarte (mit Porträt Thomas Manns), Reg. 48/295, BBH a227/42

lieber Freund: Die Formulierung „seinem Freunde Brantl“ kehrt auch wieder auf einer Postkarte mit Eigenporträt, die Thomas Mann im Juni/Juli 1948 Brantl aus Kalifornien zuschickte. Brief an Lina Staab, 25. August 1948. Nachlass Brantl.

74 Maximilian Brantl an Thomas Mann
[Prien], 13.7.1948

13. Juli 48

Lieber Herr Thomas Mann!
Hochverehrte Frau Mann!
Soeben, mittags 1 Uhr, bringt Radio München aus Los Angeles die mich tief erschütternde Nachricht betreffend Ihren Sohn Klaus, wenn auch mit dem Zusatz, dass sein Zustand im Krankenhause zu keinen Besorgnissen Anlass gebe.
Erlauben Sie mir, dem treuen Freunde Ihres Hauses, Sie meiner allerwärmsten Teilnahme zu versichern. Es ist mir überaus bange, mir vorzustellen, welchen Schlag für Sie dieses tragische Ereignis bedeutet.
Lassen Sie mich hoffen und herzlichst wünschen, dass Ihrer Beider Kraft ihm gewachsen ist!
Ihr sehr ergebener

„Non ignoravi mortalem me genuisse"

Maschinengeschriebener Brief (Durchschlag), BBH a228/7

Nachricht betreffend Ihren Sohn Klaus: Suizidversuch Klaus Manns am 11. Juli 1948.
Non ignoravi mortalem me genuisse: „Ich habe gewusst, dass ich einen Sterblichen gezeugt habe." Anspielung auf Goethe, dessen Reaktion auf den Tod seines Sohnes August gewesen sein soll: „‚Non ignoravi, me mortalem genuisse!' rief er aus, als seine Augen sich mit Thränen füllten" (Gespräch mit Kanzler Müller vom 15. November 1830). Goethe bedient sich seinerseits eines Ausspruches des Anaxagoras, der auf die Nachricht des Todes seines Sohnes ausgerufen hatte: „sciebam me genuisse mortalem" („Ich wusste, dass ich einen Sterblichen gezeugt habe"). Cicero. Tusc. 3,30. Vgl. die wiederholte Verwendung des Zitats in Brief Nr. 78.

75 Thomas Mann an Maximilian Brantl
Pacific Palisades, 12.8.1948

1550 San Remo Drive
Pacific Palisades, California
12. Aug. 48

Lieber Dr. Brantl,
Sie haben uns gerührt mit Ihren teilnehmenden Worten. Man [hat] der Anfechtung, der Klaus unterlag, und die mit den durch und durch feindlichen, alles erschwerenden Zeit-Umständen zusammenhängt, von hier aus eine naiv-grausame Publizität gegeben. „Das erschwert es einem doch furchtbar, wieder anzufangen", sagt er mit Recht. Er fängt aber wieder an, beschämt von all der Sympathie und Liebe, die er aus diesem Anlass erfahren. Er ist im Begriff, nach Amsterdam abzureisen, wo er eine Stellung im Querido-Verlag antreten wird.
Haben Sie Dank für all Ihr treues Gedenken!

Ihr
Thomas Mann.

Handschriftlicher Brief, Reg. 48/432, BBH a227/43

Anfechtung, der Klaus unterlag: Vgl. Brief Nr. 74.
Stellung im Querido-Verlag: Im August 1948 nimmt Klaus Mann eine durch seinen Freund Fritz Landshoff vermittelte Stelle als Lektor im Querido-Verlag in Amsterdam an, bleibt dort aber nur wenige Monate.

76 Maximilian Brantl an Katia Mann
[Prien], 26.10.1948

26. Oktober 48

Hochverehrte Mrs. Thomas Mann!

Empfangen Sie, mit ihrem lieben, erlauchten Gatten, meinen und meiner Frau allerwärmsten Dank für das uns so gütig übermittelte Carepaket! Zwar ist jetzt alles Derartige ja auch bei uns käuflich zu haben, aber die Preise sind derartig (das Dop-

pelte, das Dreifache und oft mehr des Friedenspreises), dass sie nur den happy few erschwinglich sind ... Diese schwimmen denn auch im Wohlleben, während wir Anderen nur die Ehre haben, zuzusehen. Die sozialen Gegensätze haben sich denn auch ungemein verschärft, und sind grösser geworden, als sie je waren.
Ich hoffe und wünsche Sie und die Ihrigen in guter Gesundheit.
Die politische Lage ist höchst beunruhigend, auch wirtschaftlich herrscht immer noch Chaos. Wann endlich wird Ruhe, Ordnung und Frieden sein? Die Geister sind allenthalben noch so verwirrt. Beweis z. B. diese Existenzialphilosophie: der logische Ausdruck einer Menschheit, die im Grunde nicht mehr weiss wo aus, wo ein, und sich in einem Tohuwabohu von Worten und Begriffen verliert. Alles ist komplizierter denn je geworden.
Ich lege Ihnen einige freche Karikaturen bei, für Ihr Hausarchiv, die Sie und Ihren Herrn Gemahl vielleicht interessieren könnten.
Mit verehrungsvoll herzlichen Grüssen
Ihr ergebenster

Maschinengeschriebener Brief (Durchschlag), BBH a 229/13

Carepaket: Thomas Manns Tagebuch vermerkt am 23. September 1948 den Eingang eines Briefes von Brantl, mit dem Zusatz „hungernd". Dieser – verschollene – Brief veranlasste offensichtlich die Übersendung des Paketes. Tb, 23.9.1948. Thomas Mann hatte außerdem am 27. September 1948 mit einem – ebenfalls verschollenen – Brief geantwortet. Tb, 27.9.1948.
Diese Existenzialphilosophie: Brantl hatte in einem undatierten Brief an Heinrich Mann, der anlässlich von Heinrich Manns Geburtstag am 27. März 1948 verfasst worden sein muss, das Thema Existenzialphilosophie im Zusammenhang mit ‚letzten Fragen' angesprochen, dort heißt es: „Die Existenzialphilosophie, die Frage nach dem Sinn des Lebens, beschäftigt jetzt die denkenden Geister Europas. Sie wissen nicht mehr ein noch aus. Frankreich vor alle, Sartre, verkündet die Sinnlosigkeit des Lebens. Man wehr sich allgemein gegen diesen Nirvanapessimissmus." Zitat aus undatiertem Brief von Brantl an Heinrich Mann, welcher sich in der Memorial Library der University of Southern California befindet.
einige freche Karikaturen: Nicht ermittelt.

77 Maximilian Brantl an Thomas Mann [Prien], 29.4.1949

29. April 1949

Hochverehrter, lieber Herr Professor Thomas Mann!
Nun verdanke ich Ihrer übergrossen Güte wieder geistige und leibliche Nahrung: Den „Dr. Faustus“, der mir vor einigen Wochen über Ihre freundliche Vermittlung durch Suhrkamp zuging, und ein heute an mich gelangtes Care-Paket mit sehr willkommenem Inhalt ...
Noch ist die Erschütterung in mir nicht abgeklungen, die mir der jähe Tod Ihres so lebensfrohen Bruders bereitet hat: Die paar Zeilen, die ich Ihnen im ersten Moment der schreckenden Nachricht schrieb, konnten nur schwach ausdrücken, was ich empfand und seither immer noch empfinde, für mich persönlich, für die arme Nelly, und vor allem auch für Ihren Bruder Heinrich und für Sie und die Ihrigen. Sehr befürchte ich nach wie vor, dass diese Hiobsbotschaft Heinrich und Ihnen gesundheitlich schwer zugesetzt hat, denn es wurde Ihnen Beiden doch ein Stück Herz herausgerissen und wieder eines der Bänder, vielleicht das stärkste, das Sie Beide mit der Heimat noch verband, abgeschnitten. Möchte doch, das ist mein allerwärmster Wunsch, auch dieses Schwere, das wieder über Sie Beide kam, von Ihnen noch verwunden werden können!
Viktor schrieb mir noch wenige Wochen vor seinem Abgang. Und was schrieb er hauptsächlich? Er schrieb mir begeistert und überzeugt über den „Dr. Faustus“, „this cathedrale of a book“, den er jetzt zum drittenmale gelesen habe; er glaube, dass er beim vierten und fünften Studium immer noch mehr entdecken werde, was zunächst verborgen blieb. Und schrieb von Carla und Julia und seinem alten Polling, „aber Frau Rodde ist keineswegs unsere Mutter, das habe ich schriftlich“, und schrieb von Heinrich, dem er zu seinem Geburtstag „aus Sicherheit“ gleich zweimal gratuliert habe. „Ich habe gute Briefe von ihm und arbeite beratend an einem Auswahlband mit, der bei Querido herauskommen soll; es scheint sich ja überhaupt eine Art H-Mann-Renaissance zu entwickeln; wissen Sie übrigens, dass H. einen „Friedrich“ geschrieben hat? Ich hatte keine Ahnung und habe dringend um Aufklärung gebeten“... Zuletzt gab V. dann noch der Erwartung Ausdruck, mich demnächst auf einer Dienstreise in den Chiemgau besuchen zu können – dann würden wir über Ihr Buch uns lange unterhalten können ...
Sie sehen, bis zuletzt hing er an allen ihm Verbundenen in so liebenswürdiger Treue! Ich konnte ihm unterm 12. IV. noch antworten ....

Und nun ruht er, ver-west er dort, wo Mutter und Schwester eingebettet worden sind, in friedlicher Münchener Erde. Aber nein! Sein Wesen blieb uns erhalten, er konnte doch noch sein Buch vollenden, in dem es sich, bisherigen Proben zufolge, so reizvoll verkörpert hat, und in dem er sich und den Seinen, wie es allen Anschein hat, ein überaus liebevolles und freundliches Denkmal errichtet hat. Im Zusammenklang mit unseren Herzen soll er denn weiter leben, mit uns vor allem, aber auch ein wenig mit der Nachwelt! So sei ihm denn die Erde leicht, seiner irdischen Hülle, – seinem zum Weltgeist zurückgekehrten Geiste aber sei ewiges Licht beschieden!

Was nun Ihren „Dr. Faustus" betrifft, so beuge ich mich in meiner Kleinheit und Unbedeutendheit vor Ihrem gewaltigen Werke in Ehrfurcht. Schon um der Schmerzen willen, unter denen es geboren wurde.

Ich werde damit auf lange Zeit nicht zu Ende kommen, denn immer wieder lese ich aufs neue darin. Auch dort, wo ich nicht verstehe – denn leider bin ich, welches Manko! – kein Musiker, bewundere und verehre ich.

Was haben Sie sich mit dieser ungeheuren Arbeit alles aufgeladen, und was haben Sie damit nicht alles zu bewältigen versucht!

Als kleiner Kommentar diente mir bisher Ihr Nietzsche-Essay, der mir damals, als ich Ihnen so temperamentvoll darüber schrieb, nur im Auszug vorlag, worauf manches von meinem Geschreibe zurückzuführen –, ferner Ihr Essay „Deutschland und die Deutschen", und Bruchstücke Ihrer Dostojewski-Arbeit, die ich als Ganzes noch nicht kenne. Bald hoffe ich mir Ihr neues Werk „Die Entstehung des Dr. Faustus", von dem mir Viktor noch berichtete, verschaffen zu können.

Sie haben seit dem Erscheinen des Buches wohl schon von tausend Seiten Berichte über Lesereindrücke empfangen, ohne dass ein Ende darüber abzusehen sein dürfte. Die Qualitäten mitmenschlicher Intelligenz von heute werden Ihnen durch all diese Kritiken übergenug zum Bewusstsein kommen ...

Ich selber empfinde letzten Endes das Buch als ein tief christliches. Denn alles Nicht-Christliche, möchte ich meinen, wird damit ad absurdum geführt.

Das ungeheure Leid der Menschheit von heute, das als letzte Zuflucht die Musik gefunden zu haben glaubt, einer Menschheit, der die Liebe abhanden gekommen ist und die sich im Zerebralen verlor, fand durch Ihr Werk einen erschütternden, ja definitiven Ausdruck.

Dass es von einem grossen Liebenden geschrieben wurde, in dieser Ueberzeugung wird mich weder Ihre eigene Ironie und Skepsis, noch irgend eine Kritik mehr oder minder kompetenter Federn je abspenstig machen können.

Kennen Sie übrigens die folgenden Worte Adalbert Stifters (aus der Robespierre-Novelle vom Jahre 1846 „Zuversicht"):
„Wir haben alle eine tigerartige Anlage, wie wir eine himmlische haben, und wenn die tigerartige nicht geweckt wird, so meinen wir, sie sei gar nicht da ... Wir alle können nicht wissen, welche unbekannten Tiere durch die schreckliche Gewalt der Tatsachen in uns emporgerufen werden können, so wenig wir wissen, was wir im Falle eines Nervenfiebers reden oder tun würden".
In diesem Sinne empfinde ich Ihren „Teufel" als eine Metapher. Nur meine ich, dass wir alle zwar mit dem Dämonischen in uns zu kämpfen haben, dass zwar viele unterliegen (oft durch massensuggestive Einwirkungen), dass Künstler – die den Mut haben, sich in dem Abgrund der Menschenbrust zu stürzen – zwar besonders gefährdet sind –, dass aber doch auch sehr viele Menschen, auch grosse Künstler, dieses Dämonische bändigen und überwinden konnten.
Sollten wir nicht der so kranken Liebe in uns zur Heilung und zur neuen Dominante in unserem Leben verhelfen können? „Das neue Heil kommt nur aus neuer Liebe". Wo anders aber läge ihre Quelle als bei Gott?
Und nun seien Sie mit Ihrer verehrtesten Gattin nochmals aufs herzlichste bedankt und aufs treueste begrüsst
von Ihrem ergebensten, überaus dankschuldigen

Maschinengeschriebener Brief (Durchschlag), BBH a228/8

der jähe Tod Ihres so lebensfrohen Bruders: Viktor Mann starb am 21. April 1949 in München.
Nelly: Viktor Manns Ehefrau Magdalena, geborene Kilian (1895-1962), genannt Nelly.
Carla und Julia und seinem alten Polling: Die Schwestern Carla und Julia Mann, die 1910 und 1927 Suizid begingen. Die Mutter Julia war 1903 mit Viktor nach Polling, südwestlich von München, gezogen, wo sie – mit Unterbrechungen – bis 1923 lebte.
Frau Rodde ist keineswegs unsere Mutter: Senatorin Rodde stellt im *Doktor Faustus* eine Figur dar, die in vielen Zügen, wie dem Umzug nach München als Witwe, der Mutter Thomas Manns ähnelt.
Auswahlband: Nicht erschienen.
Friedrich: Heinrich Mann: Die traurige Geschichte von Friedrich dem Großen. Erstdruck in: Sinn und Form. Berlin Jg. 10, H.2 März/April 1958, 177-237 und H. 3, Mai/Juni 1958, 347-393.

Und nun ruht er, ver-west er dort: Viktor Mann, Carla Mann und Julia Mann (Mutter) sind auf dem Münchener Waldfriedhof in einem Familiengrab beigesetzt. Später kam auch die Frau von Viktor hinzu. Die Grabstelle wurde 1971 aufgelöst. Seit 2002 gibt es eine Gedenktafel für das Mann'sche Familiengrab.
sein Buch: Viktor Mann: Wir waren fünf. Bildnis der Familie Mann, Konstanz 1949.
Ihr Nietzsche-Essay: Nietzsches Philosophie im Lichte unserer Erfahrungen. Vgl. die Anm. zu Brief Nr. 63.
Deutschland und die Deutschen: Vgl. die Anm. zu Brief Nr. 68.
Dostojewski-Arbeit: Thomas Mann: Dostojewski – mit Maßen. Einleitung zu einem amerikanischen Auswahlband dostojewskischer Erzählungen, in: Die neue Rundschau, Heft 4, Juli 1946, 425-440. GKFA 19.1, 52-62.
Die Entstehung des Dr. Faustus: Thomas Manns *Die Entstehung des Doktor Faustus* erschien nach Vorabdrucken in der Neuen Rundschau im selben Jahr 1949 erstmals vollständig in Buchform im Verlag Bermann-Fischer in Amsterdam. GKFA 19.1, 409-582.
Adalbert Stifters: Adalbert Stifter (1805-1868) war ein österreichischer Schriftsteller, Maler und Pädagoge.
Wir haben alle eine tigerartige Anlage ...: „Wir alle haben eine tigerartige Anlage, so wie wir eine himmlische haben, und wenn die tigerartige nicht geweckt wird, so meinen wir, sie sei gar nicht da und es herrsche bloß die himmlische, [...] Wir alle können nicht wissen, wie wir in den gegebenen Fällen handeln würden, weil wir nicht wissen, welche unbekannten Tiere durch die schreckliche Gewalt der Tatsachen in uns emporgerufen werden können; so wenig wir wissen, was wir im Falle eines Nervenfiebers reden oder tun werden." Adalbert Stifter: Zuversicht, in: Gesammelte Werke in Vierzehn Bänden, Bd. 5, hrsg. von Konrad Steffen, Basel: Birkhäuser, 1964, 468-474, hier 469.
Teufel: Hinweis auf die Teufelsfigur in Thomas Manns Roman *Doktor Faustus.*
Das neue Heil kommt nur aus neuer Liebe: Vers aus dem Gedicht *Leo XIII* (1902) von Stefan George: „Das neue heil kommt nur aus neuer liebe." Stefan George: Sämtliche Werke in 18 Bänden, Bd. VI/VII: Der Siebente Ring, Stuttgart: Klett-Cotta 1986, 20.

78 Maximilian Brantl an Thomas Mann
[Prien], 23.5.1949

23. Mai 1949

Lieber, treu verehrter Herr Mann!
Hochverehrte gnädige Frau!

Welch neue, erschütternde Hiobsbotschaft! Wie sehr nehme ich teil an diesem schwersten Schlag, der jetzt Ihr Haus getroffen hat!
„Non ignoravi mortalem me genuisse“ –, und dieser starb wie jener im annähernd gleichen Alter ...
Es musste wohl sein, dass dieses unruhige Herz nur im Tode den Frieden finden konnte, den ihm das Leben vorenthielt. Requiem aeternam dona ei, Domine, et lux aeterna luceat ei!
Möge Ihnen der Himmel die Kraft verleihen, aufrecht zu bleiben und sich mit diesem harten Geschicke abzufinden! Leben und Dulden, weiter leben und überwinden ist und bleibt immer unsere höchste Pflicht.
Seien Sie, mit den Ihren, meines wärmsten, treuesten Mitgefühls versichert!

Mit schmerzlich bewegten Grüssen
Ihr ergebenster

Maschinengeschriebener Brief (Durchschlag), BBH a228/9

schwersten Schlag: Am 21. Mai 1949 erhielt Thomas Mann die Nachricht vom Tod seines Sohnes Klaus, der an den Folgen einer Überdosis Schlaftabletten in Cannes gestorben war.
„Non ignoravi mortalem me genuisse“ –, und dieser starb wie jener im annähernd gleichen Alter: Vgl. die Anm. zu Brief Nr. 74. Während August von Goethe im Alter von 41 Jahren starb, wurde Klaus Mann 43 Jahre alt.
Requiem aeternam dona ei, Domine, et lux aeterna luceat ei: Introitus der katholischen Totenmesse.

79 Thomas Mann an Maximilian Brantl Zürich, Juni 1949

Zürich, Juni 1949

Für den wohltuenden Ausdruck Ihrer Teilnahme an dem schweren Verlust, der uns betroffen hat, sagen wir von Herzen Dank.

Katia, Erika, Thomas Mann
[handschriftlicher Zusatz]
„Ja, Dank für all Ihre Teilnahme und Freundschaft!"

Gedruckte Karte mit handschriftlichem Zusatz Thomas Manns, Reg. 49/335, BBH a227/44

80 Maximilian Brantl an Thomas Mann [Prien], 29.12.1949

29. Dez. 49

Hochverehrter, lieber Herr Thomas Mann!

Am Ende des alten Jahres Ihrer, der verehrtesten Gattin und Ihrer Tochter Erika mit herzlichen Wünschen fürs neue zu gedenken, ist mir aufrichtigstes Bedürfnis. Das alte Jahr, das Ihnen den Bruder und den Sohn entriss, war für Sie und die Ihren ein höchst schmerzliches, im übrigen für Sie auch, infolge Ihres Europaaufenthaltes, ein recht turbulentes. Möge das neue, in dem Sie Ihr 75. Lebensjahr vollenden, für Sie ein um so friedlicheres sein!
An Ihrer Deutschlandsreise – wie auch an jenen Verlusten – habe ich bewegten Anteil genommen. Die Aetherwellen verbanden mich Ihnen aus Frankfurt, unendlich nah sprach mich Ihre so tief menschlich offene, geistig so weit gespannte Goetherede an. Sie rührte mich zu Tränen, und ich verstand Sie ganz, wie immer. (Vielleicht muss man sich, um Sie nie missverstehen zu können, mehr oder weniger mit Ihnen persönlich berührt haben).
Dass ich mich in München, anlässlich Ihres dortigen kurzen Aufenthalts, nicht sehen liess, werden Sie mir gewiss verzeihen. Eine Einladung durch offizielle Stellen, mit denen ich keine Verbindung hatte, war mir nicht zugegangen. Im übrigen

lag mir mein Gelübde im Wege, München, meine geschändete Vaterstadt, niemals mehr betreten zu wollen. Irgend einen Grundsatz muss man ja doch radikal verwirklichen. Auch aus München drang Ihre Stimme über Radio zu mir, und ich begrüsste es – gerade das hörte ich – dass Sie's ablehnten, das Haus Poschingerstrasse in seinem jetzigen Zustande zu besichtigen. München – wäre es nicht verpflichtet gewesen, Ihnen die Ehrenbürgerschaft zu verleihen, Ihnen Ihr Haus, neu in Stand gesetzt, zur Verfügung zu stellen? Aber München von heute ist alles andere als unser München von damals, seine geistigen Köpfe durchaus mit inbegriffen. Weshalb mir's durchaus nicht leid tut, mit dieser Stadt völlig die Fühlung verloren zu haben. Ich meine, dass in der bayerischen Provinz heute mehr Kultur herrscht als in Bayerns Hauptstadt, möge sie auch in Einzelgänger zersplittert sein.
Ueber Ihren so besonders herzlichen Empfang in der Ostzone habe ich mich ungemein gefreut, es ist viel darüber geschrieben worden, das Wahrste haben Sie gewiss selber erlebt und empfunden. Was Sie selber darüber äusserten, aus nachhaltig bewegter Impression heraus, wäre gewiss unmissverstandener aufgenommen worden, wenn die Masse unserer guten Deutschen nicht so schwerfällig wäre, und schwebende Gedanken nicht mit plumpen Händen zu Boden zerren und zertrampeln würde. Einem Liebenden wie unsereinem – wo aber gäbe es heute in Deutschland noch viele Liebende – fiel es freilich von vorneherein nicht schwer, Sie gerecht und recht zu verstehen. Das Buch Ihres Bruders Viktor, an dem ich nicht ganz unbeteiligt sein durfte, hat mich Ihnen und Heinrich, wie auch Ihrem ganzen Hause in beglückender Weise wieder aufs neue verbunden, hatte ich doch auch die Ehre, als Münchener Rechtsanwalt damals, Ihre hochselige Frau Mutter kennen zu lernen. Ein wahrhaft charmantes Buch!
Von Europa werden Sie nun wohl auf eine Weile genug haben. Möge dies Ihrer neuen Arbeit zugute kommen! Geht's vorwärts mit dem Hochstaplerroman, der vielleicht eine Erholung, nach der titanischen Faustrhapsodie, für Sie bedeuten könnte, wie für den alten Verdi sein Falstaff?
Wie Sie in den letzten Jahren lebten, vermittelte uns ja in anschaulichster Weise Ihre „Entstehung des Dr. F." Möge jetzt, in beruhigterer Zeit, wenn auch auf dem Boden der Atombomben, Ihnen, bei bester Gesundheit, eine grössere Spanne friedlichsten Arbeitens beschieden sein! Und der schönste aller Lebensabende an der Seite der verehrungswürdigsten Gattin!
Aufs neue versichere ich Sie meiner unverbrüchlichen Treue und Verehrung, Sie und Frau Katja und Frau Erika freundlichst grüssend.

Maschinengeschriebener Brief (Durchschlag), BBH a228/10

Bruder: Viktor Mann, gestorben am 21. April 1949.
Sohn: Klaus Mann, gestorben am 21. Mai 1949.
infolge Ihres Europaaufenthaltes: Reise nach Europa vom 10. Mai bis zum 5. August 1949. Zahlreiche Vorträge und Würdigungen in England, Schweden, Dänemark, in der Schweiz, West- und Ostdeutschland, in den Niederlanden. Zu den von Brantl wahrgenommenen Anfeindungen in Deutschland während der Reise vgl. den Brief Brantls an August Buck vom 9. Juni 1949 im Beitrag von Manfred Eickhölter in diesem Band.
Goetherede: Am 25. Juli 1949 nahm Thomas Mann den Goethe-Preis der Stadt Frankfurt/Main entgegen und hielt in der Paulskirche die Rede *Ansprache im Goethejahr 1949*. GKFA 19.1, 670-688.
anlässlich Ihres dortigen kurzen Aufenthalts: Während seines Deutschlandbesuches 1949 hielt sich Thomas Mann vom 28. Juli bis zum 30. Juli in München auf. Vgl. Tb, 4.8.1949; Chronik, 458f.
Eine Einladung durch offizielle Stellen: Thomas Mann hielt den Vortrag *Goethe und die Demokratie* am Nachmittag des 29. Juli 1949 im Großen Saal des Wirtschaftsministeriums auf einer Veranstaltung der Münchner Stadtverwaltung und des Schultzverbandes Deutscher Schriftsteller. Brantl schrieb dazu an Lina Staab: „Die letzten Wochen standen im Zeichen der Deutschlandreise Thomas Manns. Ich nahm daran im Geiste sehr teil. Eine Einladung nach München war mir seitens des Schriftstellerschutzverbandes nicht zugegangen (M. sprach nur vor geladenen Personen), nachdem ich, der hohen Mitgliedsbeiträge wegen, voriges Jahr ausgetreten bin, – da ich München ja nicht mehr betreten will (seit über 6 Jahren war ich nicht mehr dort), wär ich ohnehin nicht hingefahren ... Ich hörte durch Radio Manns Frankfurter Rede, ein bedeutendes menschliches und artistisches Dokument, und ein Interview aus München, – die Weimarer Rede entging mir, da ich nur einen kleinen Volksempfänger habe." Brief vom 17. August 1949. Nachlass Brantl.
Auch aus München drang Ihre Stimme über Radio zu mir: Am selben Tag hatte Thomas Mann im Münchner Rathaus eine Pressekonferenz gegeben.
das Haus Poschingerstrasse in seinem jetzigen Zustande zu besichtigen: Beim Empfang durch den Münchener Oberbürgermeister Thomas Wimmer kam die Sprache auf das Haus in der Poschingerstraße 1, welches Thomas Mann zu sehen ablehnte. Dies hatte er auch öffentlich geäußert.
herzlichen Empfang in der Ostzone: In Weimar erhielt Thomas Mann am 1. August 1949 den Goethe-Preis sowie die Ehrenbürger-Urkunde der Stadt überreicht. Im

Rahmen desselben Festaktes wiederholte er die *Ansprache im Goethejahr 1949*.
Was Sie selber darüber äusserten: Vgl. den *[Reisebericht]* und insbesondere die *[Antwort an Paul Olberg]* sowie die anschließenden hitzigen Diskussionen in Westdeutschland über Thomas Manns Besuch in der sowjetisch besetzten Zone. GKFA 19.1, 704-717, 718-722. Kommentar: GKFA 19.2, 797-805, 806-818.
Das Buch Ihres Bruders Viktor: Viktor Mann: Wir waren fünf. Bildnis der Familie Mann, Konstanz 1949. Viktor Mann hatte Brantl für sein Erinnerungsbuch befragt und Brantl hatte ihm einen ausführlichen Brief über seine lange Bekanntschaft mit Heinrich geschrieben. Vgl. Flügge, 421.
hatte ich doch auch die Ehre [...] Ihre hochselige Frau Mutter kennen zu lernen: Brantl vertrat Julia Mann, geb. da Silva Bruhns 1915 in Mietstreitigkeiten. Sechs Briefe von Julia Mann an Brantl aus dem Jahr 1915 diesbezüglich gehören zum Brantl-Konvolut der Gemeinnützigen und befinden sich im Archiv des Buddenbrookhauses unter der Signatur a230.
Hochstaplerroman: Bekenntnisse des Hochstaplers Felix Krull.
titanischen Faustrhapsodie: Doktor Faustus.
wie für den alten Verdi sein Falstaff: Die Parallele *Felix Krull – Falstaff* als Alterswerk und komisches Gegenstück zum jeweiligen ‚ernsten' Vorgänger *(Dr. Faustus – Othello)* begegnet in der Rezeption des *Felix Krull* häufiger, sowohl vorgetragen von Theodor W. Adorno als auch in Rezensionen zum Roman. Vgl. Pils, 200 und 360.
Entstehung des Dr. F.: In der *Entstehung des Doktor Faustus*, erschienen 1949, liefert Thomas Mann umfassende autobiografische Informationen, die wesentlich auf die Tagebuchaufzeichnungen zurückgreifen. GKFA 19.1, 409-582.

81 Thomas Mann an Maximilian Brantl
Pacific Palisades, 8.1.1950

1550 San Remo Drive
Pacific Palisades, California

Recht herzlichen Dank, lieber Dr. Brantl, für Ihren freundlichen Neujahrsbrief! Einmütig erwidern ich und mein Haus Ihre guten Wünsche und gedenken Ihrer immer ehrend und mit warmer Sympathie. Nur zu gut habe ich es verstanden, dass Sie nicht nach München kamen. Ich habe mich ja auch rasch wieder davon gemacht.

Ihr
Thomas Mann.

Handschriftliche Postkarte, Reg. 50/19, BBH a227/45

nicht nach München kamen: Vgl. Brief Nr. 80.

82 Thomas Mann an Maximilian Brantl
Pacific Palisades, 19.3.1950

1550 San Remo Drive
Pacific Palisades, California
19.3.1950

Lieber Dr. Brantl,
für Ihr Telegramm und die guten Worte Ihres Briefes recht herzlichen Dank. Sie waren dem Dahingegangenen ein treuer Freund; denn Freundschaft und Treue heisst ja nicht, mit allem übereinstimmen, wozu den Anderen sein geistiges Schicksal führt, sondern an seine Lauterkeit glauben und ihn selbst im Irrtum, oder dem, was einem so vorkommt, nicht verlassen.
Unser grosser Toter, als Schriftsteller tief in europäischer Tradition, besonders der lateinischen, wurzelnd und, wie gewisse Bücher von ihm zeigen, begabt mit einem in Deutschland höchst seltenen und geradezu prophetischen politischen Instinkt, führte, je älter er wurde desto, mehr, die Sprache der Zukunft und war damit zu seinen Lebzeiten den Wenigsten recht verständlich. Es war aber gerade das Ergrei-

fende, wie in seinen Dichtungen und Schriften ein hochentwickelter, strenger und glänzender Geist, ohne seinem Adel das Geringste zu vergeben, dem Schlichten, dem Volke zu strebte und nach sozialer Gemeinschaft suchte. Besonders noch in seinem Memoirenwerk „Eine Epoche wird besichtigt" wirkt diese Mischung aus federnder Intellektualität und das Volk suchender Schlichtheit, ja Einfalt, überaus neu, merkwürdig und zukünftig.
Er war in letzter Zeit viel leidend gewesen, auch in der Erscheinung stark gealtert, wollte aber in ca. 6 Wochen die Übersiedelung nach Ost-Berlin auf sich nehmen, wo man Reichtum und höchste Ehren für ihn bereit hielt. Wollte es und wollte es nicht; das Abenteuer stand ihm und uns allen schreckhaft vor und blieb eigentlich unglaubwürdig. Seinen letzten Abend hatte er ungewöhnlich ausgedehnt, lange mit Genuss Musik gehört und war schwer zu bewegen gewesen, zu Bette zu gehen. Dann, im Schlaf, die Gehirnblutung, ohne einen Laut oder eine Bewegung. Am Morgen war er einfach nicht mehr zu erwecken. Das Herz arbeitete noch bis gegen Mittag weiter, bei unstörbarer Bewusstlosigkeit. Seien wir nicht undankbar! Es war im Grunde die gnädigste Lösung.
Die Trauerfeier war würdig. Ein Geistlicher der Unitarian Church und Lion Feuchtwanger sprachen, und ein Quartett spielte einen schönen langsamen Satz von Debussy. Dann folgte ich dem Sarg über den warmen Rasen des Friedhofs von Santa Monica.
R.I.P. Über ihm im Licht geht es nicht so zu, dass man ihn sonderlich beklagen müsste.
Was mich betrifft, recht übrig, allein, traurig und müde, so muss ich sehen, wie ich es noch eine Weile so weiter treibe.

Ihr
Thomas Mann.

Handschriftlicher Brief, Reg. 50/153, BBH a227/46, Br. III, 136f. (mit Auslassung des letzten Absatzes)

dem Dahingegangenen: Tod Heinrich Manns am 11. März 1950.
Eine Epoche wird besichtigt: Heinrich Manns Memoiren *Ein Zeitalter wird besichtigt* (1946). In der Briefausgabe von 1961 wird Thomas Manns fehlerhafter Ausdruck „Epoche" nicht übernommen, sondern „Zeitalter" geschrieben.
Reichtum und höchste Ehren: Ende Mai 1949 schrieb Paul Wandel, Präsident der

deutschen Zentralverwaltung für Volksbildung, an Heinrich Mann: „[...] in Übereinstimmung mit den fortschrittlichen Kräften des neuen Deutschland bitte ich Sie, nach Deutschland zurückzukehren und das Präsidium der Deutschen Akademie der Künste zu übernehmen." Zudem werde man dafür sorgen, „dass Ihnen die besten Arbeits- und Lebensmöglichkeiten geschaffen werden und jeder Ihrer Wünsche erfüllt wird". Flügge, 459.
Seinen letzten Abend: Mit fast identischen Worten beschreibt Thomas Mann das Ende seines Bruders in einem Brief an Alfred Kantorowicz. Vgl. Flügge, 472. Passagen kehren auch in dem gedruckten Gedenkartikel *Brief über das Hinscheiden meines Bruders Heinrich Mann* wieder, zuerst in Germanic Review 25, Heft 4, Dezember 1950, später in *Altes und Neues* und dann in GW X, 521-523.
Die Trauerfeier: Die Feier fand am 14. März 1950 im Mortuary in Santa Monica statt.
Ein Geistlicher von der Unitarian Church: Reverend Stephan H. Fritchman, der auf Vorschlag Thomas Manns sprach. Vgl. Tb, 12.3.1950 und Detering, 163.
ein Quartett: „Termianka-Quartett" um den Geiger Henri Temianka, Lehrer Michael Manns und gelegentlicher Gast im Hause Thomas Manns.
schönen langsamen Satz von Debussy: Möglichweise *Pavane in E minor,* Op. 50. Vgl. Brief Nr. 83.

83 Maximilian Brantl an Thomas Mann
Prien, 27.3.1950

Prien den 27. März 50

Hochverehrter, lieber Herr Thomas Mann!

Heute, an Heinrichs 79. Geburtstag, ging mir Ihr mich sehr bewegender eigenhändiger Brief zu, für den ich Ihnen aufrichtig danken muss als neuem Beweis Ihres mir freundlich zugetanen Wohlwollens. Wie könnte ich den heutigen Tag gebührender feiern, als durch sofortige Antwort an Sie?

Sein Verscheiden, getränkt mit Musik, im Traum und schmerzlos, konnte wohl nicht schöner sein. Und war es vielleicht „die Pavane der Toten", „seine" Pavane, ist sie nicht von Debussy, die ihm ins Grab (wohl an der Seite seiner zweiten Gattin?) hinabklang? Nun will man, wie ich las, seine irdische Hülle nach Weimar transferieren. Ausgerechnet nach Weimar. Ob das seinem Willen entspräche? Also doch noch ein Abenteuer. Wenn schon in Deutschland, und nicht in Lübeck oder – bei der Mutter und den Geschwistern – in München, warum nicht an der Grenze zwischen den beiden deutschen Zonen? Denn gehört er nicht auch der westlichen, darf ihn die östliche allein für sich okkupieren, für sich interpretieren, für ihre politischen Zwecke in Anspruch nehmen und darauf festlegen? Stand er nicht, wie zwischen den Rassen, auch zwischen den Zonen? Ich frage nur, und habe nichts zu sagen, nur zu bedenken. Es ist um ihn in unserer Westzone, auf jene Nachricht hin, noch stiller als bisher geworden, und man weiss nun gar nichts mehr mit ihm anzufangen, scheint es, in dieser, wogegen die Ostzone, und wäre es auch nur auf Kommando dort maassgebender intellektueller Stellen (die es bei uns nicht zu geben scheint, trotz Heuss, der ihn doch m. W. sehr schätzte) „es als ihre Ehrenpflicht betrachtet, das dichterische Vermächtnis dieses edlen, freiheitlichen Deutschen allen Männern und Frauen, vor allem der Jugend, bekannt zu machen", wie die Ostzonenregierung in ihrer Trauerbotschaft erklärte.

Man könnte zwar der Meinung sein, dass der deutsche Osten von heute – inclusive seiner Regierenden – das Werk des grossen Toten ebenso wenig kennt wie der deutsche Westen, und dass dies überhaupt nie populär werden kann, zwei bis drei Romane vielleicht ausgenommen, denn es ist doch ein immer geistiges, oft übergeistiges Werk, das hohe, oft höchste Ansprüche an den Leser stellt.

Immerhin aber liesse sich denken, dass der Umriss seiner Gesamtgestalt, dieser unbürgerlichen, leidenschaftlichen, immer für irgend ein Ideal der Opposition und

Menschlichkeit kämpfenden Gestalt, über den Rahmen der Litteraturgeschichte hinaus auf lange Sicht wirken könnte.

Seine Entwicklung aus imperialem Individualismus zum demokratischen Sozialismus haben wir ja alle miterlebt, aber den Artisten überwand er doch nie, und seine Intellektualität, von Jahrzehnt zu Jahrzehnt gesteigert, (wenn er auch zuletzt in seinem Memoirenwerk, wie früher in mancher Novelle besonders, einfach menschlichen Ausdruck fand), war die ständige Widerpartnerin seines Herzens und siegte zumeist über dieses.

Ich, als sein Freund seit unserer ersten persönlichen Berührung Dezember 1907, zielte immer auf dieses sein Herz, letzten Endes. Aber was war das für ein kompliziertes Herz! Welche Abenteuer, ja Orgien hat das Herz dessen hinter sich, der eine „Herzogin von Assy" in sich erlebte, welche Katastrophen sein Herz, das sich in reiner „Jagd nach Liebe" in Zynismus verlor, dann in Lethargieen erkrankte und in Ressentiments rächte, bis es endlich gütig wurde, oder doch zeitweise sein konnte, wie in der unvergleichlichen „Kleinen Stadt"! ...

Wenn es ihn, den doch lebenslänglichen Geistesaristokraten, zum Volke zog, dessen Sprache er freilich nicht sprach, zum Untertauchen im Gemeinschaftsgefühl und Glückshunger der sozialen Masse, so badete er darin seinen überzüchteten Geist rein und gesundete sein verquältes und verblutetes Herz am einfachen, starken und unverbrauchten dieser Masse.

Denn sein Herz – ich weiss es, Sie wissen es – hat unendlich viel gelitten, denn es war überzart. Und in welche Zeiten, in welche menschliche Gesellschaft, an welche Frauen geriet dieses suchende Herz, mit welchen Ereignissen und Schicksalen hatte es sich abzulindern, wie einsam blieb es doch immer! Wie selten durfte es blühen! Es musste sich panzern, und so nannte man ihn lieblos. Immer strenger erzog er es und suchte es zu bändigen, durch seinen Geist, so auch Flaubert ...

Er wäre kein Mensch gewesen, wenn er kein Kämpfer gewesen wäre, ein radikaler, tapferer Kämpfer für Recht, Freiheit und Menschlichkeit. Der Kampf erschien ihm als Pflicht, und er erfüllte sie. Ihm opferte er ein gut Teil seiner Künstlerschaft auf. Er hätte sich's leichter machen können, aber er machte sich's so schwer wie's nur ging. War er, zu dessen Lieblingsbüchern der Don Quichote gehörte, ein Utopist? Aber nur durch Utopisten wird die Menschheit aufgerüttelt. Wohl sah er klarer als je einer seiner Zeit, aber vielleicht sah er zu klar und übersah die Imponderabilien, vielleicht stellte er zu hohe Anforderungen. Denn das Fleisch der Menschen ist schwach, ihr Drang nach Wahrheit geringer als ihre Lust am Trug. Und der Geist hat es schwer, von je her.

Sein Werk ist nun richtbar, fast unübersehbar liegt es vor. Wird sich die gegenwärtige, die kommende Generation mit ihm auseinandersetzen? Wird seine Zeit erst noch kommen, wie die Stendhals erst 40 Jahre nach seinem Tode kam?
Wer ist Erbe seines litterarischen Nachlasses? Die Tochter Goschi? Wer wird ihn verwalten, wer sein Gesamtwerk übersichtlich neu gedruckt und gesammelt, herausgeben? Mit der Tochter, glaube ich zu wissen, stand er zuletzt nicht übermässig gut. Welche testamentarischen Verfügungen liegen vor?
Schrieben Sie nicht, anlässlich seines 70. Geburtstags, einen grösseren Essai über ihn? Leider gelang es mir nie, denselben aufzutreiben, ebenso wenig wie die 2 Bände seines „Henri IV" die ich unbedingt kennen lernen möchte, sie sind anscheinend beim ausländischen Verleger vergriffen.
Wer wird seine Biographie schreiben, aus den überaus zahlreichen Niederschlägen in seinen Werken, aus seinen Briefen sie herauslösen können? Wäre es nicht angebracht und zweckmässig, dass Sie, sein Bruder, authentisches Material über ihn zusammenstellten, bevor weniger Berufene sein Bild mehr oder weniger verzerren?
Sie liebten ihn sehr. Er liebte Sie sehr. Vor zwei Jahren schrieb er mir u. a. bezüglich seines Rufs nach Berlin: „Aufforderungen ergehen immer dringender, man verspricht mir so viel man kann, vielleicht mehr –, aber erstens müsste ich von meinem Bruder Abschied nehmen ... "
Auch dies schrieb er mir, etwas früher: „Ich hoffe, wir", (mein Bruder und ich) „werden in Ländern, die uns teuer waren, nichts Peinliches mehr zu bestehen haben". Nun, Sie selber haben inzwischen allerhand Peinliches dort erleben müssen, und ob ihm, dem Toten, jetzt die einseitigen Ehrungen des Ostens nicht peinlich sein werden?
Denn er lebt noch, im Grabe ruht nur seine irdische Hülle, die Form seines Geistes kann nicht zerfallen wie jene, auch hat sie sich nicht im Weltgeist aufgelöst, sie lebt und wirkt als ewige Idee weiter. Ihrem verklärten Glück gilt mein tägliches Gebet.
Ihnen aber, verehrter, lieber Herr Thomas Mann, der Sie und Ihre Gattin sich in all den letzten Jahren so liebevoll des jetzt Fortgegangenen angenommen haben, darf ich, als sein ältester Freund, gewiss von ganzem Herzen dafür danken, es ist fast wie ein Auftrag, den er mir zusendet. Lieben wir ihn weiter – „die Liebe höret nimmer auf" – sie tröste uns über seinen Verlust!
Ihr
M.B.

Maschinengeschriebener Brief (Durchschlag), BBH a228/11

Heinrichs 79. Geburtstag: Heinrich Mann hätte am 27. März 1950 seinen 79. Geburtstag gefeiert.

Sein Verscheiden: Heinrich Mann war am 11. März 1950 in Santa Monica, Kalifornien, gestorben.

die Pavane der Toten: Pavane in E minor, Op. 50 von Debussy, möglicherweise bei der Trauerfeier für Heinrich Mann gespielt. Vgl. Brief Nr. 82.

zweiten Gattin: Heinrich Mann war in zweiter Ehe mit Nelly Kröger (geb. Emmy Johanna Westphal) verheiratet, die bereits am 17. Dezember 1944 Suizid begangen hatte. Beide wurden auf dem Friedhof von Santa Monica beigesetzt.

seine irdische Hülle nach Weimar transferieren: Es gab Gerüchte, dass man Heinrich Manns Leichnam nach Weimar bringen wollte. Tatsächlich wurde der Leichnam Heinrich Manns am 2. Dezember 1960 exhumiert und verbrannt. Die Urne wurde über Prag 1961 nach Ost-Berlin auf den Dorotheenstädtischen Friedhof überführt.

doch noch ein Abenteuer: Hier greift Brantl eine Formulierung von Thomas Mann auf, mit der dieser in seinem Brief vom 19. März 1950 Heinrich Manns geplante Übersiedelung in die DDR bezeichnet hatte. Vgl. Brief Nr. 82.

wie zwischen den Rassen: Anspielung auf Heinrich Manns Roman *Zwischen den Rassen* (1907).

Heuss: Theodor Heuss war von 1949 bis 1959 der erste Bundespräsident der Bundesrepublik Deutschland. Maximilian Brantl hatte Verbindungen zu Theodor Heuss und wusste von daher um dessen Wahrnehmung Heinrich Manns.

Trauerbotschaft: Trauerbotschaft der Regierung [der DDR zum Tod Heinrich Manns], veröffentlicht zuerst in: Neues Deutschland, 14.3.1950, 1.

seit unserer ersten persönlichen Berührung Dezember 1907: Am 9. Dezember 1907 besuchte Heinrich Mann Maximilian Brantl in dessen Elternhaus in München.

Herzogin von Assy: Heinrich Mann: *Die Göttinnen oder Die drei Romane der Herzogin von Assy* (1902).

Jagd nach Liebe: Heinrich Mann: *Die Jagd nach Liebe* (1903).

Kleinen Stadt: Heinrich Mann: *Die kleine Stadt* (1909).

Sein Herz – ich weiss es, ... war überzart: vgl. auch den Brief an Felix Braun im Beitrag von Manfred Eickhölter.

so auch Flaubert ...: Flaubert hatte zeit seines Lebens unglückliche Liebesbeziehungen.

Wird seine Zeit erst noch kommen, wie die Stendhals erst 40 Jahre nach seinem Tode kam?: Marie-Henri Beyle (1783-1842), besser bekannt unter seinem Pseudonym Stendhal, gilt seit dem 20. Jahrhundert als einer der wichtigsten Romanciers Frankreichs des 19. Jahrhunderts. Seine Werke wie *Die Kartause von Parma* oder *Rot und*

Schwarz waren Ende des 19. Jahrhunderts vergessen.
Tochter Goschi: Carla Henriette Maria Leonie Mann (genannt Goschi) wurde am 10. September 1916 in München als einziges Kind Heinrich Manns geboren. Sie war Erbin des Nachlasses von Heinrich Mann. Heinrich Mann hatte seit 1946 Briefkontakt mit seiner Tochter, die in Prag lebte, schickt ,Care-Pakete' und Geld an sie. Es gab Missstimmungen zwischen ihnen, weshalb er auf ein Wiedersehen wenig Wert legte. Sie starb 1986.
grösseren Essai über ihn: [Ansprache zu Heinrich Manns siebzigsten Geburtstag], GW XIII, 852-857.
die 2 Bände seines „Henri IV": Die Jugend des Königs Henri Quatre (1935) und *Die Vollendung des Königs Henri Quatre* (1938) gehören zu den bedeutendsten Werken Heinrich Manns. Nach dem Krieg erschienen die beiden Bände 1951 im Aufbau-Verlag in Ost-Berlin, erst 1959 erschienen im Claassen-Verlag Lizenzausgaben für die Bundesrepublik.
seines Rufs nach Berlin: In Berlin sollte Heinrich Mann das Präsidium der neu zu gründenden preußischen Akademie der Künste übernehmen.
die Liebe höret nimmer auf: 1. Korinther 13.8.

84 Thomas Mann an Maximilian Brantl
Zürich, 8.6.1950

Sie gehören zu denen, die meiner zu meinem 75. Geburtstag mit guten, wohltuenden Worten, prächtigen Blumen, erfreulichen Gaben aller Art freundlich gedacht haben. Ich bin hilflos vor soviel Güte und muß mich zum Dank mit dieser Karte behelfen, die ich Sie bitte, nicht als Sache kühler Form, sondern als ganz persönlich gemeinten und persönlich gerichteten Ausdruck meiner herzlichen Erkenntlichkeit entgegenzunehmen.

Thomas Mann.

Gedruckte Karte mit handschriftlichen Unterstreichungen und Unterschrift, Reg.50/255, BBH a227/47

85 Maximilian Brantl an Thomas Mann
[Prien], 4.6.1951

4. Juni 51

Hochverehrter, lieber Herr Mann!

Lassen Sie mich, incredibile dictu, Ihres kommenden 76. Geburtstags mit herzlichen Gefühlen und Glückwünschen gedenken! Sie verleben den Tag hoffentlich in bester gesundheitlicher Verfassung im Kreise Ihrer Lieben, an der Seite Ihrer ehrwürdigen edlen Lebensgefährtin, freilich vereinsamt durch den schmerzlichen Verlust des Sohnes und der Brüder, aber doch stark durch Ihren regen und ringenden Geist, und ständig wach durch Ihre unermüdliche strenge Arbeit. Lassen Sie mich, als alten treuen Freund Ihres Hauses nach wie vor an all Ihrem Wohl und Wehe, wenn auch aus allzuweiter Ferne, teilnehmen, bescheiden, aber tief ergeben! Am 27. März hätte Ihr mir unvergesslicher Bruder Heinrich sein 80. Lebensjahr vollenden können, er scheint in unserer Westzone vergessen zu sein, bis auf weiteres. Diese fatale Trennung der beiden Zonen, die sich auch kulturell auswirkt, wie es scheint, ungemein betrübend für uns Geistige auf jeden Fall, wird sie sich ohne Katastrophe in absehbarer Zeit beheben lassen? Gab es, für Deutschland, seit der Reformation und den beiden letzten Kriegen, ein schlimmeres Ereignis? Sie freilich haben das Ihrige redlich getan, um eine Versöhnung herbeizuführen, aber mit welchem Erfolg, und mit welchen Wunden für Sie! So wird man wohl die Dinge sich treiben lassen müssen, bis sie sich von selber etwa erledigen, oder gäbe es noch einen Deus ex machina?
Lassen Sie mich bei dieser Gelegenheit anfragen, wie es mit dem Nachlass Heinrichs steht. Ist die Tochter Goschi Alleinerbin geworden, insbesondere auch der Autorenrechte, war sie etwa selber in USA, hat sie alles an sich gezogen und zu sich nach Prag transferiert? Ich schrieb ihr früher, anlässlich der Geburt ihres Sohnes, erhielt aber keine Antwort. Andererseits las ich, dass Prof. Kantorowicz in Westberlin dort ein Heinrich-Mann Archiv gegründet hat, dem die Tochter die Bibliothek Heinrichs (anscheinend soweit diese bisher in Prag noch erhalten war) und das Epistolar des Vaters – insbesondere auch den Briefwechsel mit Ihnen – diesem Archiv überlassen hat. Ich selber besitze ein ziemlich grosses Brief- und sonstiges Material, Ihren Bruder betreffend, dazu alle seine Werke in Erstausgaben (bis zur Emigration), und weiss nicht recht, wie ich darüber für den Fall meines Todes verfügen soll – vollende ich doch selber Mitte kommenden Novembers mein 70. Lebensjahr, und muss ich doch meine Tage als recht bemessen ansehen, angesichts meines fortschreitenden

Herzleidens. Meine Frau, meine Tochter und mein Schwiegersohn (Pharmakologe) haben leider gar keine litterarischen Interessen, in meinem Sinne wenigstens. Anderseits zwingen mich meine immer schwieriger gewordenen finanziellen Verhältnisse, die meinen Lebensstandard auf ein Existenzminimum herabgedrückt haben und mein Alter sehr beschatten, mehr und mehr zum Verkauf all meiner beweglichen Habe; vorerst lichtet sich meine schöne, grosse Bibliothek gewaltig schon. Gäbe es kein verfügbares Bild Heinrichs aus seiner allerletzten Zeit für mich? Wurde die Totenmaske abgenommen?
Ihr letztes Buch kenne ich leider noch nicht, hoffe es aber demnächst aus der Leihbibliothek mir verschaffen zu können. Ich zehre noch immer stark an Ihrem grandiosen Dr. Faustus, der mir vor allem auch auf religiösem Gebiete die grössten Perspektiven eröffnete. Sie sind – mögen Sie's auch in einem Ihrer Briefe an mich geleugnet haben – ein homo religiosus kat' exochen!
Herzlichst und treuestens, mit schönsten Grüssen an Sie u. Gattin Ihr

Maschinengeschriebener Brief (Durchschlag) BBH a228/12

incredibile dictu: Unglaublich zu sagen.
76. Geburtstags: Am 6. Juni 1951.
Verlust des Sohnes und der Brüder: Klaus, gestorben 1949, Viktor, gestorben 1949, Heinrich, gestorben 1950.
er scheint in unserer Westzone vergessen zu sein: Der Nachlass Heinrich Manns lag in der Ost-Berliner Akademie der Künste, die Verlagsrechte für das Werk Heinrich Manns gingen nach 1945 an den Ost-Berliner Aufbau-Verlag. Westdeutsche Verlage wie der Claasen Verlag oder S. Fischer konnten nur auf Lizenzrechte zurückgreifen. Zudem wurde Heinrich Mann in der DDR durch die politische Führung offiziell hoch geehrt, wodurch er in Westdeutschland in der Zeit des Kalten Krieges als ‚kommunistischer Autor' stigmatisiert wurde.
eine Versöhnung herbeizuführen: Anspielung auf die Goethe-Reise 1949.
Geburt ihres Sohnes: Jindrich Mann, geb. 1948, erster Sohn von Leonie Mann und Ludvik Aškenazy.
Prof. Kantorowicz in Westberlin dort ein Heinrich-Mann Archiv gegründet hat: Alfred Kantorowicz war seit Mai 1950 Leiter des Heinrich-Mann-Archivs bei der Deutschen Akademie der Künste in Ost-Berlin.
grosses Brief- und sonstiges Material: Brantl besaß ca. 330 Briefe von Heinrich Mann, eine umfangreiche Verlagskorrespondenz sowie sämtliche Werke in Erst-

und Vorzugsausgaben und ein Archiv mit Zeitungsausschnitten. Ungeklärt ist der Verbleib von Brantls Originalbriefen an Heinrich Mann sowie der Durchschläge aus dem Nachlass Brantls.
lichtete sich meine schöne, grosse Bibliothek gewaltig schon: Nachweisen lassen sich anhand der Nachlassunterlagen nur vergleichsweise wenige Buchverkäufe aus der Zeit zwischen 1945 und 1951, umfangreiche Verkäufe von Büchern und Autographen setzen allerdings erst nach der Hamburger Auktion 1958 ein.
Ihr letztes Buch: Der Erwählte erschien 1951.
ein homo religiosus kat' exochen: Ein beispielhaft religiöser Mensch.

86 Thomas Mann an Maximilian Brantl
Pacific Palisades, 8.6.1951

8. Juni 1951

Lieber Dr. Brantl,
Sie hätten mir nicht schöner und herzerfreuender zu meinem Geburtstag – einem ganz gewöhnlichen 76. – gratulieren können. Recht vielen Dank! Es ist ungehörig, dass Sie noch nicht im Besitz meines neuen kleinen Buches sind. Ich war mit Exemplaren immer so knapp gehalten, habe aber jetzt in Frankfurt Weisung gegeben, Ihnen eines zu schicken – damit es nicht erst den Weg über den Ozean, her und zurück, nehmen muss.
Heinrichs Tochter ist, da er kein Testament hinterlassen hat, Universal-Erbin und scheffelt Geld in Ost-Deutschland. Die Bibliothek, nach der er sich sehnte, hat sie ihm immer vorenthalten und sie nun dem Archiv übergeben. Meine Briefe hatte sie vorher verkauft. Sie ist eine recht anstössige Person. Was Ihre Sammlung betrifft, so ist es natürlich recht schmählich, dass in „West"-Deutschland dafür nirgends ein Unterkommen sein wird. An Ihrer Stelle würde ich mich deswegen mit Prof. Kantorowicz, der ja auch ein Buch über Heinrich veröffentlicht hat, in Verbindung setzen. – Eine Totenmaske wurde nicht abgenommen. Es fehlt sehr an Bildern dank der Abneigung, sich photographieren zu lassen, die uns gemeinsam war.

Ihr
Thomas Mann

Handschriftliche Briefkarte, Reg. 51/182, BBH a227/48, erwähnt in Tb, 8.6.1951

meines neuen kleinen Buches: Der Erwählte.
jetzt in Frankfurt: Beim S. Fischer Verlag.
Heinrichs Tochter: Leonie Mann. Vgl. die Anm. zu Brief Nr. 83.
Bibliothek: Heinrich Mann ließ seine Bücher, Briefe und Manuskripte in der Münchener Wohnung zurück, als er sich von seiner ersten Ehefrau Maria Kanová trennte. Maria ging im März 1933 mit ihrer Tochter Leonie nach Prag und ließ die Wohnungseinrichtung zurück. Die Wohnung wurde beschlagnahmt, jedoch gelang es mit Hilfe der tschechoslowakischen Regierung die Freigabe zu erwirken. Die Manuskripte kamen in die Prager Nationalbibliothek, die Bücher verblieben bei Maria Kanová und Leonie. Zusammen mit anderen Wertgegenständen überstanden sie den Krieg in einem Kohlenkeller in Prag. Ab 1951 übergab Leonie Bücher, Manuskripte und Briefe an das Heinrich-Mann-Archiv. Katia Mann warf in einem Brief Leonie vor, Heinrich Mann nie berichtet zu haben, dass seine Bibliothek gerettet sei. Vgl. Flügge, 429.
Archiv: Das im Mai 1950 in der Deutschen Akademie der Künste in Ost-Berlin eingerichtete Heinrich-Mann-Archiv.
Meine Briefe: Zur Überlieferung des Briefwechsels zwischen Heinrich Mann und Thomas Mann vgl. Wysling, 568f.
Was Ihre Sammlung betrifft: Gemeint ist Brantls Sammlung, die er im Brief vom 4. Juni gegenüber Thomas Mann erwähnt hatte. Es ist dieselbe, die 1958 in Hamburg versteigert wurde und zum einen Teil nach Berlin-Ost ging, zum anderen Teil ins Deutsche Literaturarchiv in Marbach. Vgl. den Beitrag von Holger Pils in diesem Band.
Prof. Kantorowicz: Der Literaturwissenschaftler und Publizist Alfred Kantorowicz (1899-1979) war von 1950 bis 1957 Leiter des Heinrich-Mann-Archivs der Akademie der Künste und gab von 1951 bis 1956 eine Werkausgabe von Heinrich Mann heraus.

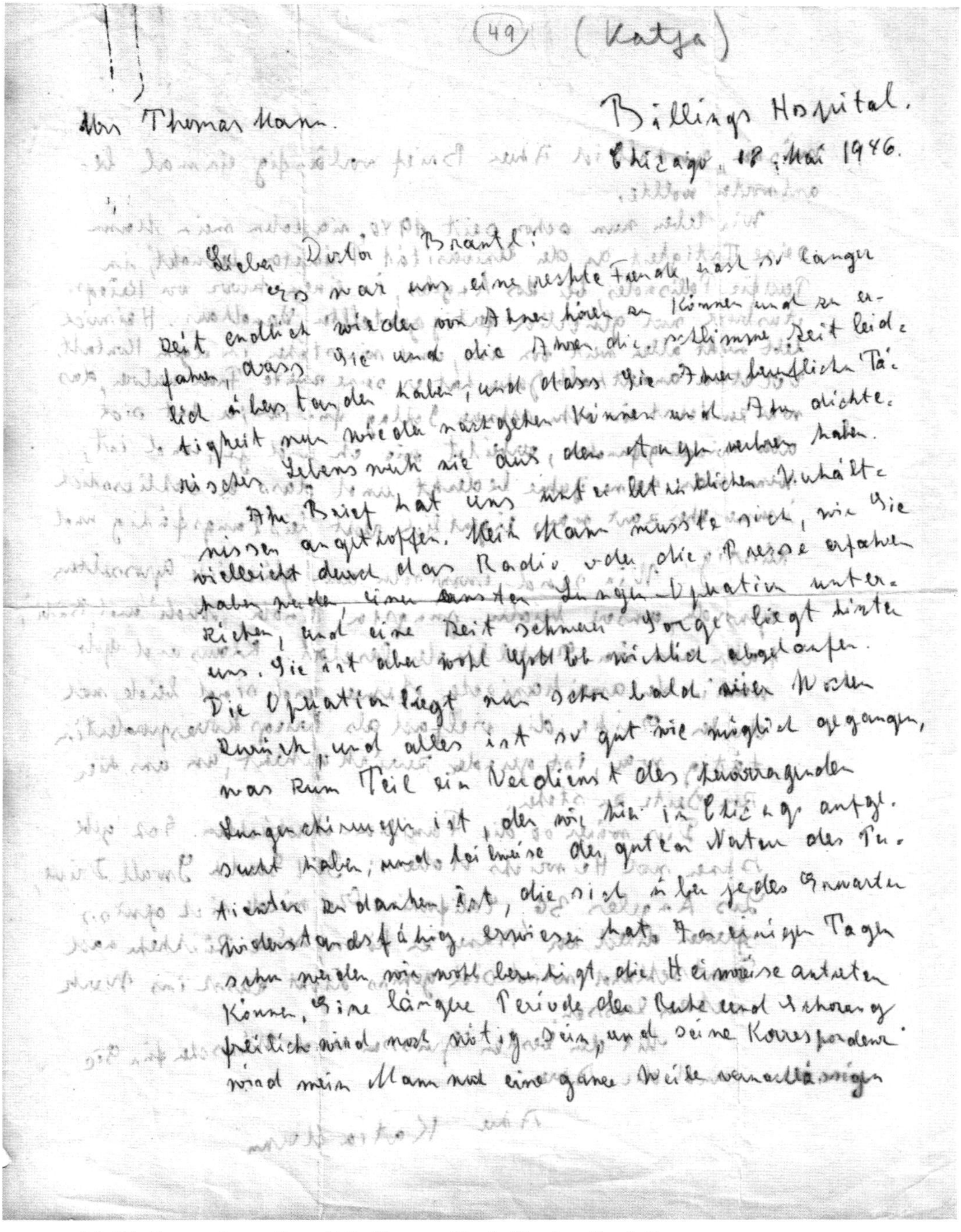
(49) (Katja)

Mrs Thomas Mann.

Billings Hospital.
Chicago, 18. Mai 1946.

Lieber Doktor Brantl:

Es war uns eine rechte Freude, nach so langer Zeit endlich wieder von Ihnen hören zu können und zu erfahren, dass Sie und die Ihren die schlimme Zeit leidlich überstanden haben, und dass Sie Ihrer beruflichen Tätigkeit nun wieder nachgehen können und Ihr dichterisches Lebenswerk nie aus den Augen verloren haben.

Ihr Brief hat uns unter recht unerquicklichen Verhältnissen angetroffen. Mein Mann musste sich, wie Sie vielleicht durch das Radio oder die Presse erfahren haben werden, einer ernsten Lungen-Operation unterziehen, und eine Zeit schwerer Sorge liegt hinter uns. Sie ist aber wohl Gottlob wirklich abgelaufen.

Die Operation liegt nun schon bald vier Wochen zurück, und alles ist so gut wie möglich gegangen, was zum Teil ein Verdienst des hervorragenden Lungenchirurgen ist, der ihn hier in Chicago operiert hat, und teilweise der guten Natur des Patienten zu verdanken ist, die sich über jedes Erwarten widerstandsfähig erwiesen hat. In einigen Tagen schon werden wir wohl berechtigt die Heimreise antreten können. Eine längere Periode der Ruhe und Schonung freilich wird noch nötig sein, und seine Korrespondenz wird mein Mann noch eine ganze Weile vernachlässigen

Brief Nr. 61 vom 18.5.1946 von Katia Mann an Maximilian Brantl, 1. Seite.

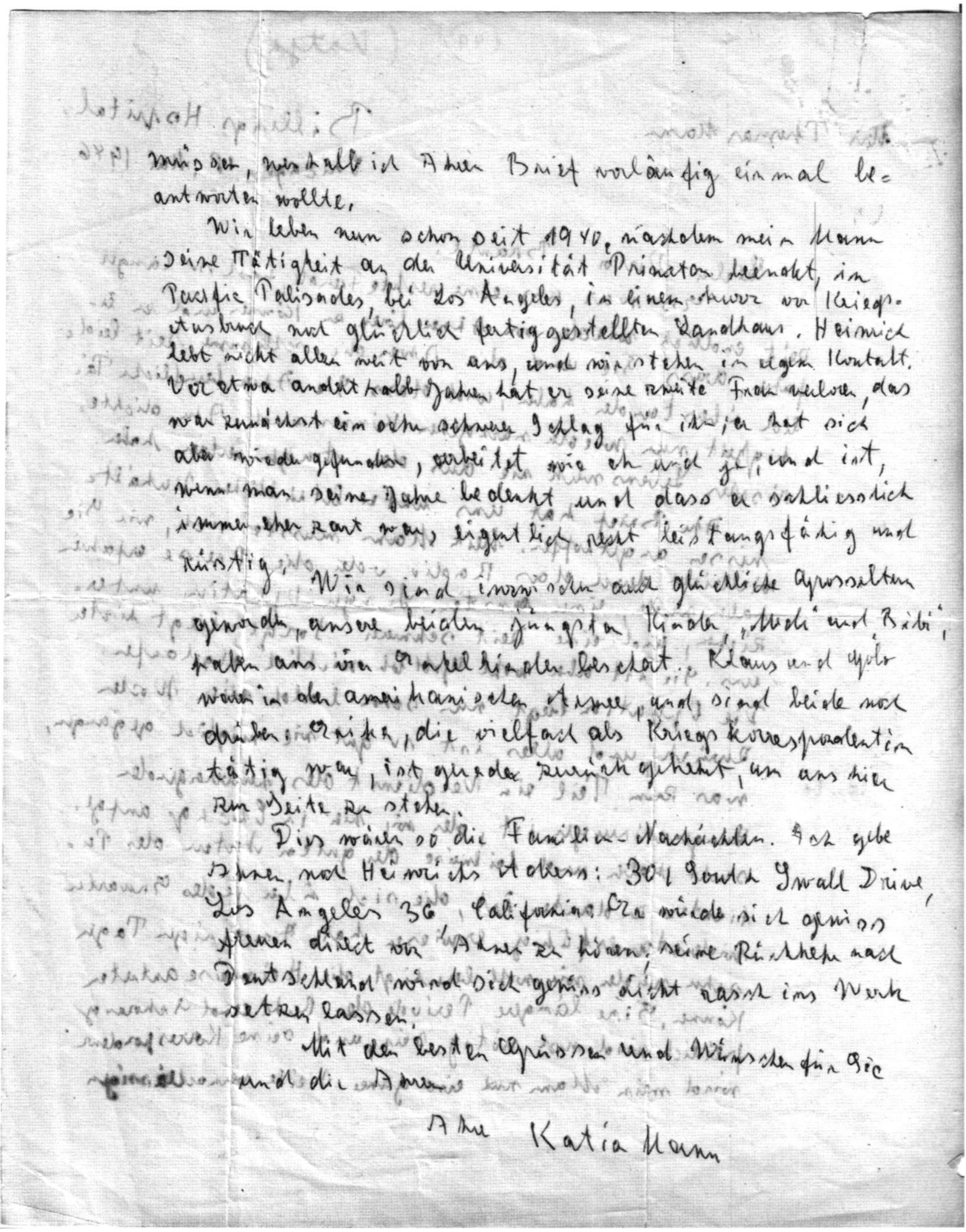
1946 müssen, weshalb ich Ihren Brief vorläufig einmal beantworten wollte.

Wir leben nun schon seit 1940, nachdem mein Mann seine Tätigkeit an der Universität Princeton beendet, in Pacific Palisades, bei Los Angeles, in einem kurz vor Kriegsausbruch noch glücklich fertiggestellten Landhaus. Heinrich lebt nicht allzu weit von uns, und wir stehen in regem Kontakt. Vor etwa anderthalb Jahren hat er seine zweite Frau verloren, das war zunächst ein sehr schwerer Schlag für ihn, er hat sich aber wieder gefunden, arbeitet wie eh und je, und ist, wenn man seine Jahre bedenkt und dass er schliesslich immer eher zart war, eigentlich recht leistungsfähig und rüstig. Wir sind inzwischen auch glückliche Grosseltern geworden, unsere beiden jüngsten Kinder, „Medi" und „Bibi", haben uns vier Enkelkinder beschert. Klaus und Golo waren in der amerikanischen Armee, und sind beide noch drüben. Erika, die vielfach als Kriegskorrespondentin tätig war, ist gerade zurückgekehrt, um uns hier zur Seite zu stehen.

Dies wären so die Familien-Nachrichten. Ich gebe Ihnen noch Heinrichs Adresse: 301 South Swall Drive, Los Angeles 36, California. Er würde sich gewiss freuen direkt von Ihnen zu hören; seine Rückkehr nach Deutschland wird sich gewiss nicht rasch ins Werk setzen lassen.

Mit den besten Grüssen und Wünschen für Sie und die Ihren

Ihre Katia Mann

Brief Nr. 61 vom 18.5.1946 von Katia Mann an Maximilian Brantl, 2. Seite.

(49)

22.Juni 46

1

Mrs. Thomas Mann

1550 San Remo Drive
Pacific Palisades
California

Hochverehrte Frau Mann !

Unendlich hab' ich mich gefreut , heute Ihre gütigen Zeilen vom 19. Mai zu erhalten , und ungemein weiss ich es zu würdigen, dass Sie und Ihr Gatte mir noch ein so freundliches Erinnern bewahrt haben . Viel, viel Zeit ist verronnen , seit meinen Münchener Anwaltsjahren (erinnern Sie sich noch unseres Teppichprozesses mit Herrn Schönemann ?) , seit meinem Besuche in Ihrem Tölzer Villino , seit dem Herrenabend im Hause Poschingerstrasse , bei dem ich Bertram kennen lernte , seit Ihrem Besuche in Prien (Sommer 19) und auf der Herreninsel (damals, als Ihr Sohn im "Hotel" Feldhütter in Stock sein Tagebuch liegen liess...

Sofort erkannte ich wieder Ihre mir noch von früher her wohl vertraute Handschrift .

Ihre ehrwürdigen Eltern , mir noch lebendig vor Augen, durften wenigstens in der Schweiz ein beruhigendes Asyl finden , nach so viel Schwerem, das sie auf sich nehmen mussten , und leben wohl heute nicht mehr ? Wogegen ich gelegentlich den Namen eines Ihrer Brüder, des Musikers, in einer Münchener Zeitung lese . Wie schwebt mir noch Ihr Elternpaar vor , flankiert von Ihren Brüdern und Ihnen als Mädchen, im Münchener Hoftheater und in den Odeon-Konzerten , die lebendige Mutter, der bedächtige Vater ! Und , was ganz früh zurückliegt : Sie selber , noch vor Ihrer Heirat , bei einem jener strahlenden Feste im Münchener Künstlerhaus , in einem dunkelroten Renaissance Samt-u.Brokatkleid, bei dem ich es wagte , Sie um einen Tanz zu bitten ! ...

O luitpoldianishhes München von 1900 - 1914 ! Gab es je eine glücklichere Zeit , eine lebendigere , eine anregendere ?

Bei einem meiner letzten Besuche in München (ich vermied das hitlerianische , so sehr ich nur konnte , bin jetzt ca 5 Jahre in dieser geschändeten Stadt nicht mehr gewesen , und hab' das Gelübde abgelegt, sie nur im äussersten Notfall noch einmal zu betreten) - es war vor dem 2. Kriege , damals als Mann aus Braunau seine Hand an die Prinzregentenstrasse legte , die Anlagen vor dem Nationalmuseum der fixen Idee einer geraden Linie opferte , das Reiterstandbild des Regenten entfernen und an einem schmählichen Seitenplatz an einer miserablen neuen Loggia anbringen liess - war ich Zeuge , als man im Verlaufe dieser " Systematisierung" auch den herrlichen Hildebrand'schen Dianatempel abtrug . Dies vollzog sich in der Weise , dass man (die herrlichen Bronzestatuen standen, lagen zum Teil, bereits an der Mauer des Museums , das Kupferdach lag in Fetzen auf dem Boden) die Betondecke des Tempels durch zwei Männer mit grossen Eisenhämmern bearbeiten liess , die ein Loch nach dem anderen durchschlugen : die grossen Betonbrocken fielen in das friedliche Marmorbecken , in dem noch der Hubertushirsch mit dem Kreuz zwischen dem Geweih sich erhob , oder auf diesen selber . Blöd, roh, gemein war das, wie diese Barbaren hämmerten und hämmerten , und dieses so ungemein harmonische Werk des grossen Künstlers sinnlos zerstörten -, noch gemeiner aber war, dass keiner der Passanten aber auch nur stehen blieb und eine Ahnung davon hatte, was sich da tat , geschweige denn sich empörte . Mit jedem Hammerschlag aber starb mehr in mir ab an Glück, an Glauben , an

Brief Nr. 62 vom 22.6.1946 von Maximilian Brantl an Katia Mann, 1. Seite.

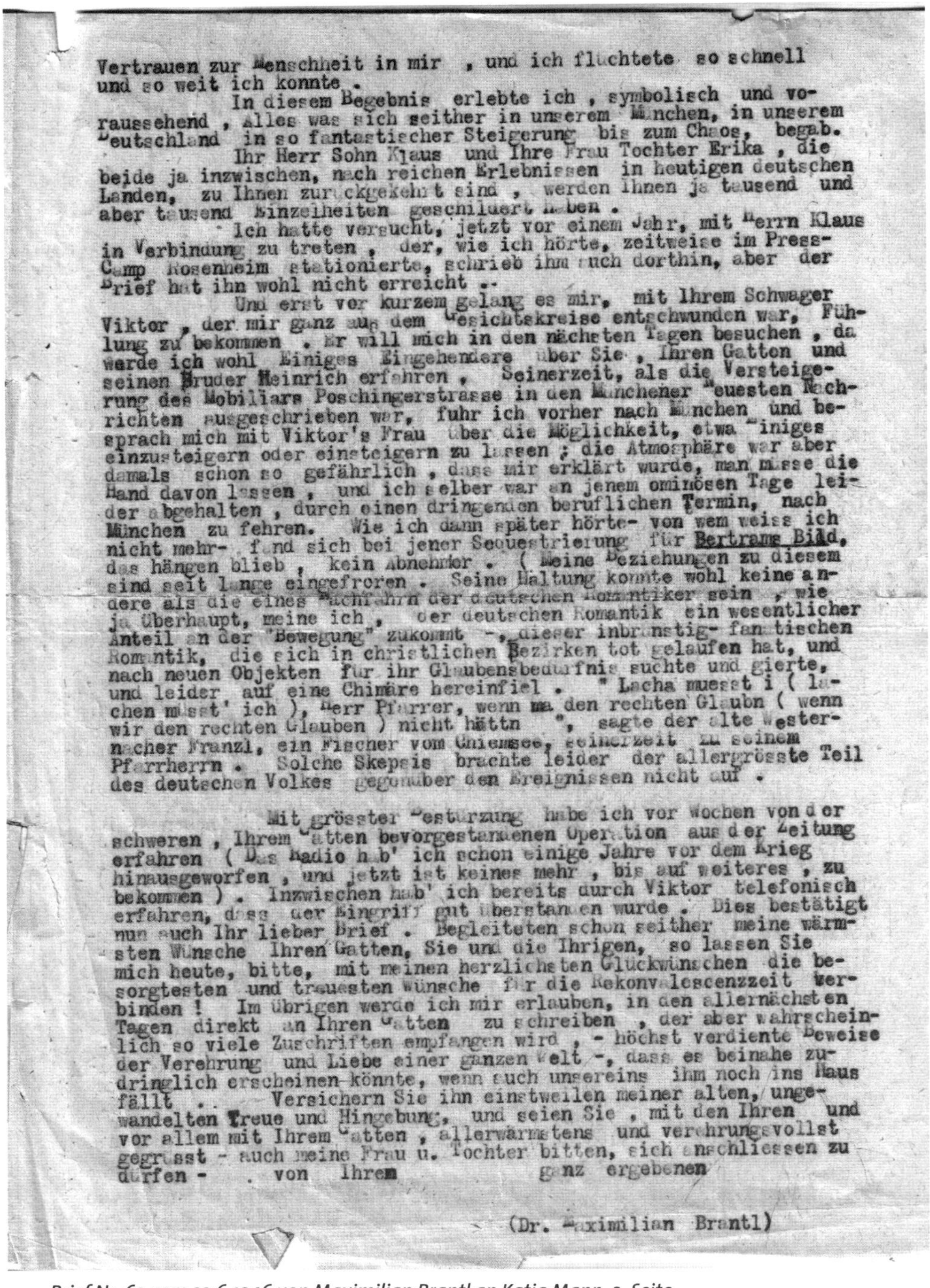

Vertrauen zur Menschheit in mir , und ich flüchtete so schnell und so weit ich konnte .

In diesem Begebnis erlebte ich , symbolisch und vorausssehend , Alles was sich seither in unserem München, in unserem Deutschland in so fantastischer Steigerung bis zum Chaos, begab.

Ihr Herr Sohn Klaus und Ihre Frau Tochter Erika , die beide ja inzwischen, nach reichen Erlebnissen in heutigen deutschen Landen, zu Ihnen zurückgekehrt sind , werden Ihnen ja tausend und aber tausend Einzelheiten geschildert haben .

Ich hatte versucht, jetzt vor einem Jahr, mit Herrn Klaus in Verbindung zu treten , der, wie ich hörte, zeitweise im Press-Camp Rosenheim stationierte, schrieb ihm auch dorthin, aber der Brief hat ihn wohl nicht erreicht ..

Und erst vor kurzem gelang es mir, mit Ihrem Schwager Viktor , der mir ganz aus dem Gesichtskreise entschwunden war, Fühlung zu bekommen . Er will mich in den nächsten Tagen besuchen , da werde ich wohl Einiges Eingehendere über Sie , Ihren Gatten und seinen Bruder Heinrich erfahren . Seinerzeit, als die Versteigerung des Mobiliars Poschingerstrasse in den Münchener Neuesten Nachrichten ausgeschrieben war, fuhr ich vorher nach München und besprach mich mit Viktor's Frau über die Möglichkeit, etwa Einiges einzusteigern oder einsteigern zu lassen ; die Atmosphäre war aber damals schon so gefährlich , dass mir erklärt wurde, man müsse die Hand davon lassen , und ich selber war an jenem ominösen Tage leider abgehalten , durch einen dringenden beruflichen Termin, nach München zu fahren. Wie ich dann später hörte- von wem weiss ich nicht mehr- fand sich bei jener Sequestrierung für Bertrams Bild, das hängen blieb , kein Abnehmer . (Meine Beziehungen zu diesem sind seit lange eingefroren . Seine Haltung konnte wohl keine andere als die eines Nachfahrn der deutschen Romantiker sein , wie ja überhaupt, meine ich , der deutschen Romantik ein wesentlicher Anteil an der "Bewegung" zukommt -, dieser inbrünstig- fantastischen Romantik, die sich in christlichen Bezirken tot gelaufen hat, und nach neuen Objekten für ihr Glaubensbedürfnis suchte und gierte, und leider auf eine Chimäre hereinfiel . " Lacha muesst i (lachen müsst' ich), Herr Pfarrer, wenn ma den rechten Glaubn (wenn wir den rechten Glauben) nicht hättn ", sagte der alte Westernacher Franzl, ein Fischer vom Chiemsee, seinerzeit zu seinem Pfarrherrn . Solche Skepsis brachte leider der allergrösste Teil des deutschen Volkes gegenüber den Ereignissen nicht auf .

Mit grösster Bestürzung habe ich vor Wochen von der schweren , Ihrem Gatten bevorgestandenen Operation aus der Zeitung erfahren (Das Radio hab' ich schon einige Jahre vor dem Krieg hinausgeworfen , und jetzt ist keines mehr , bis auf weiteres , zu bekommen) . Inzwischen hab' ich bereits durch Viktor telefonisch erfahren, dass der Eingriff gut überstanden wurde . Dies bestätigt nun auch Ihr lieber Brief . Begleiteten schon seither meine wärmsten Wünsche Ihren Gatten, Sie und die Ihrigen, so lassen Sie mich heute, bitte, mit meinen herzlichsten Glückwünschen die besorgtesten und treuesten Wünsche für die Rekonvalescenzzeit verbinden ! Im übrigen werde ich mir erlauben, in den allernächsten Tagen direkt an Ihren Gatten zu schreiben , der aber wahrscheinlich so viele Zuschriften empfangen wird , - höchst verdiente Beweise der Verehrung und Liebe einer ganzen Welt -, dass es beinahe zudringlich erscheinen könnte, wenn auch unsereins ihm noch ins Haus fällt .. Versichern Sie ihn einstweilen meiner alten, ungewandelten Treue und Hingebung, und seien Sie , mit den Ihren und vor allem mit Ihrem Gatten , allerwärmstens und verehrungsvollst gegrüsst - auch meine Frau u. Tochter bitten, sich anschliessen zu dürfen - . von Ihrem ganz ergebenen

(Dr. Maximilian Brantl)

Brief Nr. 62 vom 22.6.1946 von Maximilian Brantl an Katia Mann, 2. Seite.

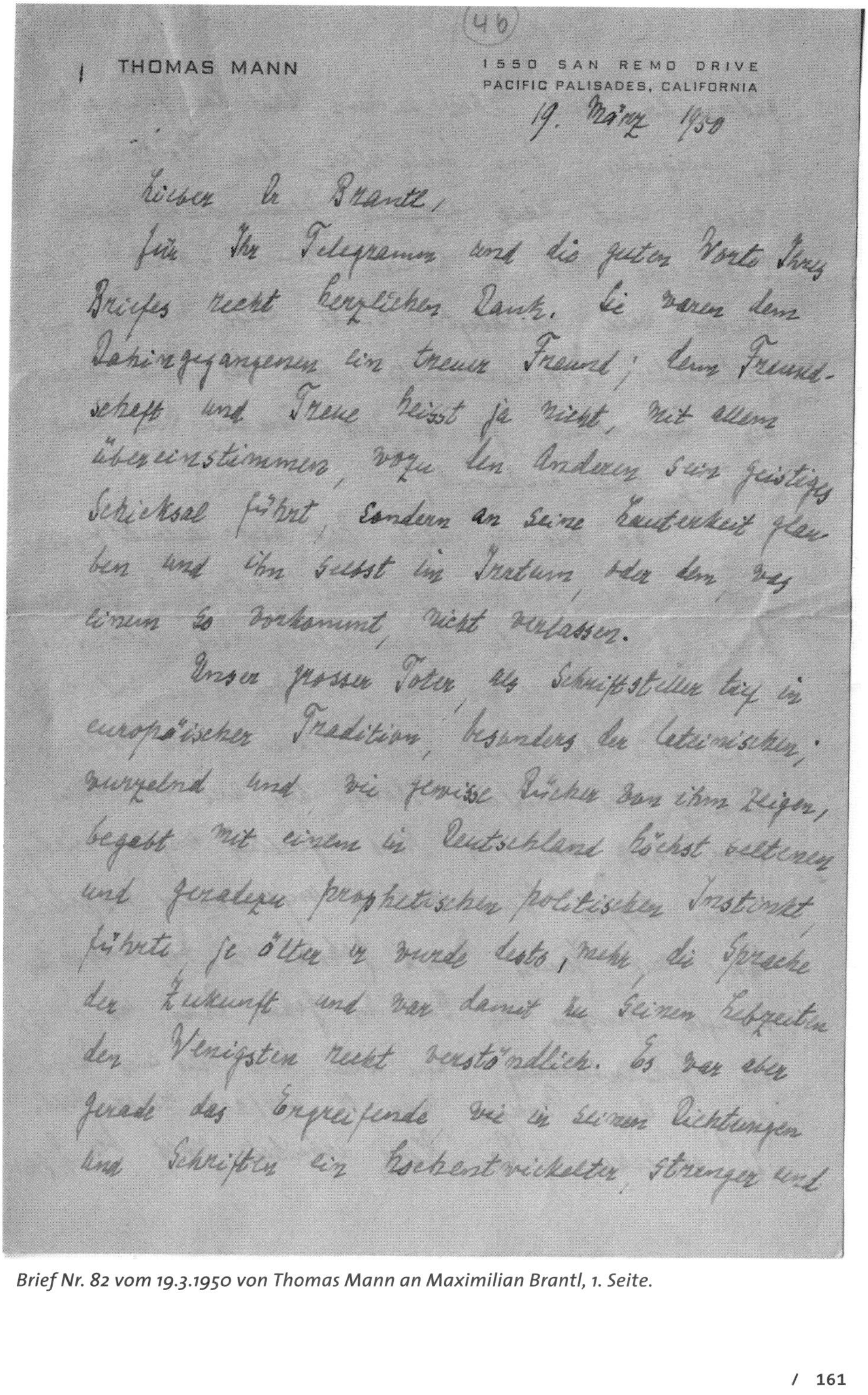
(46)

1 THOMAS MANN

1550 SAN REMO DRIVE
PACIFIC PALISADES, CALIFORNIA

19. März 1950

Lieber Dr. Brantl,

für Ihr Telegramm und die guten Worte Ihres Briefes recht herzlichen Dank. Sie waren dem Dahingegangenen ein treuer Freund; denn Freundschaft und Treue heisst ja nicht, mit allem übereinstimmen, wozu den Anderen sein geistiges Schicksal führt, sondern an seine Lauterkeit glauben und ihm selbst im Irrtum, oder dem, was einem so vorkommt, nicht verlassen.

Unser grosser Toter, als Schriftsteller tief in europäischer Tradition, besonders der lateinischen, wurzelnd und, wie gewisse Bücher von ihm zeigen, begabt mit einem in Deutschland höchst seltenen und geradezu prophetischen politischen Instinkt, führte, je älter er wurde desto mehr, die Sprache der Zukunft und war damit zu seinen Lebzeiten den Wenigsten recht verständlich. Es war aber gerade das Ergreifende wie in seinen Dichtungen und Schriften ein hochentwickelter, strenger und

Brief Nr. 82 vom 19.3.1950 von Thomas Mann an Maximilian Brantl, 1. Seite.

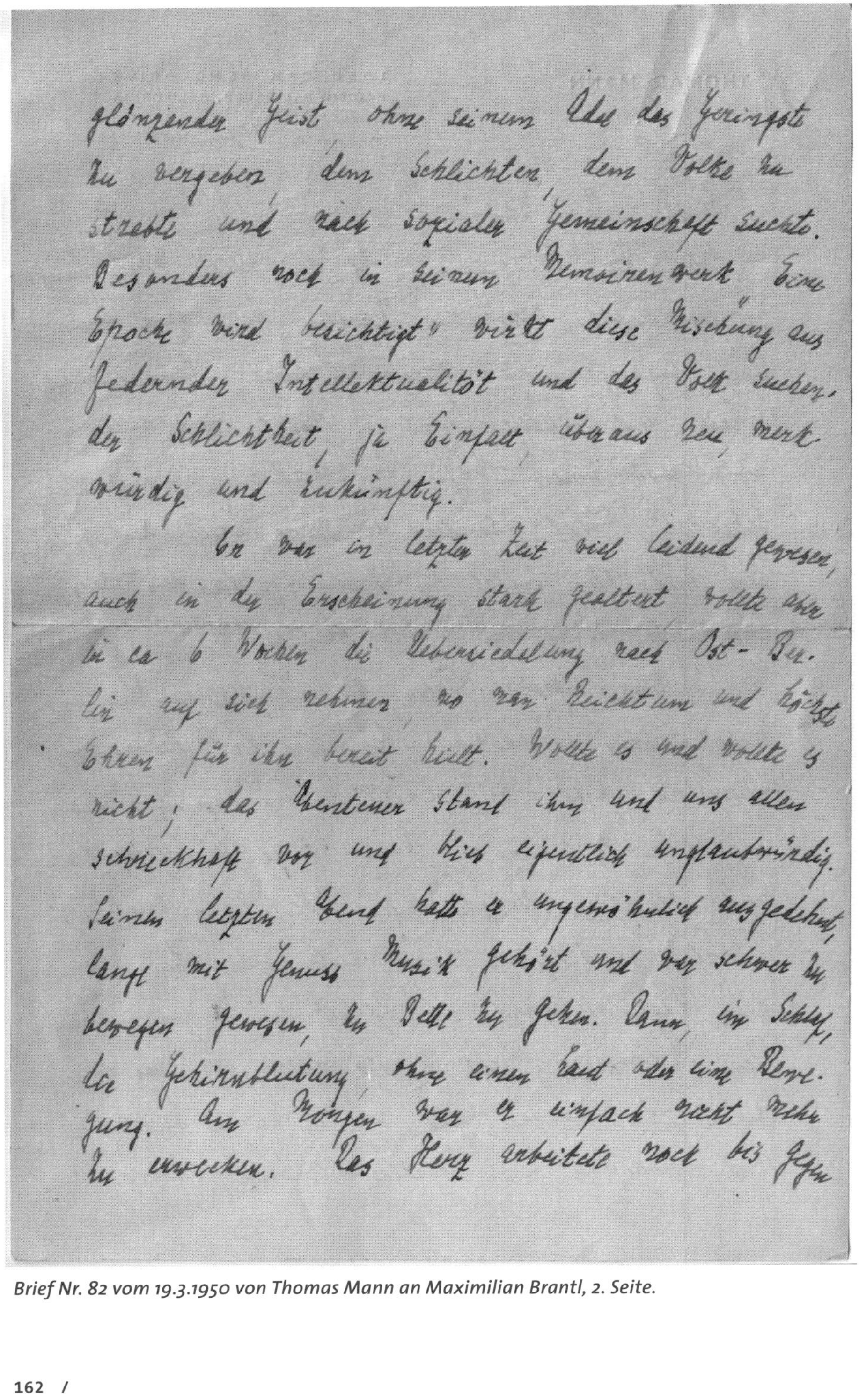

glänzender Geist ohne seinem Adel das Geringste
zu vergeben, dem Schlichten, dem Volke zu
strebte und nach sozialer Gemeinschaft suchte.
Besonders noch in seinem Memoirenwerk „Eine
Epoche wird besichtigt" wirkt diese Mischung aus
federnder Intellektualität und das Volk suchen-
der Schlichtheit, ja Einfalt, überaus neu, merk-
würdig und zukünftig.
Er war in letzter Zeit viel leidend gewesen,
auch in der Erscheinung stark gealtert, wollte aber
in ca 6 Wochen die Uebersiedelung nach Ost-Ber-
lin auf sich nehmen, wo man Reichtum und höchste
Ehren für ihn bereit hielt. Wollte es und wollte es
nicht; das Abenteuer stand ihm und uns allen
schrecklich vor und blieb eigentlich unglaubwürdig.
Seinen letzten Abend hatte er ungewöhnlich ausgedehnt,
lange mit Genuss Musik gehört und war schwer zu
bewegen gewesen, zu Bette zu gehen. Dann, im Schlaf,
die Gehirnblutung, ohne einen Laut oder eine Bewe-
gung. Am Morgen war er einfach nicht mehr
zu erwecken. Das Herz arbeitete noch bis gegen

Brief Nr. 82 vom 19.3.1950 von Thomas Mann an Maximilian Brantl, 2. Seite.

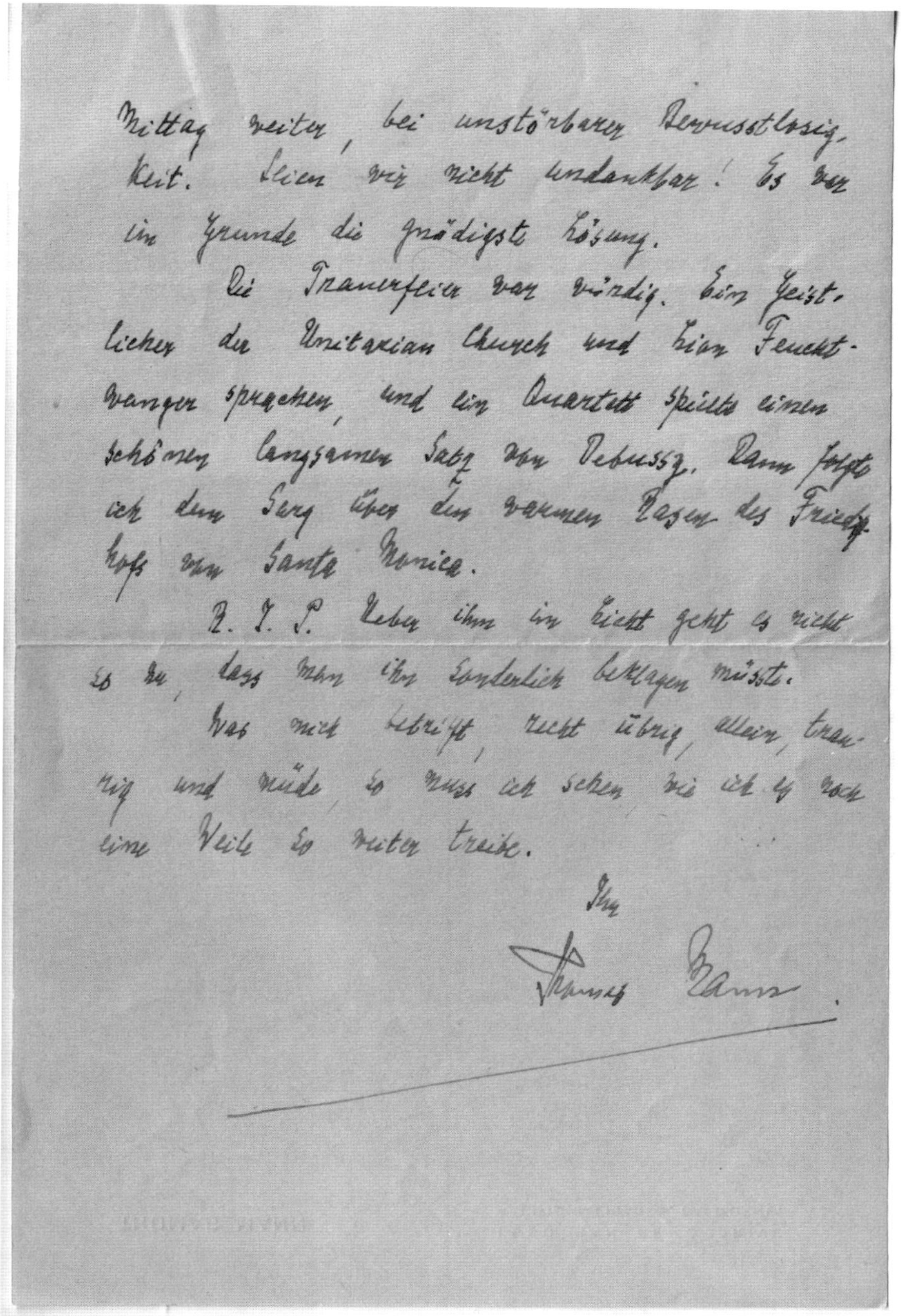

Mittag weiter, bei unstörbarer Bewusstlosigkeit. Seien wir nicht undankbar! Es war im Grunde die gnädigste Lösung.

Die Trauerfeier war würdig. Ein Geistlicher der Unitarian Church und Lion Feuchtwanger sprachen, und ein Quartett spielte einen schönen langsamen Satz von Debussy. Dann folgte ich dem Sarg über den warmen Rasen des Friedhofs von Santa Monica.

R. I. P. Ueber ihm im Licht geht es nicht so zu, dass man ihn sonderlich beklagen müsste.

Was mich betrifft, recht übrig, allein, traurig und müde, so muss ich sehen, wie ich es noch eine Weile so weiter treibe.

Ihr

Thomas Mann

Brief Nr. 82 vom 19.3.1950 von Thomas Mann an Maximilian Brantl, 3. Seite.

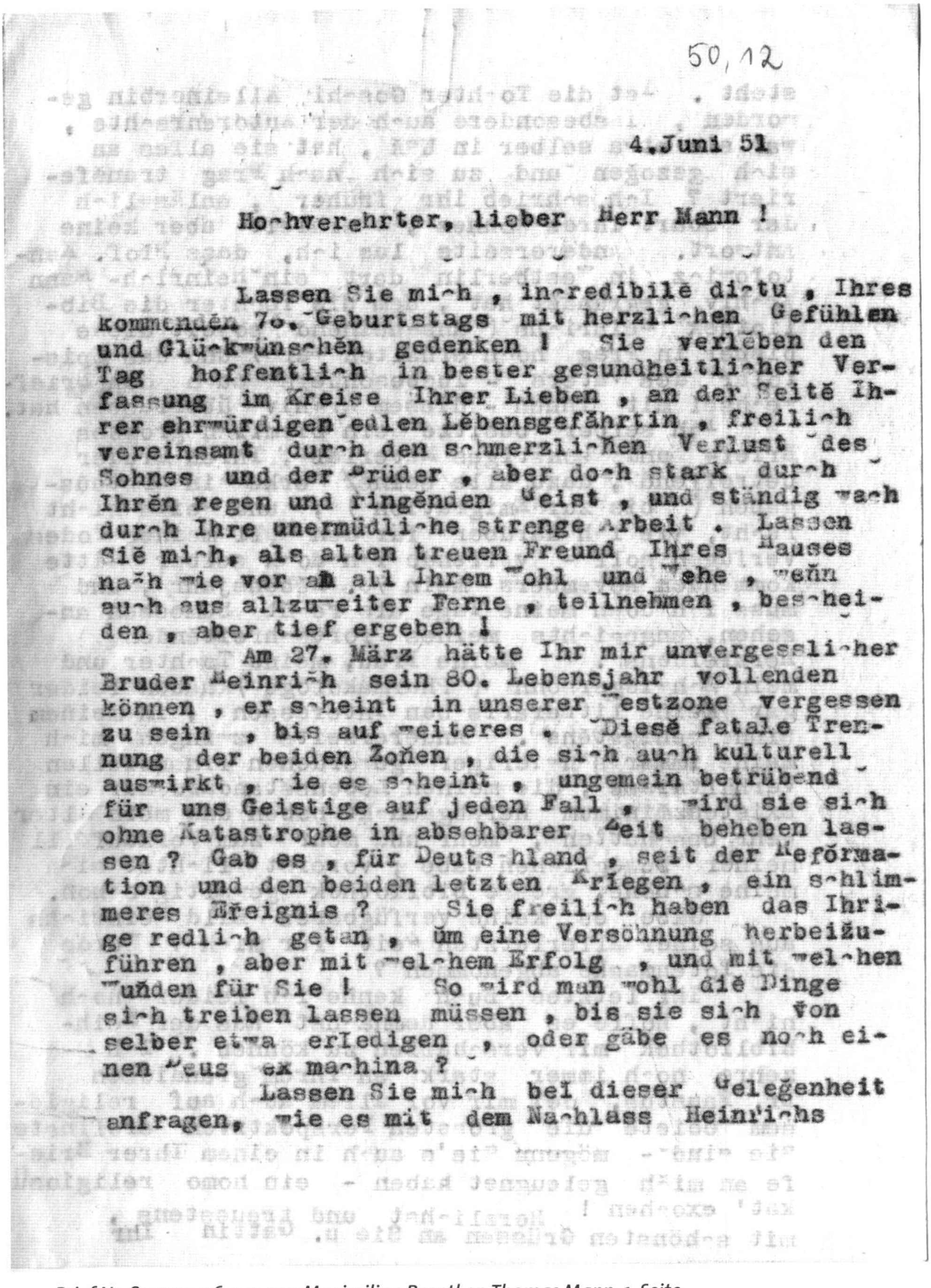

50,12

4.Juni 51

Ho^hverehrter, lieber ^err Mann !

Lassen Sie mi^h , in^redibile di^tu , Ihres kommenden 76. Geburtstags mit herzli^hen ^efühlen und Glü^k^üns^hen gedenken ! Sie verleben den Tag hoffentli^h in bester gesundheitli^her Verfassung im Kreise Ihrer Lieben , an der ^eite Ihrer ehr^ürdigen edlen Lebensgefährtin , freili^h vereinsamt dur^h den s^hmerzli^hen Verlust des Sohnes und der ^rüder , aber do^h stark dur^h Ihren regen und ringenden ^eist , und ständig ^a^h dur^h Ihre unermüdli^he strenge Arbeit . Lassen Sie mi^h, als alten treuen Freund Ihres ^auses na^h ^ie vor an all Ihrem ^ohl und ^ehe , ^enn au^h aus allzu^eiter Ferne , teilnehmen , bes^heiden , aber tief ergeben !

Am 27. März hätte Ihr mir unvergessli^her Bruder ^einri^h sein 80. Lebensjahr vollenden können , er s^heint in unserer ^estzone vergessen zu sein , bis auf ^eiteres . Diese fatale Trennung der beiden Zonen , die si^h au^h kulturell aus^irkt , ^ie es s^heint , ungemein betrübend für uns Geistige auf jeden Fall , ^ird sie si^h ohne Katastrophe in absehbarer ^eit beheben lassen ? Gab es , für Deuts^hland , seit der ^eformation und den beiden letzten ^riegen , ein s^hlimmeres Ereignis ? Sie freili^h haben das Ihrige redli^h getan , um eine Versöhnung herbeizuführen , aber mit ^el^hem Erfolg , und mit ^el^hen ^unden für Sie ! So ^ird man ^ohl die Dinge si^h treiben lassen müssen , bis sie si^h von selber et^a erledigen , oder gäbe es no^h einen ^eus ex ma^hina ?

Lassen Sie mi^h bei dieser ^elegenheit anfragen, ^ie es mit dem Na^hlass Heinri^hs

Brief Nr. 85 vom 4.6.1951 von Maximilian Brantl an Thomas Mann, 1. Seite.

steht . Ist die To-hter Gos-hi Alleinerbin geworden , insbesondere au-h der Autorenre-hte , war sie etwa selber in USA , hat sie alles an si-h gezogen und zu si-h na-h Prag transferiert ? I-h s-hrieb ihr früher , anläss-li-h der Geburt ihres Sohnes , erhielt aber keine Antwort. Andererseits las i-h, dass Prof. Kantorowi-z in Westberlin dort ein Heinri-h- Mann Ar-hiv gegründet hat , dem die To-hter die Bibliothek Heinri-hs (ans-heinend soweit diese bisher in Prag no-h erhalten war) und das Epistolar des Vaters - insbesondere au-h den Briefwe-hsel mit Ihnen - diesem Ar-hiv überlassen hat.

I-h selber besitze ein zieml-i-h grosses Brief= und sonstiges Material , Ihren Bruder betreffend , dazu alle seine Werke in Erstausgaben (bis zur Emigration) , und weiss ni-ht re-ht, wie i-h darüber für den Fall meines Todes verfügen soll - vollende i-h do-h selber Mitte kommenden Novembers mein 70. Lebensjahr , und muss i-h do-h meine Tage als re-ht bemessen ansehen, angesi-hts meines forts-hreitenden Herzleidens . Meine Frau, meine To-hter und mein S-hwiegersohn (Pharmakologe) haben leider gar keine litterraris-hen Interessen , in meinem Sinne wenigstens . Andererseits zwingen mi-h meine immer s-hwieriger gewordenen finanziellen Verhältnisse , die meinen Lebensstandard auf ein Existenzminimum herabgedrü-kt haben und mein Alter sehr bes-hatten , mehr und mehr zum Verkauf all meiner bewegli-hen Habe ; vorerst li-htet si-h meine s-höne, grosse Bibliothek gewaltig s-hon.

Gäbe es kein verfügbares Bild Heinri-hs aus seiner allerletzten Zeit für mi-h ? Wurde die Totenmaske abgenommen ?

Ihr letztes Bu-h kenne i-h leider no-h ni-ht , hoffe es aber demnä-hst aus der Leihbibliothek mir vers-haffen zu können . I-h zehre no-h immer stark an Ihrem grandiosen Dr. Faustus, der mir vor allem au-h auf religiösem Gebiete die grössten Perspektiven eröffnete. Sie sind - mögen Sie's au-h in einem Ihrer Briefe an mi-h geleugnet haben - ein homo religiosus kat' exo-hen ! Herzli-hst und treuestens , mit s-hönsten Grüssen an Sie u. Gattin Ihr

Brief Nr. 85 vom 4.6.1951 von Maximilian Brantl an Thomas Mann, 2. Seite.

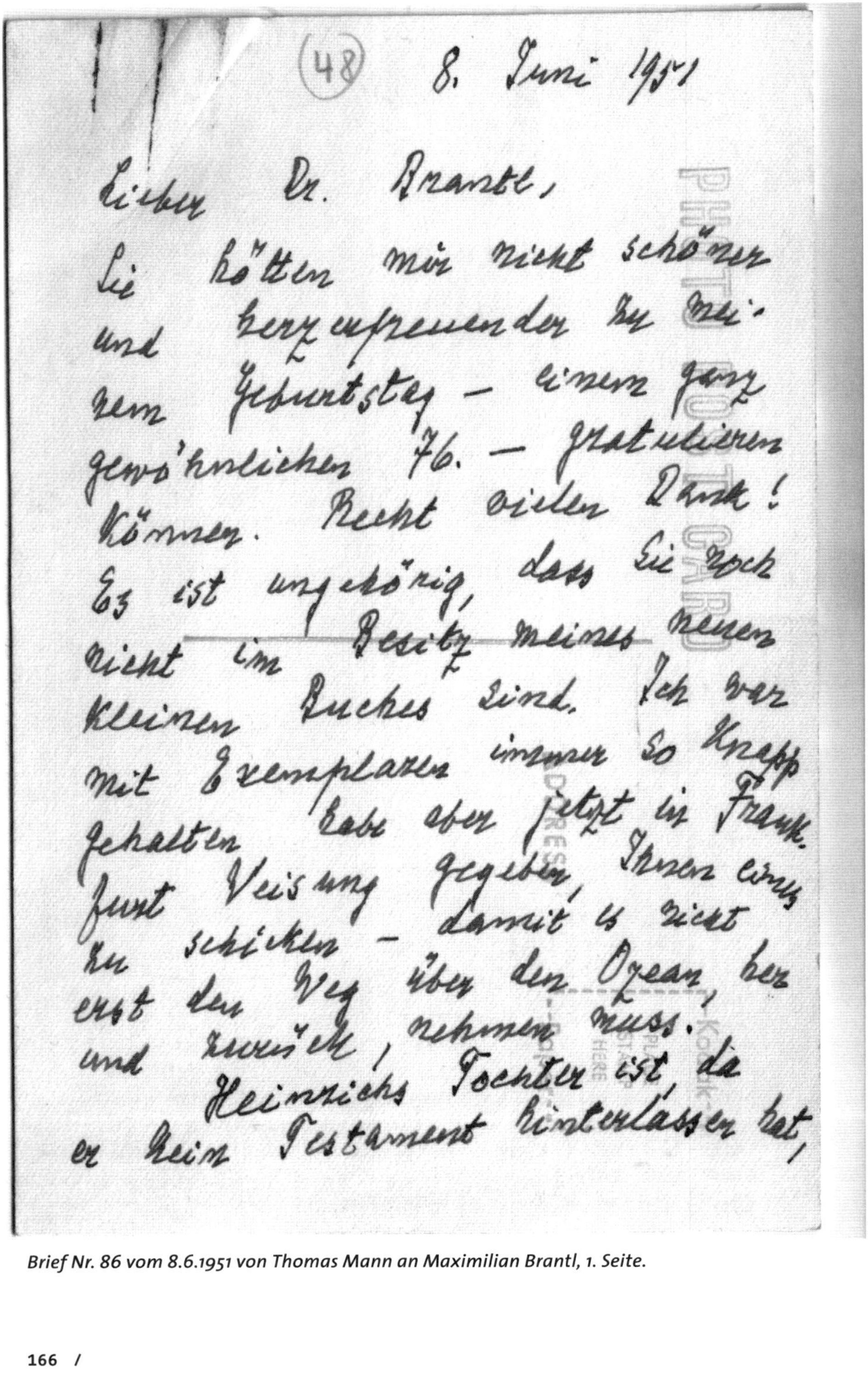

(48) 8. Juni 1951

Lieber Dr. Brantl,
Sie hätten mir nicht schöner
und herzerfreuender zu mei-
nem Geburtstag – einem ganz
gewöhnlichen 76. – gratulieren
können. Recht vielen Dank!
Es ist ungehörig, dass Sie noch
nicht im Besitz meines neuen
kleinen Buches sind. Ich war
mit Exemplaren immer so knapp
gehalten, habe aber jetzt in Frank-
furt Weisung gegeben, Ihnen eins
zu schicken – damit es nicht
erst den Weg über den Ozean her
und zurück nehmen muss.
Heinrichs Tochter ist, da
er kein Testament hinterlassen hat,

Brief Nr. 86 vom 8.6.1951 von Thomas Mann an Maximilian Brantl, 1. Seite.

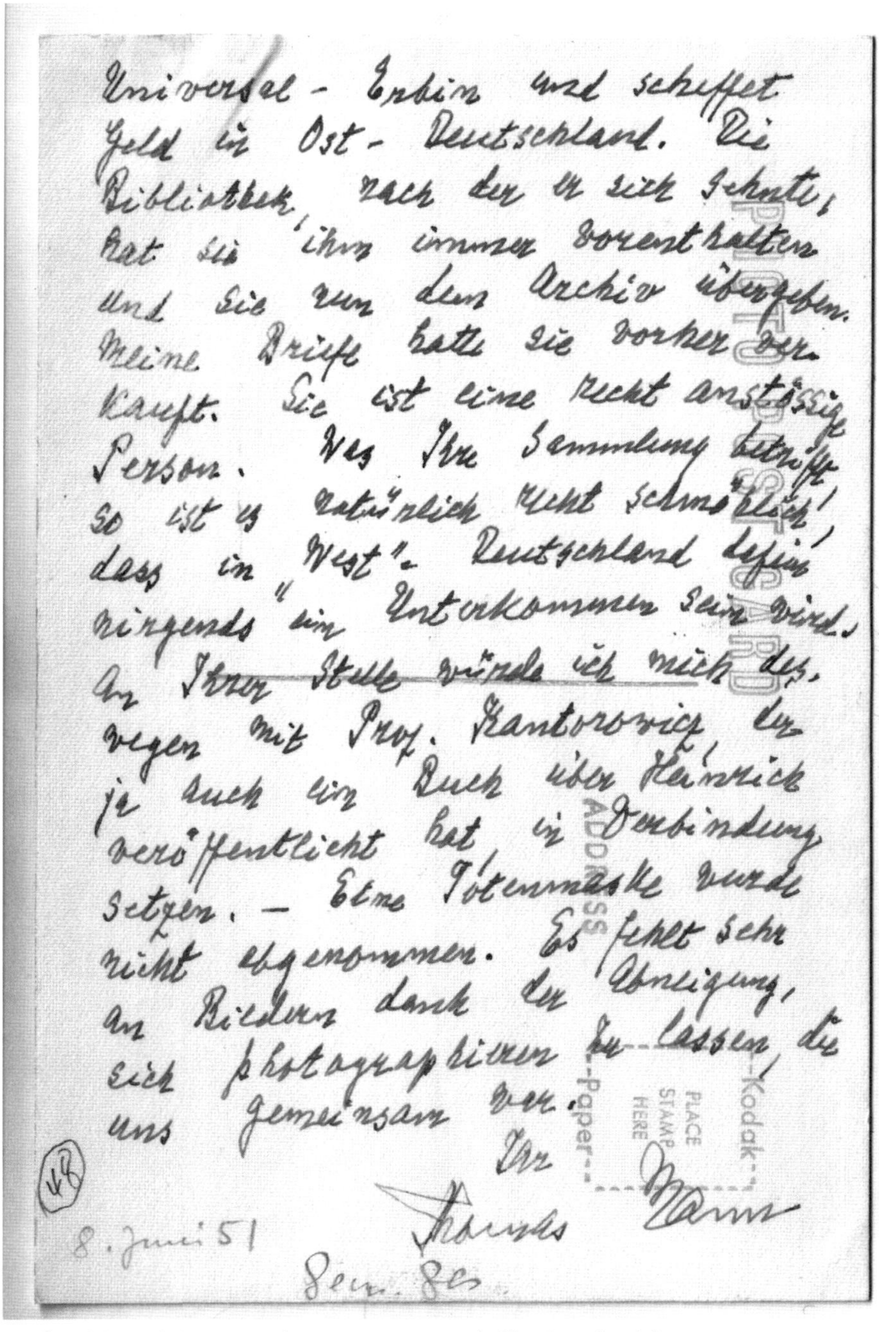
Universal-Erbin und schafft
Geld in Ost-Deutschland. Die
Bibliothek, nach der er sich sehnte,
hat sie ihm immer vorenthalten
und sie nun dem Archiv übergeben.
Meine Briefe hatte sie vorher ver-
kauft. Sie ist eine recht anstössige
Person. Was Ihre Sammlung betrifft,
so ist es natürlich recht schmählich,
dass in „West"-Deutschland diese
nirgends ein Unterkommen sein wird.
An Ihrer Stelle würde ich mich des-
wegen mit Prof. Kantorowicz, der
ja auch ein Buch über Heinrich
veröffentlicht hat, in Verbindung
setzen. – Eine Totenmaske wurde
nicht abgenommen. Es fehlt sehr
an Bildern dank der Abneigung,
sich photographieren zu lassen, die
uns gemeinsam war.
Ihr
Thomas Mann

48
8. Juni 51

POST CARD
ADDRESS
Kodak-Paper
PLACE STAMP HERE

Brief Nr. 86 vom 8.6.1951 von Thomas Mann an Maximilian Brantl, 2. Seite.

Manfred Eickhölter

Maximilian Brantl (1881–1951), Rechtsanwalt und Lyriker

I. Lebensdaten

Dr. jur. et rer. pol. Maximilian Josef Brantl wurde am 19. November 1881 in München geboren und starb am 6. Oktober 1951 in Prien am Chiemsee. Sein Vater war der Hof- und Universitätsoptiker Franz Xaver Brantl (1853-1920) aus Cham i. W. Seine Mutter Franziska Josefa Clara (1856-1924), geborene Buchner, entstammte einer alteingesessenen Bürgerfamilie. Brantls Eltern waren die Inhaber der im Jahr 1801 gegründeten Firma Nikolaus Buchner in München, Frauenplatz 10, heute bekannt als Buchnerhaus. Nach dem Tod der Eltern führte Max Brantls jüngerer Bruder Nikolaus die Firma weiter. Max Brantl war das älteste von vier Geschwistern, zwei Jungen und zwei Mädchen.

Im Anschluss an den Besuch der Domvolksschule in München verbrachte Max Brantl von 1891 bis 1900 neun Schuljahre auf dem humanistischen Benediktinergymnasium in Metten (Niederbayern) und schloss dort mit der Reifeprüfung ab. Brantl, fast durchgehend ein guter bis sehr guter Schüler, hielt eine „Aufsehen erregende Abschiedsrede über die Freiheit“.[1] In der Schulzeit schrieb er ab 1897 regelmäßig Tagebuch, gelegentlich auch szenische Spiele und Gedichte. Briefe an Eltern, Verwandte oder Freunde unterlagen einer Zensur, Tagebücher

1 Dr. Paul Weigl: Nachruf auf M. Brantl, in: Alt und Jung Metten, Jg. 18, H. 2 und 3, 1951/52, 90-92: „In jugendlichem Freiheitsdurst vermeinte er alle Bindungen, auch die an den Glauben seiner Kindheit, lösen zu müssen, um sein Leben nach rein persönlichen Ideen aus sich selbst zu formen. Kein Wunder, daß er Jahre lang in den Bann Nietzsches geriet.“

konnten entdeckt und konfisziert werden. 1898 erschienen in einem Lokalblatt aus Rottach-Egern am Tegernsee die ersten gedruckten Gedichte[2] des damals erst 16-Jährigen. Brantl studierte in München, Berlin und Würzburg zwischen 1900 und 1904 Rechts- und Staatswissenschaft. Nebenher erweiterte er seine Sprachkenntnisse bei längeren Aufenthalten in der französischen Schweiz sowie in England. Brantl beherrschte unter den neuen Sprachen Italienisch, Französisch und Englisch.

Nach Abschluss des Studiums in Würzburg war er zwei Jahre an verschiedenen Gerichten als Rechtspraktikant tätig[3] und bestand 1907 den Staatskonkurs.[4] 1906 erschien im Selbstverlag Brantls erster Gedichtband *Meeresstille und glückliche Fahrt.*[5] Nach Erscheinen des Buches musste Brantl dem wenig freudig überraschten Vater zusagen, ein angekündigtes Dissertationsprojekt zügig in Angriff zu nehmen und abzuschließen. 1908 verfasste Brantl seine Dissertation.[6] Am 3. Oktober des Jahres wurde er bei den Münchner Gerichten als Rechtsanwalt zugelassen (Landgericht I und II sowie Oberlandesgericht). Dort übte er gemeinschaftlich mit seinem Sozius Dr. Paul Tuchmann im Haus Ottostraße 1 am Lenbachplatz die Anwaltstätigkeit aus. Ein Arbeitsschwerpunkt war Handelsrecht, daneben war er „Spezialist auf dem Gebiete des literarischen und künstlerischen Urheber- und Verlagsrechts, und als solcher Syndicus des Schutzverbands deutscher Schriftsteller".[7] Zwischen 1913 und 1918 war Brantl Mitglied des Schutzverbandes in der Ortsgruppe München. 1915 publizierte er in einer Fachzeitschrift über die „Veröffentlichung von Briefen".[8]

2 Maximilian Brantl: Unser Bismarck, in: Alpen-Bote (Rottach-Egerner Anzeiger). Lokalblatt für Rottach-Egern und Umgebung, Jg. 1, Nr. 91, 4. August 1898 [Todestag Bismarcks war der 30. Juli]; ders.: Zum 2. September 1898, in: Alpen-Bote, Jg. 1, Nr. 102, 1. September 1898.

3 Amtsgericht Würzburg, Landgericht München I, Polizeidirektion München und Bezirksamt Lindau, Allgäu.

4 Staatskonkurs war im damaligen bayerischen Juristendeutsch vom Sinn her gleichbedeutend mit dem heutigen Begriff Staatsexamen.

5 Maximilian Brantl: Meeresstille und glückliche Fahrt. München: Eigenverlag 1906, gedruckt in Enzisweiler bei Lindau.

6 Vollständiger Titel: „Die materiellen Voraussetzungen gesetzlicher Sanierungsbeschlüsse. Inaugural-Dissertation, verfasst und der Rechts- und Staatswissenschaftlichen Fakultät der Universität zu Würzburg zur Erlangung der Rechts- und Staatswissenschaftlichen Doktorwürde vorgelegt von Maximilian Brantl, Rechtspraktikant in München, München 1908".

7 Zitiert nach Brantl: Lebenslauf, verfasst am 12. Januar 1925 anlässlich einer Bewerbung zum „rechtskundigen Bürgermeister" für die Stadt Lindenberg im Allgäu. Zwischen 1908 und 1916 vertrat Brantl eine Reihe von Persönlichkeiten, Künstlern und Autoren in Rechtsangelegenheiten, u. a. Heinrich und Thomas Mann, Elisabeth Förster-Nietzsche, Bruno Frank, Alfred Kerr, Klabund (Pseudonym für Alfred Henschke), Karl Kraus, Josef August Lux, Max Oppenheimer und Richard Schaukal.

8 Leipziger Zeitschrift für Deutsches Recht, Jg. IX, 1. Mai 1915, Sp. 602-696.

Am 4. Januar 1916 wurde er zum Militär eingezogen und blieb bis zum 31. Dezember 1918 im Dienst. „Nach längerer Ausbildung bei der Truppe" wurde Brantl, der „ungediente Landsturmmann", zu „untersuchungsrichterlicher Tätigkeit" als „Militärschreiber" mit Beamtenstatus bei einem Münchner Kriegsgericht (Münchner Landwehr-Inspektion) abkommandiert.[9] 1917 erhielt er das König-Ludwig-Kreuz für „Heimatverdienste während der Kriegszeit". Es muss in der Dienstzeit schwerwiegende Vorfälle gegeben haben, denn Brantls private Krankenberichte sprechen von mehreren Nervenzusammenbrüchen.

Zwischen 1906 und 1916 publizierte Brantl Lyrik[10] und einige Besprechungen. Im selben Zeitraum erschienen zahllose Einzelveröffentlichungen in verschiedenen populären Kultur- und Literaturzeitschriften wie *Die Jugend, Simplicissimus, Die Schaubühne* und *Die Aktion*.

Mit Jahresbeginn 1919 übernahm Brantl am 4. Januar in Prien/Chiemsee die Anwaltspraxis eines verstorbenen Kollegen und erlangte Zulassung bei den lokalen Gerichten in Prien und Traunstein.[11] Sein Münchner Sozius Tuchmann war im Krieg gefallen, eine Fortsetzung der Kanzlei schloss Brantl für sich aus. Ausschlaggebend waren laut eigenen Angaben in Briefen an Hans Brandenburg und Max Stefl auch die „Zustände in der Stadt". 1921 erwarb er ein Haus in Prien, am 7. März 1922 heiratete er Paula Rosa Helene Meyer, Tochter des Oberpostmeisters Wilhelm Ferdinand Ludwig Meyer. Am 27. Dezember 1922 wurde Veronika Brantl geboren, das einzige Kind der Ehe.[12] Brantl betrieb seine Anwaltspraxis in Prien mit einer Unterbrechung zwischen dem 1. August 1928 und dem 16. Oktober 1931 bis an sein Lebensende. Im Zeitraum von 1919 bis 1933 schien er keine literarischen Texte im engeren Sinne publiziert zu haben.

Bei einer Befragung zur „Personal- und Befähigungsnachweisung" im Jahr 1939 teilte Brantl den nationalsozialistischen Behörden mit:

> Nach der Machtübernahme trat ich am 6. Oktober 1933 dem nationalsozialistischen Bund deutscher Juristen (jetzigem NS-Rechtswahrerbund) als Mitglied bei, sowie am 1. Januar 1939 der NS-Volkswohlfahrt und im Jahre 1935 dem Reichsluftschutzbund. Vor der Machtübernahme habe ich keinerlei politischer Vereinigung, Partei, Verband, Organisation

9 Brantl: Lebenslauf (siehe Anm. 7).

10 1908 erscheint bei Alfred Richard Meyer in Berlin-Wilmersdorf das Bändchen *Von einer Toten*, 1910 das Buch *Liebesstrophen*.

11 Die Wahl des Ortes und der Region ist nicht ganz zufällig, denn die Vorfahren seiner Mutter stammen von dort.

12 Max Brantl war auch Vater eines 1911 geborenen unehelichen Sohnes namens Hans Reiter. Hans Reiter wuchs bei Pflegeeltern auf. Brantl zahlte für ihn Alimente bis zur Vollendung des 16. Lebensjahres. (Unterlagen im privaten Nachlass Brantls).

angehört, auch nicht der Freimaurerloge oder einem ähnlichen Verband. Andererseits bin ich seit langen Jahren Mitglied der Goethegesellschaft Weimar [seit 1917] sowie der Nietzschegesellschaft bzw. des Verbands der Freunde des Nietzschearchivs Weimar [seit 1930] und des italienischen Touringklubs.[13]

Brantl, der das Amt eines Rechtsbetreuungsstellenleiters (Betreuungsstelle für unbemittelte Volksgenossen) in Prien seit dem 18. Dezember 1934 innehatte, wurde am 14. Juni 1937 „dringend ersucht", der NSDAP beizutreten. Er lehnte mit Angabe von Gründen ab.[14] Daraufhin wurde ihm das Amt entzogen und im Oktober 1938 einem Parteimitglied übertragen. Nach dem Ende der nationalsozialistischen Diktatur wurde Brantl am 22. September 1945 von den amerikanischen Besatzungsbehörden wieder als Rechtsanwalt zugelassen.

In der Zeit des Nationalsozialismus unternahm Brantl mehrere Versuche, Lyrik zu publizieren. 1934 scheiterte die Absicht, im Insel-Verlag einen Band mit ca. 60 Gedichten unterzubringen: *Vom Wege des Herzens. Gedichte und Lieder.* Das Manuskript, ein handgeschriebenes, bibliophil ausgestattetes Werk, das Brantl aus Anlass des 60. Geburtstages des Insel-Verlegers Anton Kippenberg nach Leipzig sandte, wurde von Kippenbergs Frau Katharina ohne Angabe von literarischen Gründen abgelehnt.[15] 1935 erschien bei Heinrich F. S. Bachmair (1889-1960) in München *Formen des Eros. Verse aus Italien.* Gewidmet ist das Buch dem Dichter Hans Carossa. Im selben Jahr erschien ebenfalls im Verlag von Bachmair *Frühlingsfahrt nach Südtirol.*[16]

1943 versuchte der Verlag Hanns G. Müller in Planegg, Druckerlaubnis und Papierzuteilung für ein Gedichtbuch Brantls bei dem für Zensurfragen zuständigen Werbe- und Beratungsamt für das deutsche Schrifttum in Berlin zu erwirken. Die Behörde gestattete im Herbst 1943 den Druck eines Teils, lehnte aber Texte, die als Zeitkritik verstanden werden konnten, als literarisch minderwertig ab. Brantl zog das Manuskript zurück.

13 Der Fragebogen hatte das Ziel, den sogenannten „Ariernachweis" zu erbringen; der Vollständigkeit halber sei an dieser Stelle erwähnt, dass Brantl 1943 auch Mitglied der Adalbert-Stifter-Gesellschaft in Wien wurde.

14 Die schriftliche Begründung Brantls hat sich in dem privaten Nachlass nicht gefunden. An verschiedenen Briefstellen heißt es von seiner Seite, er habe unter Bezugnahme auf die *Antigone* des Sophokles seine Ablehnung, der NSDAP beizutreten, mit dem Satz begründet: „Ich bin nicht geboren, mit zu streiten, ich bin geboren, mit zu lieben."

15 Das Buch befindet sich im Deutschen Literaturarchiv Marbach, Archiv Kippenberg.

16 Nach Abschluss des Manuskriptes sind noch sieben Gedichte Brantls, die zwischen 1940 und 1945 im Simplicissimus abgedruckt wurden, bekannt geworden: *Mein kleines Haus* (1940, H. 47, 558); *Nacht* (1941, H. 12, 191); *Sommertag* (1941, H. 33, 520); *Aus der Kinderzeit* (1942, H. 35, 552); *Vor der Nacht* (1942, H. 43, 687); *Das Käuzchen* (1943, H. 16, 234); *Villa über dem Fluß* (1943, Jg. 48, H. 40, 525). Ein erster Lektüreeindruck vermittelt idyllische Atmosphären; in Brantls Nachlass haben sich keine Hinweise auf diese Texte oder auf Verlagskorrespondenzen gefunden. Es kann damit gerechnet werden, dass bei systematischer Suche weitere Texte zutage treten werden.

Im März 1943 wurde ein Gedicht Brantls mit dem Titel *Helden* in der ebenfalls bei Hanns G. Müller erscheinenden Zeitschrift *Leib und Leben. Monatsschrift für natürliche Lebensordnung* abgedruckt.[17] Im Kontext des Heftes, das zum Durchhalten nach den „Ereignissen von Stalingrad" auffordert, ist Brantls Gedicht eine Heroisierung der Frontkämpfer. Für sich genommen ist es auch Ausdruck des Wunsches, der den „Erben schmerzlich geopferte Tod" möge „euch Kraft" zeugen.

Im Oktober 1943 reichte Brantl bei der Zeitschrift *Simplicissimus* eine von ihm besorgte Übersetzung des Gedichts *Anruf* von Gabriele D'Annunzio ein. Der Abdruck wurde abgelehnt, „da wir es diesmal nicht so recht geeignet für den ‚Simplicissimus' fanden."[18] Das elegische Gedicht ermutigt seinen Leser, im Angesicht des sicheren Todes, aufsteigender Verzweiflung und Angst vor Schmerzen nicht zu resignieren, sondern sich demütig und zugleich stolz zu opfern.[19]

Seit dem Tod seiner Mutter 1924 war Max Brantl zusammen mit seinem Bruder und seinen zwei Schwestern Eigentümer des elterlichen Hauses am Frauenplatz 10 in München. Die mehrgeschossige Liegenschaft wurde überwiegend zu Geschäftsnutzungen vermietet. Im Haus betrieb Nikolaus Brantl das Optikergeschäft der Eltern und Großeltern weiter, auch an diesem Betrieb war Max Brantl geschäftlich beteiligt. Nach mehreren Angriffen mit reparablen Schäden wurde das Gebäude am 8. Januar 1945 vollständig vernichtet. Brantl verlor nach eigenen Angaben vier Fünftel seiner Einnahmen durch diesen Verlust. Im Frühsommer 1945 wurde sein in Bahnhofsnähe gelegenes Wohnhaus in Prien von den Besatzungsbehörden für zwei Monate beschlagnahmt. Während dieser Zeit konnten er und seine Familie bei den Schwiegereltern unterkommen. Brantl wehrte sich (vergeblich) gegen die Beschlagnahmung seines Hauses mit dem Hinweis, die amerikanischen Behörden sollten sich zunächst der geräumigen Anwesen ehemaliger führender Parteimitglieder in Prien bedienen. In dieser Zeit erlitt Brantl, der gesundheitlich mit

17 Helden: Dröhnend, mit ehernen Schlangen, / rauscht es und braust in die Bahn, / fordert heraus, es zu zwingen: / Schicksal, wir nehmen dich an! // Sterbliche, hart und entschlossen, / waffnet uns Glauben und Glut. / Sinken um uns die Genossen, / schürt unsre Flammen ihr Blut. // Immer auf's neue den Erben / schmerzlich geopferter Tod! / Leben! Aus heiligem Sterben / treibendes, frohes Gebot! // Weiht unsern Gräbern die Palme! / Ewig, auf goldenem Schaft, / strotzen von Früchten die Halme, / zeugt unsre Asche euch Kraft.

18 Schreiben der Hauptschriftleitung des Simplicissimus an Dr. Maximilian Brantl vom 30. Oktober 1943.

19 Anruf: Dies ist der Weg, mein Bruder, zieh in Frieden! / Der Weg ist gut, doch steht an seinem Ende / der Tod, er hält ein tiefes Bett Dir offen. / Die Hoffnung nimm mit Dir, als einzige Fackel! / Mit Singen schreite, falls Du liebst zu singen! / Wenn Du's vermagst, so singe sogar heiter! / Zerbrich den Unmut, wenn mit zähem Peche / Dein Feind, der Geist der Trübe, Dich umwickelt! // Und kommt Dir dann der Ritter Schmerz entgegen, / und lodern ihm durchs Visier seine Augen: / Du fürchte nicht das Eisen seiner Lanze! // Dein großes Herz, reich es nur hin dem Stoße! / Nur darfst Du niemals Deine Kniee beugen, / „Halt ein!" nicht rufen, so viel Blut auch quille!

chronischen Lungenleiden und seit Ende der dreißiger Jahre auch mit Herzproblemen zu tun hatte, einen Angina-Pectoris-Anfall. Nach Rückgabe des Hauses beklagte er keinerlei (bedeutende) Verluste seiner reichen Bestände an Kunstwerken und Büchern, wohl aber die Tatsache, dass aus seinem Garten alle Wintervorräte an Brennholz verbraucht worden waren, um, wie er in Briefen an Freunde und Bekannte darlegte, täglich heiß baden zu können.[20]

Max Brantl lebte als gläubiger Katholik. Getauft in München, empfing er am 5. August 1892 die erste heilige Kommunion in der St.-Michaelis-Klosterkirche in Metten bei Deggendorf/Niederbayern. Zwischen 1900 und 1920 wandte er sich geistig vom Katholizismus ab, danach intensivierte er seine Bindungen wieder. Eng geknüpft blieb die Verbindung zu seiner ehemaligen Schule, unter anderem vermittelt durch die aktive Mitarbeit an einer Ehemaligenzeitschrift. Brantl war regelmäßiger Kirchgänger und saß immer in der ersten Reihe. Die Rede an seinem Grab am 9. Oktober 1951 hielt Monsignore Dr. Röck. Er hob hervor, Brantl habe beim Empfang der heiligen Sakramente das Tedeum auswendig lateinisch gebetet. Dr. Paul Weigl, Mitherausgeber der Zeitschrift *Alt und Jung Metten*, schrieb der Witwe Paula Brantl:

> Was wir für uns erstreben und unseren Schülern im Leben mitgeben wollen, hat er beispielhaft in sich verkörpert: die Einheit von tiefer Religiosität und gepflegter Geistigkeit. Wir zählen ihn zu den Besten, die sich Mettener heißen.

Ab 1945 konnte Brantl frei publizieren. 1946 erscheint aus seiner jüngsten und letzten Schaffenszeit der Lyrikband *Strophen an Gott*, entstanden in den letzten Kriegsmonaten, als auch Prien häufig von Geschwadern überflogen und insbesondere die Bahnhofsgegend, wo Brantls Haus stand, angegriffen wurde. Die erste und einzige Auflage des im Verlag Heinrich Bachmair, Starnberg am See, in einer Höhe von 3.000 Exemplaren gedruckten Bandes war rasch vergriffen. Brantl widmete das Werk Heinrich Mann, „zum 75. Geburtstag, in unentwegter Treue, in größter Dankbarkeit, in tiefer Verehrung".

1947 erschien, ebenfalls bei Bachmair, *Laute des Eros*, eine kritisch bearbeitete Sammlung von Gedichten aller Schaffensphasen, „mein Lebenswerk".

Max Brantl wurde seit 1945 mehrfach zu Lesungen in der Chiemgau-Region eingeladen, es erschienen Gedichte in Zeitschriften und Zeitungen, unter an-

20 In Brantls Haus waren sechs Rotkreuzschwestern untergebracht; auch wurde das Haus als eine Art Kasino genutzt; ein direkter Kontakt war verboten, wohl aber konnte Brantl seinen Garten weiter betreten.

derem in dem von Karl Lemke herausgegebenen *Münchner Kulturpressedienst*. Lemke war ein Freund Heinrich Manns. Zu Pfingsten 1948 brachte das *Oberbayerische Volksblatt* in Rosenheim einen Beitrag des Thomas-Mann-Forschers Hans Bürgin[21] mit dem Titel *Maximilian Brantl, ein bayerischer Dichter:*[22]

> Der Verlag Heinrich F. S. Bachmair in Starnberg am See legt das Lebenswerk eines deutschen Lyrikers vor, der bisher in aller Stille gewirkt hat, und von dem nur hier und da in Zeitschriften Proben seiner Kunst bekannt wurden. Ein hoher Endsechziger heute, Jurist von Beruf, geborener Münchener, lebt er in Prien am Chiemsee und wählte dort aus seinem Schatz lyrischer Eindrücke und Erlebnisse das aus, was bleibenden Wert hat, und legt es der Öffentlichkeit vor. Ein doppelsinnig-beziehungsreicher Titel, „Laute des Eros", schmückt das schmale Bändchen von 150 Seiten. In einem kleinen Versstück erläutert er den Titel: „Der Gott vertraute Dir die goldne Laute. / Musik des Herzens rauschte, rang und sang / einfältig, herb und süß, voll Ueberschwang / – Akkorde, Dissonanzen, Dur und Moll – / Doch wie's auch tönte, stöhnte, stockte, quoll: / des Eros Laute waren Menschenlaute."
>
> Musik des Herzens, eines schlichten, einfachen, geraden und redlichen Herzens, das ist der Grundton dieser lyrischen Sammlung. In sieben Stimmen läßt sie der Dichter ertönen, vom Aufruhr des Herzens, von seiner Liebe, von der Natur und Kunst singt er, um am Ende, in der „Vox serena", „Vox beata" und „Vox humana" von den einfachen Dingen des Lebens zu erzählen, von dem kleinen Haus, einem Herbstabend, einer Vollmondnacht oder von Blumen. Eine reine geläuterte Sprache voll Formgefühl und künstlerischem Gewissen weiß den einfachen Tatsachen einen überhöhten Sinn zu geben und abstrakten Dingen den menschlichen Gehalt zu bewahren. Es behält alles seine unscheinbare, anspruchslose Gestalt – kein greller pathetischer oder übersteigerter Ton mischt sich hinein – und dadurch wirkt es echt, menschlich tief, ergreifend. „Ob es genügt?" fragt Maximilian Brand am Schluß seiner Sammlung ...
>
> „Ich weiß es nicht. / Sehr wenig nur sagt mein Gedicht / verschweigt sehr viel. In seinen Schrein / ließ ich sehr vieles nicht hinein / nicht schrillen Schrei, nicht Haß noch Hohn / verstörten Klang und bitteren Ton / verirrte Brunst, verzerrte Schau / verstiegnen Geistes Nebelgrau ... / Ob es genügt? ... / Bald nein, bald ja / sag ich mir selber, und steh' da / ein Mensch wie Du, nicht groß, nicht klein / nichts anderes als mein Herz war mein."
>
> Musik eines Herzens, eines redlichen, offenen, aufrichtigen Herzens: das ist das Gute an dieser Lyrik, daß dahinter ein Mensch steht, der uns nichts vormachen will mit großen Worten, steilen Gebärden und edlen Gefühlen. In einem früheren kleinen Gedichtband, den „Strophen an Gott", die in der Zeit der deutschen Katastrophe entstanden, hat er vor Gott und Menschen sein Schuld- und Reuebekenntnis abgelegt. Erschütternd, aufwühlend in seiner menschlichen Haltung, Schrei einer gequälten Seele, die sich zum Sprecher eines in Schuld verstrickten Volkes macht. Dieses Heft hat der Dichter seinem alten Freunde Heinrich Mann gewidmet, der heute in Amerika lebt. Dr. Hans Bürgin

In der national wie regional lebhaften bis heftigen Reaktion auf seine beiden Bücher entdeckte Brantl keine Zeichen für die intellektuelle Lebendigkeit seiner

21 Hans Bürgin, der in Kappeln an der Schlei lebte, ist der Thomas-Mann-Forschung vertraut u. a. durch eine Briefausgabe Thomas Manns sowie durch eine Thomas-Mann-Chronik.

22 Der Beitrag ist laut eines Dankesschreibens von Max Brantl an Karl Lemke auch im Münchner Kulturpressedienst, herausgegeben von Karl Lemke, 1948 erschienen; wann genau, ist nicht ermittelt.

dichterischen Stimme, er resigniert. 1949 erklärte er sich in Briefen an Freunde als Autor für gescheitert. Auch seine Anwaltspraxis lag danieder. Sie konnte sich gegen die Konkurrenz von sieben Anwälten in Prien, von denen die meisten nach Kriegsende als Vertriebene zugezogen sind, nicht behaupten. Brantl lebte zuletzt vom Verkauf seiner Kunstschätze und seiner reichen Bibliothek.

1952 erschienen posthum Übersetzungen Brantls von Gedichten D'Annunzios, Mallarmés und Regniers in einer Anthologie des Wiener Lyrikers Felix Braun: *Die Lyra des Orpheus.*[23] Brantl las kurz vor seinem Tode die Korrekturfahnen und war beglückt, dass Braun seine Übersetzung des Gedichtes *Nachmittag eines Fauns* von Stéphane Mallarmé akzeptiert hatte und nicht die konkurrierende von Stefan George.

II. Begegnungen: Hans Carossa, Franziska zu Reventlow, Heinrich Mann

Hans Carossa

Im Herbst 1933 sandte der Arzt, Lyriker und Erzähler Hans Carossa (1878-1956) eines der ersten Exemplare von *Führung und Geleit. Ein Lebensgedenkbuch* mit Widmung und Begleitschreiben an seinen Freund Maximilian Brantl. Darin findet sich die erste, ausführlichste und vermutlich auch einfühlsamste Würdigung, die Brantl je über sich zu lesen bekam. Neben Alfred Kubin, Alfred Mombert, Rilke, Dehmel, Stefan George und Thomas Mann erinnert Carossa an Brantl als einen einflussreichen Gefährten seiner frühen Jahre. Der Text hebt an mit den Sätzen:

> Wenn wir auf unserer Lebenswanderung schon ziemlich weit gelangt sind, so merken wir, daß mancher, den wir nur für einen zufälligen Begleiter hielten, sich als treuer Genosse bewährt, und freuen uns, wenn er von uns das gleiche sagen mag. Bei einem kurzen Aufenthalt in München lernte ich im Hause Wolfskehl einen jungen Mann kennen, der mir zunächst nur durch die romanisch-dinarische Schönheit seines Gesichts und einen überaus geschmackvollen Anzug auffiel. Es war Maximilian Brantl, Sohn aus gutem, alten Bürgerhause, der eben Rechtsanwalt geworden war und bereits ein lyrisches Flugblatt mit zarten, klangschönen Liebesstrophen veröffentlicht hatte. In ihm trat mir eine neue Art Mensch in seltener Ausgeprägtheit entgegen. „Das Leben ist mir wichtiger als die Kunst", – dieses nicht gerade neuartige Bekenntnis war eine der ersten Äußerungen, die ich von ihm vernahm, und ich mußte ihm beipflichten, obwohl ich gerade damals ungern solche Worte hörte, da ich ja der Kunst noch alles schuldig war. Schließlich meinte er ja auch mehr darunter, als die meisten anderen. Er wollte dem Leben selber eine strenge künstlerische Form geben, wollte sich mit Kultur durchdringen. Sobald ich ihn darin begriffen hatte, begann eine halb unbewußte Nachfolge, soweit es meine Umstände zuließen. Er war der Gebändigtere und hatte in jedem Sinne mehr Welt als ich. In Jahren, wo es unsereinem noch etwas bedeutete, nach Salzburg zu

23 Felix Braun (Hrsg.): Die Lyra des Orpheus. Lyrik der Völker in deutscher Nachdichtung. Wien: Paul Zsolnay 1952.

fahren oder im Isartal zu wandern, hatte er schon Athen, Agrigent und Rom gesehen, und man merkte ihm dies an, auch wenn er sich nur einen Apfel schälte.[24]

Zwei Tage nach Erhalt des *Lebensgedenkbuches* schrieb Brantl in einem der für ihn typischen langen Briefe folgenden (kurzen) Passus:

> Sie haben mir, lieber Freund, unter den Gefährten Ihres Lebens einen Platz eingeräumt, und ich sehe noch Ihr fröhliches Händereiben, als Sie mir neulich davon erzählten. Wie komme ich mir vor, unter so viel erlauchten, tapferen und jedenfalls wesentlich bedeutenderen Figuren, als der „Aesthet" von damals, der sich nach dem Kriege, wie Sie wissen, aus allzu beschaulicher und geistig überzüchteter Sphäre aufs Land retten zu müssen glaubte, sich zurückschraubte auf einfach menschliche, aber wahrere Verhältnisse, tiefer in sich ging und sich an seiner „Christiane", am gegründeten häuslichen Herde, zum Manne, Gatten und Vater heranreifen lies? Mit Behagen lese ich also den Nekrolog, den Sie mir – mit viel Liebe, aber auch Schalkhaftigkeit, bis zum Kriegsausbruch andienen, und meine kleine Frau bildet sich womöglich sofort was darauf ein ...[25]

Wenn Brantls Erinnerungen nicht getrogen haben, dann begegneten er und Hans Carossa sich erstmals am 17. Oktober 1907 im Salon von Karl Wolfskehl (1869-1948) in Schwabing.[26] Der Lyriker und Übersetzer Wolfskehl war Freund und enger Mitarbeiter Stefan Georges, in seinem Haus tagte der George-Kreis regelmäßig.[27] Im Nachlass Brantls befindet sich eine biografische Skizze, die er 1942/43 anfertigte. Sie trägt den Titel *Begegnung mit Karl Wolfskehl.*[28] Brantl erinnert sich darin zunächst an seine Studentenzeit in Würzburg:

> Man schrieb das Jahr 1904. Wir waren jung. Das war schön. Wir waren jung, Studenten der Universität Würzburg, ein kleiner Kreis, Juristen, Mediziner, Chemiker, nebenbei, will sagen hauptsächlich aber den Musen ergeben. Fast allabendlich vereinten uns Thee und Zigaretten. In Duft und Qualm erlebten und steigerten wir uns als „moderne Menschen", abhold allem Bürgerlichen, weit geöffnet allem „Neuen" mit jener Gläubigkeit,

24 Hans Carossa: Führung und Geleit. Ein Lebensgedenkbuch. Leipzig: Insel 1933, 40-46.

25 Nachlass Brantl, Brief an Hans Carossa vom 28. Oktober 1933.

26 Nachlass Brantl, Brief an Hans Carossa vom 9. November 1937.

27 Karl Wolfskehl war Sohn einer jüdischen Patrizierfamilie und verließ Deutschland sofort nach Hitlers Machtergreifung. Zusammen mit seiner Lebensgefährtin Margot Ruben verbrachte er die längste Zeit des Exils in Neuseeland, wo er 1948 starb. Mit Hanna Wolfskehl, seiner ersten Frau – aus der Ehe mit Karl Wolfskehl gingen zwei Kinder hervor –, führte Maximilian Brantl insbesondere in den 1940er Jahren einen intensiven Briefwechsel bis zu deren Tod im Frühjahr 1946. Brantl widmete seine erste Buchpublikation 1908 Hanna und Karl Wolfskehl. Zu Karl Wolfskehl. Elke-Vera Kotowski / Gert Mattenklott (Hrsg.): „O dürft ich Stimme sein, das Volk zu rütteln!". Leben und Werk von Karl Wolfskehl, Hildesheim: Olms 2007; Norman Franke: „Jüdisch, römisch, deutsch zugleich ...?". Eine Untersuchung der literarischen Selbstkonstruktion Karl Wolfskehls unter besonderer Berücksichtigung seiner Exillyrik. Heidelberg: Universitätsverlag Winter 2006.

28 Die Skizze entstand im Zusammenhang mit der Abfassung eines längeren Essays über den Lyriker Stéphane Mallarmé. Der Essay war zur Veröffentlichung in einer in Paris erscheinenden Zeitschrift der deutschen Besatzungsmacht für das Jahr 1944 angenommen worden. Brantl stoppte den Abdruck, weil er mit Kürzungsvorschlägen der Redaktion nicht einverstanden war. Das Manuskript hat sich im Nachlass erhalten.

die man nur in der Jugend besitzt, mit jenem Hunger nach inneren Sensationen, den die erregte litterarisch-künstlerische Epoche um die Jahrhundertwende täglich mehr nährte als befriedigte. Eine Hochflut neuer Prosa, Poesie und Kunst ergoss sich damals über Besitz und Erbe der Väter, und mit all unseren Energien warfen wir uns ihr entgegen, jugendliche Berauschte, einem gesicherten Bürgertum entsprossen, ohne Führer, ohne Maßstab für Qualität und Rangordnung, ohne Disciplin. Ein blindes Vertrauen zu uns selber, eine ungeheure Gier nach Entfaltung und Blüte aller unserer inneren Möglichkeiten hatte uns in Bann geschlagen ...

Was sich Max Brantl an der Darstellung des Freundes Carossa reiben ließ, das war dessen Klassifizierung Brantls als „Aesthet". Es sind indes nur die einleitenden Sätze eines ausführlichen, vielschichtigen Porträts, die Brantls Einrede und vermeintlich notwendige Richtigstellung hervorlockten. Dass Carossa den Kunstkenner, Bücherliebhaber und intensiven Leser besonders auch seiner eigenen literarischen Texte eingehend würdigt, bleibt bei Brantl nicht nur bei dieser Gelegenheit, sondern fortan ohne Widerhall. Carossa erzählt, Brantl habe die ihm zugesandten Texte geradezu seziert und dabei den Finger auf Stellen gelegt, wo er, Carossa, gelegentlich ermüdet im Schreiben, zu „hybriden Phrasen" gegriffen habe. Die Kritik habe ihn zuweilen gekränkt und verletzt. Brantl habe aber ein sicheres Gespür dafür gehabt, was für ihn als Autor zu erreichen war, wo seine Stärken, wo seine Grenzen lagen. Brantls große Gabe sei gewesen, sich hineinversetzen zu können in den anderen, und er, Carossa, habe dieser Gabe unendlich viel zu verdanken.

Brantl wird zeit seines restlichen Lebens betonen, er sei von Carossa zu Unrecht als „Aesthet" beschrieben worden, was ihn aber zunächst nicht hinderte, Carossa als Werbebotschafter für seine eigene Produktion zu nutzen. 1935 erschien das Gedichtbuch *Formen des Eros. Verse aus Italien* bei Bachmair in München, darin findet sich das folgende Eingangsmotto: „Dem Dichter der deutschen Seele, Hans Carossa, dankbar für Führung und Geleit".

Nach dem Zweiten Weltkrieg, als ein anderer Freund Brantls, Hans Brandenburg, ankündigt, ein persönliches Erinnerungsbuch verfassen zu wollen, bittet Brantl ihn, seiner nicht in der Art zu gedenken, wie Carossa es getan habe, denn dieser habe ihm eine „Marke" verpasst, die schon lange nicht mehr der Wahrheit entspreche. Brandenburgs Buch erschien 1956, fünf Jahre nach Brantls Tod. Brandenburg hielt sich an die Weisung, gedenkt Max Brantls aber deutlich kritischer als Carossa. Er schreibt:

Ein anderer Ansiedler des Sees, wie Geiger[29] ein alter Münchner Jugendfreund, war Doktor Maximilian Brantl, ein geborener Münchener, buchstäblich im Schatten der Frauenkirche aufgewachsen. Als junger Anwalt hatte er die Rechte von Schriftstellern und Künstlern vertreten, in einer Kanzlei, die mit Büchern und dem Bildnis Heinrich Manns und mit kostbaren Graphiken wie eine Dichter- und Künstlerklause wirkte. Spät heiratete er in Prien die Tochter des Oberpostmeisters Meyer, der im Ruhestand durch viele Jahre die sommerlichen Kunstausstellungen auf der Fraueninsel betreute, und baute sich nahe bei dem Marktflecken ein eigenes Haus mit einem Obst- und Blumengarten gegen die Kampenwand, wo er seiner Familie, der jungen Frau und der heranwachsenden Tochter, und mehr seinen Neigungen als seiner kleinen juristischen Praxis lebte. Dem Studiosus Hans Carossa war der jüngere unwillkürlich ein Lehrer des ästhetischen Geschmacks geworden, und zeitlebens blieb er ein Amateur von höchster Kultur, auch in seinem Priener Heim, in das er von zahlreichen Reisen kleine kostbare Sammelschätze des Südens und Ostens trug. Immer wieder war er in Italien gewesen, der Heimat seines Herzens. Er wirkte selber wie ein Italiener mit seinen schwarzen Augen, seinem scharf und rassig geschnittenen Profil, dem dunkel und mehr und mehr silbern von der gelichteten Stirn zurückstrahlenden Lockenhaar und seinem feurigen, ruhelos beredten Temperament. Längst war aus seinem Jünger Carossa ein Meister geworden, den Maximilian Brantl mit einer lebenslangen, aber oft unglücklichen Liebe liebte – unglücklich wenigstens insofern, als sich der berühmt gewordene Freund jeder zudringlichen, besitzergreifenden Liebe leicht erwehrte, besonders wenn sie mit literarischen Ansprüchen verbunden war. Brantl war nämlich selber Lyriker, wie sich ja Liebhabertum selten mit dem Genie des Aufnehmens begnügt, sondern meist auch produktiv sein möchte. Und wenngleich ihm in den eigenen Versen seine echte Empfindung und hohe Bildung treu blieben, so verlor er doch sich selbst gegenüber das urteilende Maß und litt an dem bitteren Gefühl einer, wie er glaubte, unverdienten Zurücksetzung. Man war bei ihm in Prien oder er kam zu uns hinaus, huldigte allen Frauen und stürzte sich in uferloses Gespräch.[30]

Wirklich unglücklich endete die Freundschaft zwischen Hans Carossa und Max Brantl, nachdem Brantl am 3. März 1946 einen spontanen Brief an die von den Alliierten genehmigte *Neue Zeitung* in München gesandt hatte – mit einer ausführlichen Stellungnahme zu Angriffen wegen Carossas Verstrickungen in die nationalsozialistische Kulturpolitik und Propaganda. Am 1. März war in der in „Massenauflage erscheinenden amerikanischen Zeitung“, so Brantls Charakterisierung, ein Artikel des früheren Kritikers des *Zwölf Uhr Blattes* in Berlin, Pem, unter dem Titel *Haben Sie aufgepasst?* erschienen. In einer Notiz Brantls heißt es dazu:

Pem meinte, jene Deutschen, die nicht emigriert sind, vielmehr in Deutschland verblieben, die Gegner des Nationalsozialismus waren, und heute behaupten, sie hätten aufgepasst, sie hätten Posten gestanden ... Pem wirft ihnen vor, dass sie, trotz ihres „Wissens um die Menschen, die sich im Dritten Reich so oder so benahmen“, heute nicht offen gegen jene auftreten, die mit dem verflossenen System mehr oder minder sich einließen.

29 Willi Geiger (1878-1971), geboren in Landshut, war Maler und Grafiker.

30 Hans Brandenburg: Im Feuer unserer Liebe. Erlebtes Schicksal einer Stadt, München: Herbert Neuner 1956, 352-354.

Betreffend Carossa hieß es dann in dem Artikel von Pem wörtlich:

> Wäre die Militärregierung nicht eingeschritten, so hätte die bayerische Regierung den Präsidenten der nationalsozialistischen deutschen Dichtervereinigung zum Mitglied des Länderparlaments gemacht ... Wenn die „Innere Emigration" sich darüber beklagt, dass Thomas Mann nicht zurückkehrt, dann müsste sie erst Garantien dafür bieten, dass in der kalten Bahnhofshalle einer ausgebombten deutschen Stadt das feierliche Empfangskomitee nicht aus den Herren Gerhart Hauptmann, Walter von Molo, Frank Thiess, Hermann Graf Keyserling und Hans Carossa besteht.

Brantl schrieb der *Neuen Zeitung* folgende Stellungnahme:

> Zugegeben, dass er [Hans Carossa] sich bedeutend weit in die Naziregion hineinbegeben hat, und dass er dann freilich mit den Wölfen mehr oder minder heulen musste, wenn er ihnen auch immer verdächtig blieb. [...] Das Regime brauchte und benutzte ihn als Aushängeschild. [...] Aber machte er schließlich aus Zwang und Not nicht eine Tugend? Glaubte er sich nicht – Repräsentant des Dichters, der über den Parteien und Kämpfen steht – für berufen, ja für verpflichtet, ins Reich der Dämonen sich einzumischen? [...] Freilich sahen ihn seine Freunde mit Unruhe so exponiert –, aber sie wussten auch, seine Absichten und sein Tun waren und blieben lauter.[31]

Brantl sandte eine Kopie des Schreibens an Carossa. Dessen briefliche Antwort ist getragen von der Zuversicht, ein solches „fatales Plaidoyer", das im Kern darauf hinauslaufe, „Gnade vor Recht" ergehen zu lassen, nicht nötig zu haben: „Soweit sind wir aber nicht." Teile des Briefes, insbesondere der Anfang, seien für ihn „geradezu vernichtend", und er bat den Freund, die Stellungnahme zurückzuziehen. Brantl zog die Stellungnahme nicht zurück, sie wurde aber nicht abgedruckt. Die Redaktion der *Neuen Zeitung* schrieb Brantl, sie wolle in dieser Angelegenheit zunächst abwarten.

Carossa brach die Beziehung zu Brantl ab. Brantl seinerseits unterrichtete enge Freunde ausführlich über den Vorfall und beschäftigte sich insbesondere im Briefwechsel mit Hans Brandenburg mit einem Huldigungsgedicht Carossas, das in einer Publikation aus Anlass von Hitlers 50. Geburtstag 1941 abgedruckt worden war. Am 19. Juli 1946 schrieb Brantl:

> Inzwischen kam mir auch das ominöse Hitlergedicht Carossas zur Kenntnis. Es befindet sich auf der Seite 14 einer 64 Seiten starken Broschüre „Dem Führer. Werte deutscher Dichter. Nur für den Gebrauch innerhalb der Wehrmacht. Zum Geburtstag des Führers 1941". Geleitwort von Göring, Reichsmarschall des Großdeutschen Reiches, das mit den Worten beginnt: „Aus diesen Erkenntnissen der Dichter spricht die Liebe des deutschen Volkes zu seinem Führer". In der Veröffentlichung figurieren erlauchte Namen. [...]

31 Im Nachlass Brantl findet sich ein Konvolut Materialien zu seiner Auseinandersetzung mit Carossa, darin auch der Brief an die Neue Zeitung mit der Stellungnahme.

Carossas Gedicht, eine Prosaode mit viel Abrakadabra, wünscht zuletzt jenem kühnen, das allgemeine Schicksal tragenden Kämpfer (dem er sich, wie jedem echten Gründer und Beweger verbunden fühlt) Heil und Glück: „Und wenn der Künstler, der Dichter unserer Tage, nun aus seiner kleinen Welt heraus bewundernd sieht, wie draußen, auf dem großen sonnenbeschienenen Felde der Tat ein Mann von höchstem Mut und höchster Entschlusskraft um eine neue Form seines Volkes kämpft, so muss es ihn mit Stolz erfüllen, dass er auf seine stille Weise dem Volke dienen darf."[32]

Im Sommer vor Brantls Tod am 6. Oktober 1951 gab es Anzeichen für eine versöhnliche Annäherung, eine Aussprache fand aber nicht statt und wurde von Brantl auch nicht wirklich angestrebt. Brantl zeigte sich sperrig. Er wünschte sich in einem der letzten Briefe ein ausführliches öffentliches Wort von Carossa zu seinen 1946 und 1947 erschienenen Gedichtbüchern, und er bat Carossa, seinen 70. Geburtstag am 19. November in dessen Haus in Passau feiern zu dürfen.

1979 würdigte ein umfangreicher Beitrag in der *Landshuter Zeitung* die Beziehung zwischen Carossa und Brantl.[33] Brantls Schwager Eugen Probst stellte heraus, dass Brantl, dessen Begabung als Leser Carossa lebenslang zu schätzen gewusst habe, anders als Brandenburg 1956 schrieb, sogar den innersten Wesenskern von Carossas Schaffen berühren durfte.[34] Probst hatte auch mit Hans Carossa noch vor dessen Tod 1956 ein Gespräch geführt. Dieser soll erklärt haben, die Herausgeber des Hitlerbuches hätten gegen seinen Willen und gegen sein Wissen verstreute Äußerungen zusammengeklaubt und zu einem Gedicht montiert.

Was Probst in seinem Beitrag nicht erwähnt, möglicherweise auch gar nicht kannte, das sind die mehr als 100 erhaltenen Briefe Brantls an den Freund Carossa aus der Zeit zwischen 1928 und 1946. Nach anfänglichem starken Schwanken gegenüber dem Nationalsozialismus, dem er zunächst noch auch revolutionär reinigende Qualitäten abzugewinnen vermag, wobei der den Antisemitismus von Anbeginn uneingeschränkt als kulturfeindlich ablehnt, führt Brantl ab 1936 Carossa eindringlich vor Augen, dass aus der nationalsozialistischen „Ordnung", die, wie er zu erkennen glaubt, Nietzsches Propagierung einer „Umwertung aller Werte" auf

32 Brief an Hans Brandenburg, 19. Juli 1946, Monacensia, Nachlass Hans Brandenburg, Sig. 1958/1949.

33 Eugéne Marin (Pseudonym für Eugen Probst): Hans Carossa und Maximilian Brantl, in: Landshuter Zeitung, 18. Januar 1979.

34 Die Bedeutung Brantls für Hans Carossa wird aus den wenigen Stücken, die Eva Kampmann-Carossa als Herausgeberin der Briefe und Tagebücher ihres Vaters abdruckte, nicht erkennbar; das gilt sowohl für den Bereich der persönlichen Freundschaft, die sich zum Beispiel in Carossas Aufmerksamkeit für Brantls Tochter Veronika äußerte, als auch bezüglich des literaturpolitischen Zerwürfnisses 1946. Sowohl Brantl als auch Carossa zeigten Dritten gegenüber weiterhin ein lebhaftes, warmes Interesse an den Produktionen des jeweils anderen, aber sie hatten sich offensichtlich gründlich auseinandergelebt. Brantl war seit Jahren dabei, die geistigen und seelischen Trümmer, die der Nationalsozialismus hinterlassen hatte, aus einer Position der Distanz zu sichten, während Carossa bemüht war, sein verstricktes Handeln zu rechtfertigen.

schreckliche Weise umsetze, nichts Gutes erwachsen könne. Carossa möge sich hüten. Brantl versuchte, Carossa auf eine Linie als „reiner Dichter“ einzuschwören, die er gegenüber dem Regime einhalten solle und nicht überschreiten dürfe.

Franziska Gräfin zu Reventlow

1998 veranstaltete das Auktionshaus Hartung & Hartung in München eine Versteigerung wertvoller Bücher. Im Bereich „Autographen“ waren aus dem „Nachlass Maximilian Brantl“ 73 Faszikel mit Briefen im Angebot,[35] darunter auch sechs Briefe von Franziska zu Reventlow an Brantl.[36] Schon Monika Dimpfl hatte in einem Radioporträt 1993[37] einen Brief Brantls an die Gräfin aus dem Jahr 1904 erwähnt: Es

35 Auktionskatalog: Wertvolle Bücher. Manuskripte. Autographen. Auktion 89, 12.-15. Mai 1998. München: Hartung & Hartung 1998, 358 ff.; vorangestellt gab der Auktionskatalog eine biografische Skizze, u. a. ist dort zu lesen: „1912 war Brantl als Nachfolger von Maaßens zum Vorstand der Münchner Bibliophilen gewählt worden. [...] 1958 wurde die große Brief- und Materialsammlung zu Heinrich und Thomas Mann aus Brantls Besitz in Hamburg versteigert.“ Etliche biografische Detailangaben sind richtig, manche Angabe muss korrigiert werden anhand der eingangs unseres Beitrages gegebenen Lebensdaten. Der umfangreich kommentierte Aktionskatalog von Hartung & Hartung bot 1998 einige Briefwechsel an, in denen häufig juristische Themen angesprochen werden, etwa der mit dem Nietzsche-Verleger Georg Müller. In den meisten Fällen aber handelte es sich um Briefe und Postkarten von Autoren, mit denen Brantl entweder persönliche oder literarische Kontakte unterhielt. (Einige Namen: Ernst Bertram, Franz Blei, Waldemar Bonsels, Felix Braun, Max Brod, Richard Dehmel, Bruno Frank, Max Halbe, Klabund, Karl Kraus, Katia und Thomas Mann, Alfred Richard Meyer, Alfred Mombert, Wilhelm Weigand, Franz Werfel). Da Brantl häufig eigene Gedichte versandte, wurden ihm ebenfalls Gedichte zugeschickt, etwa von Klabund; neben Autoren sind es bildende Künstler, Maler und Grafiker, die Brantl schrieben: Max Oppenheimer, Willi Geiger, Heinrich Vogeler, Emil Preetorius. Gewicht für die Nietzsche-Forschung hatten im Auktionskonvolut gut fünfzig Briefe von Elisabeth Förster-Nietzsche aus dem Zeitraum 1914/15. Förster-Nietzsche informierte Brantl eingehend über Publikationen, Editionen der Korrespondenz und Übersetzungen ihres Bruders sowie über dessen Beziehungen zu Strindberg, Wagner und Overbeck. In diesen Zusammenhang gehören auch die Briefe des Nietzsche-Forschers Josef Hofmiller an Brantl, mit dem Brantl bis zu dessen Tod 1933 Nietzsche-Themen auch brieflich erörterte. Brantl, der in seinen Briefen die Leistungen seines Gegenübers in der Regel ausführlich würdigte, schrieb auch Persönlichkeiten an, um sie auf Werke aufmerksam zu machen, die für sie von Interesse sein könnten. Beispielsweise empfahl er Sigmund Freud das lyrische Werk Alfred Momberts als hilfreich für seine psychologischen Studien, was diesen bewog, sich umgehend ein Werk Momberts zu beschaffen. Später gestand er Brantl aber brieflich ein, zu Mombert keinen Zugang gefunden zu haben.

36 Die Briefe wurden von der Monacensia, dem Literaturarchiv der Münchner Stadtbibliothek erworben.

37 1993 widmete der Bayerische Rundfunk Max Brantl ein Radiofeature: In der Reihe „Land und Leute“ brachte Monika Dimpfl ein Porträt unter der Überschrift *Dichteranwalt und Bücherfreund*. In dem gut recherchierten Beitrag von Monika Dimpfl, der von wechselnden Sprechern vorgetragen wurde, zitierte sie nicht nur aus den bereits genannten biografischen Skizzen Carossas und Brandenburgs, sie hatte auch verschiedene Archive konsultiert. Und sie ließ den Thomas-Mann-Biografen Peter de Mendelssohn zu Wort kommen: Dieser hatte Brantl 1975 als einen „unverzichtbaren Helfer“ der Manns in vielen Lebenslagen in der Zeit zwischen etwa 1910 und 1920 beschrieben. Nicht nur, dass er Thomas Mann in privaten Angelegenheiten rechtlich vertrat, er kümmerte sich laut Mendelssohn auch um Feriendomizile für die Familie in Bayern; und Thomas Mann lud Brantl sowie Ernst Bertram gelegentlich gemeinsam zu Gesprächen über die entstehenden *Betrachtungen eines Unpolitischen* sowie andere private, politische und literarische Themen ein. (Zauberer. Teil 1, 1871–1918, 1032 ff.). Brantl soll auch zwischen den Brüdern Thomas und Heinrich in der Hochphase ihres Zerwürfnisses vermittelt und Thomas Mann 1922 dazu bewogen haben, den ersten Schritt in Richtung einer Aussöhnung zu tun. Mendelssohn schrieb über Brantl (ebenda., 1032): „Der liebenswürdige und verbindliche, literarisch allseitig interessierte Rechtsanwalt hatte sich die Entzweiung zwischen den Brüdern nicht anfechten lassen und hielt mit beiden die freundschaftliche Verbindung aufrecht. Allerdings stand er Heinrich sehr viel näher als seinem Bruder, und Thomas Mann wusste das. Als der Advokat im folgenden Jahr, fünfunddreißigjährig, einrücken musste, machte das

ist eine Hymne auf die Person und ihren Roman *Ellen Olestjerne*. Dimpfl glaubte, aus Tagebuchaufzeichnungen der Reventlow herauslesen zu können, dass sich die beiden wohl auch getroffen hätten, war sich aber bei den „Würzburg" betreffenden Eintragungen im Tagebuch der Gräfin unsicher. Dazu einige Ergänzungen: Brantl war 1904/05 Rechtspraktikant in Würzburg. Seinen betont jugendlich gehaltenen Hymnus auf die Lebensleistungen der Verfasserin aus dem Jahr 1903 beantwortete diese Ende Februar 1904 ausführlich. In einem weiteren längeren Brief vom 28. März desselben Jahres forderte sie ein Bildnis von Brantl. Ende März/Anfang April bedankte sie sich für seinen Brief und die mitgeschickten Bilder und schlug ein Treffen für die Zeit Ostern 1905 vor.[38] Franziska zu Reventlow besuchte Brantl zusammen mit dem Sohn Rolf („Bubi") am 19. April 1905 und blieb anderthalb Tage. In einem Brief an Brantl vom Mai 1905 reflektiert sie die Begegnung noch einmal und versucht, das Gelungene und Geglückte festzuhalten.[39]

Brantl seinerseits war von der Begegnung enttäuscht. Er, der nicht nur gut aussah, sondern sich auch über einen Mangel an Beziehungen zu Frauen nicht zu beklagen brauchte, war von der Gräfin zu Reventlow nicht sonderlich begeistert. So hält sein Tagebuch am 21. April 1905 fest:

Fronterlebnis den baumlangen und bärenstarken Mann rasch zum Kriegsgegner. Inzwischen sah er ihn häufig und gern, und auch Bertram war mit dem frischen, freundlichen und gescheiten Bayersmann befreundet." Nicht zutreffend ist Mendelssohns Darstellung von Brantls Einstellung zum Ersten Weltkrieg. Brantl war, wie Heinrich Mann, entschiedener Kriegsgegner von Anbeginn und wurde es nicht erst nach der Einberufung 1916. Belege dafür sind die Briefwechsel Brantls und Heinrich Manns ab 1914. Im Nachlass findet sich auch ein bislang nicht ausgewertetes Konvolut mit satirischen Bilddokumenten, das Brantl zu Kriegsbeginn anlegte, sowie sein umfangreiches Kriegstagebuch, ein mehrere hundert Seiten starkes handschriftliches Manuskript. Hinzuweisen ist an dieser Stelle auch auf einen Brief Brantls an Josef Ruederer. Dieser hatte ihm in einer Postkarte vom 14. August 1914 von einem Text Gerhard Hauptmanns berichtet: „Haben Sie [...] die unglaubliche Geschichte von Herrn Hauptmann in den Zeitungen gelesen? Die patriotische Poesie treibt fürwahr schauerliche Blüten [...]". Brantl antwortete am 14. September 1914: „Das Gedicht von Hauptmann kam mir noch nicht in die Hände. Ich zweifle, nach seinem famosen, gleich zu Beginn des Krieges erschienenen ‚Reiterliede' zu urteilen, nicht im geringsten daran, dass es sich nur um ein Machwerk, keineswegs um ein wahres Wort handeln kann. Was wird jetzt nicht alles zusammen gelogen! Wer hat den Mut, die Selbstkritik, ehrlich zu sein! Die Literatur folgt, wie die Kriegsbagage, der Nachfrage, Geschäft und Name ist alles. Wer jetzt zu Schweigen ansteht, vor dem muss man Respekt haben." (Monacensia, Bestandsnummer JR B 53, Sig. 727/79). Was Mendelssohn auch hervorhebt, das ist die Bedeutung Brantls für Heinrich Mann als dem „treuesten, zuverlässigsten und unerschütterlichsten Freund und Bewunderer". Monika Dimpfls Radiobeitrag schildert u. a. ausführlich Brantls Mitarbeit an Heinrich Manns Roman *Mutter Marie*; ferner berichtet sie von Brantls lebenslanger Bindung an das Elternhaus am Frauenplatz und bringt einige Gedichte aus Brantls literarischem Vermächtnis, den *Strophen an Gott* (1946) und den *Lauten des Eros* (1947).

38 Franziska zu Reventlow: Gesamtausgabe in fünf Bänden. Band 4: Briefe 1890 bis 1917. Mit einem Nachwort herausgegeben von Martin-M. Langner. Oldenburg: Igel Verlag 2004, 458f.

39 Monacensia, Konvolut Fanny Reventlow an M. Brantl, Brief vom 13.5.1905 aus Ulsbach bei Darmstadt. Dort heißt es unter anderem: „Und doch war eine so schöne Stimmung in unserem kurzen Beisammensein. Ich brauchte mich nicht fragen, ob ich lieber in einer solchen Verfassung nicht hätte kommen sollen, nicht wahr?" Dieser Brief ist in der oben zitierten Briefausgabe von Martin-M. Langner nicht abgedruckt.

Gräfin Reventlow. Ein leerer, grauer Tag. Ohne Plan und Ziel. Ellen Olestjerne war da: Vorgestern Abend bis gestern Mittag; mit ihrem Bubi. Das hat Leben in die Bude gebracht. Nun ist alle Sentimentalität verflogen. Alle Illusionen sind vorbei, nur das Rein-Menschliche ist geblieben: Sie steht abseits vom großen Leben, wie es für mich sich schickt. Denn sie hat die Stärke dazu. Sie hat ungeheuer viel Kraftvolles, Starkes, Männliches, Abgeschlossenes, ja Hartes an sich. Das kam von der Not, der wilden Not. Auch die Züge sind hart, fast verwildert. Manchmal hatte sie einen aristokratischen Zug. Sie ist 33 Jahre. Ihr „Gemüt“ steckt ganz tief hinten. Alles ist eckig und kantig, vieles burschikos, aber nicht ordinär. Sie raucht in einem fort und trinkt Tee. So hastig ist alles an ihr; tiefere Eindrücke von der Natur, von stillen Seelenstunden, leises Mitzittern der Seele kamen nicht zustande. – Aber sie ist eine starke Persönlichkeit. Aber das viele Männliche an ihr lies mich das Weibliche schmerzlich vermissen. Ich fand bei ihr wenig Eingehen auf mein Inneres – oder sollte das Meiste unausgesprochen geblieben sein? Dass wir immer wieder Literatur simpelten, kam vielleicht vom Mangel an Berührungspunkten. Ich hatte von Ferne in der Unbekannten einen Spiegel des eigenen Ich gesehen, und die Gemeinsamkeit in so vielen Gedanken und einzelnen Gefühlen aufs Ganze bezogen – vielleicht weil ich an bewusstem Denken und Fühlen noch so arm, sie so reich ist ... kam's. Es ist ein solcher Unterschied, ob man sich von weitem oder in der Nähe berührt ... Das viele Männliche am Weib tut so weh. Ich kann's vielleicht noch nicht ertragen. Sie ist ohne Rast und Ruh und lebt fast in den Tag hinein. „Nun sind wir bald wieder auf der Landstraße.“ Auch sie gehört zu denen auf der Landstraße. Und trotz allem eine Idealistin. Ellen, Ellen, wie magst Du noch enden?[40]

Heinrich Mann

2006 erschien das jüngste Porträt Max Brantls, verfasst vom Heinrich-Mann-Biografen Manfred Flügge:

> Im Februar 1907 schickte ihm ein Gerichtsreferendar namens Maximilian Brantl einen Brief und romantische Gedichte. Heinrich Mann machte sich die Mühe, sie zu lesen und mit einem freundlichen Schreiben zu beantworten. Seither entstand ein regelmäßiger Briefwechsel zwischen ihnen, wobei die Schreiben von Brantl einen schwärmerischen, ja fast verliebten Tonfall annahmen. Brantl hatte seine Schuljahre im Benediktinerkloster in Metten verbracht, aber schon als Primaner und später als Jurastudent in Berlin mit Begeisterung Heinrich Mann gelesen. Ab November 1908 war Brantl als Anwalt für Heinrich Mann tätig und spielte in den nächsten Jahren als juristischer Beistand in den schwierigen Verlagsverhandlungen des Autors eine entscheidende Rolle. Das Verhältnis nahm freundschaftliche Züge an und dauerte bis in die späten zwanziger Jahr, als sich Brantl aus München zurückzog und nach Prien am Chiemsee übersiedelte. 1933 endete der Briefwechsel, wurde aber nach 1945 fortgesetzt und enthält manche wertvollen Informationen über Heinrich Mann.[41]

Flügges knappe Skizze ist in mehrfacher Hinsicht aufschlussreich. Zunächst bleibt anzumerken, dass Brantl, wie oben erwähnt, bereits seit 1919 in Prien lebte und zu diesem Zeitpunkt seine Tätigkeit als Anwalt in Verlagsangelegenheiten aufgegeben hatte. Den Anfang seiner Beziehung zu Heinrich Mann hat Brantl in späten Jahren ähnlich erinnert:

40 Bei der Auktion von Hartung & Hartung 1998 (zit. Anm. 33, Katalog Nr. 2739, 402) wurde u. a. auch ein Band der *Ellen Olestjerne*, München 1903, mit eigenhändiger Widmung verkauft, datiert: „Würzburg, 20.IV.05“; (Anstreichung im Katalogexemplar der Familie Brantl/Reiter).

41 Manfred Flügge: Heinrich Mann. Eine Biographie. Reinbek: Rowohlt 2006, 86.

> Unsere persönlichen Beziehungen, die freilich von seiner Emigration (Februar 1933) bis zur brieflichen Wiederaufnahme (März 47) unterbrochen waren, begannen im Dezember 1907, als ich, damals gerade im Staatsexamen stehend, eines schönen Abends in meinem Münchner elterlichen Haus plötzlich seinen Besuch bekam, veranlasst durch meine ersten Verse, die ich ihm zu senden gewagt hatte ... Schon mehrere Jahre vorher, während meiner Würzburger Studienzeit, hatten mich seine ersten Bücher (Schlaraffenland, Herzogin von Assy, Jagd nach Liebe, Pippo Spano, Professor Unrat, Schauspielerin) enthusiasmiert ...[42]

Flügges Hinweis auf Brantls Briefe in „fast verliebtem Tonfall" korrespondiert mit Brantls Erinnerungen:[43]

> Mein Verhältnis zu ihm war das eines Liebenden, der nicht fragte, ob er in gleicher Weise wieder geliebt wurde. Mit dieser Freundschaft war zu viel Hingabe an sein Werk verbunden, zu viel Hingabe überhaupt, als dass ich je hätte erschüttert werden können. Der jugendliche Enthusiasmus, den in meinen Entwicklungsjahren seine Bücher in mir auslösten – es waren höchst gefährliche Bücher – wie ich heute erkenne (lasen Sie je die „Jagd nach Liebe" z. B.?) – wich ja mit der Zeit (ähnlich wie in meinem Verhältnis zu Nietzsche), bei wachsender Selbstbehauptung, die ich mir errang, einer objektiveren Haltung – aber die Liebe zur Person, die ich in ihrer ganzen Menschlichkeit kennen lernen durfte, blieb.

Der Hintergrund dieser „Liebe" Brantls zu Heinrich Mann wird erahnbar in einem Brief aus dem Jahr 1947 an Heinrich:

> Erinnern Sie sich nicht mehr, wie Sie am Abend des 9. Dezember 1907 die vier Etagen meines jetzt vom Erdboden verschwundenen elterlichen Hauses an der hohen Kathedralwand am Frauenplatz in München erklommen, um mich zu besuchen, nachdem meine ersten Gedichte auf den Dichter der Novelle „Das Wunderbare" Eindruck und Bedürfnis gemacht hatten, mich kennen zu lernen? Ich selber stand damals gerade im großen Staatsexamen, das mir von diesem Tag an schnuppe war. Mein kleines Zimmer, mit dem Ausblick auf jene große, steile Wand (die jetzt geborsten ist), wie fühlte es sich damals mit mir geehrt und beglückt! Dann jenes damals, als ich Sie in Meran, Trutzmauerhof, besuchte: Sie trugen einen Lodenmantel und einen Schlapphut, und waren so ganz noch ohne Heim und Haus ... Dann: eine Sylvesternacht, die wir Beide, beide ziemlich entwurzelt damals, in einer kleinen Bar in der Münchener Sonnenstraße verbrachten ... Dann: stand ich nicht mit Ihnen am Grabe Ihrer Schwester Carla? ... Dann: Ihr 39. Geburtstag in Florenz, Lungano delle Grazie: am Morgen kam eben die Post mit der letzten Nummer der Jabobsohn'schen Schaubühne, die meinen überschwänglichen Artikel über Ihre Kleine Stadt enthielt. Dann – es war schon vorher, Ende Mai 1908 in Venedig – als ich nachts abreisen musste, um in München meine Anwaltspraxis zu beginnen –, wir standen noch zusammen auf dem Markusplatz, die Banda municipale spielte Puccini, Tosca ... Frühjahr 1912 unser Aufenthalt in Bordighera, wir beide unter der Nachwirkung schwerer Herzenserlebnisse, von denen keiner dem Anderen erzählte, Sie schrieben damals an Ihrem Stück Die große Liebe – erinnern Sie sich, als wir in Genua zusammen vom Bahnhof in einem offenen Wägelchen durch die Stadt fuhren ... Damals dann in Schliersee, 1./2. August 14, als der Krieg ausbrach und die Mobilisierung durch Trommler in den Gassen ausgerufen wurde und das Idyll so schnell zu Ende war ...

42 Nachlass Brantl, Brief vom 21. März 1950 an Unbekannt.

43 Ebenda.

Manfred Flügge kommentiert diese Briefstelle in seinen Notizen zur Biografie Heinrich Manns mit der Bemerkung: „Solche konkreten Dinge erfährt man von Heinrich Mann selten.“[44]

Was Manfred Flügge nicht erwähnt, das sind Heinrich Manns ermutigende Äußerungen zu Brantls Gedichten. Brantl hatte ihm das 1906 im Selbstverlag erschienene Bändchen *Meeresstille und glückliche Fahrt* zugesandt, Heinrich Mann hatte umgehend brieflich geantwortet, dabei zwei Gedichte hervorgehoben, die ihm gefallen hatten, und dann am Ende des Jahres 1907 Brantl besucht. Nachzutragen bleibt auch, dass es in Max Brantls Leben keinen zweiten Mann gegeben hat, dem er sich vergleichbar verbunden fühlte. In seiner überaus umfangreichen Korrespondenz ist die Anrede „Liebster Heinrich Mann“ eine absolut singuläre Erscheinung. Aufschlussreich für die Beziehung Brantls zu Heinrich Mann, aber auch zum Verständnis des Verhältnisses der Brüder zueinander mag ein Brief sein, den Brantl am 31. März 1950 an Felix Braun schrieb. Dort heißt es:

> Ich stehe unter dem schweren Eindruck der Nachricht vom Tode meines ältesten Freundes Heinrich Mann, mit dem ich seit Ende 1907, die Jahre seit seiner Emigration bis zum Kriegsende ausgenommen, in enger persönlicher Verbindung stand. Sein Ende war schön, wie mir sein Bruder Thomas schrieb. Er hatte noch bis tief in die Nacht hinein Musik gehört, und erlitt in Schlaf und Traum einen Gehirnschlag, der ihm das Bewusstsein raubte, wenn auch das Herz noch bis zum Mittag weiter schlug. Eine ungemeine Fülle von Erinnerungen an unsere gemeinsam verlebten Münchner Jahre, an unsere Reisen nach Italien, an unser Zusammentreffen in Salzburg u. zuletzt in Paris, an unsere Korrespondenz, die ich gut bewahrt habe, überwältigt mich fast. Stand doch meine Jugend und ihre Entwicklung sehr stark unter dem Eindruck seiner frühen Werke, bis zum „Untertan“, an dem ich zeitweise mitarbeitete … Behauptete ich mich auch später mehr und mehr gegen ihn, und stand ich seiner politischen Entwicklung, namentlich in der allerletzten Zeit, mehr passiv als mitgehend oder gar mitgerissen gegenüber, so galt ihm doch immer meine Liebe und Bewunderung und Verehrung, denn ich war ihm auch menschlich überaus nahe gekommen und verstand ihn zu gut, als dass ich ihn je hätte missverstehen können.

44 Brief von M. Brantl an Heinrich Mann vom 25. April 1947; ich danke Manfred Flügge, der Briefe Brantls an Heinrich Mann, die im Feuchtwanger-Archiv in Kalifornien bewahrt werden, einsehen konnte, für die Überlassung der oben genannten Briefstelle; sie konnte in seiner Biografie aus Platzgründen nicht erscheinen.
In der Feuchtwanger Memorial Library der University of Southern California (USC) befindet sich eine Sammlung der Korrespondenz Heinrich Manns, u. a. 24 Briefe von Maximilian Brantl aus den Jahren 1947-1949. Volker Treffenstädt, Vorstandsmitglied im Förderverein Buddenbrookhaus, besuchte im Auftrag der Herausgeber dieser Publikation die Bibliothek am 14. Juli 2014 während eines USA-Aufenthaltes. Die Leiterin der Bibliothek, Frau Michaela Ullmann, legte ihm die Korrespondenz vor. Auch gab es die Möglichkeit, die Brantl-Mann-Korrespondenz zu kopieren. Die Herausgeber dieser Publikation danken Volker Treffenstädt für sein Engagement. Gleichzeitig bedanken wir uns bei Frau Ullmann für die großzügige Unterstützung.
Inhaltlich geht es in den Briefen häufig um Fragen des täglichen Lebens in der Nachkriegszeit und den Kampf um Lebensmittel. Währungsreform, Lebensmittelmarken etc. sind als Stichworte zu nennen. Heinrich Mann hat die Familie Brantl häufig ganz konkret mit Lebensmitteln und Artikel des täglichen Bedarfs, die in Deutschland nicht zu erhalten waren, versorgt (z. B. Fett, das er ihm über andere Beziehungen hat zukommen lassen).

Seine geistige Differenzierung und Verästelung war nicht weniger groß als seine seelische. In ihm mischten sich Glauben und Skepsis, Sentiment und Ressentiment, Zynismus und Güte, Bejahung und Ironie, radikale Aktivität und abgestürzte Lethargie, Geist und Herz in absonderlicher Weise. Ein Problem für Psychologen der Zukunft.

Parallelen zu D'Annunzio, aber auch zu Zola, Flaubert, France ließen sich ziehen. Flaubert ausgenommen, ergaben auch diese sich der Politik mehr oder minder. Der Transcendenz waren sie allesamt verschlossen, ihr Reich war nur von dieser Welt. Auf diese prallte seine übergroße Sensibilität. Sie zersplitterte sich daran. Mehr eine Rousseau- als eine Voltairenatur,[45] konnte er doch nie den Artisten in sich loswerden, so sehr er zum Volke tendierte und dieses erreichen wollte. Streng disziplinierte er sein Herz und sein unruhiges Temperament. Trotzdem ging es oft genug mit ihm durch, und Frauen gegenüber war er fast wehrlos.

Ich habe viel Gütiges und Teilnehmendes von ihm erfahren, aber seine Reserviertheit war doch auch sehr groß, und besonders warm strömte es, im Gegensatz zu Thomas, nie aus ihm. Die Sphäre seines Geistes, die meist sein Aufenthalt war, war eine eisige und unerbittliche. In ihr verkümmerte sein Herz, ihr musste es sich aufopfern. Wenn aber selten im persönlichen Umgang, in seinen Büchern ließ er doch oft auch sein Herz zu seinem Recht kommen, und da offenbarte sich dann dieses in blutender Leidenschaft, in tiefster Menschlichkeit und ergreifendem Mitleiden am Leiden Anderer.

Männlicher als Thomas, aber der gleiche noble Hanseat wie dieser, verband die beiden Brüder eine rührende Liebe, trotz vieler Gegensätze des Radikaleren zum ungleich Gemässigteren, die zuletzt, in Kalifornien, zu innigster Verbundenheit gelangte. Nun nimmt ihn der Osten ganz in Anspruch und benützt ihn zu propagandistischen Zwecken, will seine Werke popularisieren ... Mir aber scheint, diese können nie populär werden, so wenig wie die Stendhals etwa ... Bleibt nur sein politischer, mit den Jahren gewachsener Linksradikalismus, mit dem man ja immerhin Propaganda machen kann, dort. Im Westen, bei uns, weiß man seit langem nichts mehr mit ihm anzufangen, weder mit dem Künstler, geschweige denn mit dem Politiker. Nur der Film vom „Blauen Engel" erhält hier seinen Namen.

45 In Brantls Nachlass befindet sich u. a. ein Aufsatz, in dem er eingehend den Begriff ‚Geist' bei Heinrich Mann diskutiert; dabei spielt die Gegenüberstellung Voltaire-Rousseau eine zentrale Rolle.

III. Brantl als Leser der Werke Thomas Manns nach 1945

Mit dem Ende des Krieges und der nationalsozialistischen Herrschaft hatten sich Brantls materielle Lebensverhältnisse dramatisch verändert. Das erste folgenreiche Ereignis war die Zerstörung des Münchner Hauses am Frauenplatz im Januar 1945. Die Mieteinnahmen aus diesem Haus hatten sich die vier Geschwister Brantl seit 1924 geteilt. Darüber hinaus war Brantl durch einen für ihn günstigen Kredit am Optikergeschäft seines Bruders Nikolaus beteiligt gewesen. Brantl verlor mit dem verheerenden Bombenangriff am 7. Januar 1945 nicht nur vier Fünftel seiner Einnahmen, wie er immer wieder in Briefen schreibt. In den folgenden Jahren kam es zu einem heftigen Streit mit dem Bruder, der Haus und Geschäft wiederaufbauen, aber zukünftig befreit sein wollte von der Abgabenlast an den Bruder. Max Brantl, der vertraglich einer für ihn nachteiligen Schenkung zustimmte, berichtete davon in keinem seiner Briefe.

Was Brantl in Briefen hingegen ständig herausstrich, war die vorübergehende kurzzeitige Beschlagnahmung seines Hauses, die aber im Konkreten wohl durchaus auch charmante Seiten gehabt zu haben scheint,[46] und der Rückgang seiner Anwaltstätigkeit in Prien, bedingt durch den Zuzug mehrerer aus den ehemaligen Ostgebieten geflüchteter Kollegen. Über das Zerwürfnis mit Hans Carossa 1946 wurde schon berichtet. Davon erfuhren nur enge Freunde wie Hans Brandenburg, Willi Geiger, Felix Braun und Lina Staab. Was Brantl auch stark beschäftigen musste, waren die Reaktionen auf seine jüngste Produktion, die 1947 auf dem Buchmarkt erschien, die *Strophen an Gott*. Davon soll weiter unten berichtet werden. Brantls briefliche Selbstdarstellungen erreichten zunächst ab 1946 Thomas und ab 1947 auch Heinrich Mann. In der Folgezeit erhielt er von beiden Pakete mit Hilfssendungen. Den etwa 35 Gästen auf der Hochzeit seiner Tochter am 22. Juli 1947 in einem Gasthof am Chiemsee teilte Brantl mit, der echte Kaffee, den man zur Feier des Tages trinke, sei ein Geschenk Thomas Manns.[47]

Aus den Briefkontakten, die Brantl nutzte, um seinen Gedichtband vorzustellen, ergab sich rasch auch eine Auseinandersetzung mit den neuen literarischen Produktionen der Brüder Mann. Hiervon soll im Folgenden ausführlicher berichtet werden. Der lange Brief, den Max Brantl am 22. November 1947 an Tho-

46 In Brantls Haus waren von Mai bis Juli 1945 Rotkreuzschwestern einquartiert. Brantl gesteht einmal in einem seiner Briefe, er habe, wenn nicht jeden Morgen, so doch häufig beim Besuch seines Gartens, den er weiterhin betreten und nutzen durfte, an der Terrassentür einen großen Strauß Blumen für die Damen deponiert, wohl wissend, dass eine Fraternisierung streng verboten war.

47 Nachlass Brantl, Brief an Lina Staab, 14. Juli 1947.

mas Mann als Reaktion auf die Lektüre von dessen Nietzsche-Essay schrieb (Brief Nr. 65), markiert den Beginn einer mehr als zweijährigen intensiven Lektüre- und Rezeptionsphase.[48] Spuren dieser Phase finden sich in Briefen an die seinerzeit in Kaiserslautern lebende Dichterin Lina Staab,[49] an den in London lebenden Dramatiker und Dichter Felix Braun[50] sowie an den in Kiel lebenden und dozierenden Romanisten August Buck.[51] Hinzu kommen briefliche Äußerungen an Persönlichkeiten aus Brantls katholischem Umfeld. Brantls Reaktionen auf die ihn erreichenden Produktionen der Brüder fallen grundsätzlich unterschiedlich aus. Während Heinrichs Bücher *Ein Zeitalter wird besichtigt* und *Empfang bei der Welt* ihn persönlich teils sehr positiv, teils sehr negativ berühren, empfiehlt er diese Werke nur sorgsam ausgewählten Briefpartnern. Thomas Manns Werke hingegen lösen nicht nur heftige Reaktionen aus, er empfiehlt ihre Lektüre jedermann dringend und erwartet auch entsprechend intensive Rückmeldungen.

Um Brantls Thomas-Mann-Rezeption zwischen 1947 und 1949 zu verstehen, sollte man wissen, wann ihn die Texte erreichten. Der Nietzsche-Essay wird ihm im Spätsommer 1947 von August Buck zugesendet. Anfang 1948 bekommt er *Lotte in Weimar* mit einer Widmung Thomas Manns. Erst 1949 liest Brantl den *Doktor Faustus*, von dem ihm bis dahin nur „Auszüge" bekannt waren, danach *Die Entstehung des Doktor Faustus* sowie den Essayband *Neue Studien*. Während ihm der Goethe-Roman einen nahezu ungeteilten Genuss bereitet, fühlt er sich durch die

48 Der Romanist August Buck, mit dem Brantl bis zu dessen Lebensende in lebhafter Korrespondenz stand, hatte ihm den Essay zugänglich gemacht, wofür Brantl sich am 26. November 1947 bedankte.

49 Lina Staab (1901-1987) veröffentlichte 1920, als 19-Jährige, ihre ersten Gedichte; 1920 setzte auch der Kontakt zu Brantl ein; im gleichen Jahr begann sie in Würzburg ein Musikstudium, das sie 1923 nach der Geburt ihrer Tochter Liselotte abbrach; 1941 ließ sie sich an der Landesbibliothek in Speyer zur Bibliothekarin ausbilden und arbeitete dann von 1942 bis 1961 in Kaiserslautern als Bibliothekarin; Lina Staab beschloss 1949/50, keine Arbeiten mehr zu veröffentlichen; 1981, sechs Jahre vor ihrem Tod, erhielt sie den Pfalzpreis für Literatur; 1982 erhielt sie den Verdienstorden des Landes Rheinland-Pfalz; die Briefe von ihr an Brantl sind nicht in Brantls Nachlass erhalten.

50 Felix Braun (1885-1973), jüdischer Abstammung, wurde in Wien geboren; er studierte ab 1904 in Wien Kunstgeschichte, Philosophie und Archäologie und promovierte 1908; ab 1905 veröffentlichte er erste literarische Arbeiten und wurde 1910 Feuilletonredakteur der Berliner Nationalzeitung; zeitweise auch Sekretär von Hugo von Hofmannsthal und mit diesem befreundet; von 1928 bis 1938/39 war Braun Privatdozent für deutsche Literatur in Palermo und Padua; in Italien lernten sich Brantl und Braun kennen; 1935 ließ er sich katholisch taufen; 1939 Emigration nach Großbritannien, wo er als Volkshochschuldozent unterrichtete; Rückkehr nach Wien 1951; 1947 erhielt er den Literaturpreis und 1955 den Ehrenring der Stadt Wien, 1951 den österreichischen Staatspreis, 1965 den Grillparzer-Preis; Felix Brauns Briefe an Brantl sind nicht in Brantls Nachlass erhalten, aber möglicherweise in Wien.

51 August Buck (1911-1998) war Romanist. Im Winter 1936/37 vertrat er in Kiel das italienische Lektorat; 1942 habilitierte er sich dort über *Italienische Dichtungslehren*; seit 1943 war er Lektor am Deutschen Institut in Venedig und sollte noch 1945 die Leitung einer Zweigstelle in Mailand übernehmen; er wurde Dozent an der Universität Kiel und ab 1957 Ordinarius für Romanische Philologie an der Philipps-Universität Marburg. Buck war 21 Jahre lang, von 1972 bis 1993, Präsident der Deutschen Dante-Gesellschaft; die Wolfenbütteler Renaissance-Mitteilungen wurden 1977 von ihm begründet; er war mehr als zwei Jahrzehnte deren Herausgeber. Die Briefe an Brantl sind nur teilweise in dessen Nachlass vorhanden.

Auszüge aus dem *Faustus*-Roman kritisch herausgefordert. Diese Einstellung ändert sich, nachdem er im Sommer 1949 den Roman als Ganzes gelesen hat.

Ab diesem Zeitpunkt bildet sich bei Brantl ein diskursiver Zusammenhang. Die Entwicklung von Thomas Manns Nietzsche-Bild wird nun durch den Werkkomplex *Faustus*-Roman, *Faustus*-Entstehung und Nietzsche-Essay verfolgt und die Arbeit am Goethe-Bild durch den Goethe-Roman und die Frankfurter Rede Thomas Manns zum Goethepreis im Spätsommer 1949.

Für Max Brantl ergab sich aus dem Debattenzusammenhang die Gelegenheit, drei für ihn essenzielle Orientierungen zu überdenken: erstens sein Verhältnis zu Werk und Person Friedrich Nietzsches und zweitens sein Verhältnis zu Werk und Person Goethes. Mit beiden Komplexen hatte Brantl sich lebenslang auseinandergesetzt. Drittens und gänzlich neu für Brantl war die Auseinandersetzung mit Thomas Manns im *Faustus*-Roman durchscheinender Religiosität. Brantl, spätestens seit seinem Umzug nach Prien 1919 wieder bekennender Katholik, der es auch gewohnt war, sich immer wieder ausführlich mit seinem Glauben reflektierend kritisch auseinanderzusetzen, entdeckt beim Thomas Mann des *Faustus*-Romans eine für ihn bisher offenbar verborgen gebliebene religiöse Sehnsucht, die er nicht sicher verorten kann und die Thomas Mann ihm gegenüber in einem Brief auch abstreitet.

Es entsteht ein Rezeptionskomplex, der sich nicht nur in Briefen niederschlägt, sondern auch in Gesprächen, die Brantl 1948 in Prien mit einem nahezu unbekannten, etwa gleichaltrigen Herrn mit Namen Emmer führt. Herr Emmer, den Brantl regelmäßig am Sonntag beim Kirchbesuch traf, war ein Kenner und Bewunderer der *Joseph*-Romane Thomas Manns. Er berichtete Brantl, der dem *Joseph* bis zum Schluss auswich, von seinen Lektüren und gab ihm auch werbende Einführungen in den *Doktor Faustus*. Während Brantl dem *Faustus*, den er 1948 eben nur in den Auszügen kennenlernte, die ihm Emmer zuspielte, äußerst kritisch gegenüberstand,[52] ignorierte der Thomas-Mann-Verehrer Emmer das andere, neue Goethe-Bild der *Lotte in Weimar*, das wiederum Brantl als wohltuende Kritik

52 Nachlass Brantl, Brief an August Buck, 26. November 1947: „Am letzten Sonntag fing mich dann unser Emmer am Kirchausgang ab und händigte mir in großer Erregung das ihm ihrerseits übersandte Kapitel aus dem kommenden Dr. Faustus-Roman seines Favoriten ein. Es sei das Ungeheuerste, was Mann je geschrieben, und dieser Roman werde gewiss Alles übertreffen, was bisher aus seiner Feder hervorgegangen sei … nun, ich wusste mich bei der Lektüre immerhin zu beherrschen, und mein Schwiegersohn, in den Problemen, an die Mann heranging, ziemlich bewandert, bezeichnete ihn als großen Dilettanten, dem gegenüber er tiefe Kenner wie Max Plank (!) und Heisenberg zitierte. Wem das Weltall schließlich nur ein „Wenn schon …" abnötigt, ist das nicht ein Rationalist auf verhältnismäßig niederer Stufe? Ich jedenfalls bin bestürzt über Manns Atheismus. Wenn er schon den Geist, als Bewirker der Humanität anerkennt, muss er dann nicht auch das être suprême anerkennen, von dem dieser Geist stammt, muss er diesen Geist nicht auch in der raffinierten Organisation des Weltalls bewundern?"

am Goethe-Mythos, dem Emmer huldigte, hoch schätzte. Schließlich brach Herr Emmer den Kontakt zu Brantl im Sommer 1948 ab, weil dieser in einem Wortgefecht in Brantls Haus sich angeblich zu nonchalant über den „alten Herrn in Weimar" geäußert haben soll. Brantl erfuhr von dem Grund für Emmers Verhalten erst nach dessen Tod Ende 1948.[53] Die folgende Darstellung trennt den Nietzsche-, den Goethe- und den Thomas-Mann-Komplex.

Wenige Tage nachdem Brantl Thomas Mann am 22. November 1947 wegen des Nietzsche-Essays geschrieben hat, schickt er am 27. November einen Brief nach Kiel zu August Buck. Dort heißt es:

> Ihr Lebenszeichen vom 16. hat mich sehr erfreut und der übersandte Thomas-Mann-Essay brachte bewegtes Leben in meine Bude: herzlichsten Dank dafür! Das Resultat war schließlich ein 12 Folioseiten langer Brief, den ich dem Verfasser nach Amerika sandte. Ich werde Ihnen denselben demnächst zu Gemüte führen. Sie können sich denken, dass Manns Nietzscheauffassung, die eines ästhetischen Phänomens, von mir nicht geteilt werden kann, und dass ich der Negierung aktiver Ziele seiner Schriften, namentlich was die letzte Epoche seiner Philosophie betrifft, widersprechen musste. Die Beweisführungen Manns fand ich zumeist recht überkünstelt und überspitzfindig. Nietzsche ist und bleibt für mich einer der Hauptschrittmacher des Faschismus. Die von ihm mit ausgegangene Revolutionierung hat er m. E. gewollt, und wäre es nur aus Ressentiment eines um jeden Preis Wirkungsbedürftigen gewesen.

Am 21. Januar 1948 schreibt Brantl an Dr. Paul Wolff, Verfasser des Buches *Friedrich Nietzsche und das christliche Ethos*. Darin heißt es eingangs unter anderem:

> Früher, jahrzehntelang im Banne des Philosophen,[54] verdanke ich gerade Ihrer Schrift

53 Brantl berichtet über die ganze Angelegenheit ausführlich in zwei Briefen an August Buck (26.11.47/4.11.48), der Herrn Emmer bei einem seiner regelmäßigen Sommeraufenthalte am Chiemsee kennengelernt hatte. Brantl war getroffen, dass er von dem Zorn Emmers auf ihn gar nichts gehört hatte. Als er unangemeldet zur Beerdigung erschien, machte ihm die Witwe, auf den Groll ihres Mannes bezogen, den Gästen gegenüber Vorwürfe: „Wie kann man nur so über Goethe reden".

54 Beachtenswert in diesem Zusammenhang sind Brantls Äußerungen in Briefen an Hans Carossa, Nietzsche betreffend. Hier ist eine Entwicklung erkennbar. Zur Zeit der Arbeit an seinem 1934 vor Juristen gehaltenen „positiven" Nietzsche-Vortrag hebt Brantl Carossa gegenüber noch heraus, Nietzsche, dem er sich in seiner Spaltung in einen dekadenten und einen lebenskräftigen Anteil tief verbunden fühle, habe das Dekadente in sich erfolgreich bekämpft, und so tue es analog heute das deutsche Volk. Brantl idealisiert und glorifiziert in einem Brief den Aufstand der „primitiven, brutalen Barbaren" gegen die „überzüchteten Intellektuellen" als „Revolution", als quasi naturnotwendigen Kampf der ‚gesunden' gegen die ‚kranken' Anteile des Volkes. Er glaubt aber, dass nach einer Periode sinnlosen Wütens, dem auch das Beste des Volkes, die jüdische Kultur zum Beispiel, zum Opfer fällt, eine Phase der Besinnung, der Liebe, der Menschlichkeit folgen wird und muss. 1936 bezweifelt er stark, ob sich Nietzsches Terminologie von „gesund" versus „krank" überhaupt vom Individuellen aufs Gesellschaftliche übertragen lasse, in jedem Volk gäbe es nur sehr wenige wirklich gesunde und starke Menschen, gegen die sich alle anderen zur Wehr setzen würden, und das sei auch richtig und gut so; Brantl wörtlich am 14. Juni 1936: „Freilich: Nietzsche und Spengler legen dar, dass der Verfall der abendländischen Menschen nur aufzuhalten ist, wenn die Volksgemeinschaften heroisch-militärisch organisiert werden. Die fortschreitende Verschlappung der Menschheit (siehe Österreich, Altbayern ...) muss ‚weggeputzt werden'. Priester und Lehrer sind überholt, es müssen Feldwebel her! Man muss den Leuten erst wieder einmal das Aufrechtstehen lernen, dann ständig das müde Rückgrat stützen.

Umkehr und ganz neue Einstellung zu positiv katholischer Haltung ihm gegenüber.

Dann kommt Brantl auf Thomas Manns aktuelles Nietzsche-Bild zu sprechen:

> Wie aktuell gerade jetzt wieder die Diskussion über Nietzsche geworden ist, ergibt sich aus dem im letzten Jahr von Thomas Mann in London und Zürich gehaltenen Nietzschevortrag, der mir kürzlich, in einer Zeitschrift abgedruckt, im Wortlaut zur Kenntnis gekommen ist. Nietzsche wird darin als ästhetisches Phänomen gewertet, als Humanist und überkonfessioneller homo religiosus bezeichnet, als reiner Ästhet und, wieder einmal als „Heiliger". Zwar wird alles, was sich gegen Nietzsche vom Standpunkt des Antifaschisten sagen lässt, gesagt, aber letzten Endes handelt es sich doch um eine außerordentliche Nietzscheverherrlichung. N., der so wenig Ehrfurcht gegenüber allen überkommenen Werten aufbrachte, wird mit höchster Ehrfurcht behandelt. Im übrigen meint Mann: „Man hat – im Gegensatz zu N. – das Gefühl, dass noch eine höhere Instanz da sei, vor der das Leben sich schämen könnte: möge es nicht die Moral sein, so ist es der Geist des Menschen, die Humanität selbst als Kritik, Ironie und Freiheit, verbunden mit dem richtenden Wort. Im Menschen kommen doch irgendwie Natur und Leben über sich selbst hinaus, sie verlieren in ihm ihre Unschuld, sie bekommen Geist, und Geist ist Selbstkritik des Lebens". Ich frage: bestünde nicht Veranlassung, endlich einmal zu dem Begriff „Humanität" Stellung zu nehmen, von katholischer Seite, der von jenem Begriff „Geist" gespeist wird, von jenem vagen Begriff, der letzten Endes keinen Urgeist anerkennt, keinen Gott?

Im März 1949 las Brantl den *Doktor Faustus* dann erstmals vollständig. Seine unmittelbare Reaktion schildet er in einem Brief an Lina Staab:

> Zur Zeit stehe ich unter dem – ich gestehe es, deprimierenden Eindruck der Lektüre des „Dr. Faustus", der mir kürzlich im Auftrag des Autors vom Suhrkampverlag zuging. Ein fast in jeder Beziehung peinliches Buch. Sie werden es natürlich lesen müssen, wenn Sie es noch nicht kennen, schon wegen der musikalischen Analysen, von denen ich freilich gar nichts verstehe ... Fast 800 Seiten eng bedrucktes Papier, nein, über 800 Seiten – ein Stil, der das non plus ultra heutiger deutscher Ausdrucksweise darstellt – ein paar familiengeschichtlich-persönlich, ziemlich breit ausgemalte und mit Freud'scher Psychologie untermalte Episoden, die den gewandten Erzähler von einst noch verraten – das aber ist alles, was ich aufnehmen konnte, ohne dass mir übel und verwirrt zu Mute ward ... Das Werk, unter dem Eindruck der Ereignisse des letzten Krieges geschrieben, verrät die Erschütterungen seines Schreibers und sein Bestreben, sich in entfernteste Geistesdomänen zu flüchten, nicht zuletzt in die lutherisch-nachlutherischen Theologiebereiche, die mir, Gottlob, auch ziemlich fremd sind – und was die schon mit heute noch zu tun hätten! ... Seine Musik, in die er sich flüchtete, verliert sich in die letzten – nach meiner Meinung perversesten – Cerebralitäten heutiger musikalischer Dekadenz, und wahre Orgien werden auf diesem Gebiete aufgerollt. Die Sache mit dem Teufel – von Dostojewski übernommen – einem cerebralen Teufel übrigens, ist widerlich, letzten En-

Ex Prussia lux. Und so sehen wir, in dieser Degenerationsperiode, ein ganzes Land zum Kasernenhof werden, und ein ganzes Volk unter Kommandorufe vom Morgen bis zum Abend gestellt". 1937 schließlich formuliert Brantl eine fundamental andere Sicht, am 22. Juni schreibt er an Carossa: „In welchen Zeiten leben wir! Wie schwer wird es mir, noch ein wenig Ruhe zu bewahren, noch ein wenig Liebe aufzubringen! Noch ein wenig zu glauben und zu hoffen! Dennoch wollen wir versuchen, zu glauben, zu hoffen und zu lieben! Dennoch wollen wir an den Geist des Lichtes glauben, des wahren Lichtes, nicht des luziferischen! Die Hybris ist ins Ungemessene gewachsen. Die Saat des größten aller bösen Dämonen, Nietzsches, ist aufgegangen. Ich fürchte und bange, dass eine ungeheure Katastrophe kommen muss, wenn die verhärteten Herzen wieder weich werden sollen."

des. Kein Lichtblick im ganzen Buch, keine sympathische Gestalt. Trostlosigkeit, sonst nichts, bleibt übrig. So verzichtet man schließlich gerne auf Genie's von der Art dieses Herrn Leverkühn, und wären sie noch so tragisch ... Soeben, kam mir, von einer Bekannten zur Verfügung gestellt, Heft 3 der neuen Zeitschrift „Der Monat" zu Händen. Darin schreibt der Musiker Klaus Pringsheim (Schwager Thomas Manns) ein eingehendes Referat über den Musiker Adrian Leverkühn, Manns Faustus – als Musikerin könnte Sie vielleicht diese Arbeit interessieren. Gott schütze uns vor der Literatur von heute![55]

Drei Monate später fällt Brantls Urteil anders aus: „Was mich also außerdem noch besonders fesselte und in Atem hielt und hält, ist der ‚Dr. Faustus' unseres Thomas Mann ... Darüber würde ich mich gerne mit Ihnen unterhalten."[56] Kurz darauf gesteht er Lina Staab:

Mit dem „Dr. Faustus" von Thomas Mann habe ich mich seither immer wieder beschäftigt, und zuletzt kam sein neues Buch „Die Entstehung des Dr. Faustus" (nach seinen „Neuen Studien") in meine Hände. Ersteres ist ungemein aufschlussreich bezüglich Person und Privatleben des Dichters, ein wahrhaftes document humain. Sie sollten's sich unbedingt eingehen lassen! Man kommt nicht zu Ende mit Thomas Mann! Freilich ist das eine meist andere Welt als die unsere,[57] Ihre und meine, aber doch eine überaus interessante.[58]

Nachdem Lina Staab wenige Tage später bereits geantwortet hat, schreibt Brantl am 3. August:

Lassen Sie mich auf Ihren Brief vom 31. Juli, wenigstens was den Thomas-Mann-Komplex betrifft, sofort antworten, um das Gespräch hierüber lebendig zu erhalten. Das Faustbuch beschäftigt mich noch immer, mehr oder minder. Für mich wenigstens ein Beweis, dass sein Wert mindestens in der Erregung und Anregung, die von ihm ausgeht, liegt. Ein ungeheurer Diskussionsstoff wird damit in die Welt geworfen, auf alle Fälle ...

In Bezug auf Thomas Manns Verhältnis zu Nietzsche führt Brantl dann aus:

Sehr wichtig ist, als Kommentar und Ergänzung zum Faustusroman, a) der Nietzscheessay Manns, nach dem Dr. F. entstanden. Hier verkleidet Mann sich nicht mehr als Zeitblohm, sondern nimmt persönlich zu N. Stellung. Nietzsche-Leverkühn, der eine als philosophischer, der andere als musikalischer Dekadent. Wie Zeitblohm dem Leverkühn, so erliegt Mann dem Nietzsche. Das rührende Verehrungs- und Bewunderungsbedürfnis Manns hindert ihn an Ablehnung und Selbstbehauptung. Er erliegt dem Gift, obwohl er weiss, dass es Gift ist. So wie Leverkühn der Esmeralda: im tiefsten Verderben, in der verstiegensten, krankhaften Überzüchtung sieht er immer noch das tief-Menschliche ... Obwohl Nietzsches Philosophie letzten Endes nicht die seinige, Leverkühns Musik letzten Endes nicht die seinige ist: trotzdem lässt Th. M. das Dekadenteste in Philosophie und Musik (und überhaupt auf menschlichem Gebiet) in sich ein, und ist dankbar für die Sensationen, die ihm diese Opiate vermitteln. Weil ihm der Mensch Nietzsche, der

55 Nachlass Brantl, Brief an Lina Staab, 21. März 1949.

56 Nachlass Brantl, Brief an August Buck, 9. Juni 1949.

57 Lina Staab und Brantl tauschten sich häufig in letzten Fragen christlicher Orientierung aus.

58 Nachlass Brantl, Brief an Lina Staab, 27. Juni 1949.

Mensch Leverkühn so ans Herz greift, kann er nicht abrücken, nicht Distanz herstellen, nicht verdammen ... Weil ihm alles Menschliche ans Herz greift, weil er es begreift als irgendwie logisch in jeder Erscheinung, sie sei, wie sie sei ... Thomas Mann kann nicht ablehnen: er ist selber „ein armer Mensch, der selber nicht mehr ein und aus weiss in seiner (geistigen) Not". (Auch in seiner Frankfurter Goetherede findet sich ein ähnlicher Satz). b) das neue Buch über die Entstehung des Dr. F.: das Reizvollste und Persönlichste, was Th. M., in geradezu schamlosestem Exhibitionismus, über sich selber gesagt und seinen Feinden zum Fraß, seinen Freunden zum Verständnis hin- und preisgegeben hat. *Ecce homo*, ein Pendant zur gleichnamigen Autobiographie Nietzsches.

Wenn Brantl hier von Thomas Manns „Feinden" schreibt, so ist das ein Hinweis auf seine Aufmerksamkeit für den Umgang der zeitgenössischen Medien mit Mann im Jahr 1949. Schon in dem Brief an August Buck vom 9. Juni 1949[59] hatte Brantl ausgeführt:

In der derzeitigen Hetze gegen den Dichter scheinen sich alle reaktionären Elemente zusammengefunden zu haben. Man übersieht dabei, dass man ihm doch sehr übel mitgespielt hat: er musste den ganzen Nobelpreis s.Z. bezahlen, um Ausreisebewilligungen zu erhalten. Trotzdem hat man nachher sein Münchner Haus samt Inventar beschlagnahmt, letzteres versteigert. Bis heute hat man ihm das Haus nicht zurückgegeben, noch eine Entschädigung bezahlt. Kein Mensch spricht davon, dass Mann seine ganzen Tantiemen aus dem Suhrkampverlag zur Wiederinstandsetzung der Lübecker Marienkirche gestiftet hat. Wohl aber nimmt man es ihm übel, dass er sich den Frankfurter Goethepreis schenken lässt. (ich bin versichert, dass er ihn zu einem deutschen kulturellen Zwecke stiften, wenn nicht noch aus eigenen Mitteln erhöhen wird). Man hat an die Verleihung, wie ich höre, die Bedingung geknüpft, dass er ihn persönlich in Empfang nehmen muss (weder George noch Hesse brauchten persönlich zu erscheinen) – was wunder, wenn er, dem bisher seitens Deutschlands noch keine Genugtuung zu teil geworden ist, was seinen Münchner Besitz betrifft, nur 36 Stunden in Deutschland (für diesmal) weilen will, eben weil er sich nicht unter Druck setzen lassen wollte. ... Und wie hätte die Reaktion geschrieen, wenn er den Goethepreis abgelehnt hätte? Im übrigen ist der alte Herr jetzt schwer getroffen. Vielleicht lasen Sie, dass vor einigen Monaten sein jüngster Bruder Viktor plötzlich einem Schlaganfall erlegen ist, kurz nach Vollendung seiner demnächst im Südwestverlag Konstanz erscheinenden Familienerinnerungen. Ich stand mit ihm bis in die letzten Wochen in brieflicher u. im vorigen Sommer zuletzt noch persönlicher Verbindung, indem ich ihm wertvolles Material in Bezug auf beide Brüder liefern konnte. In dem Buch werde übrigens auch ich figurieren[60]...

Und jetzt der tragische Selbstmord seines ältesten Sohnes Klaus in Cannes, der übrigens im gleichen Alter wie Goethe's Sohn August versagte – tragisches Los des von der Größe des Vaters überschatteten und gehemmten, infolge unseliger Rassenmischung im übrigen wohl allzu überzüchtet-unruhig-wirren Erben ... ich kannte ihn gut von München her, er hatte zweifellos geniale, aber doch verwildert-unbeherrschte Anlagen.

In einem Brief an Lina Staab vom 17. August 1949 nimmt Brantl erneut Bezug auf die Zeitumstände, um dann ein weiteres Mal über die Beziehungen Thomas

59 Siehe Anmerkung 54.

60 Viktor Mann hielt nicht Wort und verschwieg in seinem Buch *Wir waren fünf* die Dienstleistungen und Hilfestellungen Max Brantls; immerhin erwähnt er seinen Namen.

Manns zu seiner Romanhauptfigur Leverkühn und deren Verhältnis zum Autor Thomas Mann zu sprechen:

> Die letzten Wochen standen im Zeichen der Deutschlandreise Thomas Manns. Ich nahm daran im Geiste sehr teil. Eine Einladung nach München war mir seitens des Schriftstellerschutzverbandes nicht zugegangen (M. sprach nur vor geladenen Personen), nachdem ich, der hohen Mitgliedsbeiträge wegen, voriges Jahr ausgetreten bin, – da ich München ja nicht mehr betreten will (seit über 6 Jahren war ich nicht mehr dort), wär ich ohnehin nicht hingefahren … Ich hörte durchs Radio Manns Frankfurter Rede, ein bedeutendes menschliches und artistisches Dokument, und ein Interview aus München, – die Weimarer Rede entging mir, da ich nur einen kleinen Volksempfänger habe. Von der Parteien Hass und Gunst verwirrt, schwankt sein Charakterbild. Es schwankt wohl auch der eigene Charakter. Es schwankt ja auch, von Epoche zu Epoche, die ganze Zeit, deren charakteristischer Repräsentant er ist. Inzwischen werden Sie ja den „Dr. Faustus" und den Kommentar hiezu (Die Entstehung des Dr. F.) gelesen haben. In letzterem stehen die wichtigen Worte von der Identität Zeitblohms u. Leverkühns (S. 82). So begegnen sich also in der eigenen Person Manns intellektuelle Überzüchtung und einfachere Menschlichkeit. Auf das Gebiet der ersteren wird ihm immer nur eine kleine Schaar Überintellektueller folgen können. Diese Spaltung zwischen Z. und L. (an die Spaltung Antonio-Tasso, Mephisto-Faust erinnernd), halte ich schon für sehr kühn und gewagt; der Humanist Z. erliegt doch (im Roman) völlig der Faszination des Übermenschen A., die Gegensätze sind nicht abgegrenzt, und so bleibt der Autor zwitterhaft –, wie auch in seinem sehr lesenswerten, nach dem „Dr. F." verfassten Nietzsche-Essai, der ja auch einen Kommentar zum Roman bildet.

Der Nietzsche-Thomas-Mann-Komplex wird dann nicht weiter bedacht, wohl aber beschäftigt sich Brantl zeitgleich mit der Frage, wie der Roman weltanschaulich zu bewerten ist.

Hintergrund dieses Interesses sind die Reaktionen, die er von Thomas und von Heinrich Mann auf seine 1947 erschienenen *Strophen an Gott* erhielt. In einem Brief vom 26. November 1947 teilt er August Buck mit:

> Thomas Mann schrieb mir unterm 17. IX, über meine „Strophen an Gott" (die übrigens im Novemberheft der Frankfurter Hefte nach allen Regeln der Kunst verrissen werden): „Ich darf mich auch keinen homo religiosus nennen" (wie sein Bruder, auf den er sich bezogen hatte), „aber ich glaube doch, dass ein neuer, vertiefter Humanismus, der vielleicht in der Bildung begriffen ist, nicht ohne eine religiöse Färbung wird sein können, einfach weil sein Kern die Ehrfurcht vor dem Mysterium des Menschen ist."
>
> Wogegen ich aus Heinrich Manns neuem Buch, das mir kurz vorher vom deutschen Verlag zugegangen war („Ein Zeitalter wird besichtigt" – es hat mich lange beschäftigt und sehr positiv auf mich gewirkt) – ein sehr interessantes Kapitel, „Gott" überschrieben, fand, das mir einen, wenn auch infantilen, homo religiosus durchaus offenbarte. Ich werde mich freuen, Ihnen dieses geistvolle und radikale Buch zugänglich machen zu können, mag es immerhin in Manchem und Vielem Ihren Widerspruch auslösen.

In dem in anderem Zusammenhang bereits zitierten Brief an August Buck vom 9. Juni 1949 legt Brantl sich fest:

> Wenn ich mich nicht mehr irre, handelt es sich doch hier [beim Doktor Faustus] um ein im Grunde sehr christliches Buch ... Die menschliche Hybris wird als Teufelswerk ad absurdum geführt, analysiert an der Hybris des Zerebralen (prot. Theologie) und Musikalischen, auf dem Hintergrund der Hybris im Politischen und Kulturellen, noch im Einzelleben überzüchteter Menschen. Leider kamen mir bisher nur unzulängliche Kritiken dieses Buches vor Augen. Sollten Sie gelegentlich auf wirklich wertvolle stoßen, so wäre ich Ihnen für Zugänglichmachung dankbar.

Im Brief an Lina Staab vom 3. August desselben Jahres kommt er erneut auf die Frage der christlichen Religiosität zu sprechen:

> Um nochmals von Th. M. zu reden: Er wurzelt im Rationalen. Weil es ihn nicht befriedigt, macht er Ausflüge (freilich, um immer wieder zurückzukehren) ins Irrationale Exzentrische u. Morbide: denn ersteres ernüchtert auf die Dauer, letzteres verschafft Sensationen ... Sagt nicht Nietzsche von der Wagnerschen Musik (die zu seiner Zeit das bisher Letzte modern-differenziertesten Ausdrucks darstellte), sie sei Opium?
>
> Es gäbe noch einen anderen Ausweg aus dem Rationalen: das Metaphysische. Dieses aber ist Th. M., – der von Voltaire herkommt – verschlossen. Th. Mann ist kein Christ, allenfalls nur ein Freimaurer ... Er ist auch, in christlicher Schau, Atheist. Vielleicht aber wird er noch Christ. Dann aber katholischer, denn gegen Luther und seine Nachfolge, die protest. Theologie, hat er ja viel auf dem Herzen ... Vielleicht muss ein solcher großer Geist an und in sich selber erst völlig scheitern, bis er gläubig werden kann. Irgend ein religiöser Hang ist in Th. M. virulent: Seine deutschen Tantiemen hat er zur Restauration der Lübecker Marienkirche, seinen Weimarer Goethepreis zur Restauration der Weimarer Herderkirche gestiftet. Im Knaben „Echo" wurde das Naive, Reine, Gläubige in ihm geweckt ... „Wenn ihr nicht werdet wie die Kinder": er ahnt es wenigstens einstweilen ... Verschaffen Sie sich den Essayband von Th. M., in dem auch der Dostojewski-Essay u. der Essay „Deutschland und die Deutschen", neben dem Nietzscheessay stehen. Die drei ersteren bringen, wie teilweise schon gesagt, wertvolles Kommentarmaterial zum Dr. Faustus.

Brantl bleibt der Überzeugung treu, dass Thomas Mann im *Faustus* letztlich ein vom Christentum getrennter, ganz in rationalen Untergründen wurzelnder Autor geblieben sei. Den Abschluss der Debatte markieren zwei Briefe. Der erste geht am 11. Oktober 1949 an Felix Braun und dessen Schwester Käthe Braun-Prager:

> Über Thomas Mann liesse sich Endloses sagen. Hier in der Beilage seine jüngste Kundgebung ... Er wurzelt in der Aufklärung und ist, wie er mir selber schrieb, kein homo religiosus. Seine Moses-Novelle könnte von Renan stammen, seine Josefromane von Renan + Flaubert. Mit seiner Humanitätsreligion ist es nicht weit her, sie wurzelt in bürgerlichen Idealen. Dennoch ist er mit dem Religiösen doch irgendwie – und wäre es nur atavistisch – verkettet u. kommt davon nicht los. Der Herderkirche in Weimar, der Marienkirche in Lübeck machte er erhebliche Zuwendungen. Die Gnade des Glaubenkönnens wird ihm aber nicht zu teil. Dazu ist er zu stolz und selbstherrlich. Und dem so Gescheiten ist

das Reich des Metaphysischen und Transzendentalen ganz unzugänglich. Nicht einmal Pascal hat ihm das Wesentlichste zu sagen. Nietzsche hat ihn zu sehr geformt, zu sehr verdorben. Hinter seiner Ironie wohnt der Schmerz ums verlorene Paradies.[61]

Und in einem Brief an Lina Staab vom 22. Oktober 1949 liest man:

Betr. Thomas Mann, Dr. Faustus, las ich soeben in der Zeitschrift „Merkur" – die wohl auch in ihrer Bibliothek ausliegt[62] – ich bekam das Heft geliehen – III. Jahrg. Heft 9 – (Nr. 19 der bisherigen Nummern) einen sehr bemerkenswerten Aufsatz des Herausgebers Hans Paeschke (S. 928 ff.). Paeschke weist auf den Zusammenhang mit Kierkegaard hin, stellt aber das Sowohl-Als auch bei Thomas Mann, im Gegensatz zum Entweder-Oder Kierkegaards fest. Das berührt sich mit meiner Meinung, dass in Mann zwei Seelen nebeneinander verlagert sind, die Zeitbloms und die Leverkühns, die sich nicht bekämpfen, sondern miteinander liebäugeln. So ähnlich lässt Renan, in seinen Dialogues Philosophiques, mehrere verschiedene Meinungen und Standpunkte gegen einander sich ausspielen. Und so ist bei Th. Mann der Drang nach Wahrheit immer von der Lust am Trug überkompensiert. Paeschke bezeichnet es u. a. auch als Lästerung, wenn Leverkühn-Mann „die verworfenste Schuld als Herausforderung an die Unendlichkeit der Güte Gottes" bezeichnet ... Kurz, der Artikel ist sehr lesenswert.

Angesichts von Brantls Aufmerksamkeit für Thomas Manns Stellung zum Christentum ist es naheliegend, zu fragen, wie Thomas Manns Novelle *Der Erwählte* von ihm aufgenommen wurde. Am 8. August 1951, kurz vor seinem Tod, schrieb Brantl an Hans Brandenburg:

Und was sagst Du zu Thomas Manns neuem Buch? Mit höchster Raffinesse wird hier eine zarte Legende säkularisiert, mit verborgenster Ironie voltarisiert. Und wie breit wird der Inzest ausgemalt! Auch Renans Jesusbuch säkularisierte ja die Jesusgestalt, aber mit wie viel Delikatesse und Ehrfurcht. Bei Mann aber mengt sich Realistik und Ironie geradezu mit Zynismus, der Nietzsche (Ecce homo) zufolge „das höchste, was auf Erden erreicht werden kann", sein soll.

Am 14. August schrieb er an August Buck, dieselben Eindrücke und Gedanken variierend:

Wogegen mich das neue Thomas Mann Buch sehr aufreizt. Ich wehre mich gegen eine so raffinierte Ironie und Ausmalung von Perversitäten, gegen solche Säkularisierung zarter Legenden. Wenn freilich, wie Nietzsche im Ecce Homo proklamierte, „der Cynismus das höchst Erreichbare auf Erden" ist, dann hat dieser – im Tiefsten wohl Unglückliche und Verstörte – damit ein Meisterstück geschaffen, wie mir eine vorliegende höchst positive Besprechung des Pastors (!) Albrecht Goes beweisen möchte. Als Antwort auf seine

61 Brantls Urteil über den *Joseph*-Roman Thomas Manns, den er nie wirklich gelesen hat, ist leichtfertig. Man kann aus verstreuten knappen Äußerungen, die im Abstand von Jahrzehnten in seinen Briefen auftauchen, vermuten, dass er dem *Joseph* aus dem Weg ging.

62 Lina Staab arbeitete in Kaiserslautern als Bibliothekarin.

Gabe sandte ich dem Meister, ohne Brief, Peter Wust's „Ungewissheit und Wagnis".[63]

An dieser Stelle darf vielleicht eine Kontextualisierung eingeschoben werden: Man darf aus dem Gesamtbild, das sich durch alle vorhandenen Briefquellen zu Brantl zusammentragen lässt, den Schluss ziehen, dass Brantl sich in seinen letzten beiden Lebensjahren sehr aktiv auf seinen Tod vorbereitete, ja, ihn sogar ersehnte, und dass er sich nur noch für Texte öffnete, die ihm behilflich sein konnten, einem katholisch-christlichen Ende entgegenzugehen.

Abschließend muss noch nachgetragen werden, welche Wirkung Thomas Manns Goethe-Roman *Lotte in Weimar* bei Brantl hervorrief. Brantl gehörte, wie viele seiner Zeitgenossen auch, zu den lebenslangen, intensiven Goethe-Lesern, die Goethes Werk und Persönlichkeit eine bis in die Gegenwart hinein gültige und verbindliche Orientierung zuerkannten. Das verband ihn unter anderem mit Hans Carossa. Goethe ist für den jungen Brantl eine starke Gegenfigur zu den Einflüssen der Modernen, der Dekadenten, zu denen es ihn unwiderstehlich zieht. Von ihm erhofft er sich immer aufs Neue Reinigung, Erholung und Klarheit. Und auch in den 1930er Jahren unter dem Eindruck des hereinbrechenden Nationalsozialismus wird Goethe für ihn erneut zum Leitstern. Brantl ist überzeugt, dass ein radikal an goethescher Lebens- und Dichtkunst orientiertes Schreiben auch in den finsteren Zeiten ein helles, heilendes und helfendes Licht verbreiten kann, das umso mehr benötigt wird, weil nicht mehr alles gesagt werden kann. Aus dieser Position heraus stärkt er den Freund Hans Carossa.

Allerdings greift Brantl spätestens seit 1940/41 zu anderen Mitteln, um sich gegen die Zeitläufte ein Schneckenhaus zu bauen. Er liest und übersetzt mit großer Intensität die modernen Autoren Mallarmé und D'Annunzio. So ist Brantl, als ihn Thomas Manns *Lotte* erreicht, innerlich bereits weit davon entfernt, Goethe zu heroisieren oder zu idealisieren.

Kurz nachdem er den Roman von Thomas Mann mit der Widmung „Dem Freund Brantl" erhalten hat, schildert er seine ersten Leseeindrücke mit folgenden Worten:

> Gerade in diesen ersten ominösen Ende-Junitagen sandte mir Thomas Mann aus Kalifornien seine „Lotte in Weimar". Kennen Sie dieses enorme Buch? Und was meinen Sie dazu? Jedenfalls half es mir zunächst einmal, in meiner Verwirrung (wegen der Währungsreform), mich zu konzentrieren. Für den Goethe- und Menschenkenner bedeutet

63 Peter Wust: Ungewissheit und Wagnis. München-Kempten: Kösel 1947 – ein Buch, in dem laut Brantl „alle Fragen heutiger Existenzphilosophie in christlichem Sinne behandelt werden."

dieses Werk jedenfalls erlesensten Genuss, und solcher ward mir auch daraus zu teil. Ward je die Fragwürdigkeit alles Menschlichen, alles menschlich Großen zumal, unerbittlicher aufgezeigt, Größe und Elend des Menschen im Sinnes Pascals, aber wie verständnisvoll doch beurteilt, wie menschlich brüderlich, möchte ich fast sagen ... Und über allem menschlich-allzu Menschlichen dominiert in der Vision Manns ja doch das unberührbar Große einer übermenschlichen Erscheinung ... Mag diese, die sich zuletzt, in fast sibyllinischen Worten, für kurze Augenblicke, ihres Panzers sich entkleidend, menschlich-gütig auslöst, auch über alles Maß normaler Menschen längst hinausgewachsen sein – ist sie nicht doch mehr oder minder typisch für uns alle, die wir, um unser übervolles und überheisses Herz zu bewahren, unsere ungemeine Sensibilität nicht zu verschwenden, unser Ich in harte, rauhe Schalen kleiden müssen? Wenn Nietzsche den Zynismus als das Höchste was auf Erden erreicht werden kann, preist: sprach dieses entsetzliche Wort nicht einer aus, der sich in Notwehr gegen die zartesten und feinsten Inhalte seines Ichs befand, deren Aufprall an einer harten, stumpfen Welt er erleben musste, und galt sein „Werde hart" nicht der Notwehr gegen seine übergroße Weichheit? So kündet, für mich wenigstens, die Ironie und Skepsis (Vorläufer des Zynismus) Thomas und Heinrich Manns von ihrer verdrängten seelischen und geistigen Verfeinerung ...[64]

Etwa zeitgleich schreibt Brantl am 27. Juni 1948 an P. Paul, einen Pater im Kloster Metten:

So etwa beschäftigt mich zzt. die Frage, die ich allein nicht lösen kann, wie die katholische Kirche die Stellung des Teufels und des Teuflischen in der Welt erklärt. Das Teuflische, meint Thomas Mann (in seinem sublimen Roman „Lotte in Weimar", den ich zzt. lese, er sandte ihn mir direkt aus Kalifornien) sei die Kehrseite des Göttlichen, und da Gott das Ganze ist, so sei er auch der Teufel. (Goethe selber sprach davon, dass die „Natur" gut und böse sei, in ihren wechselnden Wirkungen). Offenbar kommt Mann, in diesem Goetheroman (der im übrigen außerordentliches Niveau hat) mit seiner Ansicht von Goethe her ... Er bezieht sich auch auf den Jakobssegen der Schrift (am Ende der Genesis), wo vom Segen von oben und vom Segen von der Tiefe her die Rede ist ... Nun ist mir ja freilich die Lehre unserer Kirche geläufig, dass Luzifer und sein Anhang seit dem Fall der Engel, oder doch seit dem Sündenfall des ersten Menschenpaares, auf Erden Macht eingeräumt wurde (bis zum jüngsten Tag), wie ja auch Christus den Versuchungen Satans ausgeliefert war. Welche Macht aber hat sich Gott neben Satan vorbehalten, bzw. kürzte er nicht seine Macht, wenn er diesem einen Teil davon einräumte? Warum überhaupt ließ er Satan noch Macht? ...

Noch im Herbst des Jahres schwärmt Brantl von seiner Lektüre der *Lotte in Weimar.*

Am 7. Oktober 1948 schreibt er an P. Bonifaz, ebenfalls Pater im Kloster Metten, zunächst, dass er den *Faustus* nur in Auszügen kennt und von diesen sich irritiert fühlt:

Hingegen war mir sein Buch „Lotte in Weimar", der Goethe-Roman, ein ausserordentlicher Genuss. Der alte Herr von Weimar wird darin sehr menschlich analysiert, dem Goethekultus und dem Goethemythos wird damit ein empfindlicher Schlag versetzt. Dieses Buch sollte in der Bibliothek Mettens nicht fehlen. Thomas Mann erfährt jetzt von katholischer Seite mehr und mehr Kritik. Ist er doch fast völlig im Immanenten ver-

64 Nachlass Brantl, Brief an Lina Staab, 6. Juli 1948.

haftet und dem Transcendenten kaum zugänglich. Die Ordo des Transcendenten existiert für ihn – oder doch in seinem Werk – nicht.

In den folgenden Jahren beteiligt sich Brantl aktiv an der Goethe-Forschung und setzt sich beispielsweise vehement für die Verbreitung von Schriften ein, die sich kritisch mit dem seiner Meinung nach widersprüchlichen Schluss des *Faust II* beschäftigen.[65]

Wen Brantl in seiner Beschäftigung mit Thomas Mann immer wieder als Gegenfigur ins Spiel bringt, das ist Blaise Pascal. In knappster Zuspitzung gruppiert er Heinrich und Thomas Mann, aber auch Nietzsche und zuletzt auch Goethe um die rationalistischen Philosophen Voltaire und Rousseau und setzt ihnen allen den katholisch-christgläubigen Pascal entgegen. Er glaubt sogar, dass Nietzsche Pascal gefürchtet habe und ihm ausgewichen sei. Wer aber war dieser Blaise Pascal? Egon Friedell, den sowohl Thomas Mann als auch Brantl lasen, schreibt über den französischen Philosophen, der in seiner ersten Lebenshälfte als einer der ersten Mathematiker und Naturwissenschaftler seiner Zeit galt, in seiner *Kulturgeschichte der Neuzeit:*

> Die zweite Hälfte seines Lebens, das nur neununddreißig Jahre währte, hat Pascal unter den größten körperlichen Heimsuchungen verbracht, die er aber mit der edelsten Geduld und Fassung, ja fast mit Heiterkeit ertrug. Obgleich durch beständige Kolik, Kopfneuralgie, Zahnfleischentzündung und Schlaflosigkeit geplagt, verzichtete er doch auf jede Bequemlichkeit, machte sich alle Handreichungen selber und nahm sogar noch einen kranken Armen zu sich, den er bediente und pflegte. Er pries Gott für seine Krankheit, denn Kranksein, pflegte er zu sagen, sei der einzige eines Christen würdige Zustand, ja er hatte eine förmliche Angst davor, wieder gesund zu werden. Und seine Leiden haben ihn in der Tat in Höhen entrückt, die dem gewöhnlichen Sterblichen verschlossen sind: durch die Schwerelosigkeit, die sie ihm verliehen, gelang es ihm, mitten in der profanen gierigen Welt des mazarinischen Frankreich und beim hellen Tageslicht seines rationalistischen Jahrhunderts ein magisches und mystisches Dasein zu führen. Um seine letzten Lebensjahre liegt ein überwirklicher Astralglanz.[66]

65 Brantl beteiligte sich im Herbst 1949 an der Debatte um das Buch von Quirin Engasser: Der faustische Mythos. Ist Faust das heilige Buch der Deutschen? Rosenheim: Inngau 1949.

66 Egon Friedell: Kulturgeschichte der Neuzeit, 2. Band. München: Beck 1928 (23.-27. Aufl.), 75.

IV. Literarische Aktivitäten

Der Lyriker

Brantls lyrisches Werk ist schmal. Es kann in eine frühe, eine mittlere und in eine späte Entstehungsphase eingeteilt werden. Die erste Periode umfasst die Jahre von 1905 bis 1917, die zweite Periode erstreckt sich bis 1935 und dann folgt eine kurze Spätphase um 1945. Brantl, der immer unter dem Pseudonym „Maximilian Brand" veröffentlichte, erhielt auf seine Produktionen private Reaktionen, und er wurde öffentlich wahrgenommen. Gestärkt konnte er sich in der frühen Phase durch anerkennende Reaktionen fühlen, beispielsweise von Autoren wie Heinrich und Thomas Mann, Hans Carossa, Hermann Hesse oder Felix Braun. Das Urteil der Pressekritik blieb zurückhaltend und zwiespältig. Was er selbst vermisste, war ein „voll tönendes" öffentliches Lob. Brantls 1906, 1908 und 1910 erschienene schmale Gedichtbücher wurden von München bis Hamburg in knappen Besprechungen gewürdigt. Zeitgleich gab es Einzelveröffentlichungen.[67]

Obwohl der Rezensent der *Augsburger Abendzeitung*[68] in *Meeresstille und glückliche Fahrt* (1906) in Brantl einen „verträumten Nachfahren" jener von Baudelaire in seinem Buch über E. A. Poe angesprochenen Dekadenten sieht, denen „die sanfteren Farbentöne des Abendhimmels lieber seien als die klare Pracht des Morgens", und obwohl „mancher Ton der ersten Romantiker in seinen Melodien klingt", „geht gleichwohl von seinen Liedern eine feine und seltsame Stimmung auf den Leser über, die leise Erinnerungen mit sich bringt, gleich dem Duft welkender Rosen." Trotzdem sei „etwas Eigenes und Selbständiges in dem Buche, etwas was Hoffnung gibt auf eine sich nie aus dem Künstlerischen verlierende Entwicklung." Ähnlich urteilten die *Neue Hamburger Zeitung*[69], die *Allgemeine Zeitung Barmen* (2.8.1906, Nr. 179) oder die *Blätter für Bücherfreunde*[70].

Die *Münchner Neuesten Nachrichten* und das *Prager Tagblatt* gingen hart mit Brantl ins Gericht. „Das künstlerische Können steht bei Brand auf jeden Fall noch in starkem Mißverhältnis zu seinem poetischen Wollen."[71] Und: „Wieder einmal jene Art der Lyrik, welche unklare, verschwommene Gefühle noch unklarer und

67 Brantl hat eine Liste seiner „frühen Gedichte" zusammengestellt. Die Zeitspanne der Liste umfasst die Jahre 1905 bis 1917, sie enthält mehr als 100 Titel oder Titelzeilen, ob sie vollständig ist, ist noch nicht geklärt. Es gab viele Einzelveröffentlichungen in diesem Zeitraum, ein Teil davon ist im Deutschen Literaturarchiv in Marbach dokumentiert. Brantl hat aber auch sein Leben lang Gelegenheitsgedichte verfasst und als Briefbeigaben versendet.

68 Augsburger Abendzeitung, 8. November 1906, 5.

69 Neue Hamburger Zeitung, 17. November 1906.

70 Blätter für Bücherfreunde, Jg. VI, Nr. 3, Oktober 1906.

71 Münchner Neueste Nachrichten, ohne Datum.

verschwommener ausdrückt."[72] Eine Sammelbesprechung von Will Vesper, der ausführlich auf Brantl eingeht, kommt zu dem Ergebnis: „Ein sehr verheißungsvolles Buch scheint mir ‚Meeresstille und glückliche Fahrt' von Maximilian Brantl."[73]

Die 1908 im Verlag A. R. Meyer in Berlin-Wilmersdorf erscheinende Gedichtsammlung *Liebesstrophen* verwendete Passagen aus dem Beitrag von Vesper für ihre Werbung („Die Propyläen [...] rühmten die Innigkeit und Kraft seines gebändigten Empfindens"). Aber Harry Kehn, Autor einer Kritik in der *Münchner Post* vom April 1910, erkennt in den Stücken, die, wie er vermutet, „Zeugnis ablegen" von einer „Liebesbegebenheit" des Verfassers, „die sein Leben aufwühlte", keine „wahrhaftigen Kunstgebilde", findet aber doch zuletzt „Splitter und Scherben einer ganzen lyrischen Kraft, die [...] aus echter eigener Tiefe strömt. Volksliedartige Verse gelingen ihr manchmal [...] die aufbewahrt zu werden verdienen und auf jeden Fall eine starke und dabei doch einfache Prägekraft der Empfindung verraten."

Einen lebenslangen Freund und Förderer bescherte Brantl sein schmales, nur 30 Stücke umfassendes Gedichtbuch *Von einer Toten,* das 1910 ebenfalls bei A. R. Meyer in Berlin erschien und das er Karl und Hanna Wolfskehl widmete: Heinrich Franz Bachmair.[74] Bachmair, der insgesamt vier Bücher Brantls verlegte, schreibt in einer Sammelbesprechung, die ausführlich auf Brantl eingeht:

> Trotz der feingeschliffenen Form sind diese kristallklaren Zeilen von solcher Schlichtheit, wie wir sie von Dauthendey kennen, jedoch ohne die erkünstelte Archaisierung, die uns das „Singsangbuch" oft ungenießbar macht.[75]

1935 brachte Bachmair das Büchlein *Frühlingsfahrt nach Tirol* heraus. Ob es dazu veröffentlichte Kritiken gibt, ist bislang nicht bekannt. Wie häufig gibt es aber Äußerungen in Briefen, denn Brantl versandte seine in sehr kleinen Auflagen erscheinenden Titel an Freunde, Bekannte und an die nicht wenigen Autoren, mit denen er korrespondierte. So schreibt beispielsweise Emmy Ball-Hennings[76]

72 Prager Tageblatt, 21. Oktober 1906.

73 Dichter und ihre Gesellen. Eine Kritik von Will Vesper. München, in: Propyläen, Nr. 43, 24. Juli 1907.

74 Von Bachmair ist u. a. erschienen: Schrift und Satz im schönen Buch. Starnberg 1947; Das Manuskript. Ein Hinweis für Schriftsteller. Söcking 1948; über ihn ist u. a. erschienen: Der Verleger Heinrich F. S. Bachmair 1889-1960. Expressionismus, Revolution und Literaturbetrieb. Publikation zur Ausstellung in der Akademie der Künste vom 6. Oktober-19. November 1989. Berlin: Akademie der Künste 1989.

75 Pasinger Zeitung, Jg. 18, Nr. 37, 3. Juni 1910.

76 Emmy Hennings oder Emmy Ball-Hennings (1885-1948) war Schriftstellerin und Kabarettistin. Sie gründete zusammen mit Hugo Ball in Zürich das Cabaret Voltaire, die Keimzelle des Dadaismus. Nach der Heirat mit Ball 1920 lebten beide im Tessin; es gab eine enge Freundschaft mit Hermann Hesse.

am 13. Juni 1935 an Lina Staab:

> Die Gedichte von Brantl [hier *Frühlingsfahrt nach Südtirol*] habe ich entzückt und aufhorchend, dankbar gelesen. Die große Einfachheit des Ausdrucks, diese zärtliche Einfalt (ich meine dieses Wort in seiner schönsten Bedeutung) bewegt mich, zum Weinen schön. Die Schlichtheit verbirgt das stärkste Gefühl, und es ist so klar und rein wie das Mondlicht ... Hermann Hesse wollte mir, Brantl's wegen, auch noch Carossa's „Führung und Geleit" zum Lesen geben, doch kam ich meiner Krankheit wegen nicht zur Lektüre, will's aber nachholen.[77]

Im selben Jahr, 1935, erschien bei Bachmair auch der Band *Formen des Eros. Verse aus Italien*. Dieser Band wurde als Ganzes oder in Teilen ins Italienische übersetzt. Im Juli 1938 würdigte Adriano Belli die Gedichte ausführlich im *Corriere Padano*.[78]

Die 1944/45 entstandenen *Strophen an Gott*, die 1946 ebenfalls bei Bachmair erschienen, lösten ein sehr deutliches Echo in der Presse der Nachkriegszeit aus. Im November 1946 schrieb die *Berliner Zeitung*:

> Die Strophen an Gott sind nicht nur, wie der Verfasser sagt, die Dokumente eines menschlichen Herzens, sondern dürfen den Anspruch erheben, über das persönliche Erleben hinaus den allgemein gültigen Ausdruck der ringenden Menschenseele in einer Zeit der sinnlosen Verwüstung gefunden zu haben. Das Geschick von Tausenden spricht aus den reimlosen Versen, deren abgehackte Rhythmen wie Verzweiflungsschreie klingen. Keine einheitlich ausgewogene Gestaltung, Bruchstücke nur, aber von mitreissender Gewalt und dokumentarischem Wert.

Und der *Tagesspiegel* urteilte in einer Ausgabe Ende Dezember 1946: „Nicht immer ist die Echtheit der zeitgeborenen Lyrik so stark wie hier."[79]

Hart ins Gericht mit Brantl gingen die *Frankfurter Hefte* sowie der *Rheinische Merkur*[80]. Brantl meinte in einem Brief an Lina Staab, seine *Strophen an Gott* seien „nach allen Regeln der Kunst zerrissen worden". Im Novemberheft 1947 der *Frankfurter Hefte* urteilte Hans-Peter Berglar-Schröer:

> Nicht viel mehr Freude (als die Konventionslyrik eines Leo Fusshöller) bereiten Maximilian Brands „Strophen an Gott". Wenn der Autor am Schluss seines Büchleins erklärt, dass die vorgelegten Gedichte „keine künstlerische Wertung" beanspruchen, sondern nur „Dokumente eines menschlichen Herzens" seien, so muss er – und der Verlag – um das Unangemessene eines solchen Versuches der notwendigen Kritik zu entziehen, was

77 Maschinenschriftlicher Auszug aus dem Brief an Lina Staab im Nachlass Brantl.

78 Adriano Belli, Prose e Versi dell'èra hitleriana. Viaggio letterario in Germania, in: Corriere Padano, 27. Juli 1938-XVI (sic!), 3.

79 Zitiert nach Briefen Brantls, genaues Erscheinungsdatum nicht ermittelt.

80 Das Datum der Besprechung im Rheinischen Merkur ist nicht ermittelt. Brantl schreibt in einem Brief vom März 1948, die Kritik sei verfasst von einer Vilma Sturm.

erst der Rechtfertigung bedarf –, hingewiesen werden: Wer es unternimmt, Dokumente eines menschlichen Herzens in der gebundenen Sprache der Dichter abzufassen, setzt sich eben dadurch künstlerischer Wertung aus: wer sich ihr nicht gewachsen glaubt oder sie aus irgendwelchem anderen Grund vermeiden möchte, sollte sich der Veröffentlichung enthalten. Bei Versen wie diesen würde sich das ohnehin empfehlen: „Phantomen jagten stur wir nach / von Zauberern uns hingemalt". Muss man sich so eine Kritik nun gefallen lassen, oder soll man darauf – und wie? – reagieren?[81]

Brantl zeigte sich in Briefen an Freunde durch diese Kritik tief verletzt. Dabei war er nicht ganz unschuldig an deren Zustandekommen, hatte er doch gegen den ausdrücklichen Wunsch seines Verlegers Bachmair den *Strophen an Gott* ein Nachwort angefügt. Und dieser ‚Epitext' steuerte nun seinerseits die Leserschaft. Brantl, der ja als Lyriker keine öffentliche Bekanntheit besaß, hatte von sich in dem Nachwort behauptet, kein Dichter zu sein, sondern ein ringender, leidender Mensch. Fakt aber war, dass er auch die Form dieser Dichtung sehr genau kalkuliert gewählt hatte,[82] wie er es immer tat. Sein Nachwort lässt sich somit als naives Versteckspiel kennzeichnen und als leichtfertige Koketterie. Zu glauben, man könne 1946 ein Gedichtbuch Heinrich Mann widmen und gleichzeitig so auftreten, als sei man ein unbeschriebenes Blatt, zeugt von Brantls Unkenntnis des literarischen Marktes und seiner gesellschaftlichen Funktionen in diesem Zeitraum. Auch die Zeitschrift *Welt und Wort* brachte eine kritische Besprechung. Lektor Rudolf Schmitt-Sulzthal ergänzte in einem persönlichen Schreiben an Brantl, von einem Mitlebenden erwarte er nach den Ereignissen des Nationalsozialismus keine Herzensschreie, sondern Äußerungen in fester, gebändigter Form. Auch hier übte das Nachwort störende Wirkungen aus. Während das öffentliche Urteil über Brantls Gedichtbuch stark schwankte, deutet ein Brief von Hans Noris eine andere Lesart an. Er schrieb Brantl am 26. August 1947:

81 Peter Berglar oder Hans-Peter Berglar-Schröer (1919-1989) war Arzt und Historiker. Er gehörte zu den ersten deutschen Mitgliedern der katholischen Laienorganisation Opus Dei und veröffentlichte 1983 eine Biografie des 2002 heiliggesprochenen Gründers Josemaría Escrivá. Berglar war in den späten 1940er Jahren drei Jahre lang Redakteur der von Eugen Kogon herausgegebenen *Frankfurter Hefte*; nach beendeter Berufslaufbahn als Arzt studierte er Geschichte, promovierte, habilitierte und schrieb dann im Alter vor allem Biografien. In der Sammelbesprechung, die Brantl aburteilte, wurde auch Brittings Gedichtbuch *Begegnung* „in Grund und Boden hinein verdammt", so Brantl in einem Brief an Otto Ernst vom 28. November 1947. Otto Ernst bereitete zu dieser Zeit eine Besprechung in der *Neuen Passauer Presse* vor. Süffisant schließt Brantl mit der Bemerkung: „Wogegen dieses Kritikers eigenes Gedicht ‚Niobe' [abgedruckt im Aprilheft 1947 der Frankfurter Hefte] den besten Einwand gegen seine Berechtigung, andere Lyriker zu kritisieren, wo er doch zuerst vor seiner eigenen Türe kehren sollte, bietet."

82 In Briefen an Lina Staab und Felix Braun gibt Brantl Auskunft über die Formgestaltung und benennt eine ambrosianische Hymnenform.

> Habe besten Dank für die „Strophen an Gott". Deine Erkenntnis zur inneren Mitverantwortung an jenem Geschehen, an dem Du und Deinesgleichen keine Mitschuld tragen, steht in würdigem Gegensatz zu den Bekenntnissen, die heute so oft und vor den falschen Empfängern abgelegt werden und – wie z. B. durch Pfarrer Niemöller, den ich persönlich und sonst außerordentlich schätze – mehr Verwirrung als Läuterung anrichten. Wenn Deinem Wege auch die folgen würden, die heute das ihnen zugefügte Unrecht zu ahnden haben, würde die Welt insgesamt eine bessere werden und Mißetaten nicht immer wieder durch Mißetaten vergolten werden. Hoffen wir, dass Stimmen wie Deine, Wegbereiter zur besseren Einsicht und Erkenntnis werden.

Im Septemberheft von *Welt und Wort* zog Georg Schwarz 1948 nach dem Erscheinen von Brantls umfangreicherem Buch *Laute des Eros* (1947) eine kritische Gesamtwürdigung:

> Brand mißversteht sich selbst, wenn er glaubt, er habe als Lyriker von eigenem Saft zu leben: Er ist ein höchstbegabter Übersetzer, ein gebildeter Mensch, der sich leicht Fremdes aneignet, ein Verstalent, dem die Einschmelzung des Paul Verlaine in die deutsche Sprache so leicht gelingt wie die Aneignung eines griechischen Anakreontikers. Es gibt kleine Gedichthefte von Brand, die entzückende Ware angeeigneter Poesie enthalten. Seine aparte Begabung ist nicht für die Breite geschaffen, sein hoher Geschmack und sein Kunstverständnis weisen ihm einen eigenen, kleinen, stilvollen Raum an.

Bei Brantl, so Schwarz, „ist noch zu wenig eigener Gehalt vorhanden".[83]

Es ist hier nicht der Ort, alle Besprechungen der beiden nach 1945 erschienenen Gedichtbücher zu berücksichtigen. Es waren, so viel sei gesagt, viele, und sie belegen, dass Brantl ein breites Echo auslöste. Er selbst sah nicht darin einen Erfolg, beachtet, wahrgenommen zu werden. Er legte vielmehr alle positiven Besprechungen mit dem Vermerk der Lobhudelei rasch zur Seite und beschäftigte sich ausgiebig und persönlich verletzt mit den negativen Kritiken.

Was es aus jenen Jahren zwischen 1946 und 1949 auch wieder zu beachten gilt, das sind zahlreiche Einzelveröffentlichungen. Im *Münchner Kulturpressedienst*, herausgegeben von Karl Lemke, erschienen 1948 mehrere Gedichte. Unter anderem stand in einer Ausgabe ein Gedicht Brantls neben einem Text von Heinrich Mann über Theodor Fontane.[84] Im Münchner Tagebuch erschien ein Gedicht mit dem Titel *Vaterhaus*. Ludwig Emanuel Reindl, Herausgeber der Zeitschrift *Die Erzählung*, wandte sich an Brantl mit der Bitte, den Text noch ein zweites Mal abdrucken zu dürfen. Er erschien im Novemberheft 1948. Brantls Gedicht kreist um die Kindheit im Münchner Haus am Frauenplatz:

83 Welt und Wort, erschienen im Drei-Säulen-Verlag, Bad Wörishofen, Lektorat Rudolf Schmitt-Sulzthal.

84 Münchner Kulturpressedienst, hrsg. von Karl Lemke, 3. Jahr, Ausgabe 13, 4. September 1948.

Vaterhaus

In unser Kinderzimmer schaute
Der Kathedrale steile Wand.
Es hat uns früh das Großgebaute
Erhoben über Spiel und Tand.

Uns tönte leis, zur Dämmerstunde,
die Orgel in das junge Ohr,
und glühte zart aus der Rotunde
das Farbenglas im Kirchenchor.

Oft klingelte ein Glöckchen drüben
Zu Füßen unserer Lieben Frau.
Wir ahnten fromm das Licht im Trüben,
erhorchten zart den Klang im Grau.

Gedenkst du dann, wie uns umflossen
Am Feiertag der Glocken Strom:
O welche Gnaden sind entsprossen
Dem Vaterhaus am hohen Dom!

Wie lang ists her! Die Eltern starben.
Das Leben, was es nicht verschlang!
Doch hüteten wir Licht und Farben,
die große Schau, den reinen Klang.[85]

Brantl hat sich in den ersten Jahren nach dem Zweiten Weltkrieg auch am literarischen Leben der Chiemsee-Region beteiligt.[86] Am 14. November 1946 organisierte der Kulturkreis Chiemgau im Schulhaus Prien eine Lesung aus seinen Gedichten. Auf der gedruckten Einladung steht geschrieben: „Unser einheimischer Dichter

85 Aus: M. Brantl: Laute des Eros. Starnberg: Bachmair 1947, 132, abgedruckt in: Die Erzählung. Zeitschrift für Freunde guter Literatur, Jg. 2, H. 11, 1948, 2; in H. 2 von Die Erzählung, Jg. 3, Februar 1949, 15, erschien *Sehnsucht der Himmelsbraut. Lateinisches Lied einer unbekannten Dichterin (um 1500)*, übertragen von Maximilian Brantl.

86 Brantl nahm auch zwischen 1933 und 1945 an mindestens einer öffentlichen Veranstaltung teil. An einem 11. November, leider ohne Jahresangabe, kam es im Bayerischen Hof in Prien zu einem Vortragsabend, bei dem Brantl Gedichte Goethes und Schillers vortrug; mehrere Lokalblätter am Chiemsee berichteten.

Maximilian Brantl liest aus eigenen Werken". Die Lesung dauerte ca. zwei Stunden, Brantl las unter anderem aus *Strophen an Gott.*[87] Am 29. Juli 1947 hielt Brantl einen Vortrag, wiederum auf Einladung des Kulturkreises Chiemgau. Der Titel lautete *Begegnungen mit Mallarmé*. Brantl hatte während des Krieges einen Aufsatz ausgearbeitet, der für den Abdruck in einer deutsch-französischen Zeitschrift vorgesehen war. Zu dem Vortrag liegt eine positive Besprechung von Dr. Rausch vor, der aber auch anmerkte, der Vortrag „forderte viel Aufmerksamkeit"[88]. Am 12. Mai 1950 traf sich dann, groß angekündigt in der regionalen Presse, eine „Chiemseegruppe deutscher Autoren" im Bayerischen Hof in Prien. Es lasen Max Brantl, Quirin Engasser, Oskar Gluth, Hans Leip, Josef Neureither, Felix Schlagintweit, Wilhelm von Schramm und Johannes Tralow. In einer der Besprechungen des Abends heißt es, Brantl habe „Bildungslyrik" geboten.[89]

Der Übersetzer

Seit den späten 1940er Jahren plante Felix Braun in Ergänzung zu der von ihm herausgegebenen Lyrik-Anthologie *Der tausendjährige Rosenstrauch* eine Sammlung internationaler Lyrik. Braun beteiligte Brantl an dem Projekt. Ein reger Briefaustausch über Übersetzungsfragen setzte ein, der sich auch niederschlug in der Einleitung zu dem 1952 in Wien erschienenen Band *Die Lyra des Orpheus. Lyrik der Völker in deutscher Nachdichtung.*[90] Brantl hat Braun unter anderem Übersetzungen Verlaines, Regniers, D'Annunzios und Mallarmés angeboten. Zuletzt entschied sich Braun für vier Texte von ihm, unter anderem für den *Nachmittag eines Fauns* von Stéphane Mallarmé. Brantl, der die Korrekturfahnen kurz vor seinem Tod noch durcharbeitete, war, wie eingangs bereits erwähnt, stolz darauf, dass seine und nicht die Übersetzung von Stefan George von Braun akzeptiert wurde.[91]

87 Ein Dr. Paul Rausch schrieb am 22. November 1946 im Oberbayerischen Volksblatt: „Noch mehr als jene Gedichte, in denen das kühl-leidenschaftliche Feuer des Geistes zu formvollendeten Flammenspielen aufsteigt, haben den Unterzeichneten die anderen gepackt, in denen Innigkeit und Wärme des Herzens spürbar werden [...]." Über diesen Abend soll es auch eine Besprechung von Günther Krauss im Südostkurier, Bad Reichenhall, gegeben haben.

88 Manuskript im Nachlass Brantl, ca. 40 Seiten. Brantl berichtet in dem Text u. a., welche Bedeutung Stefan George für die deutsche Mallarmé-Rezeption zukommt; bemerkenswert ist auch seine Darstellung, welchen „umweltlichen Veränderungen die Seele der Menschen in der Moderne" ausgesetzt ist und wie sich diese Veränderungen in den poetischen Ausgestaltungen abbilden. Eindrücklich beschreibt Brantl den Wandel von der romantischen zur modernen Poesie.

89 Rezensionen in der Chiemsee Zeitung am 16. Mai 1950, im Oberbayerischen Boten am 16. Mai 1950 und in der Neuen Zeitung am 15. Mai 1950.

90 Braun (Hrsg.): Lyra des Orpheus, Einleitung, 7-15.

91 In Brantls Nachlass findet sich auch eine Mappe mit seinen vielfach überarbeiteten Übersetzungen der Sonette von D'Annunzio. Brantl äußert in Briefen, die Arbeit an diesen Texten zwischen 1943 und

Der Rezensent

Max Brantl hat eine bislang nicht genau ermittelte Zahl von Besprechungen abgefasst. Mindestens zweimal schrieb er über Romane Heinrich Manns,[92] es gibt auch Texte über Hans Brandenburg[93] und Oskar Gluth[94]. Es handelt sich dabei in der Regel um persönliche Gefälligkeitsarbeiten für enge Freunde.[95] Was ihm viel bedeutete, war ein 1931 veröffentlichter Aufsatz über den Maler Wilhelm Kronen-

1945 habe ihn von den Kriegsereignissen und ihren Folgen abgelenkt und eine Art seelisches Refugium dargestellt. Trotz der bekannten Problematiken, die mit diesem Autor verbunden seien, halte er daran fest, dass dieser Autor zu den bedeutendsten des 20. Jahrhunderts zähle.

92 M. Brantl: Ein ernstes Leben. Ueber den neuen Roman von Heinrich Mann, in: Chronik der Menschheit, hrsg. von Georg Lichey. Berlin: Aufbau-Verlag, 9. Januar 1933, 1030-1032; ders.: Heinrich Manns neuer Roman, in: Die Schaubühne. Berlin. 6. Jahrgang, Nr. 12, 24. März 1910.

93 Hans Brandenburg als Lyriker, in: Münchner Kulturpressedienst, III. Jahr, Ausgabe 5, 10. Juli 1948; Hans Brandenburg zu seinem 65. Geburtstag, in: Rosenheimer Volksblatt, 21. Oktober 1950. Nach dem Krieg schrieb Brantl mehrfach über seinen alten Freund, mit dem er u. a. gemeinsame Heinrich-Mann-Lektüreerlebnisse teilte; Brandenburg wohnte auch in der Chiemsee-Region.

94 1949 schrieb Brantl eine Rezension über ein neues Buch von Oskar Gluth: Buch meiner Jugend. Erinnerungen eines Münchners. München: Franz Ehrenwirth 1949. Ob und wo die Rezension tatsächlich erschienen ist, ist nicht ermittelt. Oskar Gluth wohnte wie Hans Brandenburg in der Chiemsee-Region, trat mit Brantl gemeinsam bei der oben genannten Lesung 1950 auf und verfasste einen Nachruf auf Brantl. Dort heißt es u. a.: „Nun, da die erste schmerzliche Erregung über den Verlust dieses durchaus nicht alltäglichen Mannes langsam abzuklingen beginnt, ist es an der Zeit, in ergriffener Erinnerung sein Bild nachzuformen, wie es sich erhalten soll, sich darüber klar zu werden, was Dr. Brantl, der sich als Autor ‚Maximilian Brand' nannte, uns allen gewesen ist [...] er war den Prienern eine altvertraute, hochgeachtete Persönlichkeit, ein Mann, der mit vielen kulturell hochstehenden Menschen in Deutschland und über die Grenzen hin rege geistige Beziehungen unterhielt, bekannt als ein an der Klassik geschulter, formsicherer Lyriker, ein Aesthet, also ein Liebhaber der schönen Künste, im echtesten Sinne, wie sie in unserer problematisch, politisch überhitzten Zeit sehr selten geworden sind. [...] Davon zeugt ergreifend das Buch seiner Gedichte ‚Laute des Eros', das er als sein eigentliches Lebenswerk eingeschätzt und geliebt und aus dem er uns noch vor einem Jahr glücklich bewegt vorgelesen hat, die schönsten Proben spendend. In diesem Buch der Verse ist etwas Wunderbares lebendig: Begeisterung. Edle, durch klar siebendes Urteil maßvoll gebändigte Begeisterung. All das Schöne, was seine offenen Augen schauen durften, und das er mit allen Sinnen in sich aufnahm, half ihm, den Menschen in sich zu formen. Ich sage wohlüberlegt: den Menschen im Menschen. Ich weiß, dass ich verstanden werde. Brantl war der geborene Idealist und Aesthet. Er hatte diese – ich möchte sagen – göttlich gestellte Aufgabe klar erkannt, er hat sie zu meistern gesucht mit seiner ganzen seelischen Kraft und ist in treuer Pflichterfüllung dahingegangen. Diese wahrhaft vornehme Gesinnung wurde auch in jedem tieferen Gespräch mit ihm offenbar. Da bewährte sich in jedem Satz der ungewöhnlich geistvolle Mensch, der sich mit wahrer Inbrunst mit allen Problemen auseinandersetzte, die in einer Zeit wie der unseren, wo Politik und Wirtschaft und Versiegen der geistigen Bedürfnisse den kulturschaffenden Menschen blind rücksichtlos an die Wand drängen, die Entwicklung von Dichtung und Kunst beeinflussen. Nicht umsonst fühlten sich Männer wie Carossa und Thomas Mann ihm freundschaftlich verbunden. [...] Das Schöne ist, bei aller Begeisterung für den unausschöpfbaren kulturellen und landschaftlichen Reichtum des Südens, für französische Geistesgeschliffenheit und Lyrik, nie hat sich seine Verwurzelung in der deutschen, der bajuwarischen Heimat gelockert. Das unwiderlegliche Zeugnis dafür ist, dass er schon vor über dreißig Jahren, also noch verhältnismäßig jung, sich in die damals noch wunderbare ländliche Stille am Chiemsee zurückzog und sich in Prien ein Haus baute, eine Huldigung zugleich vor der klaren Schönheit dieser gesegneten Chiemgau-Landschaft. Ganz und gar ist er einer der Unsrigen geblieben [...]". Oskar Gluth: Maximilian Brantl. Ein Wort zum Gedächtnis. Typoskript im Nachlass; Druck noch nicht nachgewiesen.

95 Im Nachlass Brantls befindet sich u. a. ein Typoskript vom 16. Dezember 1949: Der Dichter P. Bonifaz Rauch O.S.B. Versuch einer Würdigung, 6 Seiten. (Der Text sollte laut brieflicher Auskunft des Bruders in Alt und Jung Metten, Ostern 1950, erscheinen); eine Polemik war hingegen Brantls Besprechung des Buches *Nietzsches Philosophie vom Standpunkt des modernen Rechts* des Reichsgerichtsrates Adelbert Düringer; sie erschien unter dem Titel *Düringer gegen Nietzsche* in der Wochenschrift *Die Propyläen*, geleitet von Eduard Engels, Jg 4, Nr. 42, 17. Juli 1907, 699.

bitter, der etliche Zeichnungen unter dem Pseudonym „Hely“ veröffentlicht hatte.[96] Hely, aus einem praktischen Wirtschaftsberuf herkommend, konnte ab 1902, bereits vierzigjährig, regelmäßig und im Auftrag der Kunstzeitschrift *Jugend* seine zeichnerischen Arbeiten publik machen und ab 1905 als Künstler von seinen Produktionen leben. In die Beschreibung dieses Mannes hat Brantl viel von sich hineingelegt, aber er hatte sich zuvor wohl auch in manchem Einzelzug dieses Mannes wiedererkannt: die Begeisterung für die Landschaft am Chiemsee, das tiefgläubige Staunen gegenüber den Erscheinungen der Natur, das unbeirrbare Festhalten an einfachen, reinen Formen, die Selbstbeschränkung im künstlerischen Ausdruck, im menschlichen Umgang die gelebte Einlösung des Wortes „Herzenstakt“. Was Brantl an dem „Heimatmaler“ Kronenbitter besonders hervorhob, das war seine Ideologieferne sowie die Achtung und Würdigung der „kleinen“ Dinge in der allernächsten Umgebung. Vier Jahre später, 1935, hat Brantl seinen Aufsatz Will Vesper empfohlen als Zeichen für „echtes“ deutsches Volkstum.[97]

In Briefen äußerte Brantl wiederholt die Befürchtung, dass das „Altbayerische“, wie er sich ausdrückte, von den Nationalsozialisten zerstört werden würde.

Der Brief- und Tagebuchschreiber

Was man an dem Beitrag Brantls über den Maler „Hely-Prien“, wie er auch genannt wurde, gut wahrnehmen kann, das ist seine Begabung, zu würdigen. Diese Begabung hat sich stark niedergeschlagen in seiner Korrespondenz. Hans Carossa schrieb in *Führung und Geleit:*

> So hat ihn seine eigene lyrische Begabung nie gehindert, sich fremden Gedichten mit wahrer Liebe hinzugeben, und bewundernswert war immer die Art, wie er den verborgenen Glanz eines unscheinbaren Verses aufzufinden wusste. Sandte man ihm vier kurze Strophen, so konnte es sich ereignen, daß man vier große Seiten darüber geschrieben erhielt und erst durch ihn erfuhr, was man gemacht hatte.[98]

Brantls Fähigkeit, sich einzulesen, ja einzuleben in fremde Texte, beschränkte sich nicht auf Lyrisches. Seine Briefe enthalten Beschreibungen auch von Prosa-

96 M. Brantl: Hely-Prien. Bildnis eines bayerischen Landschaftsmalers. Zur Nachlassgedächtnisausstellung im Kunstverein Rosenheim, 22. März bis 12. April 1931, in: Chiemgau-Zeitung, Jg. 45, Nr. 38, 28. März 1931.

97 Brief vom 19. April 1935 (Deutsches Literaturarchiv Marbach), nachträglich zu Vespers 50. Geburtstag. – Interessant ist in diesem Zusammenhang auch ein Beitrag von Brantl in der Chiemseezeitung vom 26. April 1935: *Beim Maler Paul Roloff in Stock am Chiemsee*. Roloff, der im ersten Absatz der ganzseitigen, abbildungsreichen Darstellung eingeführt wird als stolzer Weltkriegsveteran, entpuppt sich je länger je mehr als „gütiger“ Mensch, dem, ursprünglich aus Preußen stammend, das bayerische Land zur „zweiten Heimat“ geworden ist.

98 Hans Carossa: Führung und Geleit, 46.

und von Sachtexten, die zwischen sachlich begründeter Kritik und begeisterter Würdigung pendeln. Große Themenkomplexe sind Religion und Glauben, Nietzsches Philosophie, Dichtungen und Philologie sowie Autorenbiografien. Brantl hatte eine literaturkritische Ader und hätte beispielsweise aus fast jeder seiner brieflichen Äußerungen, die einem Buch galten, eine ernst zu nehmende Kritik, eine Rezension machen können. Aber er sperrte sich gegen journalistisch-publizistische Tätigkeiten, auch wenn ihm angeboten wurde, eine Briefstelle könne als Besprechung verwertet werden, ohne dass er noch etwas dafür tun müsse.

Brantl wusste um sein kritisches Talent, es war schon beim Schüler aufgetreten. Seine erhaltenen Tagebücher aus der Gymnasialzeit, die er später wieder las und gelegentlich auch kommentierte, zeigen ihn als seitenlangen Beobachter beispielsweise von Theater- oder Musikaufführungen im Kloster Metten und zeugen von seiner hellwachen und zugleich beredten Wahrnehmungsweise. In späteren Jahren äußert sich diese Begabung in einem gelegentlich penetranten Übereifer, gerade bei der Lektüre von Gedichten. So schreibt Hans Carossa, nicht ohne eine Prise zurückgehaltenen Ärgers:

> Ja, er konnte sich in das Erzeugnis eines anderen so stark einleben, dass es gleichsam sein eigenes wurde, und davon leitete er freilich auch die Berechtigung ab, es zu verbessern, ihm seine Stellung in der Sammlung anzuweisen, sogar es auszumerzen oder ein vom Autor verworfenes wieder einzusetzen. Dabei ging er nicht immer gar sanft mit mir um, war überhaupt weit entfernt, mich etwa so wie seine kostbaren Teetassen zu behandeln, sondern zeigte seine ganze richterliche Strenge, wenn ich hinter seinen Ansprüchen allzuweit zurückblieb. Gewisse großtönende Worte, die mehr versprachen, als ein Dichter dieser Zeit je würde halten können, hatte ich aus Büchern der Neunziger Jahre zuweilen übernommen; sie stellten sich gerne dann beim Schreiben ein, wenn der sachliche Sinn ermüdete. Solche hybride Phrasen wusste mir Brantl gründlich zu verleiden; überhaupt förderte er mich dadurch am allermeisten, dass er besser als ich selbst wusste, was für mich erreichbar war.[99]

Womit Carossa hellsichtig andeutet, dass in Max Brantl ein Lektor steckte. Und so ist es nicht verwunderlich, dass Brantl auch nach dem Erscheinen von *Führung und Geleit* von Freund Carossa immer wieder aufgefordert wurde, sich kritisch einzumischen in entstehende Texte.

99 Ebenda.

Was Max Brantl für sich behielt

Die für diese biografische Skizze eingesehenen Briefe und Tagebücher Brantls zeigen einen Mann, der vieles zurückhielt, Sachverhalte, Ereignisse, zumeist wohl wissentlich.[100] So war Brantls Gymnasialzeit im Kloster Metten nicht frei von starken sexuellen und gewalttätigen Bedrängungen durch seine Lehrer. Dass Brantl darüber in seinen kleinformatigen Tagebüchern nichts festgehalten hat, ist verständlich, denn im Kloster herrschte eine wenn auch nicht exakt zu benennende Zensur. Sie betraf zuerst die Briefe, die nach außen gingen an Eltern, Geschwister und Freunde. Was Brantl sah und erlebte, berichtete er aber auch nicht mündlich zu Hause. Er fürchtete, der Vater könne ihn aus dem Kloster nach München zurückholen. Das aber wollte er auf keinen Fall. Das Kloster gewährte ihm einen räumlich-körperlichen Abstand vom Vater, der auch gelegentlich gewalttätig wurde, ihm vor allem aber geistig und seelisch zusetzte, ihn bedrängte.

Brantl hat in Tagebüchern während der Studienzeit ab 1901 und in späten Jahren noch ein weiteres Mal in einer handschriftliche Skizze festgehalten, wie ihn das Verhalten einiger Mönche vor allem körperlich abstieß. Eine doppelte Bedrängnis prägte Brantls Kindheit und Jugend seit dem 10. Lebensjahr: Er fürchtete sich vor dem Vater und vor den Brüdern in der Klosterschule und entwickelte Strategien, sich beiden Seiten zu entziehen. Aber Elternhaus und Klosterschule erzwangen von ihm auch eine permanente Selbstprüfung. Sehr früh schon beginnt Brantl, sich in seinen Tagebüchern hochnotpeinlich zu befragen. Er berichtet auch davon, dass sich einer der Pater wegen welcher auch immer unentschuldbaren Verfehlungen aufgehängt habe. Die mehrfache Not, die Brantl in diesen jungen Jahren erlebte, hat sein Verhältnis zur katholischen Kirche und zum christlichen Glauben nicht beeinträchtigt oder getrübt. Aber die Erfahrungen haben seine Art, zu schreiben, mitgeprägt.

In den bisher eingesehenen Tagebüchern der Zeit von 1900 bis 1915, also der Zeit nach dem Kloster, schreibt Brantl sehr offen von seinen täglichen Erlebnissen, Krisen, Träumen, Hoffnungen, aber immer in gebundener Form, so, als wolle er Rechenschaft ablegen. In seinen Briefen dieser Zeit finden sich wiederholt Passagen, in denen er rhetorisch gekonnt „Herzensergießungen" ausschüttet. Es formuliert sich da ein Bedürfnis nach Nähe und vertraulichem Umgang ohne Konventionen, zugleich aber äußert sich das Bedürfnis in einer geschliffenen konventionellen Sprache.

100 An dieser Stelle sei darauf hingewiesen, dass Max Brantls Enkelin Susanne Heid sich der jahrelangen Mühe unterzogen hat, die Tagebücher von 1896/97 bis 1915/16 zu transkribieren.

Interessant bleibt, dass Brantl keinen Zugang zur Psychoanalyse fand. Ob er ihn gesucht hat, bleibt offen, immerhin schrieb er an Sigmund Freud, und dieser bot ihm auch einen vertiefenden Briefkontakt an. Aber Brantl ging darauf wohl nicht ein. In späten Jahren schreibt er über die psychologischen Dimensionen der Texte Thomas Manns immer mit einer spürbaren Geringschätzung.

Hinzuweisen bleibt in diesem Zusammenhang auf die Stellung der Lyrik im Seelenhaushalt Brantls. Brantl wollte nie etwas anderes als Lyriker sein. Seine Lyrik aber sollte nicht von dem künden, was erlebt wurde, sondern überwundene Erlebnisse andeuten. Brantls poetologisches Ziel einer reinen Lyrik galt der sprachlichen Umfriedung eines Seelenraumes, der gereinigt ist von lebensweltlichen oder biografischen Erfahrungen. Sein Wunsch war es, Leser zu finden, die wie er dazu in der Lage waren, reinen und reinsten Versen das amalgamierte überwundene Lebensweltliche abzuspüren. Er wollte reden und sich zugleich im Reden verbergen. Soweit Brantls ‚offizielle' Poetologie, denn er schätzte gleichzeitig als Leser diejenige Lyrik leidenschaftlich, die in strenger Form sehr offen von dem sprach, was gesagt werden musste – man denke an seine D'Annunzio-Lektüren im Zweiten Weltkrieg.

V. Ein „königlicher Bücherkäufer"

1992 hat Melchior Ritter, Max Brantls Schwiegersohn, eine Bibliografie von im Nachlass befindlichen Büchern in Brantls Haus angefertigt. Er listete aus dem deutschsprachigen Raum Sammlungen von ca. 110 Autoren der Goethezeit (1770-1830) auf, außerdem ca. 220 Sammlungen von Autoren der ersten Hälfte des 20. Jahrhunderts. Hinzu kamen Sammlungen insbesondere moderner italienischer und französischer Autoren. Die Sammlungsumfänge differieren von einigen ausgewählten Erst-, Sonder- und Vorzugsausgaben eines Autors bis hin zu Sammlungen sämtlicher Erst- und Einzelausgaben, Gesammelter Werke plus Ergänzungsbände sowie Sondereditionen. Großen Wert legte Brantl auf illustrierte Ausgaben und bei fremdsprachigen Autoren auf mehrfache Übersetzungen. Ein Teil dieser Bestände wurde auf der bereits erwähnten Auktion in München 1998 veräußert. Es gab aber bereits vor der Erstellung der Bibliografie 1992 Auktionsverkäufe.

Brantl selbst erwähnt in einem Brief, er habe auf dem Dachboden seines ausgebrannten Hauses in München, auf dem „viel Gedrucktes"[101] lagerte, unter anderem eine komplette Sammlung von Erstausgaben Heinrich Manns verloren. Trotzdem wurde 1998 noch eine stattliche Sammlung von Heinrich-Mann-Ausgaben verkauft.

Ab 1945 begann Brantl, seine Bestände zu veräußern. Zunächst verkaufte er nachgefragte Stücke aus seinem Bestand an Kunstwerken, darunter – „nicht ganz ungünstig" – seine Sammlung von Toulouse-Lautrec-Stücken. Deren Erlös ersetzte ihm für mehrere Jahre die fehlenden Einnahmen aus dem Münchner Haus sowie der eingeschlafenen Kanzlei wenigstens teilweise. Der Verkauf der Bücher war schwieriger. Was Brantl Kummer bereitete, war die Versorgung seiner zwanzig Jahre jüngeren Ehefrau Paula im Alter.

Wann die „unbändige Leidenschaft"[102] zu sammeln bei Brantl einsetzte, ist zeitlich nicht genau festzustellen. Der Internatsschüler hatte ein eher typisches Faible für Briefmarken und Unterschriften bedeutender Persönlichkeiten. Beim Einsetzen der Tagebücher aus der Studentenzeit ab 1901 ist die „Bücherwut" bereits

101 So schrieb Brantl am 10. August 1943 an den Germanisten und Stifterforscher Max Stefl: „[...] wegen des [...] befürchteten Luftangriffs auf München. Ich bin aber Fatalist, und lasse meine am Frauenplatz lagernden diversen Schätze ruhig liegen, auf gut Glück. Schließlich [...] ist man ein Sklave seiner Dinge, es liegt dort [...] entschieden zu viel [...] Gedrucktes"; weiter heißt es: „Die Hauptsache ist ja doch, dass man noch das nackte Leben in einigermaßen nicht allzu unterernährtem Zustande rettet", Monacensia, Sammlung Max Stefl, B 80, Sig. 1382/80.

102 Werner Muensterberger: Sammeln, eine unbändige Leidenschaft. Berlin: Berlin Verlag 1995. Nach Muensterberger lässt sich empirisch nachweisen, dass alle großen Sammler seelische Defizite aus der Kindheit kompensieren.

voll entfaltet. Seitenfüllend sind die Auflistungen der monatlichen Haushaltsausgaben, die regelmäßig vom Vater nachgeschossen werden (müssen!). Brantl spart am Essen, um den nächsten extra für ihn in kostbares Leder eingebundenen Band einer großen Goethe-Ausgabe abstottern zu können. Parallel dazu finden sich immer wieder an ein unbestimmtes Gegenüber gerichtete Stoßseufzer, ihm sei der Umgang mit Büchern oftmals angenehmer als der mit Menschen. Dabei geht er Menschen nicht aus dem Wege, im Gegenteil, sein geselliger Umgang ist ausgedehnt, und er neigt zu „Herzensergießungen". Brantl ist ein bei Pensionswirten, Professoren, Kommilitonen und bei jungen Frauen ausgiebig und ausschweifend verkehrender Zeitgenosse.

Großen Wert legte er darauf, dem Vater gegenüber den Eindruck tadelloser finanzieller Buchführung aufrechtzuerhalten. Aber die Tagebücher berichten nichtsdestotrotz von harten Auseinandersetzungen. Briefentwürfe an den Vater und an eine der Schwestern dokumentieren sein rhetorisch-aufwendiges Bemühen, sich zu rechtfertigen. Dabei klaffen zwischen Soll- und Istzuständen beachtliche Lücken. Während der Vater beinahe regelmäßig einmal pro Monat zwischen 1901 und 1904 den eigentlich nicht knapp bemessenen Lebensunterhalt des jungen Herrn um den Zwanzigsten herum mit einem tüchtigen Nachschlag aus den gröbsten Schulden erlassen muss, kommt es von Brantls Seite zu einem erbitterten Klagegesang gegenüber der Schwester, weil der Vater wegen einer nicht bezahlten Anzugrechnung, die ihm von einem Berliner Schneider mit einem Mahnschreiben direkt nach München geschickt wird, seinem Unmut lautstark Ausdruck verliehen hat. Max Brantl ist empört über den Schneider und über den Unmut des Vaters. Weitschweifig erläutert er, dass jede Mark, die in seine Zukunft investiert werde, gut angelegtes Geld sei.

Wie sich Brantls finanzielle Verhältnisse nach dem Eintritt ins Berufsleben darstellten, ist nicht erfassbar. Die Kanzlei, über die Hans Carossa in *Führung und Geleit* berichtet, lag in repräsentativer Lage in der Ottostraße 1. Gewohnt hat Brantl in seinen Münchner Jahren im Obergeschoss des elterlichen Hauses am Frauenplatz 10. In beiden Lokalitäten war er umgeben von geschmackvoll ausgesuchten Einrichtungsgegenständen, Kunstobjekten und bibliophilen Büchern.

Über Brantls Verdienstsituation in den 1930er und 40er Jahren gibt es detaillierte Informationen. Er wurde verschiedentlich aufgefordert, sein Jahreseinkommen Behörden und Institutionen gegenüber offenzulegen. Seine Berechnungen haben sich im Nachlass erhalten.[103] Während seine Einkünfte als Rechtsanwalt, in einzelnen Jahren stark schwankend, im Durchschnitt im unteren Drittel der für Bayerns Anwälte typischen Einkommensberechnungen in diesem Zeitraum lagen, kamen bei Brantl bis zum Januar 1945 immer noch vier Fünftel seiner Einkünfte aus der Vermietung des Hauses am Frauenplatz sowie aus der Beteiligung am Optikergeschäft seines Bruders Nikolaus. Daraus ergäbe sich rein rechnerisch kein ganz geringes monatliches Einkommen, aber es reichte (zumindest wohl gelegentlich) trotzdem nicht zur Deckung der Ausgaben.[104]

Nach 1945 kam Max Brantl dann gelegentlich wieder in Kontakt zu Münchner Buchhändlern und Antiquaren, entweder weil er ihnen etwas anbot oder weil man ihn über Neuerscheinungen und Erwerbungen unterrichtete. In dieser Zeit erinnerte er sich der Charakterisierung eines Buchhändlers aus der Zeit um 1910: Der Brantl, das sei ein „königlicher Bücherkäufer“.

103 Zum Vergleich: Robert Heinrich: 100 Jahre Rechtsanwaltskammer München. Festschrift zum 100. Jahrestag des Inkrafttretens der Rechtsanwaltsordnung vom 1. Juli 1878. München: C. H. Beck, 1979. Auf Seite 165 gibt es eine „Übersicht über die Berufseinkommen der Rechtsanwälte im Bezirk der RAK München für das Kalenderjahr 1941, gewonnen aus der Auswertung von 510 Beitragserklärungen“. Sie lässt ein breites Mittelfeld von ca. 300 Anwälten mit Einnahmen zwischen 3.000 und 20.000 RM erkennen. Misst man Brantls Einnahmen daran, es waren laut eigenen offiziellen Angaben für diesen Zeitraum zwischen 3.000 und 7.000 RM jährlich, dann gehörte er in das untere Drittel dieser Gruppe. Allerdings lässt dieser Vergleich zur RAK München – Brantl war und blieb dort Mitglied – keine genaueren Rückschlüsse auf seine Einkommensverhältnisse im Vergleich zum ländlichen Raum am Chiemsee zu. In Robert Heinrichs Festschrift findet sich auf den Seiten 259 bis 299 auch eine Würdigung derjenigen Anwälte der RAK München, die sich literarisch betätigten; der Beitrag über Max Brantl (S. 289-292) ist nicht ganz fehlerfrei.

104 So etwa schreibt Brantl in einem Brief an Hans Carossa am 22. Juni 1937: „Ich habe schon sehr hohe Schulden bei meinem Bruder stehen, für die ich nicht einmal die Zinsen aufbringe und muss jeden Monat noch weitere Zuschüsse von ihm in Anspruch nehmen, da ich mit laufenden Einnahmen nicht annähernd auskomme.“

Das Elternhaus neben der Liebfrauenkirche mit dem Elternpaar davor

Benediktinerabtei Metten, Postkarte an M. Brantl, Mai 1950

Maximilian Brantl, um 1915, das älteste Porträt

München, Ottostraße 1, Sitz der Kanzlei Tuchmann/Brantl bis 1918

Maximilian Brantl,
1915-1920

Maximilian Brantl, 9. 1. 1921, nach dem Umzug nach Prien

Paula Brantl und Veronika, um 1924/25

Paula Brantl, geborene Meyer, 1925

Veronika Brantl, genannt Kinki, um 1925/26

Veronika, Maximilian und Paula Brantl vor dem Haus in Prien, 19. 11. 1941, Maximilian Brantls 60. Geburtstag

München 1943, vorne rechts neben der Frauenkirche das Haus der Geschwister Brantl, oben rechts zerstörte Häuser nach einem Bombenangriff

Das Innere der Liebfrauenkirche nach einem Angriff 1944

Maximilian Brantl, 1945, im Garten des Hauses in Prien, bei der Kartoffelernte

Maximilian Brantl, 1947, am Tag der Hochzeit seiner Tochter in der Kirche von Prien.

Blick vom Gottesacker Friedhof auf die Fraueninsel. Auf der Insel fand die Hochzeitsfeier von Veronika Brantl mit Kaffee aus Kalifornien von Thomas Mann statt

Maximilian Brantl, ca. 1950.

Der Grabstein für Paula und Maximilian Brantl auf dem Friedhof von Prien.

Akademischer Gesangverein München

Aufnahmskarte

in das Philisterium

für Herrn Max Brantl, cand. jur.

München, d. 16. Juli 1904

Die Vorstandschaft.

I. Vorsitzender: c. phil. Schleip.

I. Schriftführer: c. jur. L. Hollinger

Aufnahmekarte in den Akademischen Gesangsverein, München, für Maximilian Brantl, 1904.

Maximilian Brantl, Öl auf Leinwand, Max Oppenheimer, 1911.

Maximilian Brantl, Zeichnung von Willi Geiger, 1944.

Medaille in Bronze, Prof. Friedrich Lommel, Bildhauer, Maximilian Brantl in seinem 68. Lebensjahr, 1949.

1948, nach einem älteren Gemälde von Willibald Demmel, Chiemsee.

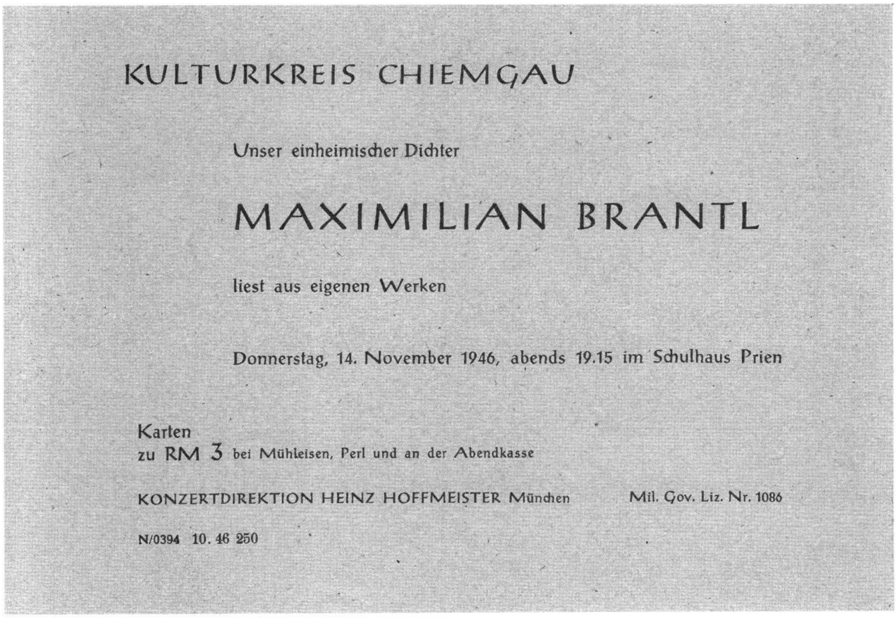

KULTURKREIS CHIEMGAU

Unser einheimischer Dichter

MAXIMILIAN BRANTL

liest aus eigenen Werken

Donnerstag, 14. November 1946, abends 19.15 im Schulhaus Prien

Karten
zu RM 3 bei Mühleisen, Perl und an der Abendkasse

KONZERTDIREKTION HEINZ HOFFMEISTER München   Mil. Gov. Liz. Nr. 1086

N/0394 10. 46 250

Einladungszettel für eine Lesung 1946 in Prien.

KULTURKREIS CHIEMGAU

3. CHIEMGAU-KUNSTAUSSTELLUNG

im Schulhaus Prien vom Sonntag, 27. Juli — 17. August 1947

TÄGLICH GEÖFFNET VON 10 – 12 UND 13 – 18 UHR

Während der Dauer der Ausstellung sind folgende Veranstaltungen:

27. Juli	10.00 Uhr	**Eröffnungsfeier.** Es spielt Prof. Pembaur
29. Juli	19.30 Uhr	**Dr. Maximilian Brantl:** Begegnungen mit Mallarmé (Über symbolistische Kunst und Dichtung)
1. August	19.30 Uhr	**Kapellmeister Georg v. Loeben:** Zwischen Volkslied und Opernscene. (Betrachtungen u. Beispiele zur Problematik der Gesangsmusik. Mitwirkung: Kammersänger Walter Beck, München (Bariton)
3. August	19.30 Uhr	**Pianist Professor Rudolf Fischer:** Chopin
5. August	19.30 Uhr	**Univ. Prof. Dr. Hermann Lommel:** Der Welt- u. Lebensbaum in Bild und Mythos (Mit Lichtbildern)
8. August	19.30 Uhr	**Univ. Prof. Dr. Wolfgang Clemen:** Die englische Universitätserziehung
10. August	19.30 Uhr	**Kasimir Edschmid:** Aus eigenen Werken
12. August	19.30 Uhr	**Univ. Prof. Dr. Alois Wenzl,** Rektor der Universität München: Existenzialismus
15. August	19.30 Uhr	**Dr. Roland Ziersch:** Aus eigenen Werken
17. August	19.30 Uhr	**Prof. Jos. Pembaur:** Beethoven (im Saal des Bayer. Hof)

Die Daten der weiteren Vorträge von Dr. Wilh. Hausenstein, Dr. Hans Reisiger, Dr. Wolfg. Grözinger, Hans Eckstein, Dr. Fritz Nemitz werden an der Ausstellungskasse bekannt gegeben.

Mil. Gov. Liz. Nr. 1086 H. Hoffmeister

N/0394 7. 47 1500

Einladungszettel für einen Vortrag 1947 in Prien.

MÜNCHNER KULTURPRESSEDIENST

Kulturelles · Unterhaltendes · Romane

Herausgeber: August Schwingenstein / Chefredakteur: Karl Lemke / Geschäftsstelle München-Pasing, Fritz-Reuter-Straße 31 / Telefon 81718

Genehmigt durch die Nachrichten-Kontrolle der amerikanischen Militär-Regierung

Postscheckkonto München Nr. 88827 (Paul Schallweg, Kultur-Pressedienst) / Bayerische Hypotheken- und Wechsel-Bank München, Zweigstelle Pasing Nr. 7128 / Dresdner Bank, Filiale München, Depositenkasse Pasing Nr. 27251

III. Jahr / Ausgabe 13 — Als Manuskript gedruckt — München, 4. September 1948

Café in der Altstadt

Die Gasse ist alt, das Haus ist alt. Vom Lauf der Jahrhunderte bewahrt der große Hauptraum des Cafés noch Spuren, Bilder, das Gesims, die Form der Fenster. Auswirkungen des Geschmacks von heute geben ihm dennoch das Gesicht. Die kleinen Dinge des Einst sind nur wie traumhaft leises Ingredienz.

Das Café liegt im ersten Stock. Das gibt ihm etwas Abseitiges, Zurückgezogenes, der versunkenen Zeit seiner Umgebung Verwandtes. Der Blick durchs Fenster trifft drüben, in fast greifbarer Nähe Dächer und Mansardenfenster. Aus einem von ihnen lehnt sich ein junges Mädchen und späht ins Innere des Cafés, das ihm vielleicht lockend erscheint. Es ist noch nicht soweit; später wird es auch hier sitzen und einen Liebsten erwarten. Im zweiten Mansardenfenster sieht man eine alte dicke Frau. Sie schaut mißbilligend her. Sie, scheint es, hat vergessen, daß sie auch einmal jung war; oder sie hat es n i c h t vergessen und neidet der Jugend die Zeit, weil die ihre vorüber ist.

Am dritten steht ein Mann, Typ Bürovorsteher. Er raucht eine Zigarette; der blaue Dunst der Welt! Ihm starrt er nach, nachdenklich oder gleichgültig, abgestumpft durch lange Jahre zweckloser Tätigkeit.

Später Nachmittag. Das Café ist schwach besucht. Ein paar einzelne Männer, Buchhalter oder ähnliche kleine Leute, lassen gelangweilte Mienen in Zeitungsblättern spazierengehen. Ein junges Mädchen, allein an einem Tisch, zieht alle zehn Minuten einen Taschenspiegel hervor. Zwischendurch blickt es hinüber zu den Mansardenfenstern.

An einem Tisch unterhalten sich zwei ältere männliche Gäste mit dem Kellner über Turf. Rennzeitungen rascheln.

Dumpfe Stille im Lokal. Es ist als fühlte man das Alter des Hauses und der Gasse.

Plötzlich fliegt ein goldener Schein durch den Raum. Von irgendwoher hat jemand die Abendbeleuchtung eingeschaltet. Der Kellner erhebt sich, läßt die Vorhänge an den Fenstern herunter und entzieht den Gästen den Blick auf die Dächer und Mansarden. Er erscheint plötzlich gestrafft, zieht seine weiße Jacke glatt, späht erwartungsvoll zum Eingang. Das junge Mädchen hat eine hellere Miene bekommen; seine Augen glänzen.

Neue Gäste kommen. Die Musiker, zwei, drei, fünf, acht, treffen ein, besteigen das Podium, packen die Instrumente aus und stimmen sie. Die Töne vertreiben aus dem Raum das Gefühl von Alter und Vergangenheit. Die allabendliche Aufblüh-Stunde des Cafés ist gekommen.

Lachen auf der Treppe. Die Tür geht auf. Die Musik setzt mit einem Paukenschlag ein. Sieg der Gegenwart!

Die alten Mansarden gegenüber lauschen mißbilligend und neidisch.

R o l e.

Sonate

Dulderin, im dichten Leid
wie ein müdes Kind verirrte,
grell vom Maskenlärm umschwirrte,
bist Du nah und bist Du weit.

Hörst Du mich? Was sinnst Du so?
„Immer nur das drückend Eine:
Er begann im Strahlenscheine,
doch des Tags ward ich nicht froh . . ."

Sagt Dir niemand, daß ich bin?
Siehst Du mich? Ich sitze neben.
Kosend strömt Dein armes Leben,
gnadenvoll durch meines hin.

Ob es eine Stunde gibt,
eine nur, die uns verbände?
Sieh, ich küsse Deine Hände
stumm und schwül, Du wirst geliebt! . . .

Alles weißt Du. Nun befiehl!
Nur ein Hauch, ich bin entschwunden.
Wie Du willst, und diese Stunden
gelten als ein töricht Spiel . . .

M a x i m i l i a n B r a n d.

Theater / Musik

Zweitausendjähriger Pacifismus

In München holte das „D r a m a t i s c h e T h e a t e r" die Komödie „L y s i s t r a t a"

H e i n r i c h M a n n, Los Angeles, stellt uns anläßlich des bevorstehenden 50. Todestages T h e o d o r F o n t a n e s den nachstehenden Gedenkartikel zur Verfügung. Die Arbeit, eigens für MKP geschrieben, wird nur durch MKP verbreitet.

D. Red.

Theodor Fontane

Von Heinrich Mann

Der moderne Roman wurde für Deutschland erfunden, verwirklicht, auch gleich vollendet von einem Preußen, Mitglied der französischen Kolonie, Theodor Fontane. Als erster hier hat er wahrgemacht, daß ein Roman das gültige, bleibende Dokument einer Gesellschaft, eines Zeitalters sein kann; daß er soziale Kenntnis gestalten und vermitteln, Leben und Gegenwart bewahren kann noch in einer sehr veränderten Zukunft, wo, sagen wir, das Berlin von einst nicht mehr besteht. Alles vermöge richtig gesehener, stark gezeichneter Personen, einer Welt von Personen oder einzeln ausgesuchter, die dasselbe tun: standhalten, sich selbst unverletzt überbringen den weiten Weg von damals her.

Den Befreiungskrieg 1813 hat man gesehen, wenn man „Vor dem Sturm" las. Von innen gesehen hat man ihn nur dann. „Schach von Wuthenau" ist das Geschöpf einer Niederlage, die damals „Jena" hieß. Dies wird aus ihnen, so fühlen sie ihr Leben, noch bevor sie geschlagen sind. Aber wenn brave Leute, Eltern mit Herz, dennoch den gebotenen Gesetzen ihr eigenes Kind opfern, das ist Effi Briest. Die Gelegenheit mehr als der Trieb, das Verbot und Geheimnis eher als der Genuß verführen Effi; fragwürdig ihre Tat, nur die Strafe ist ihr gewiß, die lange, endgültige Strafe, mit Verstoßung, Einsamkeit, Krankheit. Bis der Tod den kurzen Ehebruch endlich aufhebt. Nur der Tod übertrifft den Ehebruch und was Klassengesetze des bürgerlichen Zeitalters aus ihm an Tragik machen. Sie machen für Effi mehr noch, wenn es sein kann, als im Fall Emma Bovary.

Effi Briest steht bei Madame Bovary, das märkische Landfräulein neben der Bauerntochter aus der Normandie. Beide Romane haben die ganze Schönheit der großen Menschenschilderung, die sich unpersönlich gibt, aber pathetisch ist; beide die ganze Bedeutsamkeit des nachgeschaffenen Lebens. Des vorgeschaffenen, wäre richtig. Wer hat vor Flaubert, vor Fontane die wirkliche Bedeutung ihrer Figuren gekannt, ihrer gleich unsterblichen Figuren? Wohl ist seither nur die eine der Welt geläufig geworden. Wird die andere seltener genannt, dann liegt es daran, daß sie deutsch ist. Deutsche Romane des 19. Jahrhunderts sind bei der Welt nicht durchgedrungen, man ginge denn zurück bis Hoffmann, bis Goethe. Aber Fontane wiegt viele auf, die fehlen oder die befremden.

Nach Effi Briest sagte er: „Das kommt nicht wieder." Er wußte, was er gemacht hatte, war übrigens alt. Er schrieb noch „Der Stechlin", da wird sein herber Realismus geisterhaft, wie nach dem Leben das Ende; sein eigenes spricht verhalten mit. Voraus gingen die kleinen Kostbarkeiten, derenwegen er sich lächelnd den Dichter der Berliner Halbwelt nannte. Süß, herzbrechend süß ist „Stine". Wer aber in Werken, Briefen, Gedichten Fontanes immer wiederkehrt, ist sein Altersgenosse Bismarck, — er sieht ihn groß und klein, er weiß über ihn mehr als seither jemand wissen kann. Was er sieht, ist bei allem, in jedem auch das andere, weshalb er abgelehnt wird, wo und wann fanatische Einseitigkeit die Macht antritt. Er war, in Skepsis wie in Festigkeit, der wahre Romancier, zu seinen Tagen der einzige seines Ranges.

Titelseite Münchner Kulturpressedienst vom 4.9.1948 mit einem Gedicht von Maximilian Brantl und einer Würdigung Fontanes durch Heinrich Mann.

Editorische Notiz

Die abgedruckten Briefe basieren auf den originalen Briefen, die sich als Dauerleihgabe der Gesellschaft zur Beförderung Gemeinnütziger Tätigkeit im Archiv des Heinrich-und-Thomas-Mann-Zentrums befinden. Die Briefe von Thomas und Katia Mann sind von Hand geschrieben. Ein Brief Thomas Manns vom 26. Dezember 1947 (Brief Nr. 67) liegt nur als Fragment vor; der Text musste anhand des Drucks in *Erika Mann: Thomas Mann: Briefe 1937-1947. Frankfurt am Main 1963, S. 508f.* ergänzt werden.

Vorlage für die Briefe von Maximilian Brantl waren zum einen mit der Maschine geschriebene Durchschläge im Archiv des Heinrich-und-Thomas-Mann-Zentrums. Zum anderen stammen die Briefe von Brantl, die den so genannten „Teppich-Prozess" betreffen, aus der entsprechenden Handakte der Anwaltskanzlei. Diese Akte befindet sich im Stadtarchiv Lübeck unter der Archivnummer AHL, Gesellschaft zur Beförderung Gemeinnütziger Tätigkeit, 1434. Neben Kopien von Briefen, Protokollen und Schriftsätzen finden sich hier auch handschriftliche Notizen sowie eine Kopie des Urteils. Die Akten des Prozesses gehörten ursprünglich mit zu dem ersteigerten Konvolut, wurden jedoch bei einer späteren Sortierung in Lübeck von den Briefen getrennt und an das Stadtarchiv übergeben.

Die Briefe werden ungekürzt und wort- und zeichengetreu wiedergegeben, lediglich Absätze wurden angepasst. Die Angaben im Briefkopf werden dem Original entsprechend wiedergegeben, bei Auslassungen von Datum oder Ort wurde versucht, dieses zu erschließen und in eckigen Klammern nachgetragen. Für die späten Briefe Brantls haben wir Prien regelmäßig als Ort erschlossen, da nichts in ihnen auf eine Reisetätigkeit hinweist.

Hervorhebungen durch Unterstreichungen oder Anführungszeichen wurden übernommen. Stillschweigend korrigiert wurden hingegen ganz offensichtliche Tipp- oder Schreibfehler, die nicht auf sprachliche oder orthografische Eigenheiten des persönlichen Stils zurückgehen (Typus: „soclher" statt „solcher"); ebenso fehlende oder überzählige Leerschläge. Verbessert wurden auch fehlerhafte Buchstaben, die durch eine mangelhafte Schreibmaschine bedingt waren. Ergänzungen einzelner offenbar fehlender Zeichen wurden in [ ] gesetzt. Varianten des Bindestrichs (zum Beispiel „=") werden durchgehend als „-" wiedergegeben.

Im Kommentar zu den jeweiligen Briefen geben wir zunächst Auskunft über die Art des Dokuments (Brief, Ansichtskarte, Briefkarte; handschriftlich oder maschinenschriftlich), die Nummer der Regesten nach *Hans Bürgin, Hans-Otto Mayer: Die Briefe Thomas Manns . Regesten und Register. Frankfurt am Main 1976-1987,* die hauseigene Signatur, sowie den Nachweis eines etwaigen Erstdrucks. Hingewiesen wird außerdem auf Erwähnungen in Thomas Manns Tagebüchern. Es folgen Wort- und Sacherläuterungen sowie Querverweise. Hinweise auf die Literatur werden durchgehend durch Nennung von Siglen gegeben.

Der „Teppich-Prozess“

Bei Thomas Mann meldete sich im April 1913 ein Teppichhändler telefonisch, klagte über wirtschaftliche Engpässe und bot für den nächsten Tag einen Besuch an, er würde Teppiche günstig anzubieten haben. Am folgenden Tag erschienen zwei Herren, die Brüder Moritz und Ferdinand Schönemann, im Gepäck hatten sie 20 bis 25 Teppiche. Thomas Mann wählte zwei Stücke aus und sollte dafür 1.500 Mark bezahlen. Er handelte für die Summe noch ein kleineres Stück heraus. Sofort nach dem Ankauf der drei Teppiche kam bei den Manns der Verdacht auf, übervorteilt worden zu sein. (In einem Zeitungsartikel in den *Münchner Neuesten Nachrichten* vom Oktober 1913 war zu lesen, es habe sich um eine Geschäftsmasche gehandelt, die die Brüder Schönemann wiederholt in München und Umgebung bei „Wohlhabenden“ anwandten, siehe S. 270) Die Manns besprachen die Angelegenheit mit Brantl. Dieser riet zu einer Aussagetaktik, die geeignet schien, eine vorsätzliche Irreführung der Käufer nachzuweisen und reichte bereits eine Woche nach dem Vorfall eine Klage ein. Die Taktik führte schließlich zum Erfolg. Das zuständige Münchner Gericht befand Moritz Schönemann für schuldig (siehe S. 259, Auszug aus dem Urteil der 3. Zivilkammer des Königlichen Landgerichts I vom 2. Juli 1914). Die Manns ließen die drei Stücke unterdessen auf eigene Kosten schätzen, um sich rückzuversichern. Die Begutachtung ergab einen deutlich überhöhten Preis. Zeitweilig gab es auch Überlegungen, einen Vergleich anzubieten (vgl. Brief Nr. 12, 24, 25, 26). Das Gericht beauftragte im Verfahren einen unabhängigen Gutachter. Dieser hatte zu beschreiben, um was für Stücke es sich handelte und er hatte die Aussage zu prüfen, ob es gerechtfertigt gewesen war, einen der Teppiche als „Museumsstück“ anzubieten, das eigentlich 5.000 Mark wert sei, aber aus Not günstig abgegeben werden müsse. Die Prüfung fiel vernichtend aus (siehe S. 245, Auszug aus dem Gerichtsprotokoll mit dem Gutachten von Josef Hahn vom 18.9.13). Gerade dieses Stück sei schon aufgrund der Art der Herstellung von verminderter Qualität. Gegen das Urteil legte der Händler Moritz Schönemann Berufung ein, diese wurde abgewiesen. Bereits nach Verkündung des Urteils in erster Instanz erhielten die Manns das Recht, gegen Hinterlegung einer geforderten Sicherheit in Höhe von 1.700 Mark die Kaufsumme per Gerichtsvollzieher einzutreiben. Alfred Pringsheim stellte aus seinem Vermögen „bayerische Staatspapiere“ im Wert von

3.000 Mark, fest verzinst zu 3,5 Prozent, zur Verfügung (vgl. Brief Nr. 33). Die Anleihen wurden Thomas Manns Schwiegervater nach Abschluss des Verfahrens zurück überwiesen (vgl. Brief Nr. 35). Die Teppiche waren während des Verfahrens bei der „Bayerischen Vacuumgesellschaft" deponiert (vgl. Brief Nr. 18 und 30).

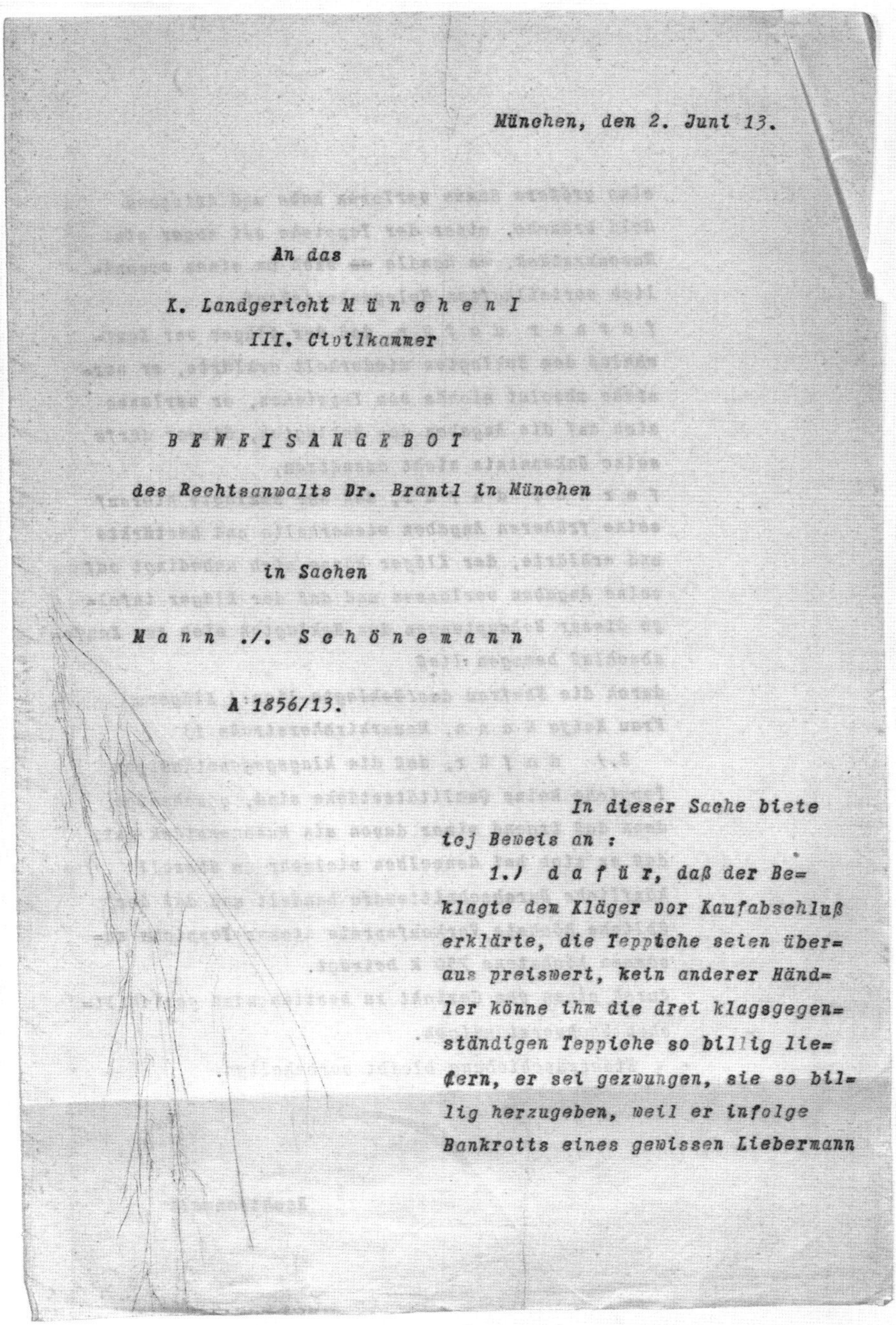
München, den 2. Juni 13.

An das

K. Landgericht M ü n c h e n I

III. Civilkammer

B E W E I S A N G E B O T

des Rechtsanwalts Dr. Brantl in München

in Sachen

M a n n ./. S c h ö n e m a n n

A 1856/13.

In dieser Sache biete icj Beweis an :

1.) d a f ü r, daß der Be=
klagte dem Kläger vor Kaufabschluß
erklärte, die Teppiche seien über=
aus preiswert, kein anderer Händ=
ler könne ihm die drei klagsgegen=
ständigen Teppiche so billig lie=
fern, er sei gezwungen, sie so bil=
lig herzugeben, weil er infolge
Bankrotts eines gewissen Liebermann

Beweisangebot von Rechtsanwalt Brantl in Sachen Mann/Schönemann vom 2.6.1913.

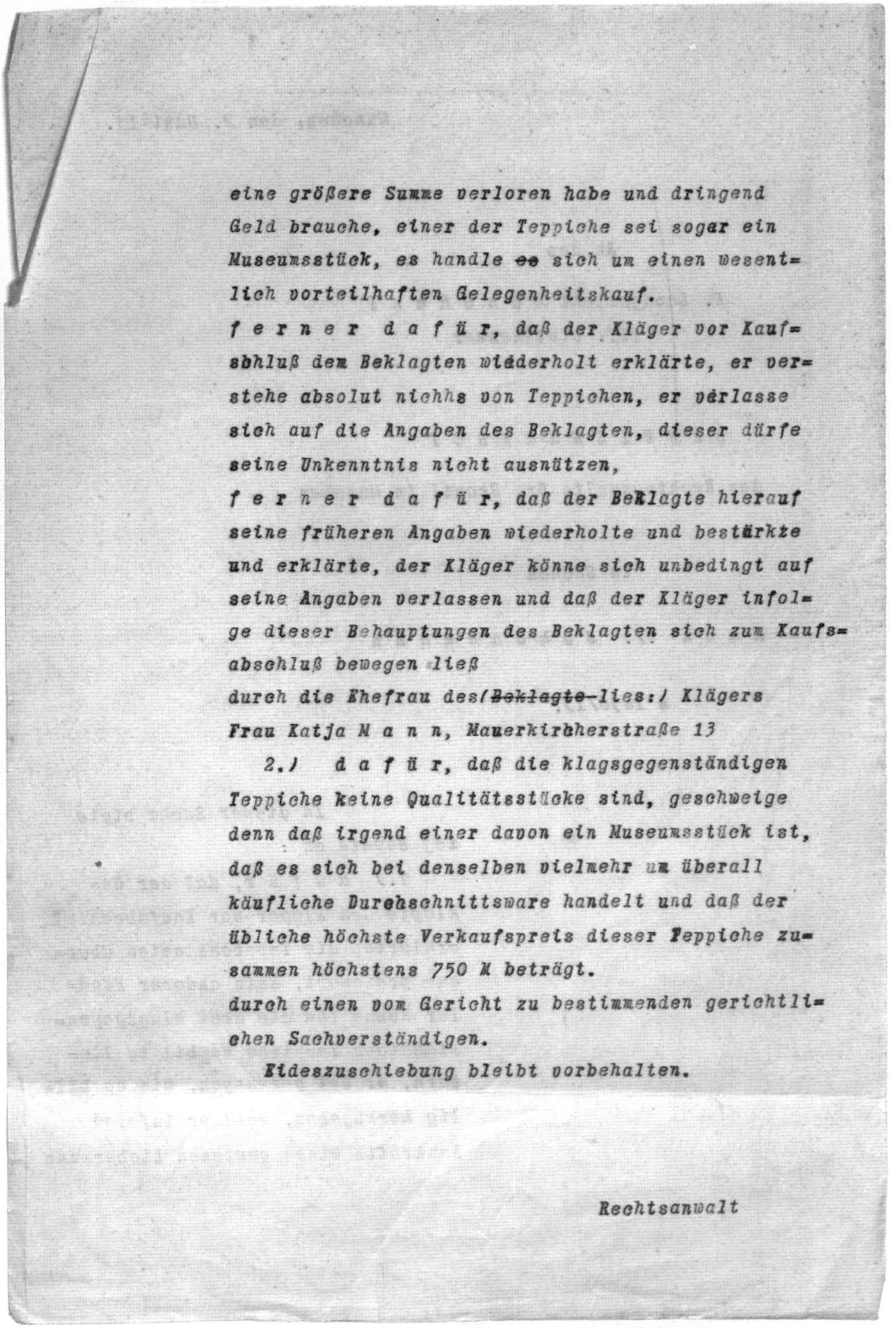
eine größere Summe verloren habe und dringend
Geld brauche, einer der Teppiche sei sogar ein
Museumsstück, es handle ~~es~~ sich um einen wesent=
lich vorteilhaften Gelegenheitskauf.
f e r n e r d a f ü r, daß der Kläger vor Kauf=
sbhluß dem Beklagten wiederholt erklärte, er ver=
stehe absolut nichhs von Teppichen, er verlasse
sich auf die Angaben des Beklagten, dieser dürfe
seine Unkenntnis nicht ausnützen,
f e r n e r d a f ü r, daß der Beklagte hierauf
seine früheren Angaben wiederholte und bestärkte
und erklärte, der Kläger könne sich unbedingt auf
seine Angaben verlassen und daß der Kläger infol=
ge dieser Behauptungen des Beklagten sich zum Kaufs=
abschluß bewegen ließ
durch die Ehefrau des(~~Beklagte~~-lies:) Klägers
Frau Katja M a n n, Mauerkirbherstraße 13
2.) d a f ü r, daß die klagsgegenständigen
Teppiche keine Qualitätsstücke sind, geschweige
denn daß irgend einer davon ein Museumsstück ist,
daß es sich bei denselben vielmehr um überall
käufliche Durchschnittsware handelt und daß der
übliche höchste Verkaufspreis dieser Teppiche zu=
sammen höchstens 750 M beträgt.
durch einen vom Gericht zu bestimmenden gerichtli=
chen Sachverständigen.
Eideszuschiebung bleibt vorbehalten.

Rechtsanwalt

Beweisangebot von Rechtsanwalt Brantl in Sachen Mann/Schönemann vom 2.6.1913, 2. Seite.

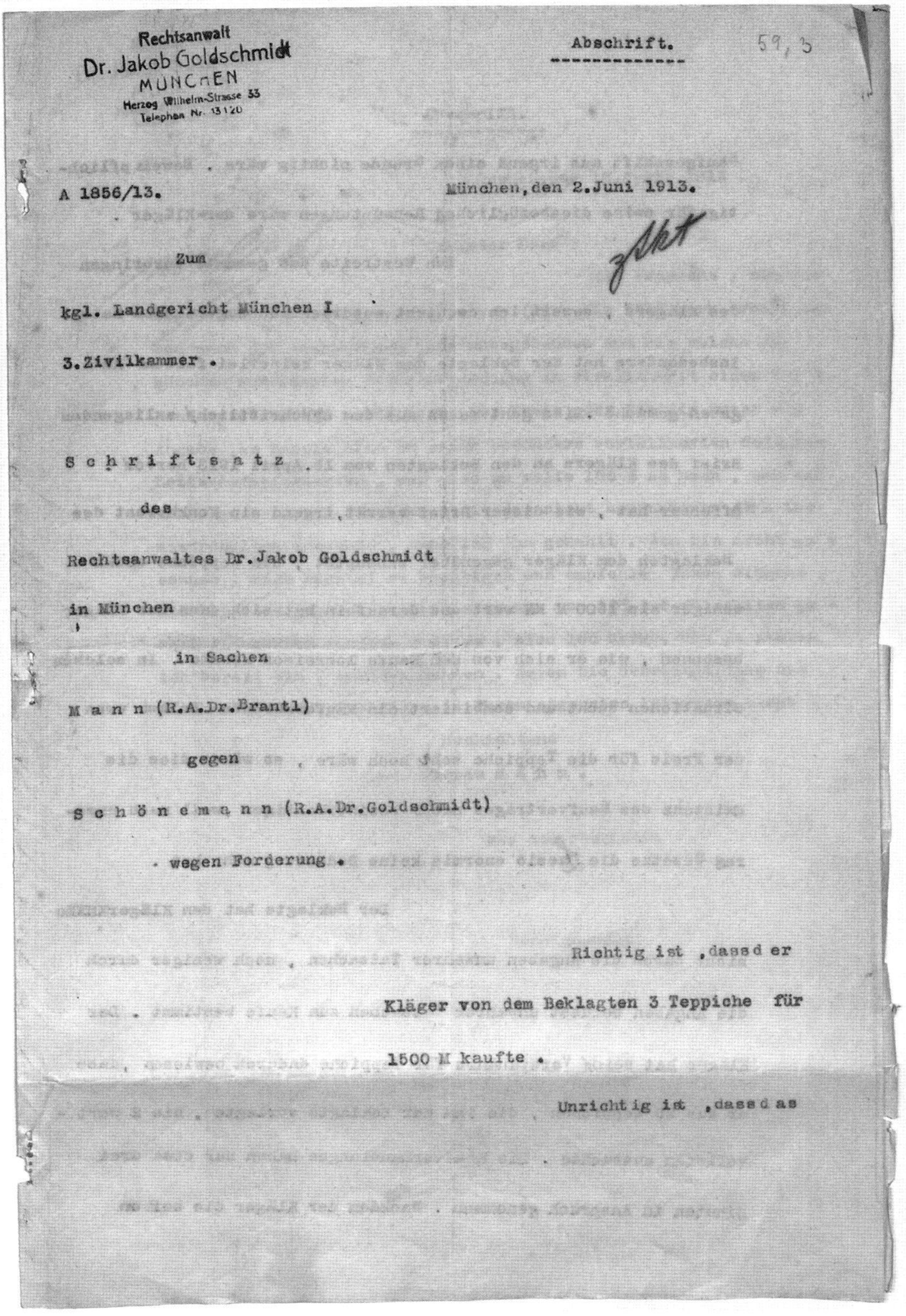

Rechtsanwalt
Dr. Jakob Goldschmidt
MÜNCHEN
Herzog Wilhelm-Strasse 33
Telephon Nr. 13120

Abschrift.

59, 3

A 1856/13.

München, den 2. Juni 1913.

Zum

kgl. Landgericht München I

3. Zivilkammer.

zAkt

S c h r i f t s a t z.

des

Rechtsanwaltes Dr. Jakob Goldschmidt

in München

in Sachen

M a n n (R.A. Dr. Brantl)

gegen

S c h ö n e m a n n (R.A. Dr. Goldschmidt)

wegen Forderung.

Richtig ist, dass der Kläger von dem Beklagten 3 Teppiche für 1500 M kaufte.

Unrichtig ist, dass das

Schriftsatz von Dr. Jakob Goldschmidt, Rechtsanwalt von Schönemann, vom 2.6.1913.

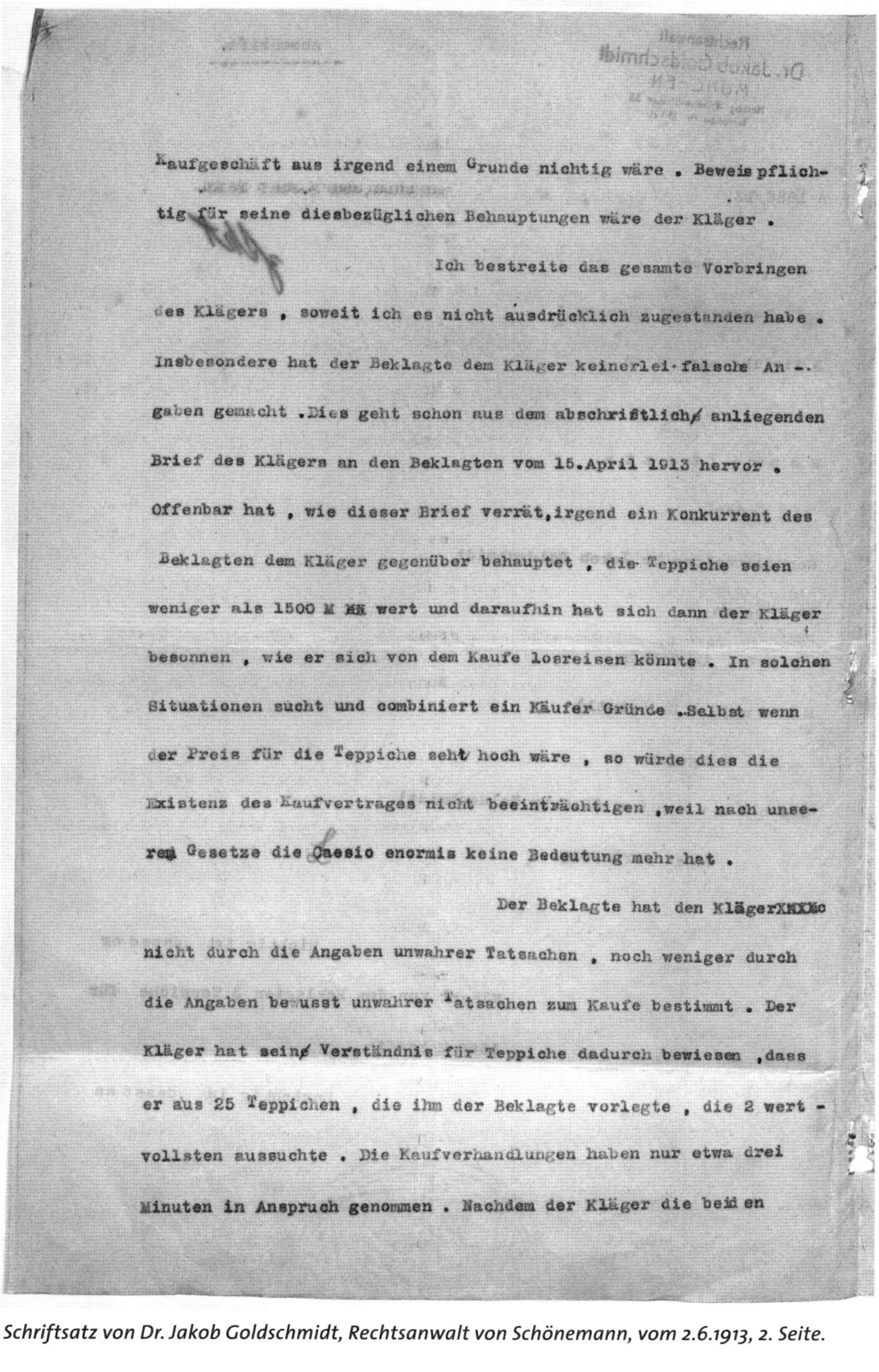
Kaufgeschäft aus irgend einem Grunde nichtig wäre . Beweis pflichtig für seine diesbezüglichen Behauptungen wäre der Kläger .

Ich bestreite das gesamte Vorbringen des Klägers , soweit ich es nicht ausdrücklich zugestanden habe . Insbesondere hat der Beklagte dem Kläger keinerlei falsche Angaben gemacht .Dies geht schon aus dem abschriftlich anliegenden Brief des Klägers an den Beklagten vom 15.April 1913 hervor . Offenbar hat , wie dieser Brief verrät,irgend ein Konkurrent des Beklagten dem Kläger gegenüber behauptet , die Teppiche seien weniger als 1500 M wert und daraufhin hat sich dann der Kläger besonnen , wie er sich von dem Kaufe losreisen könnte . In solchen Situationen sucht und combiniert ein Käufer Gründe .Selbst wenn der Preis für die Teppiche seh hoch wäre , so würde dies die Existenz des Kaufvertrages nicht beeinträchtigen ,weil nach unserem Gesetze die Laesio enormis keine Bedeutung mehr hat .

Der Beklagte hat den Kläger nicht durch die Angaben unwahrer Tatsachen , noch weniger durch die Angaben bewusst unwahrer Tatsachen zum Kaufe bestimmt . Der Kläger hat sein Verständnis für Teppiche dadurch bewiesen ,dass er aus 25 Teppichen , die ihm der Beklagte vorlegte , die 2 wertvollsten aussuchte . Die Kaufverhandlungen haben nur etwa drei Minuten in Anspruch genommen . Nachdem der Kläger die beiden

Schriftsatz von Dr. Jakob Goldschmidt, Rechtsanwalt von Schönemann, vom 2.6.1913, 2. Seite.

schönsten Teppiche aus der Collektion desBeklagten ausgesucht hatte , XXXXXXX fragte er den letzteren nach dem Preis dieser beiden Teppiche .Nachdem der Beklagte hiefür den Betrag von 1500 M genannt hatte ,ersuchte der Kläger den Beklagten , ihm wenigstens noch einen kleinen Teppich dazu zu geben ,dann wolle er den Preis von 1500 M bezahlen . Hierauf ging der Beklagte sofort ein und der Kläger gab dem Beklagten eine Zahlungsanweisung an eine Bank auf diesen Betrag .

Dass der Kläger von Teppichen nichts versteht , ist unwahr , wie sich schon aus der Tatsache ergibt , dass der Kläger eine sehr grosse Anzahl von Teppichen besitzt , die er dem Beklagten unter Benennung der Art eines jeden einzelnen zeigte .

Nach Abschluss des Kaufes erklärte der Kläger dem Beklagten , er werde ihm noch mehr Teppiche abkaufen ,wenn seine Villa , die er gerade baue,fertig sei .Darauf sagte der Beklagte: " Herr Mann, kaufen Sie mir jetzt schon die Teppiche ab und nicht erst dann wenn Ihre Villa fertig ist . Ich brauche jetzt Geld , denn ich habe viel Geld festgelegt,das vielleicht verloren ist ; ich habe noch sehr schöne Teppiche zu Hause."

Daraufhin versprach der Kläger dem Beklagten , dass er ihn am nächsten Tage mit seinen übrigen Teppichen nochmals empfangen werde, was er aber nicht tat .

Schriftsatz von Dr. Jakob Goldschmidt, Rechtsanwalt von Schönemann, vom 2.6.1913, 3. Seite

Von einem Gelegenheitskauf oder von Museumstükken hat der Beklagte nichts gesprochen.

Zum Beweise für die Wahrheit obiger Behauptungen und zur Widerlegung der gegnerischen Behauptungen benenne ich als Zeugen bezw. Gegenzeugen :

1) den Kaufmann Ferdinand Schönemann, Bruder des Beklagten , Bauerstrasse 40/0 hier ,

2) Die Ehefrau des Klägers .

Die verkauften Teppiche sind wert , was der Kläger dafür bezahlte .

Die Anwendung des § 138 B.G.B. ich unzulässig , weil sie erfordert , dass das Geschäft selbst gegen die guten Sitten verstösst ; sie kann daher nicht darauf gegründet werden , dass eine Vertragspartei die andere durch arglistige Täuschung zum Abschlusse des Geschäftes bestimmt habe . Entsch . d.R.G. vom 27.November 1909 , 342/09, Recht 14,Nro. 12; R.G.Bd. 72 S.216; Recht 1912 Nro. 15 ; Jur.Wochenschr. 1912 ,133[5].

Selbst wenn der Beklagte an den Teppichen seht viel Geld verdient hätte , so würde dies noch keine Bewucherung bedeuten . (Rechtsprechung der Oberlandesgerichte Bd. 24,264).

Der Kläger würde sich wahrscheinlich dafür schön bedanken , wenn er wüsste , dass sein Anwalt die Klage auch auf seine "Unerfahrenheit " stützt. Ich verweise hinsichtlich

Schriftsatz von Dr. Jakob Goldschmidt, Rechtsanwalt von Schönemann, vom 2.6.1913, 4. Seite.

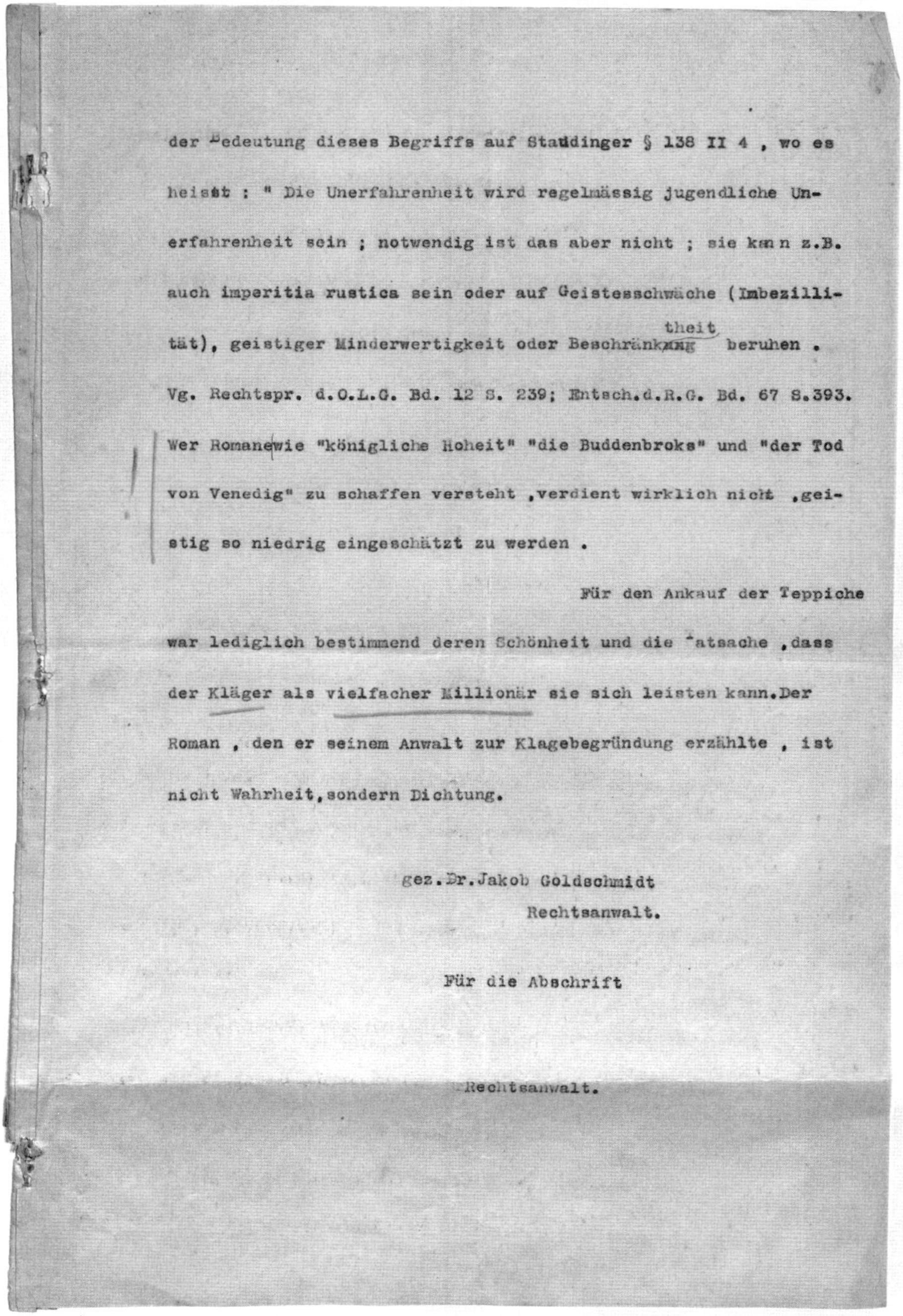

der Bedeutung dieses Begriffs auf Staudinger § 138 II 4 , wo es heisst : " Die Unerfahrenheit wird regelmässig jugendliche Unerfahrenheit sein ; notwendig ist das aber nicht ; sie kann z.B. auch imperitia rustica sein oder auf Geistesschwäche (Imbezillität), geistiger Minderwertigkeit oder Beschränktheit beruhen . Vg. Rechtspr. d.O.L.G. Bd. 12 S. 239; Entsch.d.R.G. Bd. 67 S.393.
Wer Romane wie "königliche Hoheit" "die Buddenbroks" und "der Tod von Venedig" zu schaffen versteht ,verdient wirklich nicht ,geistig so niedrig eingeschätzt zu werden .

Für den Ankauf der Teppiche war lediglich bestimmend deren Schönheit und die Tatsache ,dass der Kläger als vielfacher Millionär sie sich leisten kann.Der Roman , den er seinem Anwalt zur Klagebegründung erzählte , ist nicht Wahrheit,sondern Dichtung.

gez.Dr.Jakob Goldschmidt
Rechtsanwalt.

Für die Abschrift

Rechtsanwalt.

Schriftsatz von Dr. Jakob Goldschmidt, Rechtsanwalt von Schönemann, vom 2.6.1913, 5. Seite.

Rechtsanwalt
Dr. Jakob Goldschmidt
MÜNCHEN
Herzog Wilhelm-Strasse 53
Telephon Nr 13120

Abschrift.

München, den 15. April 1913.

neulich

Geehrter Herr:

Die Teppiche, die ich eigentlich in übereilten Weise von Ihnen für 1500 Mark erwarb, haben nach der Aussage von zwei massgebenden und als solche in München anerkannten Sachverständigen in Wirklichkeit einen Verkaufswert von 700 - 750 Mark. Der Preis, den Sie mir unter dem Angabe, es handle sich um einen besonders vorteilhaften Gelegenheitskauf abforderten, war also um volle 100 % zu hoch, und nur aus zugestandener Sachunkenntnis die nicht auszunützen ich Sie ausdrücklich ersuchte, habe ich ihn gezahlt. Ich bin nicht gesonnen, mich hierbei zu beruhigen und empfehle Ihnen dingend, die Teppiche gegen eine Abstandssumme von 10% des fälschlich ge- [illegible] zahlten Preises, also 150 Mark, die zu zahlen ich bereit bin, zurückzunehmen. Seien Sie überzeugt, dass die Annahme dieses Vorschlages in Ihrem eigensten Interesse liegt.

Hochachtend

gez. Thomas Mann.

Für die Abschrift

Rechtsanwalt.

Kopie eines Schreibens von Thomas Mann an Schönemann, dem Schriftsatz beigelegt.

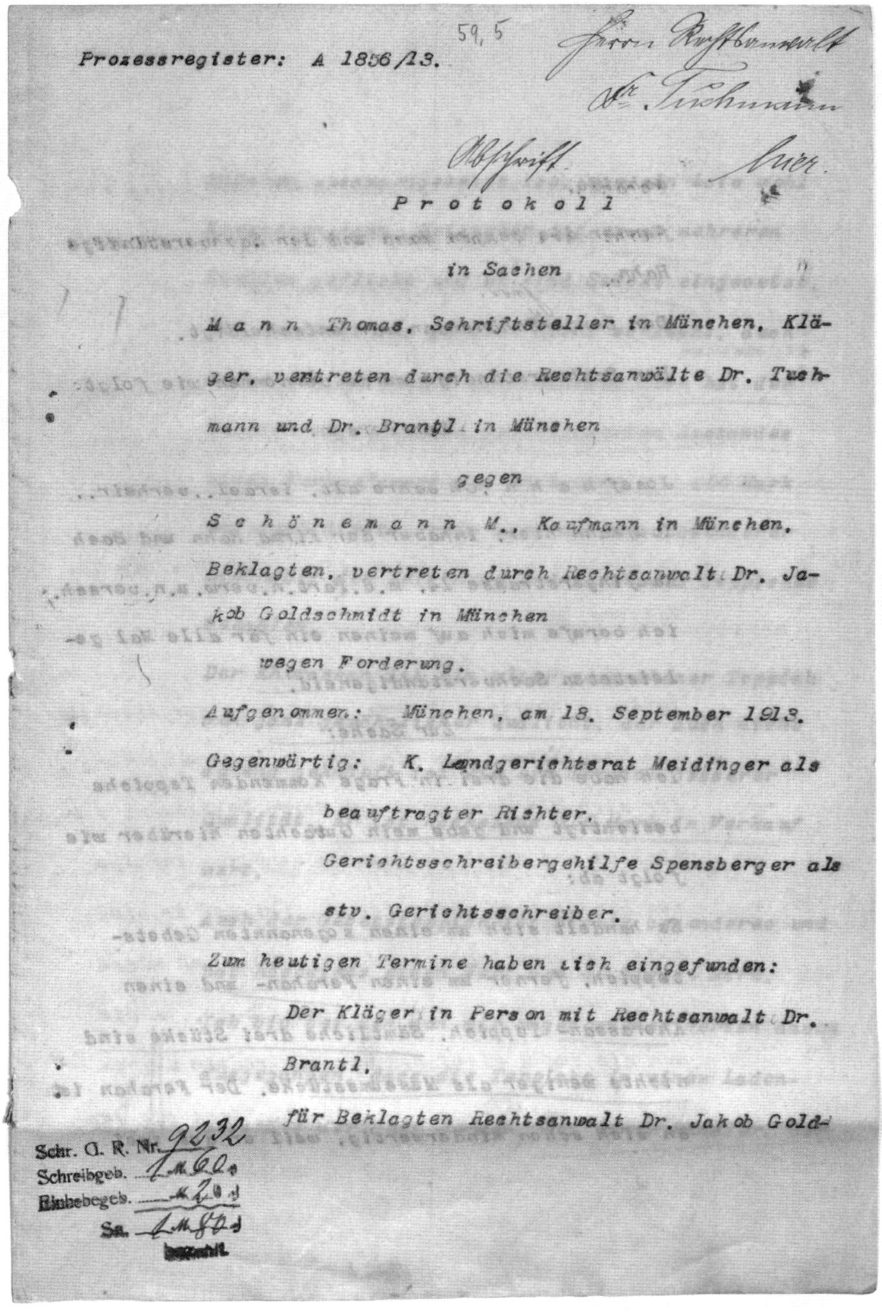

Prozessregister: A 1856/13.

59,5 Herrn Rechtsanwalt Dr. Tuchmann

Abschrift.

Protokoll

in Sachen

Mann Thomas, Schriftsteller in München, Kläger, vertreten durch die Rechtsanwälte Dr. Tuchmann und Dr. Brantl in München

gegen

Schönemann M., Kaufmann in München, Beklagten, vertreten durch Rechtsanwalt Dr. Jakob Goldschmidt in München

wegen Forderung.

Aufgenommen: München, am 18. September 1913.

Gegenwärtig: K. Landgerichtsrat Meidinger als beauftragter Richter.

Gerichtsschreibergehilfe Spensberger als stv. Gerichtsschreiber.

Zum heutigen Termine haben sich eingefunden:

Der Kläger in Person mit Rechtsanwalt Dr. Brantl,

für Beklagten Rechtsanwalt Dr. Jakob Gold-

Schr. G. R. Nr. 9232

Schreibgeb. 1 M 60

Einhebegeb. M 20

Sa. 1 M 80

bezahlt

Abschrift des Protokolls vom zweiten Verhandlungstag mit der Aussage des Teppichsachverständigen und Katia Manns vom 18.9.1913.

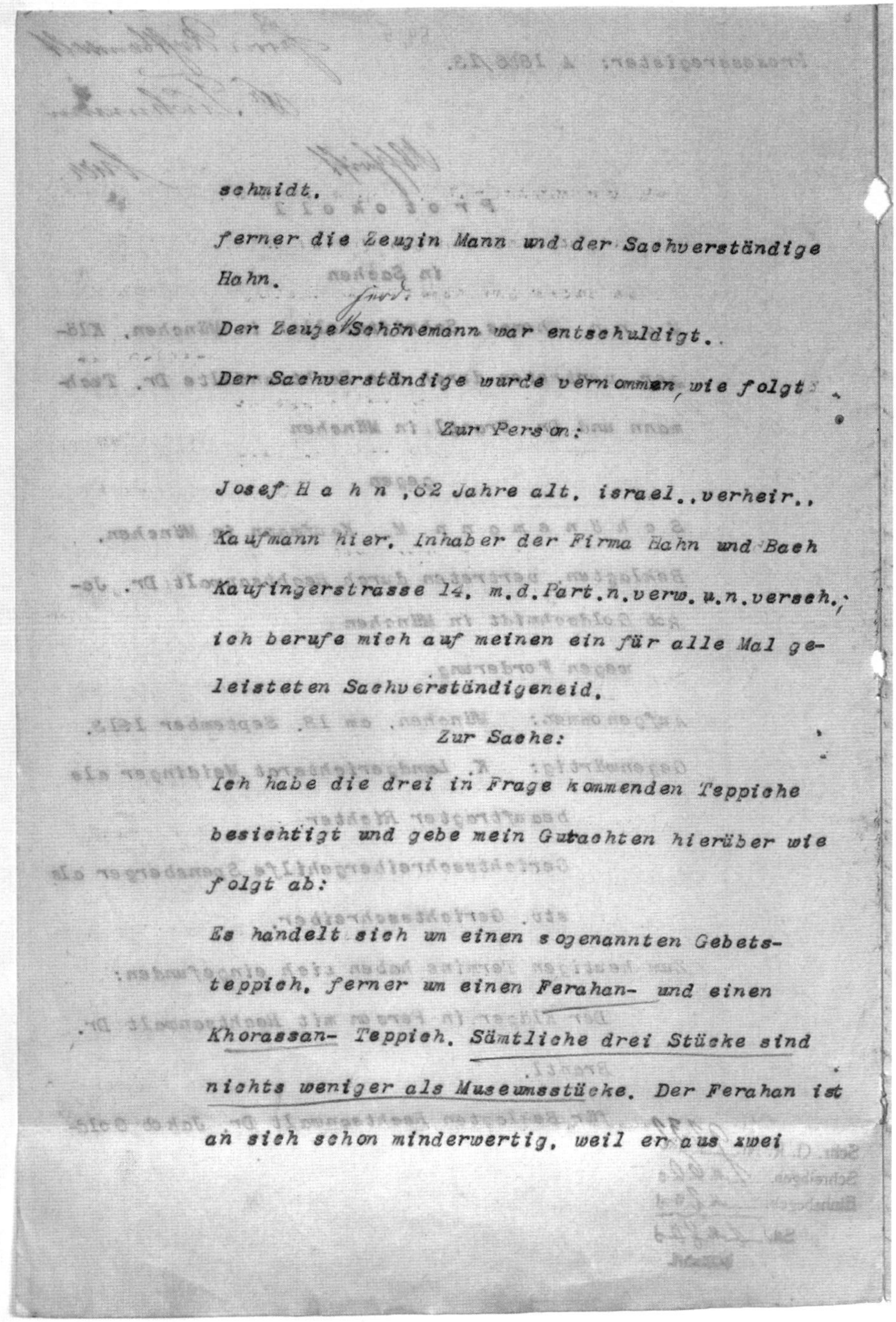
schmidt,

ferner die Zeugin Mann und der Sachverständige Hahn.

Der Zeuge Schönemann war entschuldigt..

Der Sachverständige wurde vernommen, wie folgt:

Zur Person:

Josef H a h n ,62 Jahre alt, israel.,verheir., Kaufmann hier, Inhaber der Firma Hahn und Bach Kaufingerstrasse 14, m.d.Part.n.verw.u.n.verseh.; ich berufe mich auf meinen ein für alle Mal geleisteten Sachverständigeneid.

Zur Sache:

Ich habe die drei in Frage kommenden Teppiche besichtigt und gebe mein Gutachten hierüber wie folgt ab:

Es handelt sich um einen sogenannten Gebetsteppich, ferner um einen Ferahan- und einen Khorassan- Teppich. Sämtliche drei Stücke sind nichts weniger als Museumsstücke. Der Ferahan ist an sich schon minderwertig, weil er aus zwei

Abschrift des Protokolls vom zweiten Verhandlungstag vom 18.9.1913, 2. Seite.

Stücken zusammengesetzt ist, was ein Laie wohl übersehen kann. Weiterhin ist er an mehreren Stellen geflickt und es sind Stücke eingesetzt. Die Qualität ist an sich nicht schlecht, auch Farbe und Zeichnung sind hübsch, doch hat der Teppich wegen seines geschilderten Zustandes einen Verkaufswert von höchstens 3.- 400 Mark und auch diesen Preis wird nur ein besonderer Liebhaber der Zeichnung und Farbe des Teppiches bezahlen.

Der Khorassan ist ein alter gewaschener Teppich von ganz gewöhnlicher Qualität, der auch nicht so eng geknüpft ist wie ein Teppich besserer Qualität. Er ist höchstens 200 Mark im Verkaufwert.

Auch der Gebetsteppich ist nichts besonderes und hat höchstens einen Wert von 40 bis 50 Mark.

Ich bin bei den von mir angenommenen Werten davon ausgegangen, dass die Teppiche in einem Ladengeschäft verkauft werden. Bei einem Händler, der

Abschrift des Protokolls vom zweiten Verhandlungstag vom 18.9.1913, 3. Seite.

einen Laden nicht hat und daher auch keine so hohen Spesen hat, müssten die Preise noch niedriger sein.

4 Mark Gebühr angewiesen.

v. g. g.

Sodann wurde die Zeugin Mann nach Verzicht auf ihr Zeugnisverweigerungsrecht vernommen, wie folgt:

Zur Person:

Katia Mann, 30 Jahre alt, prot., Ehefrau des Klägers.

Zur Sache:

Im April heurigen Jahres, zwei Tage vor Abschluss des Geschäftes, kam ein Herr in unsere Wohnung, der sich als Vertreter des Herrn Schönemann vorstellte und angab, Schönemann benötige infolge des Bankerottes einer Person, bei der er viel Geld verloren habe, sehr nötig Geld und müsse jetzt Teppiche zu Preisen losschlagen, um die man die sonst nicht bekomme. Er redete meinem Mann zu, und dieser bestellte ihn dann für den

Abschrift des Protokolls vom zweiten Verhandlungstag vom 18.9.1913, 4. Seite.

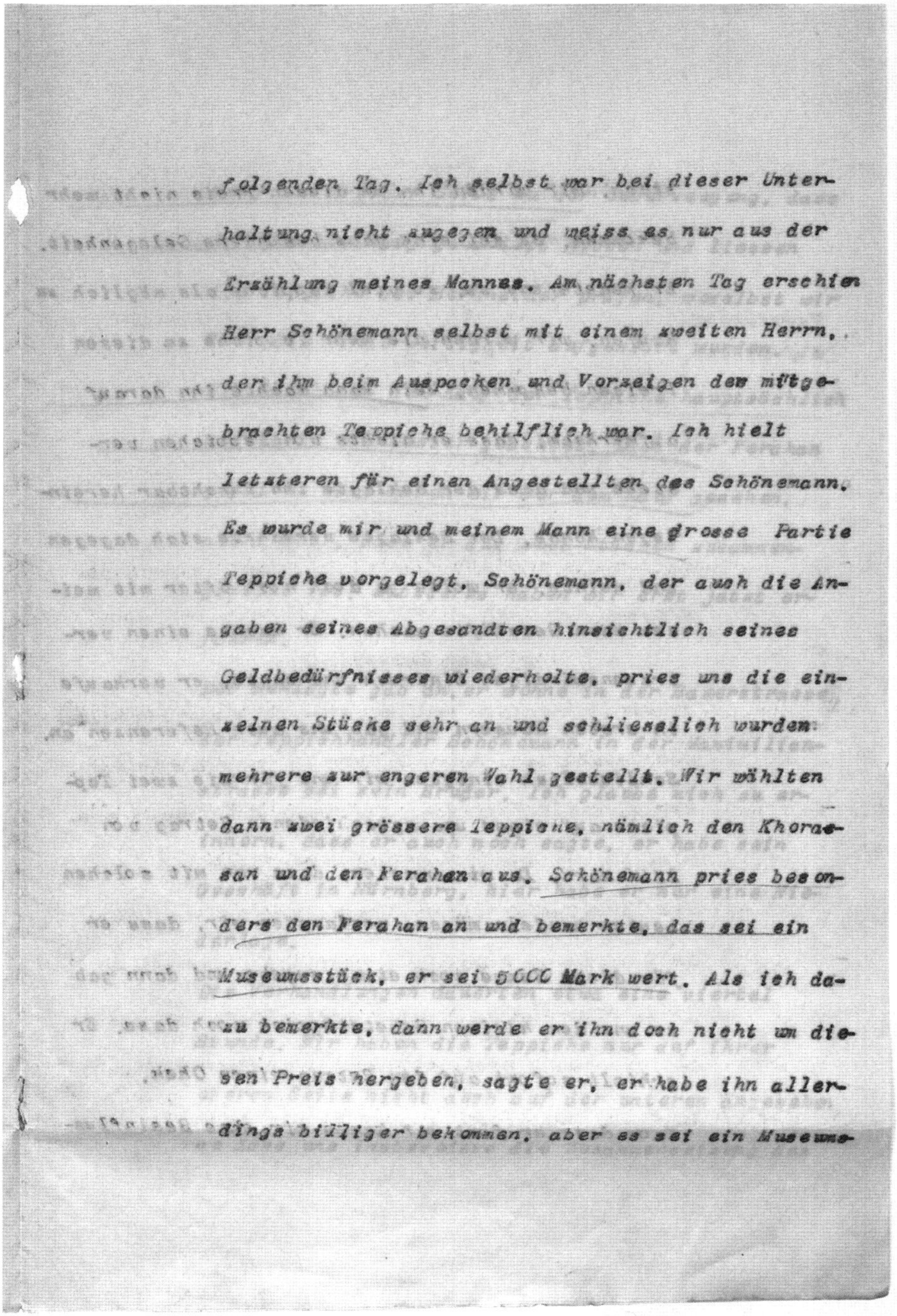

folgenden Tag. Ich selbst war bei dieser Unter-
haltung nicht zugegen und weiss es nur aus der
Erzählung meines Mannes. Am nächsten Tag erschien
Herr Schönemann selbst mit einem zweiten Herrn,
der ihm beim Auspacken und Vorzeigen der mitge-
brachten Teppiche behilflich war. Ich hielt
letzteren für einen Angestellten des Schönemann.
Es wurde mir und meinem Mann eine grosse Partie
Teppiche vorgelegt. Schönemann, der auch die An-
gaben seines Abgesandten hinsichtlich seines
Geldbedürfnisses wiederholte, pries uns die ein-
zelnen Stücke sehr an und schliesslich wurden
mehrere zur engeren Wahl gestellt. Wir wählten
dann zwei grössere Teppiche, nämlich den Khora-
san und den Ferahan aus. Schönemann pries beson-
ders den Ferahan an und bemerkte, das sei ein
Museumsstück, er sei 5000 Mark wert. Als ich da-
zu bemerkte, dann werde er ihn doch nicht um die-
sen Preis hergeben, sagte er, er habe ihn aller-
dings billiger bekommen, aber es sei ein Museums-

Abschrift des Protokolls vom zweiten Verhandlungstag vom 18.9.1913, 5. Seite.

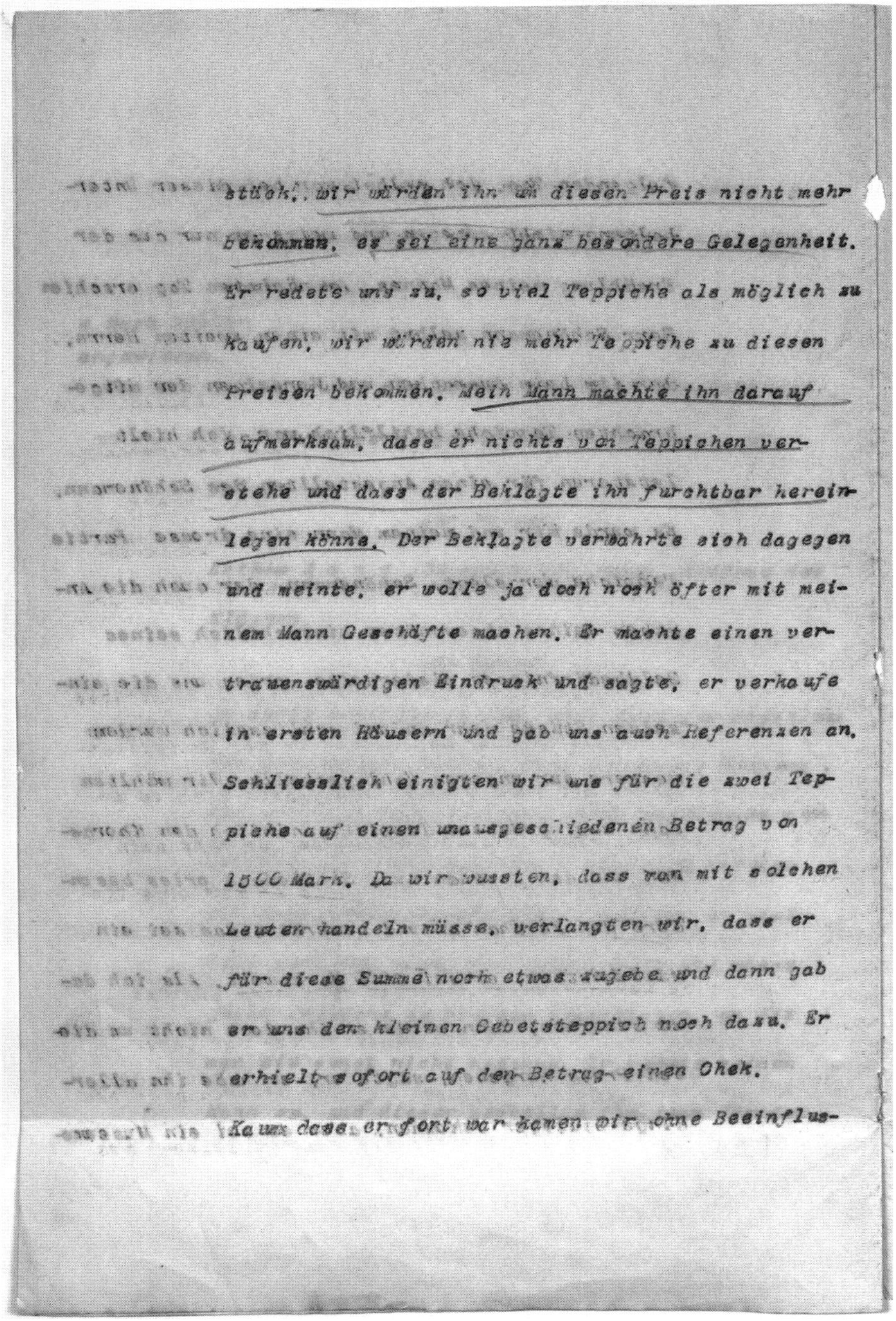

stück, wir würden ihn um diesen Preis nicht mehr bekommen, es sei eine ganz besondere Gelegenheit. Er redete uns zu, so viel Teppiche als möglich zu kaufen, wir würden nie mehr Teppiche zu diesen Preisen bekommen. Mein Mann machte ihn darauf aufmerksam, dass er nichts von Teppichen verstehe und dass der Beklagte ihn furchtbar hereinlegen könne. Der Beklagte verwahrte sich dagegen und meinte, er wolle ja doch noch öfter mit meinem Mann Geschäfte machen. Er machte einen vertrauenswürdigen Eindruck und sagte, er verkaufe in ersten Häusern und gab uns auch Referenzen an. Schliesslich einigten wir uns für die zwei Teppiche auf einen unausgeschiedenen Betrag von 1500 Mark. Da wir wussten, dass man mit solchen Leuten handeln müsse, verlangten wir, dass er für diese Summe noch etwas zugebe und dann gab er uns den kleinen Gebetsteppich noch dazu. Er erhielt sofort auf den Betrag einen Check.

Kaum dass er fort war kamen wir ohne Beeinflus-

Abschrift des Protokolls vom zweiten Verhandlungstag vom 18.9.1913, 6. Seite.

sung von dritter Seite zu der Ueberzeugung, dass wir leichtsinnig gehandelt hätten und liessen die Teppiche bei Bernheimer prüfen, woselbst wir über die Minderwertigkeit aufgeklärt wurden.

Wir haben bei dem Kauf der Teppiche hauptsächlich auf Farbe und Muster geachtet. Dass der Ferahan geflickt war, haben wir vor dem Kauf gesehen, nicht aber, dass er aus zwei Stücken zusammengesetzt ist. Letzteres haben wir erst jetzt erfahren.

Der Beklagte gab an, er wohne in der Bauerstrasse, der Teppichhändler Schönemann in der Maximilianstrasse sei sein Bruder. Ich glaube mich zu erinnern, dass er auch noch sagte, er habe sein Geschäft in Nürnberg, hier habe er nur eine Niederlage.

Die Verhandlungen dauerten etwa eine viertel Stunde. Wir haben die Teppiche nur auf ihrer oberen Seite nicht auch auf der unteren angesehen, so dass uns insbesodere die Zusammensetzung des

Abschrift des Protokolls vom zweiten Verhandlungstag vom 18.9.1913, 7. Seite.

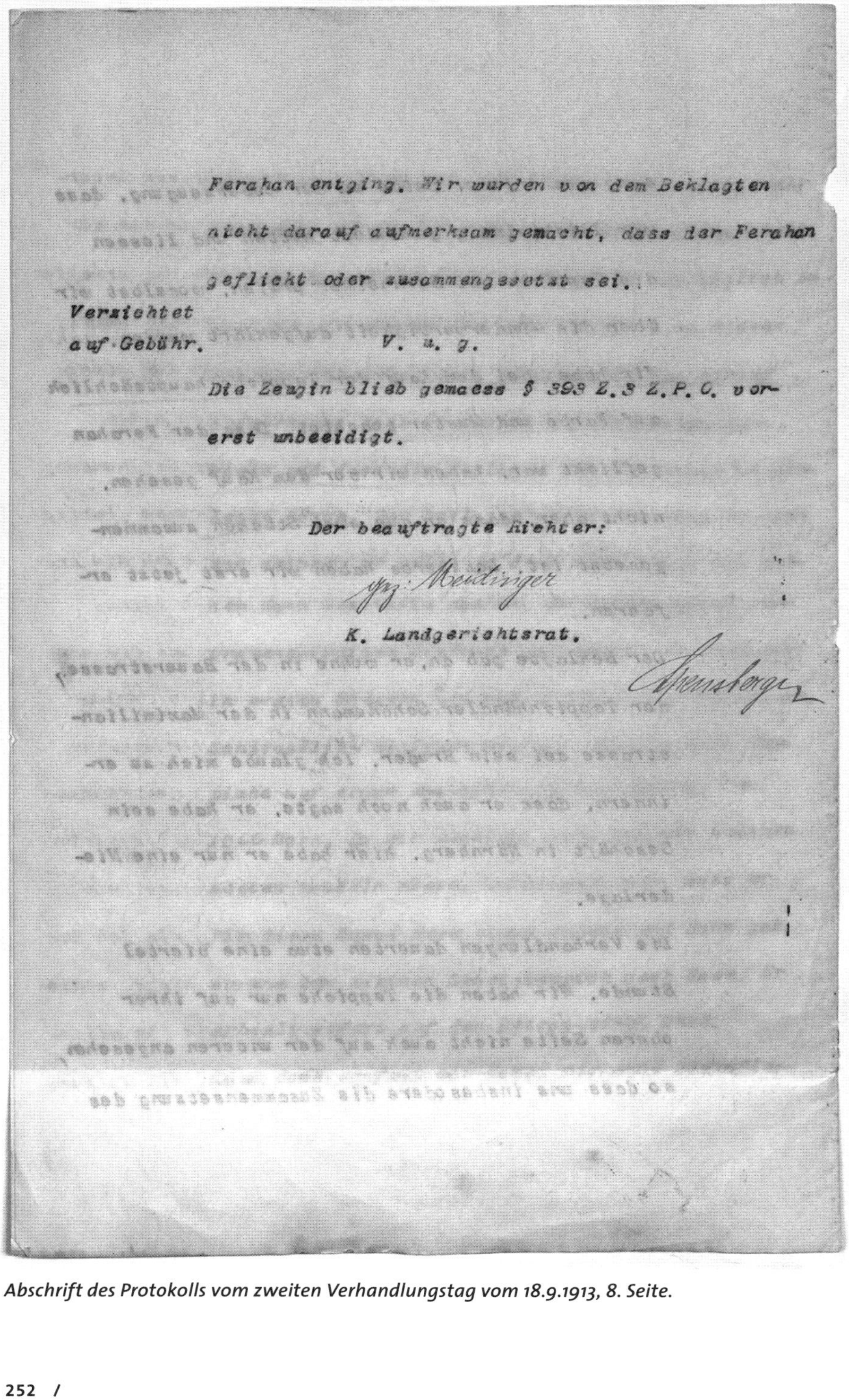
Ferahan entging. Wir wurden von dem Beklagten nicht darauf aufmerksam gemacht, dass der Ferahan geflickt oder zusammengesetzt sei.

Verzichtet auf Gebühr.

V. u. g.

Die Zeugin blieb gemaess § 393 Z. 3 Z.P.O. vorerst unbeeidigt.

Der beauftragte Richter:

gez: Meidinger

K. Landgerichtsrat.

Abschrift des Protokolls vom zweiten Verhandlungstag vom 18.9.1913, 8. Seite.

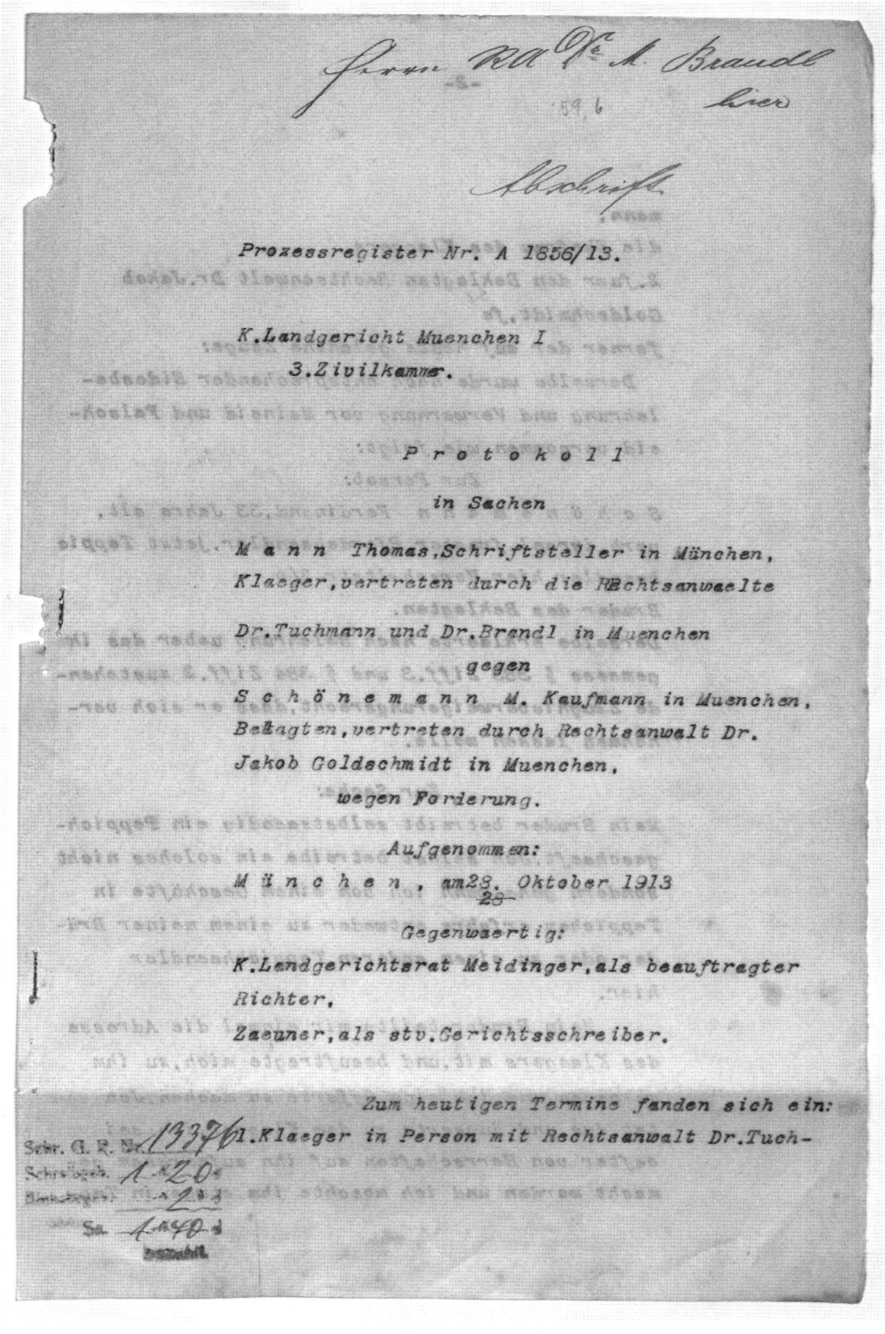

Herrn RA Dr. M. Brandl hier

59,6

Abschrift

Prozessregister Nr. A 1856/13.

K.Landgericht Muenchen I

3.Zivilkammer.

P r o t o k o l l

in Sachen

M a n n Thomas,Schriftsteller in München,
Klaeger,vertreten durch die Rechtsanwaelte
Dr.Tuchmann und Dr.Brendl in Muenchen

gegen

S c h ö n e m a n n M. Kaufmann in Muenchen,
Beklagten,vertreten durch Rechtsanwalt Dr.
Jakob Goldschmidt in Muenchen,

wegen Forderung.

Aufgenommen:
M ü n c h e n , am 28. Oktober 1913

Gegenwaertig:
K.Landgerichtsrat Meidinger,als beauftragter Richter,
Zaeuner,als stv.Gerichtsschreiber.

Zum heutigen Termine fanden sich ein:
1.Klaeger in Person mit Rechtsanwalt Dr.Tuch-

Schr. G. R. Nr. 13376
Schreibgeb. 1 20
Sa. 1 40

Abschrift des Protokolls vom dritten Verhandlungstag mit der Aussage von Ferdinand Schönemann vom 28.10.1913.

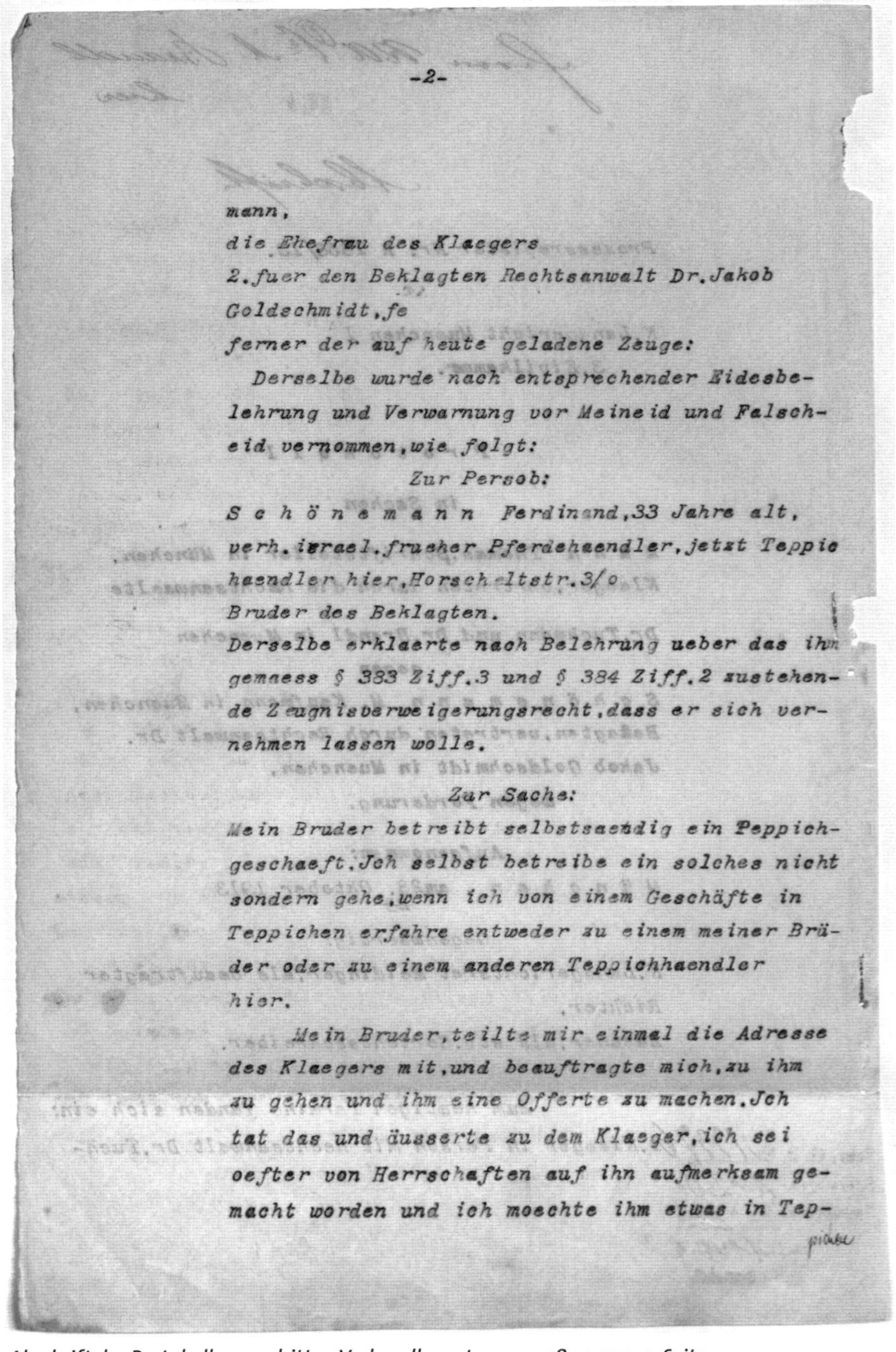

-2-

mann,

die Ehefrau des Klaegers

2.fuer den Beklagten Rechtsanwalt Dr.Jakob Goldschmidt,fe

ferner der auf heute geladene Zeuge:

Derselbe wurde nach entsprechender Eidesbelehrung und Verwarnung vor Meineid und Falscheid vernommen,wie folgt:

Zur Persob:

S c h ö n e m a n n Ferdinand,33 Jahre alt, verh.israel.frueher Pferdehaendler,jetzt Teppichaendler hier,Horscheltstr.3/o

Bruder des Beklagten.

Derselbe erklaerte nach Belehrung ueber das ihm gemaess § 383 Ziff.3 und § 384 Ziff.2 zustehende Zeugnisverweigerungsrecht,dass er sich vernehmen lassen wolle.

Zur Sache:

Mein Bruder betreibt selbstsaendig ein Teppichgeschaeft.Jch selbst betreibe ein solches nicht sondern gehe,wenn ich von einem Geschäfte in Teppichen erfahre entweder zu einem meiner Brüder oder zu einem anderen Teppichhaendler hier.

Mein Bruder,teilte mir einmal die Adresse des Klaegers mit,und beauftragte mich,zu ihm zu gehen und ihm eine Offerte zu machen.Jch tat das und äusserte zu dem Klaeger,ich sei oefter von Herrschaften auf ihn aufmerksam gemacht worden und ich moechte ihm etwas in Tep-

Abschrift des Protokolls vom dritten Verhandlungstag vom 28.10.1913, 2. Seite.

-3-

offerieren und zwar ohne Obligo.Der Klaeger erwiderte,dr brauche nichts,lud mich aber schliesslich ein,am anderen Tag zu kommen.Jch habe bei diesem ersten Besuch keinerlei Aeusserungen dahin gebraucht,dass mein Bruder infolge Bankrotts einer Person ,bei der er viel Geld verloren habe,sehr noetig Geld brauche und Teppiche zu Preisen losschlagen muesse, um die man sie sonst nicht bekomme,Die ganze Unterredung zwischen mir und dem Klaeger dauerte nur ganz kurze Zeit.

Am anderen Tag begab ich mich mit meinem Bruder zu dem Klaeger,und legte ihm und seiner Frau etwa 20 - 25 Teppiche zur Ansicht vor. Beide betrachteten die Teppiche laengere Zeit 1/2 bis 1 Stunde.Doch wollte der Klaeger urspruenglich nichts kaufen.weil er alles voll liegen habe,entschloss sich aber schliesslich, zu dem Ankauf von 2 Teppichen ;Es waren das die 2 Wertvollsten der Kollektion.Jch selbst habe die Teppiche vorher nicht angesehen und wusste nicht,dass der eine Teppich schon geflickt und aus zwei Stuecken zusammengesetzt sei.Mein Bruder riet dem Klaeger gleich einen Posten abzunehmen.Er habe heuer viel Geld verloren und benoetige daher einige tausend Mark.Der Klaeger blieb aber bei dem Ankauf der zwei von ihm und seiner Frau ausgesuchten Teppiche fuer die mein Bruder 1500 M. verlangte.

Abschrift des Protokolls vom dritten Verhandlungstag vom 28.10.1913, 3. Seite.

-3-

4

Der Kläger war mit diesem Preis einverstanden, wenn ihmmein Bruder noch einen kleinen Teppich, den sich der Klaeger herausgesucht hatte, dazugäbe. Mein Bruder war damit einverstanden und erhielt dann auf den Betrag sofort einen C Check oder eine Anweisung.

Davon, dass der eine Teppich ein Museumsstueck und 5000 M. Wert sei, war keine Rede u. zwar weder von mir, noch von meinem Bruder.

Der Klaeger bemerkte sogar, er habe fast mehr Teppiche als mein Bruder, er verstehe auch etwas von Teppichen.

Wir boten noch am gleichen Tag dem Klaeger auch einen Türbehang an, und der Klaeger forderte uns auf, gelegentlich wieder einmal zu ihm zu kommen und ihm diesen zu zeigen. Mein Bruder ging auch in der Tat spaeter noch einmal hin, traf aber den Klaeger nicht an, und erhielt von dem Dienstmaedchen den Bescheid, er moechte seine Adresse zuruecklassen. Jch habe dann auch noch den Klaeger telefonisch angerufen, wann ich kommen solle: er antwortete mir, ich solle vorerst nicht kommen, er werde mir den Zeitpunkt schon noch mitteilen.

Der Klaeger erklaert:

Bei dem Kauf der Teppiche wurde mir muendlich ein Tuervorhang, bestehend in einer orientalischenStickerei angeboten, die ich aber zunaechst noch nicht zu sehen bekam.

Abschrift des Protokolls vom dritten Verhandlungstag vom 28.10.1913, 4. Seite.

5.

weshalb ich die Herren ersuchte, sie mir gelegentlich zu zeigen.

Der Zeuge faehrt fort:

Mein Bruder, der Beklagte Moritz Schoenemann ist jetzt nach Leipzig verzogen und wohnt dort Jakobstrasse 13, sein Geschaeft befindet sich Grimaischestrasse 21/I.

Die in Rede stehenden Teppiche werden, wie ich annehmen meinem Bruder gehoert haben. Jch selbst habe noch niemals Teppiche gehabt.

Die Farbe der Teppiche, welche sich der Kläger herausgesucht hatte, gefiel diesem sehr Jch glaube, dass er hauptsaechlich deshalb die beiden Teppiche genommen hat.

Mein Bruder hat von dem hiesigen Komponisten Liebermann fuer gelieferte Teppiche und Broncen 18500 M. zu fordern, Liebermann ist im Konkurs geraten und meinBruder hat bisher von dem erwaehnten Kaufpreis nichts bekommen.

Jch bekomme in der Regel von meinem Bruder wenn er unter meiner Beihilfe ein Geschäft abschliesst einen Teil von seinem Reinverdienst bald 10% bald 20% oder mehr oder weniger.

Fuer das gegenwaertige Geschaeft sowie fuer 3 weitere am gleichen Tage abgeschlossene Geschaefte habe ich von meinem Bruder unausgeschieden einige 100 M. bekommen. Genau kann ich die Summe nicht bezeichnen.

Abschrift des Protokolls vom dritten Verhandlungstag vom 28.10.1913, 5. Seite.

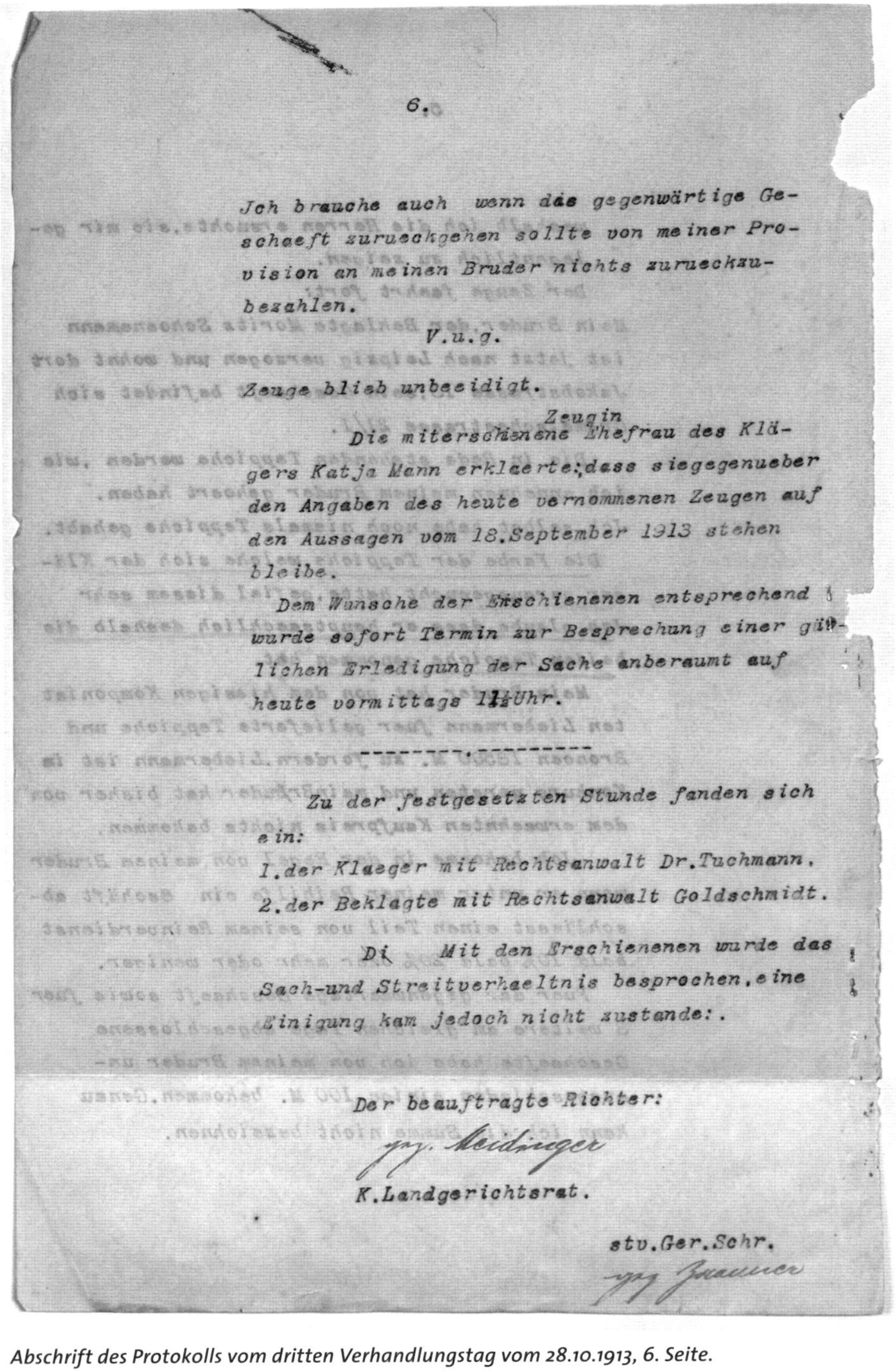
6.

Jch brauche auch wenn das gegenwärtige Geschaeft zurueckgehen sollte von meiner Provision an meinen Bruder nichts zurueckzubezahlen.

V.u.g.

Zeuge blieb unbeeidigt.

Zeugin

Die miterschienene Ehefrau des Klägers Katja Mann erklaerte: dass sie gegenueber den Angaben des heute vernommenen Zeugen auf den Aussagen vom 18. September 1913 stehen bleibe.

Dem Wunsche der Erschienenen entsprechend wurde sofort Termin zur Besprechung einer gütlichen Erledigung der Sache anberaumt auf heute vormittags 11½ Uhr.

---------.---------

Zu der festgesetzten Stunde fanden sich ein:

1. der Klaeger mit Rechtsanwalt Dr. Tuchmann,
2. der Beklagte mit Rechtsanwalt Goldschmidt.

Di Mit den Erschienenen wurde das Sach-und Streitverhaeltnis besprochen, eine Einigung kam jedoch nicht zustande:.

Der beauftragte Richter:

gez. Meidinger

K. Landgerichtsrat.

stv. Ger. Schr.

gez. [illegible]

Abschrift des Protokolls vom dritten Verhandlungstag vom 28.10.1913, 6. Seite.

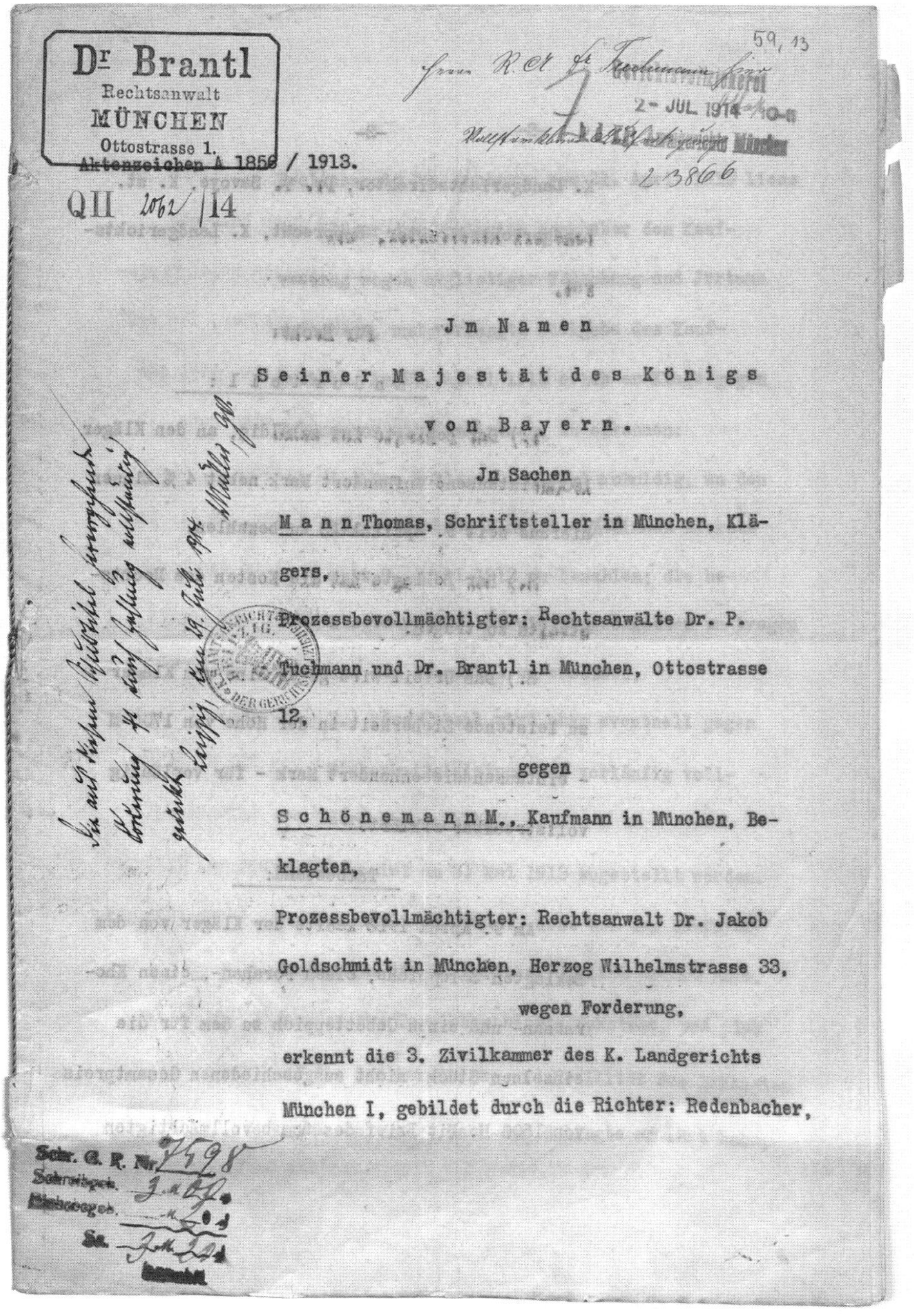

Dr Brantl
Rechtsanwalt
MÜNCHEN
Ottostrasse 1.

Aktenzeichen A 1858 / 1913.

QII 2062/14

2 - JUL 1914

23866

Jm Namen
Seiner Majestät des Königs
von Bayern.

Jn Sachen

Mann Thomas, Schriftsteller in München, Klägers,

Prozessbevollmächtigter: Rechtsanwälte Dr. P. Tuchmann und Dr. Brantl in München, Ottostrasse 12,

gegen

Schönemann M., Kaufmann in München, Beklagten,

Prozessbevollmächtigter: Rechtsanwalt Dr. Jakob Goldschmidt in München, Herzog Wilhelmstrasse 33,

wegen Forderung,

erkennt die 3. Zivilkammer des K. Landgerichts München I, gebildet durch die Richter: Redenbacher,

Schr. G. R. Nr. 7598

Auszug aus dem Urteil im Prozess Mann/Schönemann vom 1.7.1914.

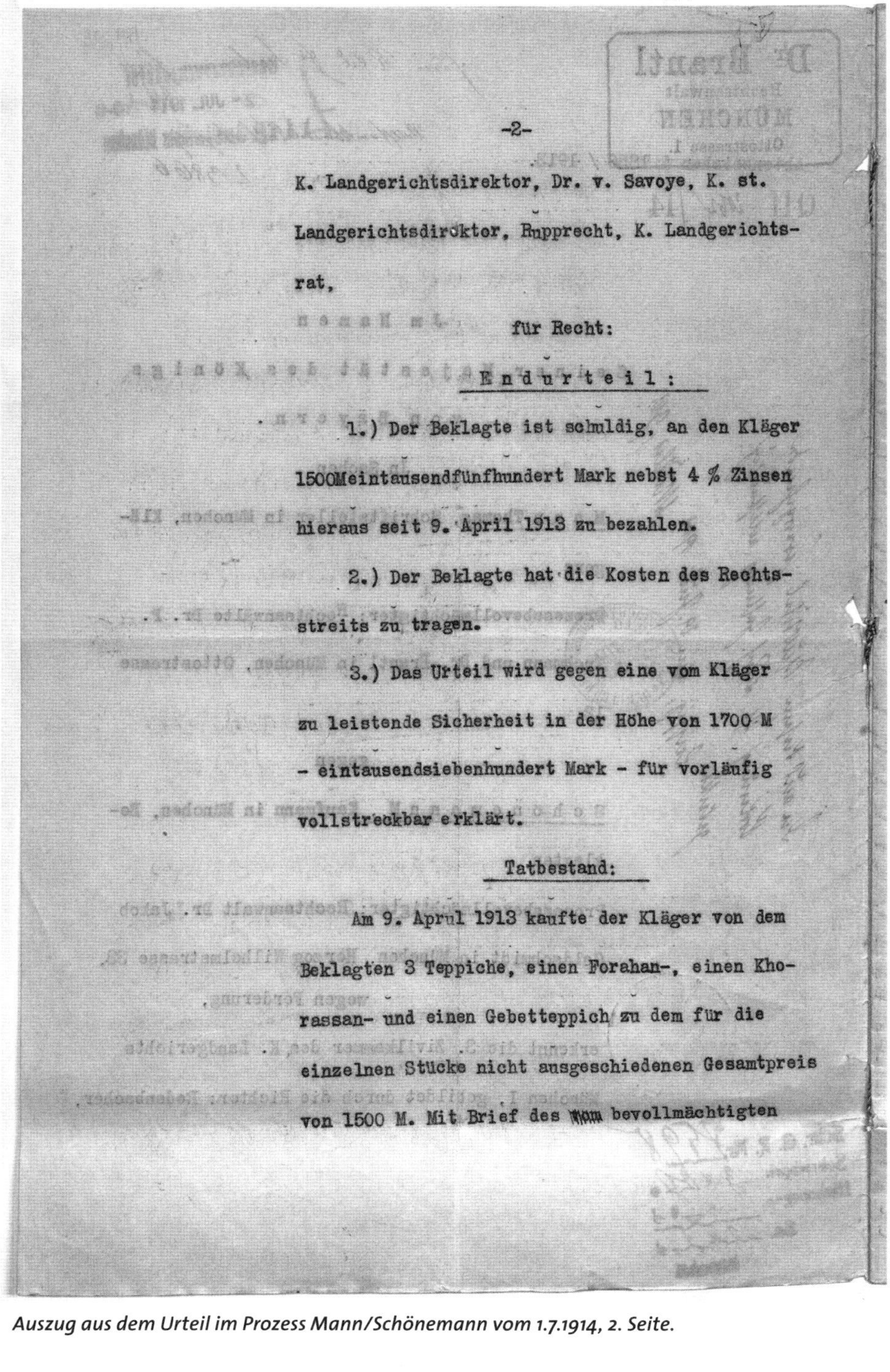
-2-

K. Landgerichtsdirektor, Dr. v. Savoye, K. st. Landgerichtsdirektor, Rupprecht, K. Landgerichtsrat,

für Recht:

E n d u r t e i l :

1.) Der Beklagte ist schuldig, an den Kläger 1500Meintausendfünfhundert Mark nebst 4 % Zinsen hieraus seit 9. April 1913 zu bezahlen.

2.) Der Beklagte hat die Kosten des Rechtsstreits zu tragen.

3.) Das Urteil wird gegen eine vom Kläger zu leistende Sicherheit in der Höhe von 1700 M - eintausendsiebenhundert Mark - für vorläufig vollstreckbar erklärt.

Tatbestand:

Am 9. Aprul 1913 kaufte der Kläger von dem Beklagten 3 Teppiche, einen Forahan-, einen Khorassan- und einen Gebetteppich zu dem für die einzelnen Stücke nicht ausgeschiedenen Gesamtpreis von 1500 M. Mit Brief des ~~###~~ bevollmächtigten

Auszug aus dem Urteil im Prozess Mann/Schönemann vom 1.7.1914, 2. Seite.

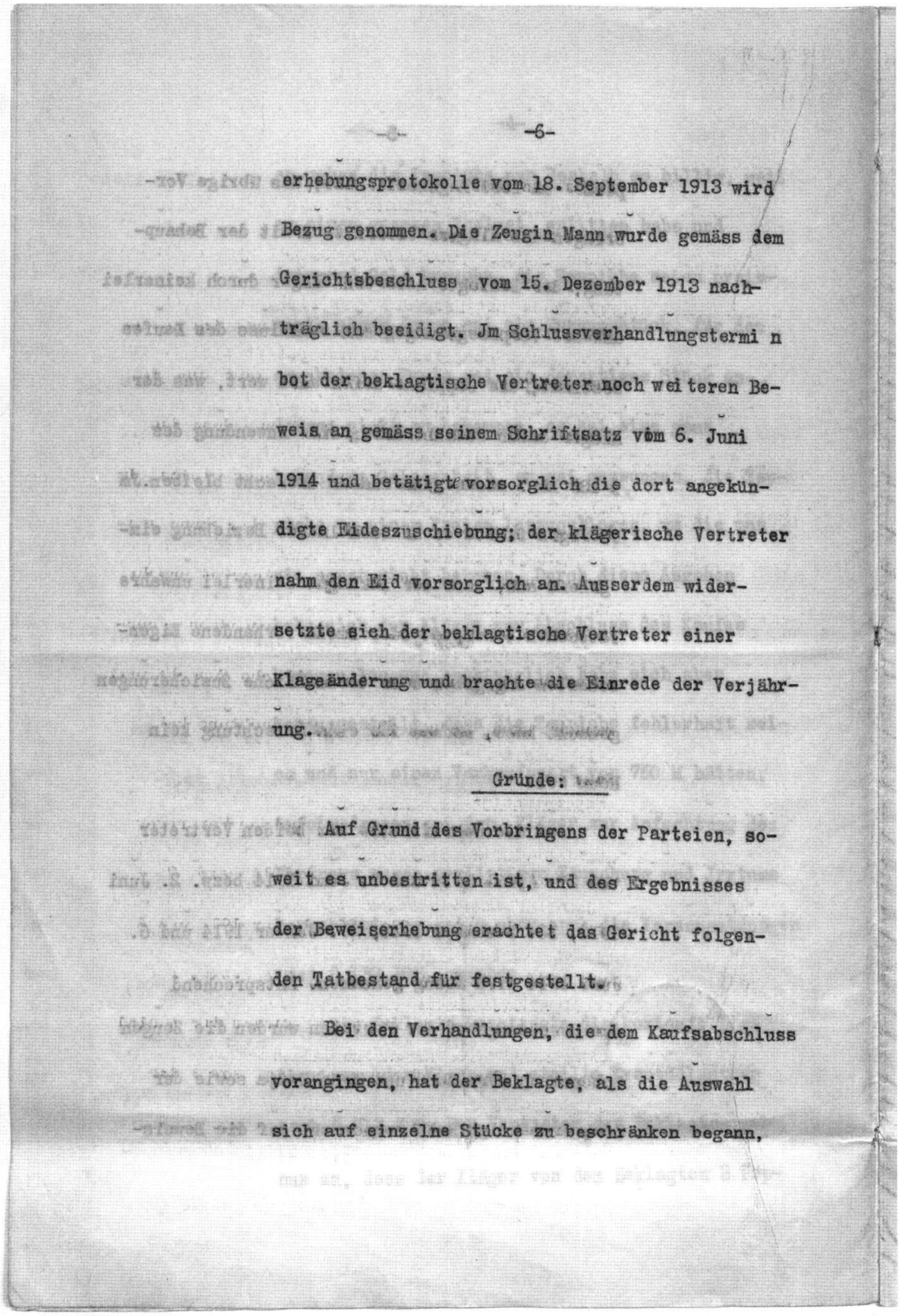
-6-

erhebungsprotokolle vom 18. September 1913 wird Bezug genommen. Die Zeugin Mann wurde gemäss dem Gerichtsbeschluss vom 15. Dezember 1913 nachträglich beeidigt. Jm Schlussverhandlungstermi n bot der beklagtische Vertreter noch weiteren Beweis an gemäss seinem Schriftsatz vom 6. Juni 1914 und betätigte vorsorglich die dort angekündigte Eideszuschiebung; der klägerische Vertreter nahm den Eid vorsorglich an. Ausserdem widersetzte sich der beklagtische Vertreter einer Klageänderung und brachte die Einrede der Verjährung.

Gründe:

Auf Grund des Vorbringens der Parteien, soweit es unbestritten ist, und des Ergebnisses der Beweiserhebung erachtet das Gericht folgenden Tatbestand für festgestellt.

Bei den Verhandlungen, die dem Kaufsabschluss vorangingen, hat der Beklagte, als die Auswahl sich auf einzelne Stücke zu beschränken begann,

Auszug aus dem Urteil im Prozess Mann/Schönemann vom 1.7.1914, 6. Seite.

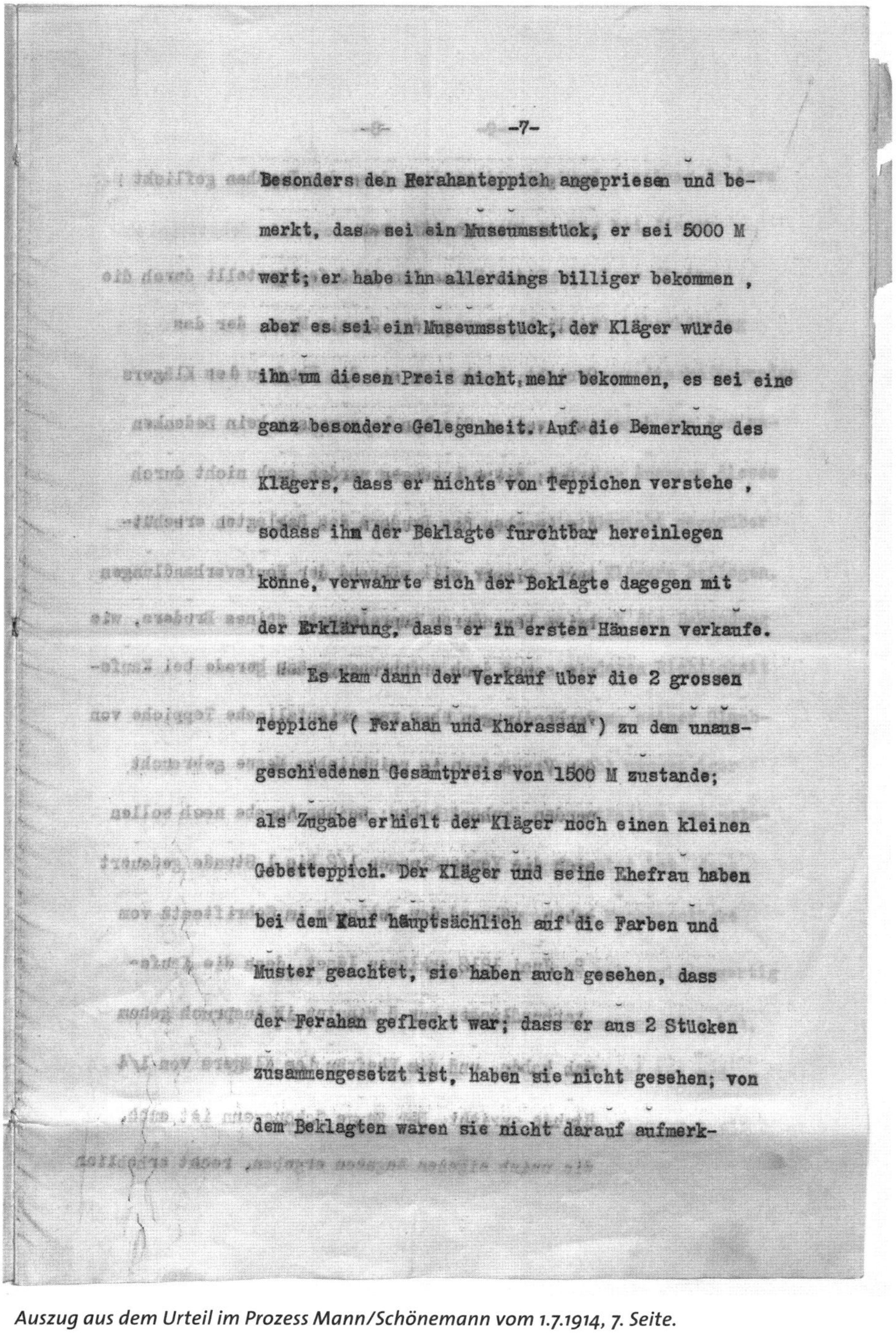

-7-

Besonders den Ferahanteppich angepriesen und bemerkt, das sei ein Museumsstück, er sei 5000 M wert; er habe ihn allerdings billiger bekommen , aber es sei ein Museumsstück, der Kläger würde ihn um diesen Preis nicht mehr bekommen, es sei eine ganz besondere Gelegenheit. Auf die Bemerkung des Klägers, dass er nichts von Teppichen verstehe , sodass ihm der Beklagte furchtbar hereinlegen könne, verwahrte sich der Beklagte dagegen mit der Erklärung, dass er in ersten Häusern verkaufe.

Es kam dann der Verkauf über die 2 grossen Teppiche (Ferahan und Khorassan) zu dem unausgeschiedenen Gesamtpreis von 1500 M zustande; als Zugabe erhielt der Kläger noch einen kleinen Gebetteppich. Der Kläger und seine Ehefrau haben bei dem Kauf hauptsächlich auf die Farben und Muster geachtet, sie haben auch gesehen, dass der Ferahan gefleckt war; dass er aus 2 Stücken zusammengesetzt ist, haben sie nicht gesehen; von dem Beklagten waren sie nicht darauf aufmerk-

Auszug aus dem Urteil im Prozess Mann/Schönemann vom 1.7.1914, 7. Seite.

-8-

sam gemacht worden, dass der Ferahan geflickt und zusammengesetzt war.

Diese Tatsachen sind festgestellt durch die eidliche Aussage der Zeugin Mann, der das Gericht, auch wenn sie die Ehefrau des Klägers ist, vollen Glauben beizumessen kein Bedenken trägt; diese Aussagen werden auch nicht durch die Angaben des Bruders des Beklagten erschüttert. Dieser will während der Kaufsverhandlungen keine besonderen Anpreisungen seines Bruders, wie sie sonst doch erfahrungsgemäss gerade bei Kaufsverhandlungen über ~~xxx~~ orientalische Teppiche von den Verkäufern in reichlichem Masse gebraucht werden, gehört haben; seiner Angabe nach sollen ~~sich~~ die Verhandlungen 1/2 bis 1 Stunde gedauert haben, während der Beklagte im Schriftsatz vom 2. Juni 1913 erklären lässt, dass die Kaufsverhandlungen nur 5 Minuten in Anspruch genommen haben, und die Ehefrau des Klägers von 1/4 Stunde spricht. Der Zeuge Schönemann ist auch, wie seine eigenen Angaben ergeben, recht erheblich

Auszug aus dem Urteil im Prozess Mann/Schönemann vom 1.7.1914, 8. Seite.

-9-

finanziell an derartigen Verkäufen seines Bruders interessiert. Das Gericht konnte bei dieser Sachlage keinen ausreichenden Anlass finden, von der gesetzlichen Regel der Nichtbeeidigung von Zeugen eines derart nahen Verwandtschaftsgrades abzugehen; das Gericht kann aber auch aus den angegebenen Gründen der unbeeidigten Aussage dieses Zeugen kein ausschlaggebendes Gewicht gegenüber den Bekundungen der Ehefrau des Klägers beilegen.

Festgestellt ist weiter durch die Bekundung des Sachverständigen, Hahn, an deren Richtigkeit zu zweifeln oder Akten zur Prüfung seiner Glaubwürdigkeit zu erholen das Gericht umsoweniger Anlass hat, als dieser Sachverständige von amtswegen aufgestellt und verpflichtet ist, dass die Teppiche nichts weniger als Museumsstücke sind, dass der Ferahan an sich schon minderwertig ist, weil er aus 2 Stücken zusammengesetzt ist, weil er an mehreren Stellen geflickt ist und Stücke eingesetzt sind, dass der Khorassan ein

Auszug aus dem Urteil im Prozess Mann/Schönemann vom 1.7.1914, 9. Seite.

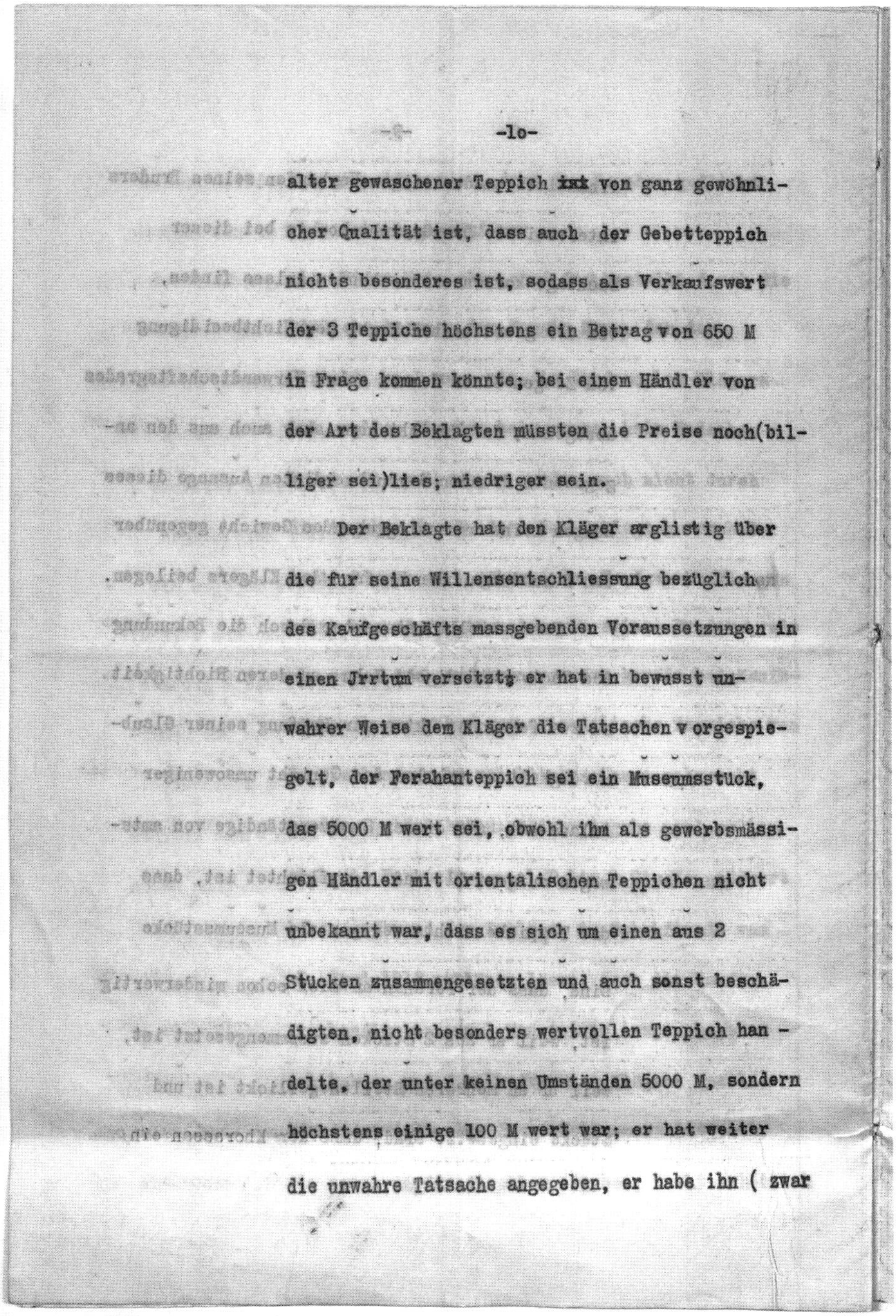
-lo-

alter gewaschener Teppich ixt von ganz gewöhnlicher Qualität ist, dass auch der Gebetteppich nichts besonderes ist, sodass als Verkaufswert der 3 Teppiche höchstens ein Betrag von 650 M in Frage kommen könnte; bei einem Händler von der Art des Beklagten müssten die Preise noch(billiger sei)lies; niedriger sein.

Der Beklagte hat den Kläger arglistig über die für seine Willensentschliessung bezüglich des Kaufgeschäfts massgebenden Voraussetzungen in einen Jrrtum versetzt; er hat in bewusst unwahrer Weise dem Kläger die Tatsachen vorgespiegelt, der Ferahanteppich sei ein Museumsstück, das 5000 M wert sei, obwohl ihm als gewerbsmässigen Händler mit orientalischen Teppichen nicht unbekannt war, dass es sich um einen aus 2 Stücken zusammengesetzten und auch sonst beschädigten, nicht besonders wertvollen Teppich han - delte, der unter keinen Umständen 5000 M, sondern höchstens einige 100 M wert war; er hat weiter die unwahre Tatsache angegeben, er habe ihn (zwar

Auszug aus dem Urteil im Prozess Mann/Schönemann vom 1.7.1914, 10. Seite.

-11-

nicht um 5000 M, sondern) etwas billiger bekommen; der Kläger würde ihn um den von ihm verlangten Preis nicht mehr bekommen, es sei eine ganz besondere Gelegenheit. Bei diesen Angaben des Beklagten handelt es sich nicht um Urteile, sondern um Behauptung von Tatsachen;nicht um reklamehafte Anpreisungen gegenüber einer unbeschränkten Publikumsöffentlichkeit, sondern um ganz konkrete gegenüber einem individuellen Käufer Angaben. Diese Angaben wiederum waren für den Kläger, welcher , wie es bei Gegenständen der hier fraglichen Art begreiflich ist, nicht besonders erfahren in der Wertung und Schätzung solcher Teppiche war, bestimmend, gerade diese Teppiche zu dem verlangten Preise zu erwerben, weil er durch diese bewusst unwahren Vorspiegelungen in den Jrrtum versetzt worden war, einen reellen Kauf ~~mit~~ zu einem Preis, der auch unter Berücksichtigung des Händlergewinnes einigermassen dem wirklichen Wert der Ware entsprechend sei, abzuschliessen. Diese Vorspiegelungen, welche den Abschluss den Kaufs als besonders

Auszug aus dem Urteil im Prozess Mann/Schönemann vom 1.7.1914, 11. Seite.

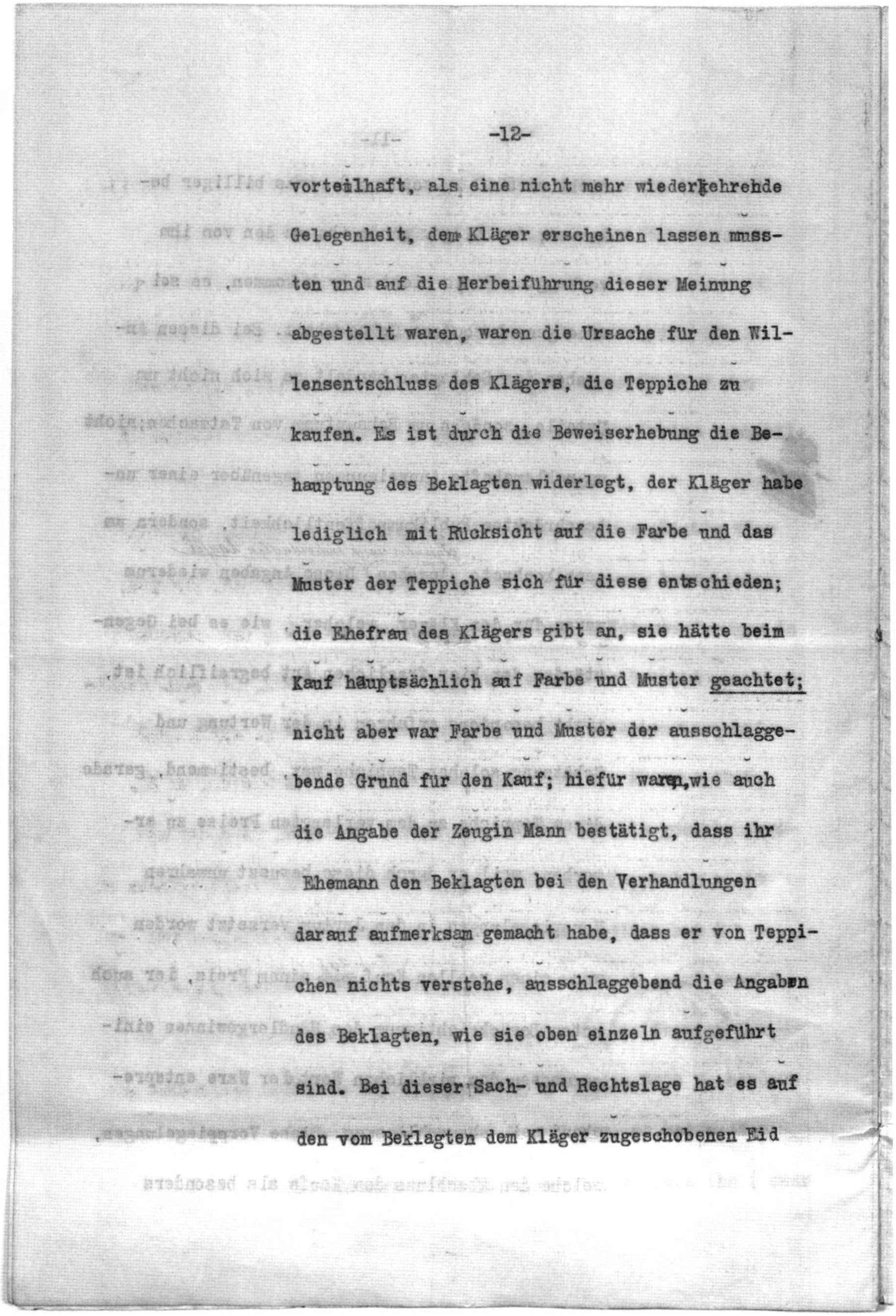

-12-

vorteilhaft, als eine nicht mehr wiederkehrende
Gelegenheit, dem Kläger erscheinen lassen muss-
ten und auf die Herbeiführung dieser Meinung
abgestellt waren, waren die Ursache für den Wil-
lensentschluss des Klägers, die Teppiche zu
kaufen. Es ist durch die Beweiserhebung die Be-
hauptung des Beklagten widerlegt, der Kläger habe
lediglich mit Rücksicht auf die Farbe und das
Muster der Teppiche sich für diese entschieden;
die Ehefrau des Klägers gibt an, sie hätte beim
Kauf hauptsächlich auf Farbe und Muster geachtet;
nicht aber war Farbe und Muster der ausschlagge-
bende Grund für den Kauf; hiefür waren, wie auch
die Angabe der Zeugin Mann bestätigt, dass ihr
Ehemann den Beklagten bei den Verhandlungen
darauf aufmerksam gemacht habe, dass er von Teppi-
chen nichts verstehe, ausschlaggebend die Angaben
des Beklagten, wie sie oben einzeln aufgeführt
sind. Bei dieser Sach- und Rechtslage hat es auf
den vom Beklagten dem Kläger zugeschobenen Eid

Auszug aus dem Urteil im Prozess Mann/Schönemann vom 1.7.1914, 12. Seite.

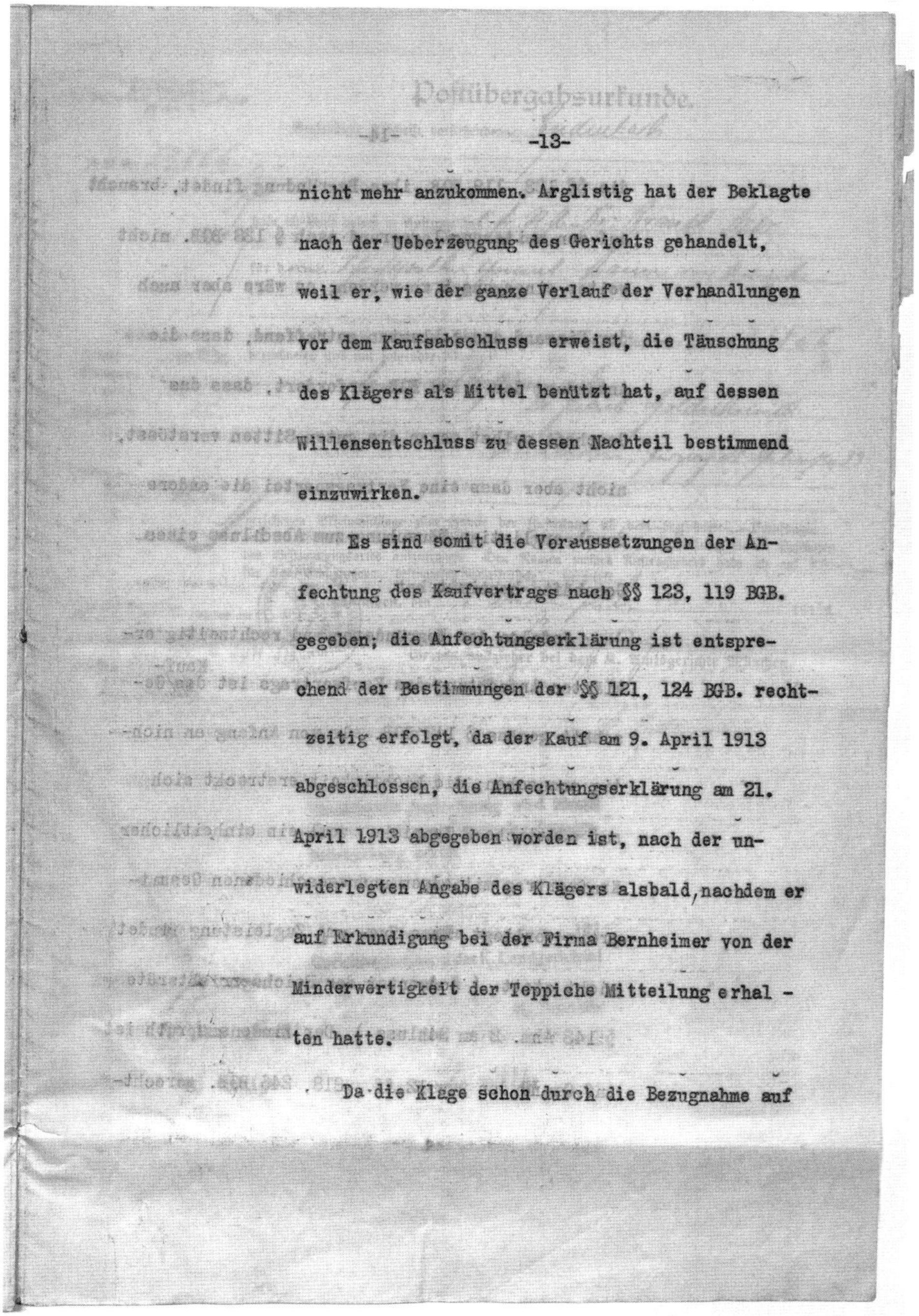

-13-

nicht mehr anzukommen. Arglistig hat der Beklagte nach der Ueberzeugung des Gerichts gehandelt, weil er, wie der ganze Verlauf der Verhandlungen vor dem Kaufsabschluss erweist, die Täuschung des Klägers als Mittel benützt hat, auf dessen Willensentschluss zu dessen Nachteil bestimmend einzuwirken.

Es sind somit die Voraussetzungen der Anfechtung des Kaufvertrags nach §§ 123, 119 BGB. gegeben; die Anfechtungserklärung ist entsprechend der Bestimmungen der §§ 121, 124 BGB. rechtzeitig erfolgt, da der Kauf am 9. April 1913 abgeschlossen, die Anfechtungserklärung am 21. April 1913 abgegeben worden ist, nach der unwiderlegten Angabe des Klägers alsbald, nachdem er auf Erkundigung bei der Firma Bernheimer von der Minderwertigkeit der Teppiche Mitteilung erhalten hatte.

Da die Klage schon durch die Bezugnahme auf

Auszug aus dem Urteil im Prozess Mann/Schönemann vom 1.7.1914, 13. Seite.

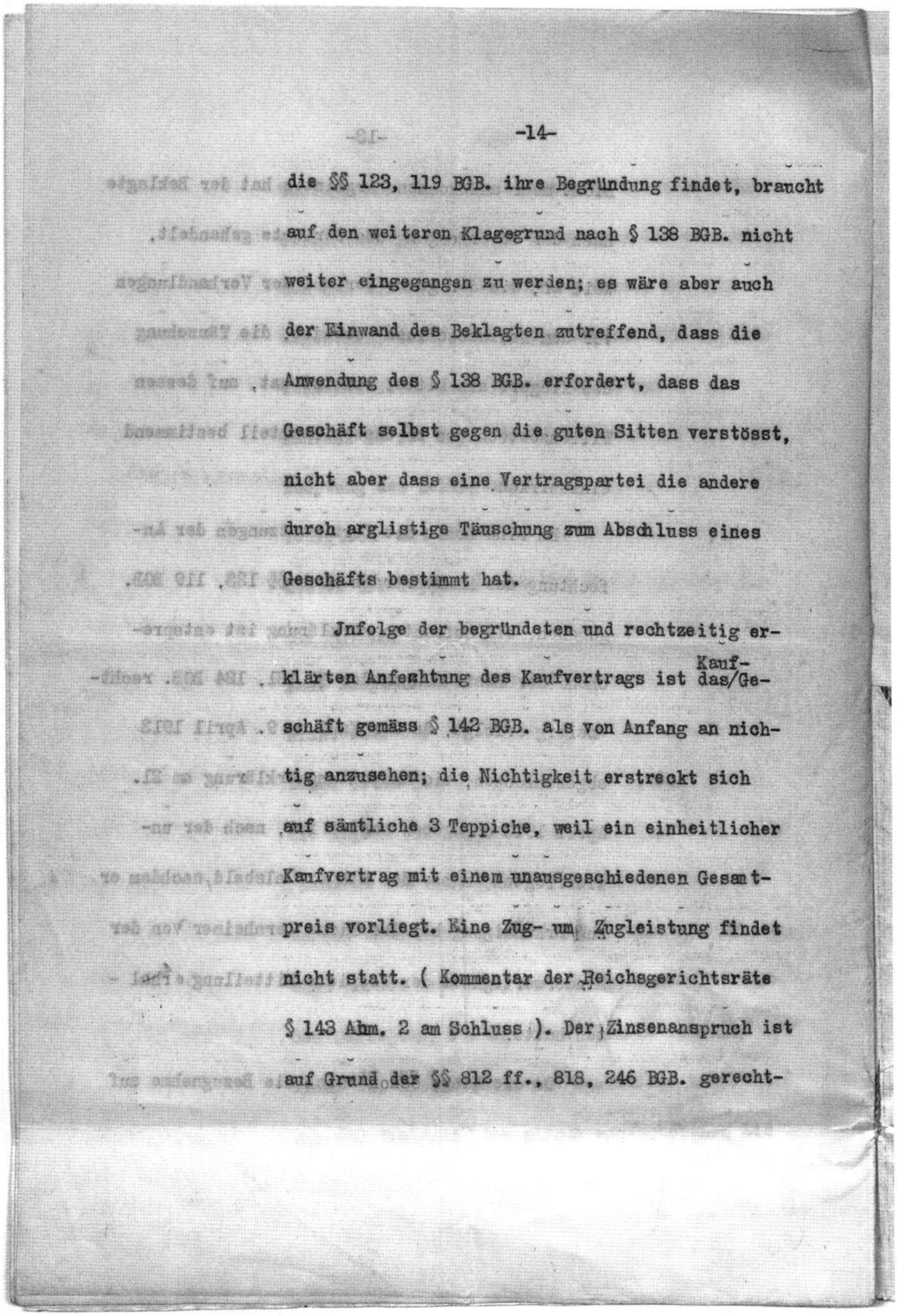
-14-

die §§ 123, 119 BGB. ihre Begründung findet, braucht auf den weiteren Klagegrund nach § 138 BGB. nicht weiter eingegangen zu werden; es wäre aber auch der Einwand des Beklagten zutreffend, dass die Anwendung des § 138 BGB. erfordert, dass das Geschäft selbst gegen die guten Sitten verstösst, nicht aber dass eine Vertragspartei die andere durch arglistige Täuschung zum Abschluss eines Geschäfts bestimmt hat.

Jnfolge der begründeten und rechtzeitig erklärten Anfechtung des Kaufvertrags ist das Kaufgeschäft gemäss § 142 BGB. als von Anfang an nichtig anzusehen; die Nichtigkeit erstreckt sich auf sämtliche 3 Teppiche, weil ein einheitlicher Kaufvertrag mit einem unausgeschiedenen Gesamtpreis vorliegt. Eine Zug- um Zugleistung findet nicht statt. (Kommentar der Reichsgerichtsräte § 143 Anm. 2 am Schluss). Der Zinsenanspruch ist auf Grund der §§ 812 ff., 818, 246 BGB. gerecht-

Auszug aus dem Urteil im Prozess Mann/Schönemann vom 1.7.1914, 14. Seite.

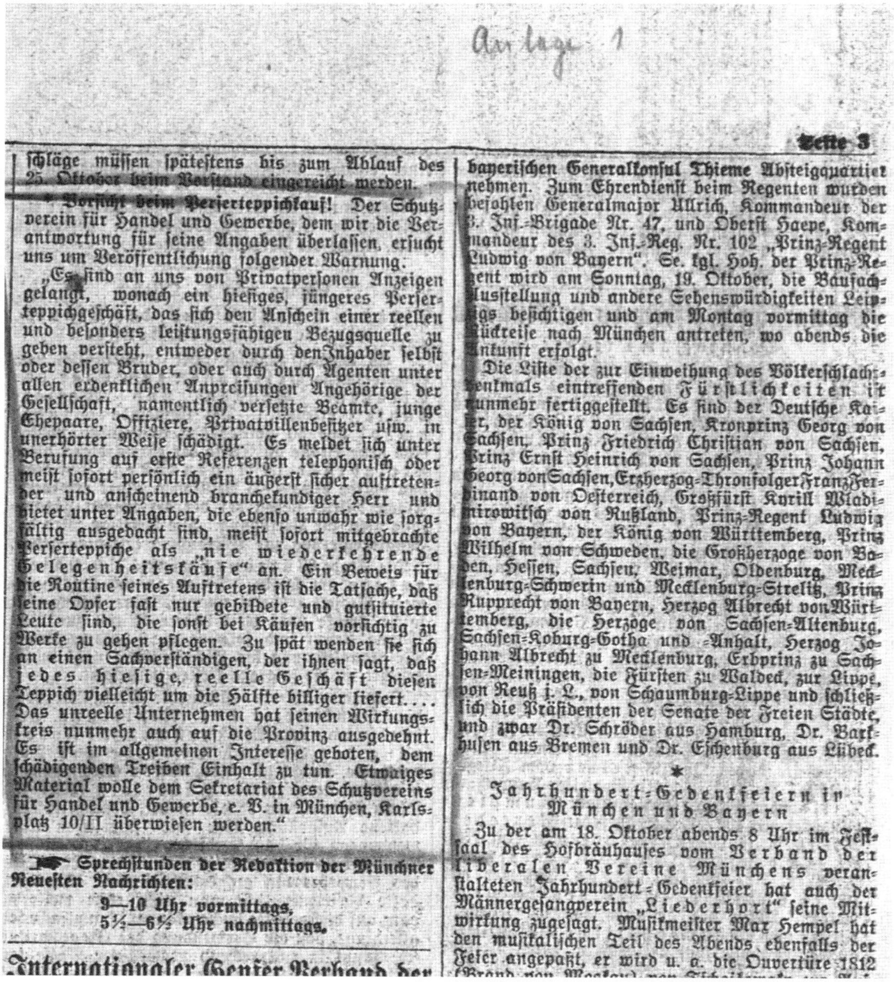

Anlage 1

Seite 3

schläge müssen spätestens bis zum Ablauf des 25. Oktober beim Vorstand eingereicht werden.

* **Vorsicht beim Perserteppichkauf!** Der Schutzverein für Handel und Gewerbe, dem wir die Verantwortung für seine Angaben überlassen, ersucht uns um Veröffentlichung folgender Warnung:

„Es sind an uns von Privatpersonen Anzeigen gelangt, wonach ein hiesiges, jüngeres Perserteppichgeschäft, das sich den Anschein einer reellen und besonders leistungsfähigen Bezugsquelle zu geben versteht, entweder durch den Inhaber selbst oder dessen Bruder, oder auch durch Agenten unter allen erdenklichen Anpreisungen Angehörige der Gesellschaft, namentlich versetzte Beamte, junge Ehepaare, Offiziere, Privatvillenbesitzer usw. in unerhörter Weise schädigt. Es meldet sich unter Berufung auf erste Referenzen telephonisch oder meist sofort persönlich ein äußerst sicher auftretender und anscheinend branchekundiger Herr und bietet unter Angaben, die ebenso unwahr wie sorgfältig ausgedacht sind, meist sofort mitgebrachte Perserteppiche als „nie wiederkehrende Gelegenheitskäufe“ an. Ein Beweis für die Routine seines Auftretens ist die Tatsache, daß seine Opfer fast nur gebildete und gutsituierte Leute sind, die sonst bei Käufen vorsichtig zu Werke zu gehen pflegen. Zu spät wenden sie sich an einen Sachverständigen, der ihnen sagt, daß jedes hiesige, reelle Geschäft diesen Teppich vielleicht um die Hälfte billiger liefert. ... Das unreelle Unternehmen hat seinen Wirkungskreis nunmehr auch auf die Provinz ausgedehnt. Es ist im allgemeinen Interesse geboten, dem schädigenden Treiben Einhalt zu tun. Etwaiges Material wolle dem Sekretariat des Schutzvereins für Handel und Gewerbe, e. V. in München, Karlsplatz 10/II überwiesen werden.“

Sprechstunden der Redaktion der Münchner Neuesten Nachrichten:

9—10 Uhr vormittags,

5½—6½ Uhr nachmittags.

Internationaler Genfer Verband der

bayerischen Generalkonsul Thieme Absteigquartier nehmen. Zum Ehrendienst beim Regenten wurden befohlen Generalmajor Ullrich, Kommandeur der 3. Inf.-Brigade Nr. 47, und Oberst Haepe, Kommandeur des 3. Inf.-Reg. Nr. 102 „Prinz-Regent Ludwig von Bayern“. Se. kgl. Hoh. der Prinz-Regent wird am Sonntag, 19. Oktober, die Baufach-Ausstellung und andere Sehenswürdigkeiten Leipzigs besichtigen und am Montag vormittag die Rückreise nach München antreten, wo abends die Ankunft erfolgt.

Die Liste der zur Einweihung des Völkerschlachtdenkmals eintreffenden Fürstlichkeiten ist nunmehr fertiggestellt. Es sind der Deutsche Kaiser, der König von Sachsen, Kronprinz Georg von Sachsen, Prinz Friedrich Christian von Sachsen, Prinz Ernst Heinrich von Sachsen, Prinz Johann Georg von Sachsen, Erzherzog-Thronfolger Franz Ferdinand von Oesterreich, Großfürst Kyrill Wladimirowitsch von Rußland, Prinz-Regent Ludwig von Bayern, der König von Württemberg, Prinz Wilhelm von Schweden, die Großherzoge von Baden, Hessen, Sachsen, Weimar, Oldenburg, Mecklenburg-Schwerin und Mecklenburg-Strelitz, Prinz Rupprecht von Bayern, Herzog Albrecht von Württemberg, die Herzoge von Sachsen-Altenburg, Sachsen-Koburg-Gotha und -Anhalt, Herzog Johann Albrecht zu Mecklenburg, Erbprinz zu Sachsen-Meiningen, die Fürsten zu Waldeck, zur Lippe, von Reuß j. L., von Schaumburg-Lippe und schließlich die Präsidenten der Senate der Freien Städte, und zwar Dr. Schröder aus Hamburg, Dr. Barkhusen aus Bremen und Dr. Eschenburg aus Lübeck.

*

Jahrhundert-Gedenkfeiern in München und Bayern

Zu der am 18. Oktober abends 8 Uhr im Festsaal des Hofbräuhauses vom Verband der liberalen Vereine Münchens veranstalteten Jahrhundert-Gedenkfeier hat auch der Männergesangverein „Liederhort“ seine Mitwirkung zugesagt. Musikmeister Max Hempel hat den musikalischen Teil des Abends ebenfalls der Feier angepaßt, er wird u. a. die Ouvertüre 1812

Artikel in den Münchener Neuesten Nachrichten vom 16.10.1913 über Betrugsfälle mit Teppichen.

Bibliografie zu Maximilian Brantl

1. Briefe in Archiven

Die in Archiven vorhandenen Briefe waren teilweise im Auktionskatalog von Hartung & Hartung aus dem Jahre 1998 angeboten worden. Sofern möglich, werden die Daten, die teilweise voneinander abweichen, zum Vergleich in einer zweiten Spalte mitgeteilt.

Archiv	Briefe in Archiven	Auktion Hartung & Hartung 1998
Deutsches Literaturarchiv Marbach	Von Prof. Dr. Allfeld, 1910 *Heinrich Mann - Prozesse*	
	Von Julius Bard, Berlin 1908 *Heinrich Mann - Prozesse*	
	Von Hans Erich Blaich, 1940-1945	Dr. Owlglaß (Pseud. für Hans Erich Blaich), 1940-1945
	Von Franz Blei, 1910 München	1907
	Von Paul Cassirer, Berlin 1910-1914 *Heinrich Mann - Prozesse*	
	Von Robert Fischer, Wien 1908	

Archiv	Briefe in Archiven	Auktion Hartung & Hartung 1998
Deutsches Literatur-archiv Marbach	Von Hillig und Mittelstaedt (Firma), 1909-1912, 84 Briefe *Heinrich Mann - Prozesse*	
	Von Siegfried Jacobsohn, Wien 1908 - 1916	1908-1916
	Von Anton Kippenberg, Leipzig 1908-1922	1915-1935
	Von Karl Kraus, Wien 1907-1908	1907-1908
	Von Robert Levin, Berlin 1909	
	Von Heinrich Mann, Italien 1908-1910, München 1909 (?), München 1922	
	Von Georg Heinrich Meyer, 1922	
	Von Georg Molenar, München 1910	
	Von Moritz Perles, Wien 1910	
	Von Reinhard Piper, München 1911-1915	
	Von Wilhelm Rosenthal, München 1908	
	Von Friedrich Rothbart, Leipzig 1908-1912	
	Von Schiller und Melzer Firma, Leipzig 1909-1912	
	Von Emil Wolf, Wien 1909	
	An Ernst Bertram, Prien 1944	1913-1951
	An Franz Blei, München 1910	1907
	An Waldemar Bonsels, München 1910	1908, 1914
	An Paul Cassirer, München 1910-1911	
	An Maximilian Harden, München 1908 *Heinrich Mann - Prozesse*	
	An Jakob Hegner, München 1905 *Heinrich Mann - Prozesse*	

Archiv	Briefe in Archiven	Auktion Hartung & Hartung 1998
Deutsches Literaturarchiv Marbach	An Hulda Hofmiller, Prien 1933,1948	
	An Josef Hofmiller, Prien 1933	1930-1933
	An Anton Kippenberg, München 1909-1916 (Prozess), 1915-1922,1924, Prien 1929, Prien 1934, Prien 1938	
	An Heinrich Mann, München 1905, 1908-1919 *Heinrich Mann - Prozesse,* 1923-1926	
	An Georg Müller, München 1910-1914 *Heinrich Mann - Prozesse*	1915, 1916
	An Friedrich Rothbart, München 1909 *Heinrich Mann - Prozesse*	
	An Melzer, München 1909 *Heinrich Mann - Prozesse*	
	An Will Vesper, 1935-1942	
	An Hanna Wolfskehl, 1902-1945	
	An Karl Wolfskehl, 1906-1929	1935
Monacensia	Von Max Halbe, München 1908, 1909	1908-1914
	Von Katia Mann, München 1919	2 Briefe 1919
	Von Mimi Mann, Bühlertal 1921	
	Von Franziska zu Reventlow	1904-1905
	Von Josef Ruederer, 1908-1914	1908-1914
	Von Ludwig Thoma, Rottach 1920	1917, 1920
	Von Frank Wedekind, München 1908	1908
	An Hans Brandenburg, Prien 1930-1951	1908-1951
	An Franziska zu Reventlow, Würzburg 1904/5	
	An Elisabeth Ruederer, Prien 1931	

Archiv	Briefe in Archiven	Auktion Hartung & Hartung 1998
Monacensia	An Hans Ruederer, München 1914, 1915, 1920, Palermo 1914	
	An Hermann Sendelbach, Prien 1946	
	An Max Stefl, Prien 1939-1949, 1955 (Poststempel!), 1956 (Poststempel!), 1957 (Poststempel!)	
Bayerische Staatsbibliothek München	An Unbekannt, München 1908	
Literaturarchiv der Akademie der Künste in Berlin	Von Heinrich Mann, Riva 1907, Rom 1908, Tirol 1908, Nizza 1908, Meran 1909, Nizza 1909, Nizza 1910, Blankenberghe 1911, Meran 1912, Meran 1913, Tutzing 1913, München 1919, München 1920, München 1922, Bühl 1923, München 1925, Bad Gastein 1925, München 1926, Karlsbad 1926, München 1927, Bad Gastein 1927	
SUB Hamburg	An Richard Dehmel 1908-1914	1908-1915
University of Southern California Feuchtwanger Memorial Library	An Heinrich Mann 1947-1949	

Korrespondenzen mit Verlagen sind im Literaturarchiv in Marbach zu finden.

Der **Auktionskatalog** von Hartung & Hartung aus dem Jahr 1998 bot noch Korrespondenzen mit folgenden Briefpartnern an:

Johannes R. Becher, 1913
Ralph Benatzky, 1907, 1910
Carl Albrecht Bernoulli, 1913
Felix Braun, 1919, 1935, 1948-1951
Max Brod
Michael Georg Conrad, 1907-1921
Bruno Frank, 1914-1916
Sigmund Freud, 1907
Willi Geiger, 1933-1951
Albrecht Goes, 1938
Karl Henckell, 1913
Hermann Hesse, 1910-1949
Hans von Hülsen, 1936-1940
Ludwig Hch. Jungnickel, 1909-1924
Alfred Kerr, 1913
Alfred Henschke, 1913-1917

Armin Knab, 1905-1941
Alfred Kubin, 1912-1937
Jos. Aug. Lux, 1904-1915
Thomas Mann, 1914-1935
Walter Marcuse, 1933-1935
Kurt Martens, 1913
Alfred Richard Meyer, 1907-1946
Gustav Meyrink, 1912
Alfred Mombert, 1909-1939
Erich Mühsam, 1911
Elisabeth Förster-Nietzsche, 1907-1921
Max Oppenheimer, 1911-1914
Carl von Ossietzky, 1929
Emil Preetorius, 1945-1947
Rainer M. Rilke, 1913
August Rodin, 1906
Benno Rüttenauer, 1913-1918
Albrecht Schaeffer, 1933-1934
Richard Schaukal, 1914
Ruth Schaumann, 1932-1935
Arthur Schnitzler, 1912
Carl Sternheim, 1918
Rud. Stratz, 1919-1934
Heinrich Vogeler, 1904-1906
Wilhelm Weigand, 1921-1942
Franz Werfel, 1913
Joseph Wopfner, 1922-1927

2. Von Brantl

2.1 Gedichtbände und Flugblätter

Brantl, Maximilian: Meeresstille und glückliche Fahrt. Enzisweiler bei Lindau 1906.

Brantl, Maximilian: Von einer Toten. Berlin 1908.

Brantl, Maximilian: Liebesstrophen. Berlin 1910.

Brantl, Maximilian: Formen des Eros. Verse aus Italien. München 1935.

Brantl, Maximilian: Frühlingsfahrt nach Tirol. München 1935.

Brantl, Maximilian: Strophen an Gott. Starnberg 1946.

Brantl, Maximilian: Laute des Eros. Lieder und Gedichte vom Weg des Herzens. Starnberg 1947.

2.2 Einzeln abgedruckte Gedichte

Brantl, Max: Unser Bismarck †. 30. Juli 1898, in: Alpen-Bote (Rottach-Egerner Anzeiger). Lokalblatt für Rottach-Egern und Umgebung. Nr. 91, 1. Jg., 4. August 1898.

Brantl, Max: Zum 2. September 1898, in: Alpen-Bote (Rottach-Egerner Anzeiger). Lokalblatt für Rottach-Egern und Umgebung. Nr. 102, 1. Jg., 1. September 1898.

von Heidegg, Adele (Pseudonym für Max Brantl): Sturm, in: Alpen-Bote (Rottach-Egerner Anzeiger). Lokalblatt für Rottach-Egern und Umgebung. Nr. 94, 2. Jg., 10. August 1899.

Brantl, Maximilian: Träume, in: Freistatt. Süddeutsche Wochenschrift für Politik, Literatur und Kunst. Nr. 39, 20. September 1905, München, 566.

Brantl, Maximilian: Wirrnis, in: Simplicissimus 12, 1907/08, 466. Derselbe: Blind, in: Ebenda, 722. Derselbe: Feierabend, in: Ebenda 13, 1908/09, 471. Derselbe: Im Frühling, in: Ebenda 15, 1910/11, 142. Derselbe: Stimme des schwarzen Engels, in: Ebenda 16, 1911/12 (Karnevalsnummer), 17.

Brantl, Maximilian: Erwachen, in: Die Schaubühne, 5. Jg., H. 1, 117. Derselbe: Liebesstrophen, in: Ebenda 6, 1910, 154. Derselbe: Vom Wege des Herzens, in. Ebenda 7, 1911, Bd. 2, 551-553. Derselbe: Schlafende Meduse, in: Ebenda 8, 1912, Bd. 1, 319. Derselbe: Sonate, in. Ebenda 8, 1912, Bd. 1, 558. Derselbe: Hiob, in: Ebenda 8, 1912, Bd. 2, 219. Derselbe: Seliges Herz, in: Ebenda 9, 1913, 1149.

Brantl, Maximilian: Abendgang, in: Simplicissmus-Kalender, 1909, 73.

Brantl, Maximilian: Furia addormentata, in: Verlags-Zeitung, hrsg. von A.R. Meyer, Nr. 1, Ostern 1909.

Brantl, Maximilian: An Weihnachten zu singen, in: Maiandros. Das Beiblatt zur Bücherei 4/5, 1913, 7.

Brantl, Maximilian: Traum, in: Die Aktion 4, 1914, Sp. 6. Derselbe: Getrennt, in: Ebenda 6, 1916, Sp. 546. Derselbe: Sardanapel, in: Ebenda 4, 1914, Sp. 311-312.

Brantl, Maximilian: Den toten Brüdern. Abgedruckt im Programm „Akademischer Gesang-Verein München“ zum Herren-Abend des 6. November 1915 sowie in: Kriegszeitung der 4. Armee. Nr. 97, 22.November 1915.

Brantl, Maximilian: Es schlummert still..., in: Das Aktionsbuch, hrsg. von Franz Pfeunfert, 1917, 225.

Brantl, Maximilian: Helden, in: Leib und Leben. Monatsschrift für natürliche Lebensordnung. März 1943.

Brand, Maximilian: Schlafende Erinys, in: Münchner Kulturpressedienst, hrsg. von August Schwingenstein (Chefredakteur Karl Lemke), III. Jahr, Ausgabe 3, München 26. Juni 1948, Rubrik: Verse der Lebenden. Derselbe: Am See, in: Ebenda, III. Jahr, Ausgabe 23, 13. November 1948; Rubrik: Verse der Lebenden.

Brand, Maximilian: Vaterhaus, in: Die Erzählung. Zeitschrift für Freunde guter Literatur. 2. Jg. H. 11, November 1948, 2. (soll auch erschienen sein im Münchner Tagebuch; ohne Nachweis).

Derselbe: Sehnsucht nach der Himmelsbraut. Lateinisches Lied einer unbekannten Dichterin, um 1500. Übertragung von Maximilian Brand, in: Die Erzählung. Zeitschrift für Freunde guter Literatur, 3. Jg., H. 2, 1949, 15.

Nicht einzeln nachgewiesen sind Gedichtabdrucke in der Zeitschrift der ehemaligen Schüler des Kloster Metten, „Alt und Jung Metten". Die Zeitschrift erschien seit 1926, eine Zwangspause gab es von 1940 bis 1948.

2.3 Vertonte Gedichte

Reger, Max: Abendgang. Op. 111 a (Drei Duette für Sopran und Alt mit Klavierbegleitung), Text von Maximilian Brantl. Berlin 1909.

Abendgang
Aus schimmernden Zweigen
langen und neigen
Arme der Liebe.
In allen Gebreiten
leuchtend sich weiten
Augen der Liebe.
Still! Im Gedüster
welches Geflüster!
Ist es die Liebe?
In allen Bäumen,
in allen Räumen
fass' ich die Liebe.[1]

Werner, Theodor Wilhelm: Zwölf Lieder für eine Singstimme und Klavier, sechstes Werk/ 1910: for high voice und Piano, D4-B5. Maximilian Brantl: An Weihnachten zu singen. Leipzig 1910.

Knab, Armin: Abend am See. Text von Maximilian Brantl. Handschriftlich. September 1912.

1 Zitiert nach Simplicissimus Kalender 1909, 73.

Abend am See

Abend am See weite, weite Ruh. Rosenrote Kühle setzt sich zu mir. O wie so klar alles heut war. Wieder erwacht vor der langen Nacht.

Knab, Armin: Damals. Text von Maximilian Brand, in: Beilage zu Franken. Illustrierte Halbmonatsschrift für fränkische Geschichte, Kunst, Kunsthandwerk u. Literatur in Franken. Dettelbach a.M., 15. 09. 1913.

Damals

Als du bei mir standest,
War das Leben gut.
Bergwind flog ins Blaue,
Wellen hüpften, blaue,
Weiße Vögel brachten hellen Mut.

Als du bei mir standest,
Läutete die Welt.
Flutgesang entströmte,
Sonnenliebe strömte,
Erd und Himmel hast du mir erhellt.

Knab, Armin: Dir zur Hochzeit. Text von Maximilian Brantl. Handschriftlich. 21. 3. 1922.

Dir zur Hochzeit

Sieh, vorbei auch dieser Tag, und war doch so schön, wie ein scheuer Vogelschlag, den nur zwei verstehen. Aber morgen kommt ein Tag! O wie wird er schön! O da jubelt Lerchenschlag über allen Höhn! Unter der Blüten leisem Dach denk ich meiner Wandrung nach. Ich jubelte nicht, ich scherzte nicht, ich lief nach einer fremden Pflicht den ganz Tag entlang. Gerne hätte ich gelacht in einer kleinen Pause. Nun wartet neben mir die Nacht. Sie schleppt mich müd nachhause so durch dunkle blühende Bäume hin.[2]

2 Zitiert nach dem Lied von Knab, ursprüngliche Strophenform nicht ersichtlich.

2.4 Übersetzungen

Sehnsucht der Himmelsbraut. Lateinisches Lied einer unbekannten Dichterin (um 1500), in: Die Erzählung. Zeitschrift für Freunde guter Literatur. Februar 1949, 3. Jg., H. 2, 15.

Gabriele d' Annunzio: Der Triton, in: Felix Braun (Hrsg.): Die Lyra des Orpheus. Lyrik der Völker in deutscher Nachdichtung. Wien, Paul Zsolnay Velag, 1952, 358. Derselbe: Die Frau des Meeres, in: Ebenda, 359.

Mallarmé, Stèphane: Der Nachmittag eines Fauns, in: Felix Braun (Hrsg.): Die Lyra des Orpheus. Lyrik der Völker in deutscher Nachdichtung. Wien, Paul Zsolnay Velag, 1952, 512.

Règnier, Henri de: Der Spaziergang, in: Felix Braun (Hrsg.): Die Lyra des Orpheus. Lyrik der Völker in deutscher Nachdichtung. Wien, Paul Zsolnay Velag,1952, 517.

2.5 Rezensionen und Aufsätze

Düringer gegen Nietzsche, in: Die Propyläen. 4. Jg, Nr. 42, 17. Juli 1907, 669- 670.

Karl Askenkofer, Geschichte einer Jugend von Karl Borromäus Heinrich, in: Zukunft, 1908.

Hely-Prien. Bildnis eines bayerischen Landschaftsmalers, in: Chiemgau-Zeitung. Allgemeiner Anzeiger für den Amtsbezirk Prien und dessen Umgebung. 45. Jahrgang, Nr. 38, 28. März 1931.

Kunstausstellung „Die Welle". 1933. (Zeitungsausschnitt ohne Angabe des Datums und des Publikationsorgans.)

Ein ernstes Leben. Ueber den neuen Roman von Heinrich Mann, in: Lichey, Georg (Hrsg.): Chronik der Menschheit. Jg. VII der „Chronik", XIX. der „Menschheit", Berlin, 09.01.1933,1030-1032.

Beim Maler Paul Roloff in Stock am Chiemsee, in: Chiemgauzeitung, 26. April 1935.

Hans Brandenburg als Lyriker, in: Münchner Kulturpressedienst, III. Jahr, Ausgabe 5, 10. Juli 1948.

Das neue Buch von Oscar Gluth. „Buch meiner Jugend", Erinnerungen eines Münchners. Franz Ehrenwirth Verlag München 1949, Rezension (wurde am 17.7.49 geschrieben soll laut Ankündigung der Redaktion des OVB im September 49 abgedruckt worden sein)

Hans Brandenburg. Zu seinem 65. Geburtstag, in: Rosenheimer Volksblatt, 21. Oktober 1950.

Brantl-Prien, Maximilian und Raban Schinabeck (Schriftleitung): P. Bonifaz, der Dichter. Versuch einer Würdigung. In: Alt und Jung Metten, H. 4, 1949/50. 16. Jg., 85-124, Druck und Verlag Abtei Metten, 1950.

2.6 Juristische Veröffentlichungen

Die materiellen Voraussetzungen gesetzlicher Sanierungsbeschlüsse. Inaugural-Dissertation, verfasst und der Rechts- und Staatswissenschaftlichen Fakultät der Universität zu Würzburg zur Erlangung der Rechts- und Staatswissenschaftlichen Doktorwürde vorgelegt von Maximilian Brantl, Rechtspraktikant in München, München 1908.

Ein nichtiger Generalversammlungsbeschluß?, in: Berliner Tageblatt. Juristische Rundschau. 4. Beiblatt. Nr. 455, 7. September 1911.

Veröffentlichung von Briefen. In: Leipziger Zeitschrift für Deutsches Recht. IX. Jg., Nr.9, 1. Mai. 1915, 601-605.

2.7 Vorträge

22.2.1908:„Nietzsche und der Verbrecher". Vortrag im Akademischen Juristen Verein München.

30.12.1923: Wohltätigkeitskonzert im Saale des Hotels Bayerischer Hof Prien. „Deklamation von Maximilian Brantl".

19.3.1932: Vortrag von Josef Hofmiller über Goethe mit Rezitationen von Maximilian Brantl im Hotel Bayerischer Hof, Prien.

30.4.(1934 oder 1935): Eichendorfabend. Veranstalter: Kath. Presseverein. Ortsverein Prien. Einführende Worte über den Dichter von Maximilian Brantl.

16.11.1934: „Nietzsche als Prophet des Nationalsozialismus". Vortrag beim NS-Rechtswahrerbund der Ortsgruppe Rosenheim.

29.11.1934: „Nietzsche als Prophet des Nationalsozialismus". Vortrag beim NS-Rechtswahrerbund der Ortsgruppe Traunstein.

30.3.1936: „Nietzsche als Prophet des Nationalsozialismus". Vortrag beim NS-Rechtswahrerbund der Ortsgruppe Prien.

10. 11.1934 (erschlossen): Vortragsabend im Hotel Bayerischer Hof in Prien vom Verbandskreis Chiemgau im Gau Oberbayern- München des Reichsverbands Deutscher Schriftsteller, „Dr. M. Brantl, Prien, Gedichte von Goethe und Schiller".

14.11.1946: Kulturkreis Chiemgau: Unser einheimischer Dichter Maximilian Brantl liest aus eigenen Werken. Rez. von Paul Rausch: Dichterabend mit M. Brantl, in: Oberbayerisches Volksblatt Rosenheim. 22. November 1946.

29.7.1947: Vortrag im Kulturkreis Chiemgau: „Begegnungen mit Mallarmé".

12.5.1950: Chiemseegruppe deutscher Autoren, Bayerischer Hof, Prien, Lesung von M. Brand, Quirin Enggasser, Oskar Gluth, Hans Leip, Josef Neureither, Felix Schlagintweit, Wilhelm von Schramm, Johannes Tralow.

3. Über Brantl

3.1 Rezensionen und Würdigungen

Die Besprechungen zu Brantls Gedichtbänden sind zumeist knapp gehalten. Trotz der geringen Auflage seiner Bände (beispielsweise nur 220 Exemplare bei *Meeresstille und glückliche Fahrt*), ist das Echo relativ hoch. Sein Band *Formen des Eros. Verse aus Italien* findet auch in Italien Anklang und Brantl wird in einer Rezension als Kenner Italiens und dessen Zivilisation positiv hervorgehoben.

In der Bewertung Maximilian Brantls Lyrik gibt es zwei starke Tendenzen. Zum einen wird er für die tiefen Gefühle und die schöne Form gelobt, zum anderen wird eben Letzteres kritisiert, da der Inhalt sich der Form unterordne, bisweilen sogar so weit, dass eine unfreiwillige Komik entsteht. Zudem gibt es Kritiker, die Brantl vorwerfen, dass man seine Vorbilder zu stark heraushören könne – genannt werden Nietzsche, Baudelaire, Dehmel, Dauthendey und Scholz – nichtsdestotrotz betonen die meisten Rezensenten, dass seine „lyrische [...] Kraft [...] doch zuletzt aus echter eigener Tiefe strömt."[3] Eben genau diese eigenen Empfindungen, die Schlichtheit der Verse machen die Brantlsche Lyrik aus.

Blätter für Bücherfreunde, VI. Jahrgang Nr.3, Oktober 1906, 109: Meeresstille und glückliche Fahrt.

Prager Tageblatt 21. Oktober 1906: Meeresstille und glückliche Fahrt.

Unterhaltungsblatt des Fränkischen Kurier, Nr. 87, 53. Jahrgang, 31. Oktober 1906, 530: Meeresstille und glückliche Fahrt.

Augsburger Abendzeitung, Nr. 309, 8. November 1906, 5: Meeresstille und glückliche Fahrt.

Neue Hamburger Zeitung, Nr. 541, 17. November 1906: Meeresstille und glückliche Fahrt.

Dichter und ihre Gesellen. Eine Kritik von Will Vesper, München, in: Propyläen, Nr. 43, 24. Juli 1907

Literarische Neuigkeiten, VII. Jahrgang Nr.1, 1907, S.11: Meeresstille und glückliche Fahrt.

Münchner Neueste Nachrichten, 1910: Liebesstrophen.

Allgemeine Zeitung Barmen, Nr. 179, 2. August 1906: Meeresstille und glückliche Fahrt.

Kehn, Harry: Münchener Post, April 1910: Liebesstrophen.

Pasinger Zeitung, Jg. 8, N° 37, 3. Juni 1910: Liebesstrophen.

Belli, Adriano: Viaggio letterario in Germania. Prose e versi dell'èra hitleriana, in: Corriere Padano, 27. Juli 1938, 3.

3 Münchener Post, April 1910.

Bürgin, Hans: Maximilian Brantl, ein bayerischer Dichter, in: Oberbayrisches Volksblatt. Rosenheim. Pfingsten 1948.

Dr. Paul Weigl: Nachruf auf M. Brantl, in: Alt und Jung Metten, Jg. 18, H. 2 und 3, 1951/52, 90-92.

Gluth, Oscar: Maximilian Brantl. Ein Wort zum Gedächtnis. Typoskript im Nachlass; Druck nicht nachgewiesen.

3.2 Sekundärliteratur

Carossa, Hans: Führung und Geleit. Ein Lebensgedenkbuch, Leipzig 1933, 40-46.

Brandenburg, Hans: Im Feuer unserer Liebe. Erlebtes Schicksal einer Stadt, München 1956, 352-354.

Dietzel, Ulrich: Heinrich Manns Briefe an Maximilian Brantl, in: Weimarer Beiträge, 14 (1968), H. 2, 393- 422.

Heinrich, Robert: 100 Jahre Rechtsanwaltskammer München. Festschrift zum 100. Jahrestag des Inkrafttretens der Rechtsanwaltsordnung vom 1. Juli 1878, München: C. Beck, 1979. Auf den Seiten 259 bis 299 Würdigung derjenigen Anwälte der RAK München, die sich literarisch betätigten; darin Beitrag über Max Brantl, 289-292.

de Mendelssohn, Peter. Der Zauberer. Das Leben des deutschen Schriftstellers Thomas Mann. Erster Teil: 1875 - 1918. Frankfurt 1975,1032 ff.

Marin, Eugéne (Pseudonym für Eugen Probst): Hans Carossa und Maximilian Brantl, in: Landshuter Zeitung. 19. Januar 1979.

Dimpfl, Monika: Dichteranwalt und Bücherfreund Maximilian Brantl: 1881-1951. Ein Porträt. Bayer. Rundfunk [=Land und Leute, Bd. 532], München 1993.

4. Sonstiges

Mitglied/Syndikus des Schutzverbandes deutscher Schriftsteller. Ortsgruppe München

Mitarbeiter der Leipziger Zeitschrift für Deutsches Recht

Mitglied der Goethegesellschaft Weimar

Verband der Freunde des Nietzschearchivs Weimar

Mitglied des Italienischen Touringklubs

Mitglied der Adalbert Stifter-Gesellschaft in Wien

Siglenverzeichnis

AHL
Archiv der Hansestadt Lübeck.

BBH
Buddenbrookhaus, Heinrich-und-Thomas-Mann-Zentrum, Lübeck.

Br I - III
Erika Mann: Thomas Mann: Briefe 1889-1936, 1937-1947, 1948-1955 und Nachlese. Frankfurt am Main 1961, 1963 und 1965.

Braunfels
Sigrid Braunfels: Skulptur und Architektur des Wasserspiels. Die Brunnen Adolf von Hildebrands. München / Berlin 2005.

BrG
Peter de Mendelssohn: Thomas Mann. Briefe an Otto Grautoff 1894 - 1901 und Ida Boy-Ed 1903-1928. Frankfurt am Main 1975.

Chronik
Gert Heine, Paul Schommer: Thomas Mann Chronik. Frankfurt am Main 2004.

Das öffentliche Leben
Heinrich Mann: Das öffentliche Leben. Essays. Frankfurt am Main 2001.

Detering
Heinrich Detering: Thomas Manns amerikanische Religion. Theologie, Politik und Literatur im kalifornischen Exil. Frankfurt am Main 2012.

Dietzel
Ulrich Dietzel: Heinrich Manns Briefe an Maximilian Brantl. In: Weimarer Beiträge 14 (1968), H.2, 399-422.

Essays I – VI
Hermann Kurzke, Stephan Stachorski: Thomas Mann: Essays. Frankfurt am Main 1993 - 1997.

Flügge
Manfred Flügge: Heinrich Mann. Eine Biographie. Reinbek 2006.

GKFA 3.2
Elisabeth Galvan: Kommentar zu Fiorenza. Gedichte. Filmentwürfe. Frankfurt am Main 2014.

GKFA 9.1
Werner Frizen: Thomas Mann: Lotte in Weimar. Frankfurt am Main 2003.

GKFA 9.2
Werner Frizen: Kommentar zu Lotte in Weimar. Frankfurt am Main 2003.

GKFA 14.2
Heinrich Detering, Stephan Stachorski: Kommentar zu Essays I 1893 - 1914. Frankfurt am Main 2002.

GKFA 19.1
Herbert Lehnert: Essays VI 1945-1950. Frankfurt am Main 2009.

GKFA 19.2
Herbert Lehnert: Kommentar zu Essays VI 1945-1950. Frankfurt am Main 2009

Goll
Thomas Goll: Die Deutschen und Thomas Mann. Die Rezeption des Dichters in Abhängigkeit von der Politischen Kultur Deutschlands 1898-1955. Baden-Baden 2000.

GW I – XIII
Hans Bürgin: Thomas Mann. Gesammelte Werke. Frankfurt am Main 1960 und 1974.

Heißerer
Dirk Heißerer: Im Zaubergarten. Thomas Mann in Bayern. München 2006².

HMEP
Heinrich Mann: Essays und Publizistik, Band 2: Oktober 1904-Oktober 1918. Hrsg. von Manfred Hahn. Bielefeld 2012.

Jens
Inge und Walter Jens: Frau Thomas Mann. Das Leben der Katharina Pringsheim. Reinbek 2003.

Koopmann
Helmut Koopmann: Thomas Mann – Heinrich Mann. Die ungleichen Brüder. München 2005.

KSA 6
Giorgio Colli / Mazzino Montinari (Hrsg.): Friedrich Nietzsche. Der Fall Wagner. Götzen Dämmerung. Der Antichrist. Ecce homo, Dionysos-Dithyramben. Nietzsche contra Wagner. Kritische Studienausgabe. München: 1988, 2., durchges. Aufl., Band 6.

KSA 3
Giorgio Colli / Mazzino Montinari (Hrsg.): Friedrich Nietzsche. Morgenröte. Idyllen aus Messina. Die fröhliche Wissenschaft. Kritische Studienausgabe. München: 1988, 2., durchges. Aufl., Band 3.

KSB 8
Giorgio Colli / Mazzino Montinari (Hrsg.): Friedrich Nietzsche. Sämtliche Briefe. Kritische Studienausgabe, Band 8: Januar 1887-Januar 1889. Nachträge/Register. München: 1986.

Lang
Daniel Lang: „Nicht auf der Rasenkante gehen!" Die Familie Mann und ihr Landhaus in Bad Tölz 1908-1917. München 2007.

Monacensia
Literaturarchiv und Bibliothek, München

Pils
Holger Pils: Thomas Manns „geneigte Leser". Die Publikationsgeschichte und populäre Rezeption der "Bekenntnisse des Hochstaplers Felix Krull" 1911-1955. Heidelberg 2012.

Pils/Ulrich
Holger Pils, Christina Ulrich: Thomas Manns „Mario und der Zauberer". Lübeck 2010.

Shookman
Ellis Shookman: Thomas Mann's Death in Venice. A novella and its critics. Rochester, N.Y. 2003.

Reg.
Hans Bürgin, Hans-Otto Mayer: Die Briefe Thomas Manns . Regesten und Register. Frankfurt am Main 1976-1987.

Tb
Peter de Mendelssohn: Thomas Mann: Tagebücher. Band I – V, Frankfurt am Main 1979-1982.
Inge Jens: Thomas Mann: Tagebücher. Band VI – X, Frankfurt am Main 1986-1995.

TMS
Thomas-Mann-Studien, Bern/München ab I/1967; Frankfurt am Main ab IX/1991.

Vaget
Hans Rudolf Vaget: Thomas Mann Kommentar zu sämtlichen Erzählungen. München 1998.

Virchow
Christian Virchow: Thomas Mann und „the most elegant operation". Die Gefährdung des Dichters im Jahr 1946. In: Thomas Sprecher: Vom „Zauberberg" zum „Doktor Faustus". Die Davoser Literaturtage 1998. (= Thomas Mann-Studien, Band 23), Frankfurt am Main 1999, 47-62.

Wysling
Hans Wysling: Zu dieser Ausgabe. In: Thomas Mann / Heinrich Mann: Briefwechsel 1900-1949. Hrsg. von Hans Wysling, 2. Auflage, Frankfurt am Main 2005, 568-579.

Zauberer
Peter de Mendelssohn: Der Zauberer. Das Leben des deutschen Schriftstellers Thomas Mann. 3 Bde. Frankfurt am Main 1996.

Bildnachweis

Stadtarchiv München: 216, 218 o., 222, 223 o.

Ansichtskartenverlag Neumüller, Deggendorf: 217 o.

Familie Brantl/Reiter/Heid: 10 rechts, 217 u., 218 u. - 221, 223 u., 224 o., 225 - 226, 228 o., 229 o.

J. Döppl: 224 u.

Manfred Eickhölter: 227 o., 228 u., 229 u., 230 - 231

Bildarchiv des St. Annen-Museums: 10 links

Privat: 227 u.

Autoren

Britta Dittmann, M.A.

Geboren 1967. Studium der Neueren Deutschen Literaturwissenschaft, Germanistik und Kunstgeschichte in Kiel. Seit 1998 wissenschaftliche Mitarbeiterin der Kulturstiftung Hansestadt Lübeck, seit 2001 verantwortlich für Bibliothek und Archiv des Buddenbrookhauses und des Günter Grass-Hauses. Buchpublikationen: „Allen zu gefallen ist unmöglich. Thomas Mann und Lübeck 1875-2000. Eine Chronik" (mit Manfred Eickhölter 2001), „Ihr sehr ergebener Thomas Mann. Autographen aus dem Archiv des Buddenbrookhauses" (hrsg. mit Thomas Rütten u.a. 2006), „Das Buddenbrookhaus" (mit Hans Wißkirchen 2008). Aufsätze: „Thomas Mann und die Literarhistorische Gesellschaft in Bonn" (2006), „In Deutschland wird es verboten und verschlungen werden" – Die (Prozess-)Geschichte von Klaus Manns ‚Mephisto'" (mit Ralf Anders 2007), „Buddenbrooks heute" (2008), „Heinrich Manns Roman 'Der Untertan' und ‚das Sinken der Menschenwürde unter jedes bekannte Maß' am Beispiel des politischen Delikts der Majestätsbeleidigung" (mit Ralf Anders 2010), sowie zu den Themen Thomas-Mann-Verfilmungen und Geschichte des Buddenbrookhauses.

Dr. Manfred Eickhölter

Geboren 1951. Promotion 1983 in Hamburg im Bereich Neuere deutsche Literaturgeschichte. Seit dieser Zeit Berufs- und Publikationstätigkeit in Lübeck unter anderem zu Themen der regionalen Literatur- und Kulturgeschichte. Von 1996 bis 2000 Leiter der Forschungsabteilung des Buddenbrookhauses. Seit 2002 freiberuflich tätig, seit 2011 Vorsitzender des Fördervereins Buddenbrookhaus. Publikationen: „Fünf Jahre Heinrich-und-Thomas-Mann-Zentrum" (Bearbeiter, 1989), „Buddenbrooks. Neue Blicke in ein altes Buch" (hrsg. mit Hans Wißkirchen 2000), „Allen zu gefallen ist unmöglich. Thomas Mann und Lübeck 1875-2000. Eine Chronik" (mit Britta Dittmann 2001), „Goethe in der ‚Grünen Stube' – Klassikerrezeption in Lübeck im 19. Jahrhundert" (in: Der Wagen. Lübecker Beiträge zur Kultur und Gesellschaft 2002), „Die Bibliothek der Lübecker Schillerstiftung" (in: Zeitschrift für Lübeckische Geschichte 2006), „Die Welt der Buddenbrooks" (mit Britta Dittmann und Hans Wißkirchen 2008), „Lübeck" (in: Handbuch kultureller Zentren im alten deutschen Sprachraum, Berlin: de Gruyter 2012).

Dr. Holger Pils

Geboren 1976. Studium Germanistik, Geschichte und Spanisch in Heidelberg und Cáceres (Spanien). Danach Pressesprecher der Kulturstiftung Hansestadt Lübeck und Dozent am Germanistischen Seminar der Universität Heidelberg. Promotion über Thomas Manns „Bekenntnisse des Hochstaplers Felix Krull". 2009 bis Ende 2013 Leiter des Buddenbrookhauses in Lübeck. Seit Anfang 2014 Geschäftsführer der Stiftung Lyrik Kabinett, München. Mitglied im Vorstand der Deutschen Thomas Mann-Gesellschaft. Buchpublikationen: „Martin Bucer 1491-1551. Bibliographie" (mit Stephan Ruderer 2005), „Thomas Manns ‚Mario und der Zauberer'" (hrsg. mit Christina Ulrich 2010), „Liebe ohne Glauben. Thomas Mann und Richard Wagner" (hrsg. mit Christina Ulrich 2011), „Wollust des Untergangs. 100 Jahre Thomas Manns ‚Der Tod in Venedig'" (hrsg. mit Kerstin Klein 2012), „Elisabeth Mann Borgese und das Drama der Meere" (hrsg. mit Karolina Kühn 2012), „Thomas Manns ‚geneigte Leser'" (2012). Reihenherausgeber der „Münchner Reden zur Poesie" (mit Frieder von Ammon, seit 2014). Mehrere Aufsätze und Besprechungen zu Thomas Mann, zur Familie Mann, Literatur des 20. Jahrhunderts, Lyrik und Gegenwartsliteratur.

19,80

10.—

231